場所格交替への認知言語学的アプローチ

「豊かな文法」から捉える英語構文

野中大輔

まえがき

　日本語の「ジョンが干し草をトラックに積んだ」に当たる内容を英語で表現する場合，以下のような2通りの言い方が可能である。

John loaded hay onto the truck.
John loaded the truck with hay.

どちらの表現でも load という動詞が使われているが，一方では hay が目的語になっているのに対して，もう一方では the truck が目的語になっている。このように動詞が2通りの構文に現れる現象は構文交替と呼ばれており，上記のような例は特に「場所格交替」として知られている。本書は英語の場所格交替を取り上げ，なぜこのように複数の構文が成立するのか，それらはどのように使い分けられているのかという問いを，認知言語学の観点から考察する。

　本書は，筆者が2021年に東京大学大学院に提出した博士論文「認知言語学の観点から見た英語の構文選択：捉え方の意味論と使用基盤モデルに基づく場所格交替の分析」を書籍化したものである。捉え方を重視する意味観（捉え方の意味論）と使用基盤モデルは，認知言語学の特徴としてよく取り上げられるものの，両者の関係が十分に語られていなかったり，その一方のみに依拠して研究が行われたりすることがある。しかし，認知文法——認知言語学に属する理論の1つで，Ronald W. Langacker が提唱するもの——においては，両者が一体となった言語観が提示されている。本書でもそのような認知文法の考えに依拠して分析を行う。

　書籍化にあたり，捉え方の意味論と使用基盤モデルが有機的に結びついた文法観を「豊かな文法」と名づけ，書名に含めることにした。筆者が「豊かな文法」という用語を初めて用いたのは，月刊誌『英語教育』（大修館書店）で2021年度に平沢慎也氏と担当した連載「実例から眺める「豊かな文法」の世界」であり，この連載では実例に基づく英語学習の在り方を扱った。本

iv ｜ まえがき

書は認知言語学の専門書であるが，言語研究者だけでなく，連載で「豊かな文法」に興味を持ってくださった英語学習者，英語教員の方にも読んでいただけるように，できるだけ専門用語に解説を加えたり，学術的背景を暗黙の前提とせず明示的に説明したりするように心がけた。

　本書が扱う主な現象は英語の場所格交替であるが，場所格交替は英語のほかの文法現象とも関わり合っている。場所格交替と同じような発想に基づく現象を見出せることもあれば，場所格交替の構文が別の構文（受身文など）と組み合わさっていることもある。また，日本語との比較・対照をすることで見えてくる特徴もあるだろう。したがって，関連する文法現象を扱った文献も幅広く参照し，場所格交替の分析に生かすよう努めた。

　本書が場所格交替とその関連現象の解明に，そして認知言語学の進展に，わずかでも寄与することができていれば幸いである。

| v

目　次

まえがき..iii

本書を読まれる前に..1
　本書で前提となる考え..1
　本書で扱うデータ..8
　本書で扱う文法現象の例..9
　本書の構成...11

第 1 章
序　論..13
　1.1.　構文交替...13
　1.2.　認知言語学の特徴...15
　　　1.2.1.　捉え方の意味論...15
　　　1.2.2.　使用基盤モデル...17
　1.3.　研究の実践方法...20
　1.4.　場所格交替の概観と本書の目的...24

第 2 章
認知言語学の構文研究と場所格交替..29
　2.1.　捉え方と文法...30
　　　2.1.1.　捉え方と動機づけ...30
　　　2.1.2.　フレーム...33
　　　2.1.3.　プロファイル（トラジェクター・ランドマーク）...................................38
　　　2.1.4.　捉え方の柔軟性（メトニミー）...40
　　　2.1.5.　メトニミーとしての構文交替...42
　　　2.1.6.　捉え方の転換の自然さ...44
　　　2.1.7.　捉え方の転換と場所格交替...47

| | 2.1.8. | 場所格交替における 2 つの構文の使用範囲 | 52 |

2.2. 使用基盤モデルと文法 ... 54
　　2.2.1. 「使用基盤モデル」という用語について ... 54
　　2.2.2. 構文と慣習性 ... 56
　　　　2.2.2.1. マクロの視点 ... 56
　　　　2.2.2.2. ミクロの視点 ... 63
　　　　2.2.2.3. 文脈とレジスター ... 70
　　2.2.3. 構文ネットワーク ... 75
　　　　2.2.3.1. 構文ネットワークと構文交替 ... 75
　　　　2.2.3.2. 認可と類似性判断 ... 78
　　　　2.2.3.3. 交替の可否 ... 80
2.3. 事例研究：穴あけ構文 ... 87
　　2.3.1. 穴あけ構文の特徴 ... 87
　　2.3.2. コーパス調査 ... 90
　　2.3.3. 穴あけ構文のネットワーク ... 93
2.4. まとめ ... 96

第 3 章
場所格交替の先行研究と課題 ... 97

3.1. 統語的アプローチ ... 99
3.2. 統語的アプローチの破棄 ... 100
　　3.2.1. 構文の意味の違い ... 100
　　3.2.2. 1970 年代の状況 ... 102
3.3. 語彙意味論 ... 104
　　3.3.1. Rappaport and Levin (1988) ... 104
　　3.3.2. Pinker (1989) ... 105
3.4. 構文文法 ... 107
3.5. 残された課題 ... 112
　　3.5.1. 課題 1：なぜ移動物目的語構文を基本とする研究が
　　　　　　多かったのか ... 112
　　3.5.2. 課題 2：場所目的語構文の意味はどのように
　　　　　　特徴づければよいか ... 114
　　3.5.3. 課題 3：2 つの構文で名詞句の分布はどのように

目　次 ｜ vii

　　　　　　　　異なるか..115
　　　3.5.4.　課題4：ほかの構文と組み合わさったときに
　　　　　　　　どのような性質が見られるか..................................116
　　　3.5.5.　課題5：場所格交替動詞が用いられやすい
　　　　　　　　レジスターとは..118
　　　3.5.6.　課題6：非交替動詞が例外的に交替するのは
　　　　　　　　どのようなときか..119
　　　3.5.7.　課題7：英語場所格交替に対応する日本語の表現は
　　　　　　　　どのようなものか..120
　3.6.　以降の構成...120

第4章
場所格交替と評価的意味...123
　4.1.　意味的韻律とは...124
　4.2.　意味的韻律の論点を整理する......................................129
　　　4.2.1.　意味的韻律と評価的意味.......................................129
　　　4.2.2.　意味的韻律は肯定的・否定的の二値的か.......130
　　　4.2.3.　意味的韻律を担う単位...132
　　　4.2.4.　意味的韻律を左右する諸要因...............................135
　4.3.　事例研究：load...139
　　　4.3.1.　調査方法と結果...139
　　　4.3.2.　2つの構文の比較...141
　　　　　4.3.2.1.　場所名詞を中心に...141
　　　　　4.3.2.2.　移動物名詞を中心に.......................................145
　　　4.3.3.　loadの場所目的語構文と意味的韻律...................153
　4.4.　事例研究：smear...154
　　　4.4.1.　LDOCEの記述...154
　　　4.4.2.　2つの構文の比較...155
　　　4.4.3.　(all) overを用いた移動物目的語構文.................164
　4.5.　全体的解釈・状態変化・評価......................................166
　4.6.　評価（評価的意味）の位置づけ....................................168
　　　4.6.1.　文法研究，意味研究と評価...................................168
　　　4.6.2.　談話研究と評価...169

viii | 目　次

4.6.3.	意味的韻律と談話	170
4.6.4.	認知言語学と評価	172
4.7.	まとめ	173

第 5 章

場所格交替と構文の複合形 177

5.1.	構文の複合形	179
5.2.	仮想変化	181
	5.2.1. 仮想変化とは何か	181
	5.2.2. 英語の仮想変化表現	182
	5.2.3. 慣習性と創造性	185
5.3.	Langacker の主体化	188
5.4.	スル的言い回しと構文ネットワーク	192
	5.4.1. スル的言い回しとしての複合構文	192
	5.4.2. 複合構文のネットワーク	195
5.5.	複合構文に見る慣習的表現	198
5.6.	構文の複合形の種類とその分析方法	202
	5.6.1. 構成要素タイプ	203
	5.6.2. アマルガムタイプ	204
	5.6.3. 競合タイプ	206
	5.6.4. 交差タイプ	209
5.7.	まとめ	211

第 6 章

場所格交替とレシピ 213

6.1.	言語知識の一部としての料理表現	214
6.2.	レシピで用いられる非交替動詞	215
6.3.	レシピにおける省略	218
6.4.	レシピの調査	222
	6.4.1. レシピの構造と調査対象	222
	6.4.2. 調査方法	223
	6.4.3. 調査結果	225

目　次 | ix

6.5. 5つの問いに答える 230
　　6.5.1. デフォルトとしての場所目的語構文 231
　　6.5.2. 場所名詞句の省略 235
　　　　6.5.2.1. 場所目的語構文の目的語省略 235
　　　　6.5.2.2. sprinkle over salt 型の動詞・不変化詞構文 237
　　6.5.3. 前置詞句と省略 242
　　6.5.4. 移動物目的語構文の役割 244
　　6.5.5. drizzle の位置づけ 250
6.6. 慣習性と話者の意識 256
6.7. 関連現象：目的語の省略と結果目的語 258
6.8. まとめ 261

第 7 章
非交替動詞が交替するとき 265
7.1. 創造的な言語使用としての代換 266
7.2. 構文と類推 268
　　7.2.1. Goldberg（1995）の構文文法 268
　　7.2.2. Goldberg（1995）の問題点 270
　　7.2.3. Boas（2003）の分析 271
7.3. 意図性と料理表現 273
7.4. 形容詞的受身 278
7.5. 慣習性の度合い 283
7.6. 先行研究との比較 285
7.7. 関連現象：under-V と under-V-ed 290
7.8. まとめ 293

第 8 章
英語の場所格交替に相当する日本語の表現 295
8.1. 料理表現と動詞 296
8.2. 調味動詞の抽出 299
8.3. 調味動詞の観察 303
　　8.3.1. 〈振る／加える／入れる／振り掛ける〉など 303

x | 目 次

8.3.2.	〈為る〉	304
8.3.3.	〈整える／付ける〉	305
8.3.4.	その他の動詞	306
8.4.	構文上の特徴と英語との比較	307
8.5.	動機づけと慣習性	314
8.6.	まとめ	319

第 9 章

結　語		321
9.1.	全体のまとめ	321
9.2.	本書の意義	323
9.3.	おわりに	325

あとがき	327
参考文献	331
索　引	350

本書を読まれる前に

　本論の前に「本書で前提となる考え」「本書で扱うデータ」「本書で扱う文法現象の例」「本書の構成」というセクションを設けた。「本書で前提となる考え」は，「言語知識」や「文法」など，言語学における基本用語を確認するためのセクションである。言語学，認知言語学にあまりなじみがない方は，こちらを読んでいただくことで本論が読みやすくなるかと思う（本論と重複する部分がある）。「本書で扱うデータ」は，本書で扱う英語，日本語の例文についての説明である。ここでは，用例の収集方法や例文引用上の注意などをまとめている。本書は場所格交替以外にも様々な文法現象を取り上げているが，そのうちの一部は「本書で扱う文法現象の例」として記載した。続く「本書の構成」では，第 1 章から第 9 章までの流れを示している。なお，本書では，言語学分野の慣例に従って，文献は「野中 (2018)」のような形で略記している。「野中 (2018)」は野中が 2018 年に出版した文献のことである（ページ数まで載せるときには，「野中 (2018: 135)」のような形になる）。言及した文献はすべて巻末の「参考文献」に省略のない形で記載している。

本書で前提となる考え

1.　言語知識と文法

　私たちはいつの間にか母語を身につけ，それを使用できるようになっている。言語使用を可能にする知識のことを，言語学では言語知識（knowledge of language）と呼ぶ。日本語の母語話者（native speaker）であれば，日本語についての言語知識を持っており，それを参照しながら日本語を使用していることになる。「知識」という言葉は，書籍を読むなどして意識的に身につけるものを指すことが多いかもしれないが，「言語知識」と言う場合の「知識」は（その大部分が）無意識のうちに習得されるものを指している。そして，

「言語知識にアクセスする」と言う場合の「アクセス」も基本的には無意識のプロセスである。

　母語話者は言語知識として母語の文法を習得している（以後，本書で言う「文法」は言語知識としての文法である）[1]。しかし，母語話者がそのことに自覚的になることはまれであり，母語の文法について明示的に説明することも通常はできないだろう。たとえば，日本語母語話者であれば，「にんじんを食べる」は問題のない表現なのに対して，「にんじんが食べる」は（食べる対象がにんじんである場合は）おかしいということが判断できる。一方で，「食べることができる」という意味で「食べられる」を使う場合であれば，「にんじんを食べられる」だけでなく「にんじんが食べられる」という言い方も可能であると判断できるだろう。では，どのようなときに「を／が」が両方使えるのか，またそれはなぜだろうか。たとえ日本語を毎日使っていても，普通はこういった質問に答えることはできないと思われる。

　このように，言語を使っている本人にとってもよくわからない言語知識とは，いったいどのようなものなのだろうか。言語学はそれを明らかにしようとする学問である。本書は言語学の中でも認知言語学（cognitive linguistics）と呼ばれる立場に基づいているが，言語知識の全体像（および言語知識が習得される仕組み）を解明しようとしている点は，認知言語学であってもほかの理論的立場であっても基本的に共通していると言える。

2.　語彙と文法，形式と意味

　言語知識の中でもとりわけ語彙と文法は，言語学の中心的な研究対象として扱われてきたと言ってよいだろう。個々の語は語彙項目（lexical item），語彙項目の集合体は語彙（lexicon）と呼ばれている[2]。そして，語彙項目を並

1　外国語学習の文脈で「文法」と言えば，学習者向けの文法書などが思い浮かぶだろうが，言語学ではそういったものは言語知識としての文法とは区別され，「学習文法」や「学校文法」などと呼ばれている。

2　認知文法では，イディオムのように，複数語から成り立っていても，ひとかたまりで習得される表現は語彙項目の一部とされるが（Langacker 2008: 第1.3節），本書では，基本的に1語のものを語彙項目と呼び，複数語から成るものは構文と呼ぶことにする。ただし，1語であっても複数の形態素から成るものは構文としても扱う。形態素とは，形

本書を読まれる前に ┃ 3

べて大きな言語単位（句や文など）を作るのが文法である。

　ここでまず，語彙項目について確認しておこう。言語学では，語彙項目は特定の形式（発音や文字など）と特定の意味の組み合わせである，という言い方をする。形式は発音したり書いたりすることによって耳や目で知覚可能であるのに対して，意味は直接的な知覚ができず，人々の心の中にのみ存在するものである。日本語の「本」という語を例に取ると，/hon/ という発音記号や「本」という漢字表記で表示されるものが形式，文章や絵が印刷された紙を束ねたものとして心の中で思い浮かべられるものが意味に当たる。

　形式と意味のペアは記号（symbol）と呼ばれる。語彙項目は記号の一種であるから，それを組み合わせてできる文もまた記号であると言える。しかし，文法における形式と意味の関係をどのように考えるかについては，言語学者によって意見が異なっている。たとえば，John hit Bill. / A car approached Mary. / Sally resembled Kelly. はいずれも主語，動詞，目的語から成り立つ他動詞構文であるが，意味に着目すると，打撃（hit），移動（approach），状態（resemble）と様々である。それでは，他動詞構文は語順を定める形式上の決まりに過ぎず，意味とは切り離して考えるべきものなのだろうか。あるいは，上の 3 つの例文の間に何か共通の意味が見出せるなら，他動詞構文を単なる語順の決まりとしてではなく，形式と意味が結びついたパターンとして捉えることができるだろうか。このような問題をどう考えるかは，言語学における争点の 1 つとなっている。本書が依拠する認知言語学では，語彙知識だけでなく，文法知識も形式と意味のペアとして捉えられるとする立場を取っている。

3.　言語知識の 2 つの側面：個々の話者と共同体

　先ほど，母語話者は言語知識を習得しているといった言い方をしたが，このように言う場合，個々の話者が身につける対象として，言語知識を捉えていることになる。言語知識に個人差が生じることも認めることになるが，一

　式と意味のペアのうち最小の単位に当たる。moon, moonless という語を例に挙げると，moon は単独の形態素から成る語であるが，moonless は moon と -less という 2 つの形態素から成る語であるため N-less 構文のように呼ぶことができる。

4 ｜ 本書を読まれる前に

方で，実際に言語でコミュニケーションをするためには，話し手と聞き手の間で言語知識が完全に異なるものであっては困るわけで，そう考えると，言語知識はある共同体が共有する対象であるとも言える。共同体の中で共有されている行動様式は慣習（convention）と呼ばれるが，言語もまた慣習の 1 つである。認知言語学は言語表現の慣習性も重視する。個人の頭の中で定着している表現と，共同体の間で慣習化している表現というのは，大きくずれないだろうと考えられるが，時に勘違いなどが原因で慣習からずれた言い方をしてしまうこともあれば，あえて目新しい表現を使ってみたくなることもある[3]。話者が慣習に従うという側面も，そこから逸脱するという側面も，認知言語学の重要な研究テーマになる。

4. 言語学の下位分類

言語学は，言語のどの部分を扱うかによって下位分類がなされることがある。音声を扱うのは音声学・音韻論，語を扱うのが形態論，句や文を扱うのが統語論である[4]。意味を扱う分野は意味論と語用論に分けられる。意味論は語・句・文のような表現が持つ文字通りの意味を扱うのに対して，語用論はある表現が特定の文脈・使用状況の中で伝達する意味を扱うとされる。

これらは言語学のもっともスタンダードな下位分類であるが，このような分類に対する考え方も，理論的立場によって変わってくる。語彙と文法を異なる領域の知識だと見なせば，形態論と統語論は役割分担がなされることになる。また，先ほど見たように，他動詞構文といった文法パターンを意味から切り離して研究可能な対象だと考えるなら，統語論と意味論の独立性が高

---

3 言語知識の中でも特に語彙項目がどのように習得されるかについて，そして，そのような知識に個人差が生まれる現象については，萩澤・氏家（2022）で扱われている。

4 文よりも大きい言語単位は談話（discourse）と呼ばれる。談話は複数の文から成る話し言葉や書き言葉のまとまりであり，談話を扱う分野に談話分析がある（語用論と重なる部分も大きい）。談話分析で取り上げられるのは友人間の会話や新聞記事など様々であるが，いずれの場合でも，発信者（話し手・書き手）と受信者（聞き手・読み手）の関係や使用媒体などを含めた，コミュニケーションの総体としての言語が研究対象である。そのため，言語単位のサイズという側面よりも実際の言語使用という側面を重視して談話という用語が使われることも多い。認知文法における談話の扱いについては，Langacker（2008: 第 13 章）や坪井（2020: 第 10 章，第 12 章）などを参照。

くなるだろう。一方，語だけでなく文法パターンも形式と意味のペアである
と考えると，それらは言語単位の大きさに違いはあっても連続体を成してい
ると見なすことができる。この場合，形態論，統語論，意味論もまた連続的
であると想定されることになる[5]。

　意味論と語用論の関係も立場によって見方が変わる。例として，(1)につ
いて考えてみよう。

(1)　　郵便局がどこか知っていますか。

この表現について，文字通りの意味はあくまで「郵便局の場所の知識を有し
ているか尋ねている」であって，もし「(最寄りの)郵便局がどこか教えて
ほしいと依頼している」と理解したとすれば，それは状況から相手の発話の
意図を推論して読み取った意味である，と考える立場もあるだろう。そのよ
うに考える場合，意味論と語用論にはっきりした区別が設けられることにな
る。一方で，これとは別の考え方もありえる。私たちは，「知っていますか」
という表現が依頼の場面でよく用いられるということを知っている。つま
り，「知っていますか」という表現の依頼用法は慣習化していると考えるこ
とができる。言語の慣習性を重視し，「文字通りかどうか」よりも「慣習的
かどうか」を軸として考えるならば，意味論と語用論の違いは，高度に慣習
化された意味から，状況依存性・臨時性の高い意味に至るスケールの中で占
める位置づけの違いである，と捉えることが可能になる[6]。

5　形態論と統語論にはっきりとした境界線を設ける立場からすると，moon, moonless,
　moonless night という表現のうち，moon と moonless (N-less) を扱うのは形態論の範囲，
　moonless night (N_1-less N_2) を扱うのは統語論の範囲ということになるが，認知文法では
　どれも記号であることを重視し，これら言語単位が連続的であることを強調する。詳し
　くは Langacker (2008: 第 1.3 節) を参照 (moonless night の例も扱われている)。

6　状況依存性の高い表現としては，Lakoff and Johnson (1980: 13) が挙げる Please sit in the
　apple juice seat. がわかりやすいだろう (言語学者 Pamela Downing が実際に発話したもの
　であるとのこと)。apple juice seat は慣習的な表現ではないので，これを単独で聞くと意
　味がわからないが，朝食時に 4 つの席があり，そのうち 3 つにオレンジジュース，1 つ
　にアップルジュースが置いてあるという状況では，その意味するところは十分に伝わる
　ことが紹介されている。back seat (後部座席) のような慣習的な表現と違い，apple juice
　seat は状況依存性が高く，臨時的に作り出された表現だと言えるが，仮に特定の店で

6 ｜ 本書を読まれる前に

このように考えた場合に記述の対象となるのは，「X 知っていますか」構文とでも呼ぶべきものである。(1) を「知る」という動詞や疑問文という文法項目などに分解した場合，依頼の意味を直接的に担う要素が見当たらないことになるが，「X 知っていますか」という構文——複数の語や文法項目の組み合わせ——も日本語の言語知識の一部であると考えれば，この構文を依頼の意味の担い手であると考えることができる。認知言語学では，このような意味での「構文」(construction) を言語の中心的な単位として捉え，言語学の下位分類を統合して扱えるような枠組みの構築を目指している。

5. 作例と実例

言語学における例文は，作例と実例に分けることができる。作例とは，言語研究のために研究者（または研究者が協力を依頼したインフォーマント）が作成した例文のことである。一方，コミュニケーションのために実際に使用された表現を例文として採用する場合，それは実例である。どちらを例文として挙げても問題ない場面もあるが，両者はそれぞれに異なる利点があり，どちらを使うかによって調べられることが変わることに注意する必要がある[7]。

先ほど示した「にんじんを食べる」「にんじんが食べる」「にんじんが食べられる」は，本書のために筆者が用意した作例である。このように表現を作って比較することで，「食べる」の対象物には「〜を」が用いられ，「〜が」は容認されないのに対して，「食べられる」という可能表現になると「〜が」も容認される，といったことを調べることができる。「にんじんが食べる」のようにおかしな表現を意図的に作ることで，翻って容認可能な表現がどのようなものかを明らかにすることができる点が，作例の利点である[8]。

いつもアップルジュースが置かれる席があるとすれば，それを知っている人たちの間で apple juice seat という表現が慣習化する可能性はある。このように考えれば，意味論と語用論が連続的であるという主張も理解しやすいだろう。認知文法が意味論・語用論をどのように捉えているかについては，Langacker (2003, 2008: 第 2.1.3 節) を参照されたい。

7　作例と実例の違いについては野中（近刊）も参照。

8　認知文法における容認性判断については田中 (2021) の議論を参照。

「にんじんが食べる」のような母語話者に容認されないような例には「*」や「?」などの記号が付される（e.g. *にんじんが食べる）。容認不可の例は「*」、やや不自然といった程度であれば「?」、両者の中間であれば「??」が用いられる。

　上記のような作例に基づくアプローチが有効でない場合もある。たとえば、「解散する」という表現について調べたいと思ったとしよう。「解散する」には「XがYを解散する」という他動詞用法と「Yが解散する」という自動詞用法があるが、どちらの用法がより多く使用されているか、その傾向は使用媒体によって異なるか、といった問題に取り組む場合、作例だけでは信頼できる判断を行うのが困難であり、それよりも実例を観察して使用傾向を明らかにするほうがよいだろう。

　また、作例として思いつく範囲には限界があるため、作例だけでは研究対象となる表現の一部分しか扱うことができない場合もある。そのような事態を防ぐためにも、実例の観察は重要である。試しに「印刷する」という動詞の用法を調べる場合を想定してみよう。まず、容認可能な表現として「画像を印刷する」や「年賀状を印刷する」などが思い浮かぶだろう。紙に何かを印字するような場面で「紙を印刷する」と言えるかどうかを考えてみると、これは容認性が低いと感じる人のほうが多いのではないかと思う。では、次の表現はどうだろうか。

(2)　［Yahoo! 知恵袋に寄せられた質問から］
　　　小さい紙を印刷するときはどうすればいいですか[9]
(3)　［ブラザー（プリンターのメーカー）のウェブサイトから］
　　　手差しスロットから普通紙や再生紙を印刷する[10]

これらの例は、どちらもプリンターの利用方法に関する表現である。単に「紙を印刷する」と聞いたら容認しない人であっても、このような使用状況であれば、そして「小さい紙」や「再生紙」といった表現からわかるよう

9　https://detail.chiebukuro.yahoo.co.jp/qa/question_detail/q1316551243

10　https://support.brother.co.jp/j/s/support/html/hl3040cn_jp/ug/html/ug/07-04.html

に，どのような紙を用いるかが問題になっていることがわかれば，「紙を印刷する」に当たる言い方も受け入れやすく感じられるだろう。もし作例だけをもとに「紙を印刷する」のような言い方はしないと言い切ってしまえば，その記述は不十分であったということになる。(2) や (3) のような表現を作例として思い浮かべるのは難しいのではないかと思われる。実例を収集することで，作例に基づく研究では見過ごされてきた言語現象に気づくことができ，研究が進展するということも少なくない。

　実例の観察によって作例の欠点を補うことができるが，実例だけで研究ができるというわけでもない。作例を用いて容認性判断を行うことで初めて注目すべき現象が明らかになる場合もある。本書で扱う場所格交替もそのような形で研究が始まっている。場所格交替という現象を捉えることができたのは，John loaded boxes into the truck. が容認できるなら John loaded the truck with boxes. はどうか，といったように作例が効果的に利用されたからである。言語研究においては，作例と実例の利点を理解し，両者を効果的に組み合わせることが大切だろう。

本書で扱うデータ

　本書で扱う言語データには作例と実例が含まれる。作例は筆者が行い，英語の例は母語話者に容認性判断を行ってもらっている。実例を収集するにあたって，本書では大規模コーパスを利用している。コーパスとは，「実際に使用された話しことば・書きことばを，ある言語や言語変種の代表となるように集め，コンピュータ上で検索可能にしたもの」を指す (野中 2015a: 89)。本書で利用した英語コーパスは，British National Corpus (BNC; Davies 2004)，Corpus of Contemporary American English (COCA; Davies 2008–)，Corpus of Historical American English (COHA; Davies 2010) である。BNC と COCA は現代英語のコーパスであり（前者は 20 世紀後半のイギリス英語，後者は 1990 年以降のアメリカ英語），COHA は 1820–2019 年のアメリカ英語からなる通時コーパスである。日本語のコーパスとしては，20 世紀後半の書き言葉を中心に集めた現代日本語書き言葉均衡コーパス（Balanced Corpus

本書を読まれる前に | 9

of Contemporary Written Japanese（BCCWJ; 国立国語研究所 2011））を用いた。
これらは多様な媒体から実例を集めた均衡コーパスであるが，特定の媒体，
使用状況において見られる文法現象にも光を当てるために，本書では料理
本のレシピに特化して集めたデータも分析している。これにより，場所格交
替の多面性を示すこともできたのではないかと思われる。それ以外の書籍や
ウェブサイト（2024 年 3 月 17 日閲覧）から収集した実例もある。

　例文中の下線，太字，斜体による強調は基本的に引用者による（そうでな
い場合はその都度注記している）。英語で書かれた書籍・論文（e.g. Fukui et
al. 1985）で日本語例文がアルファベットで表記されている場合，あるいは日
本語で書かれていてもカタカナ交じり文で表記されている場合（池上 (1981)
の「燃ヤシタケド，燃エナカッタ」などの例）は，漢字かな交じり表記に直
して引用した。先行研究の例文は容認性判断を含めて引用している。

　引用文献の英文，および英語例文の一部については，筆者による日本語訳
を付けている。日本語訳を翻訳書から引用する場合は訳者を記載した。引用
文献，引用例で注意書きを添える必要がある場合は [ ] で補足し，一部を省
略して引用している場合は省略箇所を [...] で示した。

本書で扱う文法現象の例

　タイトルにもある通り，本書の主題は場所格交替であるが，それ以外にも
様々な文法項目を取り上げている。ここでは，その例の一部と，どのような
問題に触れているのかを紹介する。

■　与格交替

　英語には場所格交替以外にも構文交替が多数存在するが，中でも Sally
sent a letter to Harry. / Sally sent Harry a letter. のような交替は与格交替と呼ば
れ，数多くの研究がある。本書では特に第 2 章で数回にわたって与格交替を
取り上げている。交替可能かどうかで議論が分かれる動詞として explain が
ある。I explained the problem to her. は言えても，*I explained her the problem.
は言えない（Huddleston and Pullum 2002: 309）と説明されることが多いが，

10 | 本書を読まれる前に

本当に後者のような言い方はできないのだろうか。explain についての事例研究は第 2.2.3.3 節に含まれている。

■ 受身文

他動詞であれば，多くの場合，受身文を作ることができる（「構文」の一種であることを明示するときには「受身構文」と表記）。しかし，中には*I was approached by the train.（Bolinger 1975: 68）のように受身で表現するのが不自然なものもある。どのようなときに受身文が自然に成立するのかについては第 2.1.6 節で取り上げている。

なお，Those eggs were *boiled* for 20 minutes (by my sister).（影山 2009: 122）のような受身文の場合，対象物に対して行われた行為（出来事）を表すが，受身の中には，行為の結果として対象物がどのような状態にあるのかを描写する例もある。たとえば Those eggs are not raw but *boiled*. (ibid.) という表現は，卵をゆでた結果，生のままではなくゆで卵の状態になっていることを表している（以上，boiled の斜体はどちらも原文による）。この種の受身の特徴については第 3.5.4 節でまとめ，場所格交替との関係については第 5 章で詳しく論じている。また，第 7.7 節では状態を表す受身と接頭辞 under- が組み合わさった表現（e.g. undercooked）を取り上げている。

■ 心理動詞

感情を描写する動詞は心理動詞と呼ばれている。英語には，恐怖を表す心理動詞として fear や frighten がある。fear の場合，感情の主体が主語として表されるが（e.g. John fears Snakes.），frighten の場合は目的語として表されている（e.g. Snakes frightens John.）。心理動詞にこのような 2 種の動詞が存在するのはなぜだろうか。本書では，第 2.1.3 節や第 2.1.6 節などで英語の心理動詞を扱い，日本語との比較も行っている。

■ 結果目的語

kick a ball のような表現では，働きかけの対象が目的語になっている。一方，build a house の場合，a house は働きかけの対象ではなく，行為の結果

として作られるものであり，この種の目的語は結果目的語と呼ばれることがある。結果目的語はいろいろな表現に見られるが，本書ではそのような例の1つとして穴あけ構文を分析している（第2.3節）。穴あけ構文とは結果目的語として hole が用いられる構文であり，He kicked a hole in the wall.「彼は壁を蹴って穴をあけた」のような例がある。また，第6.7節ではレシピに見られる結果目的語について考察を行っている。

これらの文法現象を扱った箇所の多くは，筆者がこれまでに発表してきた論文に基づいている。もし上記のような問題についてより詳しく知りたいという方がいたら，参考文献リストから該当論文を探していただければと思う。

本書の構成

本書は9章で構成されている。各章の内容は以下の通りである。

第1章は，認知言語学と場所格交替の概要を示し，捉え方の意味論と使用基盤モデルが結びついた「豊かな文法」における研究の在り方を論じる。第2章では認知言語学の構文研究を紹介し，「豊かな文法」の観点から場所格交替がどのように扱われるかの大枠を示す。第3章では，場所格交替が本格的に研究されるようになった1960年代から現在までにどのような理論的変遷をたどってきたのかを概観し，場所格交替の研究にどのような課題があるのかを確認する。

第4章から第7章にかけて英語の場所格交替を様々な観点から分析していく。第4章は交替動詞として load と smear を選び，2つの構文で共起する名詞がどのように違うかを観察する。それをもとに2つの構文が，描写される事態に対する評価の点で異なることを明らかにする。第5章では，場所格交替の2つの構文が状態を表す受身と組み合わさった例を扱う。この種の複合的な構文が成立する動機づけについて論じるとともに，広く複数の構文が関与する事例を扱う方法についても提案する。場所格交替動詞の中には料理表現として使われるものがあるという点に着目し，第6章ではレシピの事例を分析する。レシピでどのように場所格交替の2つの構文が使い

分けられているかを明らかにし，文法研究にレジスターの観点を取り込むことの必要性を述べる（レジスターという概念の詳細については第 2.2.2.3 節を参照）。第 7 章では，場所格交替に参与しないと言われてきた非交替動詞が臨時的に交替する例を観察し，そのような言語使用を可能にする仕組みを論じる。

　第 8 章は英語の場所格交替に相当する日本語の表現を分析する。英語に比べて日本語では交替動詞が少ないと言われているが，そうであるとすれば英語の場所格交替がカバーしている事態について，日本語ではどのような表現を用いているのかという疑問が生じる。英語の場所格交替動詞が料理表現として用いられることが多いという観察に基づき，第 8 章では調味料をかけることを描写する日本語表現を取り上げ，英語との比較を行う。

　第 9 章で全体のまとめを示し，本書の意義を指摘する。

第 1 章

序　論

If you are at the sea-side, and you take an old, dull, brown penny and rub it hard for a minute or two with handfuls of wet sand (dry sand is no good), the penny will come out a bright gold colour, looking as clean and new as the day it was minted. Now poetry has the same effect on words as wet sand on pennies. In what seems almost a miraculous way, it brightens up words that looked dull and ordinary. Thus, poetry is perpetually 're-creating language.' *

—— C. Day Lewis

1.1.　構文交替

　言語は形式と意味から成る記号の体系であり，形式と意味の対応関係を明らかにすることは言語学の主要課題の１つである。この問題を考える上で興味深いのが構文交替（alternation）である。構文交替とは，ある種の動詞が基本的な意味を保ったまま異なる形式の構文に現れる現象である。英語には

---

* 砂浜でくすんだ古いコインを拾ったとします。湿った砂をすくって一，二分しっかりこすってみれば（乾いた砂ではだめです），コインはすぐに輝きを取り戻し，できたばかりのときのように奇麗になるでしょう。詩にも同じような力があります。湿った砂がコインをぴかぴかにするように，詩はことばに輝きを与えるのです。詩の持つ奇跡のような力で，手垢にまみれたことばはたちまち輝き出します。このように，詩は「ことばをよみがえらせる」絶えざる営みなのです。（拙訳）

14 | 第1章 序 論

以下のような例がある。

(1) 場所格交替 (locative alternation)
    a.   John loaded hay into the truck.
    b.   John loaded the truck with hay.
        ジョンは干し草をトラックに積んだ。

(2) 与格交替 (dative alternation)
    a.   Sally sent a letter to Harry.
    b.   Sally sent Harry a letter.
        サリーはハリーに手紙を送った。

(3) 身体部位所有者上昇交替 (body-part possessor ascension alternation)
    a.   Mary struck John's arm.
    b.   Mary struck John on the arm.
        メアリーはジョンの腕を叩いた。

(1)–(3) のペアは，それぞれ同一の事態を描写するのに用いることができるという点で，基本的な意味は同じであると言うことができるが，事態の参与者（事態に関わる人や対象物など）がどのような形で現れているか（目的語か前置詞句か，名詞句内の所有格代名詞か独立した名詞句かなど）という点では異なっている。

なぜ同じ事態を表現するのに使用できる構文が複数存在するのか，ペアとなる構文はどのように関係づけられているのか。このような問いは統語構造と意味構造の関係をどのように捉えるかという問題に直結し，ひいては言語理論の違いへとつながっている（たとえば，格文法，語彙意味論，構文文法など。詳しくは第3章を参照）。

本書は，英語の構文交替の中でも場所格交替に着目し，構文がどのように選択されているのかを分析する。数ある理論的立場の中で，本書が依拠するのは認知言語学である。認知言語学の言語観，研究手法については第2章で詳しく扱うが，まずはその特徴を2点に絞り簡潔に紹介しておきたい。

1.2. 認知言語学の特徴

1.2.1. 捉え方の意味論

　同じ事態を表すのに用いることができるという点をもって，ペアとなる構文の意味が同じであると考えるなら，あるいは，構文の意味に違いがあったとしてもそれは語用論で扱うべきものである（意味論のレベルでは同義である）と考えるなら，構文交替は純粋に統語的な観点から考察されるべき問題になる。そのような関心のもとでは，構文間の関係は変形や派生といった統語的な操作によって分析される。実際，（3）の交替が「身体部位所有者上昇交替」と呼ばれているのは，（3a）の構造の名詞句 John's arm における身体部位所有者 John が統語的操作により「上昇」(ascend) して独立の名詞句となったことで (3b) が派生される，と考えることに由来する (Levin 1993; 岸本・影山 2011)。変形，派生による分析法が提示された生成文法の初期の研究としては，Hall (1965) や Fillmore (1968) がある。

　これに対して，認知言語学は，事態のどのような側面に注目するか，つまり事態の「捉え方」(construal) も意味の一部であると考え，同一の事態を報告するのに用いられる構文群においても意味の違いが見出せることを明らかにしてきた (e.g. 池上 1980–1981, 2006; Langacker 1987; 西村 1996)。このように認知主体が対象をどのように捉えるかを意味の重要な一面だと見なす意味論を「捉え方の意味論」と呼ぶことにする。

　たとえば，(1a) や (2a) は干し草や手紙の位置変化（移動）[1] に焦点を当てた表現である一方，(1b) はトラックの状態変化（トラックが干し草でいっぱいになり，輸送可能な状態になる），(2b) はハリーが送られてきた手紙を受け取ったという側面に焦点を当てた表現だと考えられている。また，(3a) は打撃を与えたのはどの身体部位かという関心が表れているのに対して，(3b) は打撃によって身体部位所有者に与えた影響に着目した表現だと言われている。このような意味の違いは，以下の場合によりはっきりと観察される。

(4) a.　John loaded a book into the truck.

1　本書では「位置変化」と「移動」をほぼ同じ意味で用いる。

16 | 第 1 章　序　論

　　b. *John loaded the truck with a book.

（5）a.　Sally sent a letter to London.

　　b. *Sally sent London a letter.

（6）a.　Mary struck John's bag.

　　b. *Mary struck John on the bag.

本の位置変化に着目する場合，その本が 1 冊（a book）であってもかまわないが，1 冊の本を積んだだけではトラックの状態が変化したとは解釈しづらい。ロンドンは，手紙を送る先として捉える分には問題ないが，手紙を所有する主体であるとは言い難い[2]。（3b）のようにジョンの腕を叩く場合，腕はジョンの一部であることから，ジョン自身を叩いたことだと解釈しやすいが，（6b）のようにジョンの持ち物であるバッグを叩いても，それはジョンを叩く行為だとは見なされない。（4）–（6）の（b）が容認されないのは，表現しようとしている事態に（b）の構文に組み込まれた捉え方を適用することが困難だからだと考えられる。

　以上のように，認知言語学では，構文交替のペアとなる構文には捉え方のレベルで違いがあると考える。別の角度から言い換えれば，構文間の形式の違いはその捉え方の違いに起因する（たとえば目的語の選択は事態において影響を受けると見なされる参与者がどれかといった話し手の判断に左右される）ということになる。Langacker（1987）は与格交替について以下のように述べているが，これは与格交替に限らず構文交替全般を簡潔に説明した一節（太字は原文）であると言える[3]。

（7）　　The differences in grammatical structure therefore highlight one facet of
　　　　the conceived situation at the expense of another; I will say that the two

---

2　London を単なる場所ではなく，ロンドンにいる人（ロンドン支社の担当者など）として解釈する場合は手紙の受領者として見なすことも可能である。これは第 2.1.4 節で扱う「メトニミー」の一種である。

3　ここでは捉え方を表す語として image が使われている。認知文法の初期の研究では image という言い方がよくなされていたが，現在は construal が一般的となっている（Langacker 2008: 43）。

sentences present the scene through different **images** [...].

(Langacker 1987: 39)

> したがって，文法構造の違いによって，描写対象となる事態のどの
> 側面に焦点が当たるかが変わり，別の側面は背景化されるのであ
> る。そのため，［与格交替の］2 つの文は，異なる**捉え方**を通して事
> 態を提示していると言えよう。

　上記のように考えれば，構文という文法パターン（および構文を構成する
主語や目的語，文法的形態素などの要素）も語彙と同じく形式と意味のペア，
すなわち記号であると考えることが可能となる。このような文法観は「記
号的文法観」(symbolic view of grammar) と呼ばれている。記号的文法観は，
そもそも何のために構文交替という現象が存在するのかという問いに対し
て，言語を使う主体である人間が事態を様々に解釈し，それに応じて情報伝
達の仕方を調整するのであり，そのためのリソースとして構文交替は存在し
ている，という回答を与える (Langacker 1987: 39, 1991: 第 7.2 節; Tomasello
1999: 第 5 章)。

1.2.2.　使用基盤モデル [4]

　言語構造が意味から自律した言語特有の構築物であるなら，構文をはじめ
とする文法的単位を習得する上で，意味のやりとり，すなわちコミュニケー
ションが果たす役割は副次的なものとなる。このような考えのもとでは，コ
ミュニケーションに依存しない言語習得の在り方が想定され，言語習得は人
間が生まれながらにして持った言語能力の発現であるとされる。しかし，捉
え方を意味の一面として認めると，語彙項目のみならず文法項目も意味に動
機づけられた言語単位だと見なすことができ，言語がコミュニケーションに
おける実際の言語使用を通して習得されるという可能性が開かれる。認知
言語学では，このような可能性を追求し，言語の「使用基盤モデル」(usage-
based model) を提唱している (e.g. Langacker 1990: 第 10 章, 2000; Kemmer
and Barlow 2000; Tomasello 2003)。

4　本節の内容は野中（2019a）に基づいている。

18 | 第1章 序　論

　使用基盤モデルでは，言語知識はコミュニケーションにおける言語使用に基づいて獲得され，それを反映した知識構造になっていると想定される。この考えのもとでは，実際の言語使用（「使用事象」（usage event）と呼ばれる）の中で繰り返し現れる表現が話者の頭の中で定着していき，定着した表現間の共通性が見出されることで言語知識が形成されると想定される。表現間に見られる共通性は「スキーマ」（schema）と呼ばれる。語彙項目や構文という言語単位もスキーマの一種である。そして，スキーマにおける中心的事例は「プロトタイプ」（prototype）と呼ばれる。

　スキーマとプロトタイプの関係を見る例として (3b) の構文（以下，身体部位所有者上昇構文）を観察してみよう。身体部位所有者上昇構文の目的語には有生物，特に人間が用いられ，無生物を用いる例は多くの場合不自然だと判断される（Wierzbicka 1988; Massam 1989; 池上 1995）。人間の場合は部分への働きかけによってその所有者全体が影響を受ける（たとえば腕を叩けば腕の持ち主は痛みを感じる）のに対して，無生物の場合にはそのような影響を読み込むのが難しいからだと考えられる。

(8)　a.　John kissed Mary on the forehead.
　　　b.　*John kissed the Bible on the cover.　　　　（Wierzbicka 1988: 198）

ただし，Massam (1989) が指摘する通り，目的語が無生物でも容認される場合がある。実際，British National Corpus（BNC）には次のような例がある。

(9)　Pickering's own aircraft was hit twice in the starboard mainplane by
　　　return fire.　　　　　　　　　　　　　　　　　　　　　　（BNC）
　　　ピカリング自身の機体は右舷の主翼に 2 度反撃を受けた。

この例のように，行為によって目的語の指示対象が本来の機能を発揮できなくなる（翼が壊れれば飛行機は飛べなくなる）場合には，全体が影響を受けたと捉えるのも自然である。したがって，身体部位所有者上昇構文のスキーマ的意味は「部分への働きかけによって全体に影響を与える」というものであり，そのプロトタイプが人間に対する行為，周辺事例が飛行機などの無生物に対する行為ということになる。スキーマにはこのように様々な事例が含

まれ，それらがネットワーク状に関連づけられていると想定される。

スキーマ抽出で重要なことは，スキーマには段階性があるということである。身体部位所有者上昇構文の場合，スキーマ性（schematicity）と慣習性（conventionality）に応じて，次のようなスキーマを想定することができる（表 1-1 は Langacker（2008: 21）をもとに作成）。

表 1-1. 身体部位所有者上昇構文のスキーマ性と慣習性

	スキーマ性	慣習性
(A) V X in the N	3 つのスロットが埋まっていない	慣習的
(B) kick X in the shin	部分的にスロットが埋まっている	慣習的
(C) kick my pet giraffe in the shin	すべてのスロットが埋まっている	新　規

スキーマ（A）は V，X，N のどのスロットも指定されておらず，抽象度が高い（ここで言う V は打撃を表す動詞，N は身体部位名詞であり，この時点である程度の具体性が認められる）。一方，スキーマ（B）は V スロットと N スロットが埋まっており，（A）の一部が具体化されている。そして，（C）では X を含めたすべてのスロットが指定されており，具体性の高い表現である（ただし，主語や V の時制などは指定されていないため，実際の言語使用の一部を切り取ったものであることがわかる）。言語習得においては，（C）のような具体的な事例に多数触れることにより，（B），さらには（A）といった具合に，ボトムアップにスキーマが得られることになる。

ここで，（A）のような抽象度の高い上位スキーマのみならず，スロットが部分的に埋まった（B）のような下位スキーマにも慣習性を認めていることに注意されたい。（B）レベルのスキーマ（e.g. hit X in the back, kick X in the shin, poke X in the eye）は，英語でよく用いられる慣習的なフレーズであり，英語母語話者はこれを丸ごと覚えて使用していると考えられる（Langacker 2008: 20）[5]。使用基盤モデルでは，スキーマのうち話者の頭の中で定着した表現について，「ユニット」（unit）としての地位を獲得した，という言い方を

---

5 野中（2019a）は使用基盤モデルの観点から身体部位所有者上昇構文を分析し，[hit X on the head] や [hit X in the face] などが慣習的なフレーズになっていることを示している。

20 | 第1章 序 論

する。ユニットとは内部構造を考えずにひとまとまりとして扱える単位のことである。慣習的な表現をユニットとして数多く身につけることで，自然で流暢な言語使用が可能になると考えられる。

スキーマ（A）が抽出されても依然として（B）のような下位スキーマも言語知識として蓄えられており，言語運用上はむしろ（B）の役割が大きい（必ずしも（A）を経由することなく（B）に直接アクセスして表現を使用する）と考えるのが使用基盤モデルの特徴である。スキーマ（A）や（B）は，抽象度の違いはあるものの，どちらも意味を伴った言語形式（すなわち構文）であると分析され，文法の一部を形成する[6]。

スキーマ（B）のような慣習的な単位が，語彙の領域（kick や shin に関する知識）に属すると同時に文法（身体部位所有者上昇構文に関する知識）の領域にも属することも重要である。このような単位が言語に多数存在することから，認知言語学は，語彙と文法は本質的に異なる知識ではなく，連続体を成していると主張する。そして，それらの言語単位は母語話者の頭の中に無秩序に蓄えられているわけではなく，部分・全体関係，上位・下位関係，類似性の関係などで結びつけられていると考えられる。このように相互に関係づけられた言語の知識構造は「慣習的な言語ユニットの構造化された目録」(structured inventory of conventional linguistic units) と呼ばれており (Langacker 1987: 57, 2000: 8)，その内実を探ることは認知言語学の重要な課題の1つである (Taylor (2004) も参照)。

1.3. 研究の実践方法

認知言語学，特に Ronald W. Langacker が提唱する認知文法（Cognitive Grammar）において，捉え方を重視することで一新された意味論と，コミュニケーション（意味のやり取り）に根差して言語知識が習得されるとする使用基盤モデルは，コインの両面のような関係にある。したがって，認知文法

---

6 抽象的な規則のみならず，慣習的な表現も「文法」の一部に含めるという意味で，認知文法で言う「文法」の範囲は，生成文法の場合よりも広いと言える（西村・野矢 2013: 56–62）。

1.3. 研究の実践方法 | 21

の理念を実践するためには，両者が一体となった研究を行う必要がある[7]。本書では，捉え方の意味論と使用基盤モデルが有機的に結びついた文法観を，捉え方を含む意味の豊かさ，慣習的な言語ユニットの豊かさが重視されることから，「豊かな文法」と呼ぶことにする。

「豊かな文法」に基づいた研究を行う上で，以下の4つの観点を考えるのが有効ではないかと思われる。Lakoff and Johnson (1980) の挙げた概念メタファーを例に，それを見てみよう（本節で挙げる Lakoff and Johnson の例文における強調（斜体）は原文による）。

（I）動機づけ：その表現が成立するのはなぜかを説明する

例）英語では Is that the *foundation* for your theory? のような表現が可能だが，このような言い方の背後には，理論（および議論）を建築物に見立てるという発想（メタファー）があると考えられる (p. 46)。つまり，こうした表現の動機づけとして，THEORIES (AND ARGUMENTS) ARE BUILDINGS という概念レベルのメタファーを想定することができる。

（II）意味・使用範囲：その表現の意味はどのようなものであり，どのような範囲まで使えるか，ほかの表現と比較しながら説明する

例）the *foundation* of the argument に近い表現として，the *most basic part* of the argument と言うこともできる (p. 102)。類似表現と比較することで，THEORIES (AND ARGUMENTS) ARE BUILDINGS の特徴や，このメタファーに基づく表現の使用範囲を明らかにすることができる。

（III）慣習性：その種の表現の中でどれが慣習的であるのかを説明する

例）Lakoff and Johnson は THEORIES (AND ARGUMENTS) ARE BUILDINGS の例の1つとして The argument is *shaky*.「その議論はぐらぐらしている」を挙げている (p. 46)。foundation (of the theory), solid (evidence) は理論・議論の表現として高度に慣習化しているが，それに比べると shaky を理論・議論の表現として使う頻度はやや劣ると言える。

---

7 認知文法の解説については坪井 (2020) も参照されたい。

コーパスの頻度調査などによって，THEORIES (AND ARGUMENTS) ARE BUILDINGS というメタファーの中でどのような表現が慣習化しているか（あるいはそれがどのぐらい慣習化しているか）を解明することができる。

(Ⅳ) 臨時的・創造的な言語使用：慣習から外れた表現がどのように産出されるのかを説明する

　　例）Lakoff and Johnson は，THEORIES ARE BUILDINGS の創造的な使用例として His theory has thousands of little rooms and long, winding corridors.「彼の理論には何千もの小部屋と長く曲がりくねった廊下がある」を挙げている (p. 53)。THEORIES ARE BUILDINGS は，建築物の土台や支えといった側面を用いて理論の概念を構造化するメタファーであるが，この例では，建築物の部屋や廊下といった，このメタファーにおいて通常であれば使用されない側面にまで言及している。メタファーにおける概念化の在り方や慣習的な表現からの類推に着目することで，通常の使用範囲を超えた臨時的な言語使用が可能になる仕組みに迫ることができる。

　捉え方を重視した研究では，鋭い直観や巧みな作例をもとに，上記の（Ⅰ）を中心に扱い，その延長で（Ⅱ）を扱ってきた部分がある。しかし，（Ⅱ）については作例に基づくだけでは見逃されてしまう例があるのも確かであり，そのような見逃しを防ぐためには実例をもとにした丹念な観察が必要である。

　また，ある表現の動機づけとして特定の捉え方を指摘できるからといって，言語使用時に話者の頭の中でその捉え方が活性化されているとは限らない。たとえば，the foundation of the theory や solid evidence は母語話者にとってユニットになっているのであり，こういった表現を用いる際に逐一建築物を思い浮かべることはないだろう。その意味で，（Ⅰ）に取り組むプロセスと（Ⅲ）に取り組むプロセスはある程度切り離して考える必要がある（この点については酒井 (2013) の議論を参照。言語使用時に活性化される知識がどのようなものかを追究した研究としては平沢 (2019) がある）。一方，He is trying to *buttress* his argument with a lot of irrelevant facts, but it is still so *shaky* that it will easily *fall apart* under criticism. 「彼は関連性の低い話までたくさん持ち出して議論を補強しようとしているが，それでも議論はあまりにぐらついていて，批判を受けたら簡単に崩れ落ちそうだ」(Lakoff and Johnson 1980: 98) という表現を使う場合は，buttress, shaky, fall apart といった表現を一貫して使用していることから，Is that the foundation for your theory? といった表現を使うだけのときに比べて THEORIES (AND ARGUMENTS) ARE BUILDINGS という捉え方が強く意識されていると考えられる。捉え方が活性化される度合いは，それぞれの使用事象によって異なることに注意する必要があるだろう。

　慣習から外れた臨時的・創造的な言語使用は，その表現のもとになる捉え方を最大限に利用した，あるいはその捉え方の範囲を拡張したことで可能になると言える。しかし，慣習から外れた表現が用いられるといっても，そのような表現が既存の表現と全く接点を持たないということはなく，慣習的な表現からの類推がもとになっていると考えられる (Boas 2003; Bybee 2010, 2013)。そのため，（Ⅳ）の臨時的・創造的な言語使用を明らかにする際には，上記の（Ⅰ），（Ⅱ）だけでなく，（Ⅲ）との関連を考える必要がある。本書では，（Ⅰ）から（Ⅳ）すべての側面を重視して，英語の場所格交替の実態を明らかにすることを目指す。

　本書で扱う場所格交替について概観する前に，ここで「構文」という用語について確認しておきたい。言語理論によって，あるいは研究者によって「構文」をどのような意味で用いるかは異なる。本書では，形式と意味の慣習的な結びつきのうち，複合的なパターン（複数の語または複数の形態素から成るもの）を構文と呼ぶことにする。典型的には語よりも大きい単位を指すが，中には N-less 構文 (e.g. moonless, childless) のように複数の形態素から成るものも含む[8]。すでに身体部位所有者上昇構文の例で見た通り，構文は抽象度に応じて様々なレベルのものが想定できる。使用事象における実際の表現 (e.g. John hit Bill on the head.) に対して構文という用語を使うこともあるが，スキーマとしての構文に言及していることを明確にしたいときには，

8　「本書を読まれる前に」の注2も参照。

24 | 第1章 序 論

「構文スキーマ」という用語が用いられる。

　構文の中にも様々なものがあるが，本書で扱うのは「項構造構文」である。文を形づくる上で重要な役割を果たすのが事態に関わる参与者の数と参与者同士の関係である。参与者を表す名詞句，つまり述語に対する「項」（argument）についてのこれらの情報は「項構造」（argument structure）と呼ばれる。項構造に関する構文が項構造構文であり，場所格交替でペアとされる構文はそれぞれ項構造構文の一種である。項構造構文以外に文を形成するための構文として疑問構文，否定構文などがある。実際の文は，このような複数の構文を組み合わせることで形成される（Croft and Cruse 2004: 264; Goldberg 2006: 21）。たとえば，Was he hit on the head yesterday? は，身体部位所有者上昇構文であると同時に，疑問構文，受身構文でもある（このような構文の組み合わせについては第5章で扱う）。認知言語学の中でも特に構文を言語の基本単位とする立場を構文文法（construction grammar）と呼ぶ[9]。本書も構文文法の研究の1つとして位置づけられる。

1.4.　場所格交替の概観と本書の目的

　英語の場所格交替には，自動詞型と他動詞型が存在する。自動詞型の構文をそれぞれ移動物主語構文，場所主語構文，他動詞型の構文をそれぞれ移動物目的語構文，場所目的語構文と呼ぶことにする[10]。

9　構文文法と一口に言っても，様々なものがあり，中には本書で示したような認知言語学の基本的な想定とは異なる考え方を採用しているものもある。各種の構文文法について概観するには Hoffman and Trousdale（2013）が便利である。構文文法の理論と分析例を紹介するものとしては Hilpert（2019）や早瀬（2020）がある。構文文法という名前は付いていないが，Langacker（2005）自身は認知文法も構文文法の一種であると考えている（Langacker（2005）は認知文法とそのほかの構文文法との違いも述べている。坪井（2020: 29–31, 50–78）も参照）。研究者や論文によって「構文」という用語が意味するところや力点が違うことがあるが，それについては Taylor（2004, 2012: 第6章）が参考になる。

10　移動物目的語構文は使役移動構文と呼ばれる構文の一種である。場所目的語構文における場所名詞句は，状態変化の対象であり，単なる「場所」ではないとされるが（Pinker 1989: 78–79; 池上 2007: 235–236; 高見 2011），本書では，ペアとなる2つの構文の対比がしやすくなるように，両構文で共通して「場所」という用語を用いることにする。

1.4. 場所格交替の概観と本書の目的 | 25

(10) 自動詞型（swarm 交替）

   a.   Bees are swarming in the garden.（移動物主語構文）

   b.   The garden is swarming with bees.（場所主語構文）

       ハチが庭で群がっている。

(11) 他動詞型 A（spray/load 交替）

   a.   John sprayed paint on the wall.（移動物目的語構文）

   b.   John sprayed the wall with paint.（場所目的語構文）

       ジョンはペンキを壁に吹き付けた。

(12) 他動詞型 B（clear 交替）

   a.   John cleared dishes from the table.（移動物目的語構文）

   b.   John cleared the table of dishes.（場所目的語構文）

       ジョンはテーブルの皿を片付けた。

自動詞型では主語と前置詞句の間で事態参与者の交替があり，他動詞型では目的語と前置詞句の間で参与者の交替がある。他動詞型は，移動物を散布したり，移動物を容器に入れたりすることを表す A と，移動物を除去することを表す B に分かれる[11]。交替に参与する動詞の代表例にちなんで，(10) のような自動詞型を swarm 交替，(11) のような他動詞型 A を spray/load 交替，(12) のような他動詞型 B を clear 交替と呼ぶことがある（Levin 1993:

  「場所らしさ」に関する認知文法の議論として，Langacker (2010) がある。

11 このほかに，Levin (1993) は wipe 交替と自動詞型の clear 交替を挙げている。wipe 交替は，他動詞型 B とほぼ同じ構造を示すが，Helen wiped the fingerprints off the wall./ Helen wiped the wall (*of fingerprints). のように場所目的語構文で移動物を示すことができないという制約がある（Levin 1993: 53）。自動詞型の clear 交替は，他動詞型 B の自動詞版であるが，Clouds cleared from the sky./The sky cleared (*of clouds). のように，場所主語構文では移動物を表現しづらいと言われている（ibid.: 55）。形容詞に着目すると，abundant などの交替も場所格交替の一種と言える。形容詞の場所格交替は自動詞型に近い。Salkoff (1983: 302) は Food for birds {abounds/is abundant} in the marshes./ The marshes {abound/are abundant} with food for birds. という例を挙げている。なお，刻印動詞の交替（[imprint NP on NP] / [imprint NP with NP]）や授与動詞の交替（[present NP to NP] / [present NP with NP]）は，Levin (1993) では場所格交替とは別のものだとされている。場所格交替という用語の範囲をどのように考えるべきかについては，野中 (2018) の議論を参照。

26 | 第1章 序 論

49–55)。本書では，場所格交替の中でももっとも盛んに研究がなされてきた他動詞型Aに焦点を当てて分析を行う。これ以降，単に「場所格交替」と言うときは他動詞型Aを指す。

自動詞型，他動詞型の場所格交替は，事態の捉え方を反映した言語現象として，様々な研究者が論じてきた（e.g. 池上 1980–1981; Pinker 1989; Langacker 1990: 第9章）。特に，移動物目的語構文は位置変化に焦点を当てた構文であり，場所目的語構文は場所の状態変化に焦点を当てた構文であるとするPinker（1989）の説は，理論の違いを超えて広く受け入れられている。このような先行研究では，作例によって（4）–（6）のような容認可能な文と容認不可能な文を対比させることで，捉え方という微妙な差異を明らかにしてきた。第1.3節で見た研究実践のうち，（Ⅰ）の研究は，こういった作例の手法によって大きな進展を見せたと言える。

一方の構文のみが容認できるような例文のペアを作ることができるのは作例研究の利点ではあるが，研究者の意識にのぼりやすい例とそうでない例がどうしても出てきてしまうため，扱うデータに偏りが生じることは否めない。実際，場所格交替動詞の実例を探せば難なく見つかる以下のような表現について十分な記述がない（いずれもBNCの例）。

(13) a. The King and Queen loaded him with wealth and honours but Columbus wanted even more.
国王・王妃両陛下は，コロンブスに富と名誉をお与えになったが，彼はさらに多くのものを欲しがった。

b. Sean is really a very sweet guy and loaded with talent.
ショーンは本当にとてもやさしい奴だし，才能にあふれている。

(14) a. Mix together the lemon rind, parsley and chopped garlic and sprinkle over the rice before serving.
レモンの皮，パセリ，刻みニンニクを混ぜ合わせ，ごはんにかけたら，できあがり。

b. Season to taste and sprinkle with parsley before serving.
お好みで味を調えて，パセリをふりかけたら，できあがり。

1.4. 場所格交替の概観と本書の目的 | 27

(13) では移動物の項に honour (honor) や talent といった抽象物が現れている。これまでの研究では物理的行為 (e.g. トラックに干し草を積む，壁をペンキで塗る) を表す例ばかり研究されてきたが，このような抽象名詞の使用傾向は，移動物目的語構文と場所目的語構文で違いはないだろうか。そもそも 2 つの構文で用いられやすい名詞の性質に違いはないのだろうか。(13b) では load が過去分詞 (loaded) で使用されているが，なぜ状態を表すのに場所格交替動詞が使われているのだろうか。(14) は (a) , (b) ともにレシピの用例である ((a) では移動物目的語，(b) では場所目的語が省略されている)。実は，場所格交替動詞は調理手順を表すのによく用いられるのだが，その場合，2 つの構文はどのように使い分けられているのだろうか。先行研究ではこのような問題がほとんど取り上げられておらず，場所格交替における 2 つの構文に関しては，使用範囲 (Ⅱ)，慣習性 (Ⅲ)，創造性 (Ⅳ) のいずれもまだ十分に明らかになっていないと言える。そして，上記の例文には日本語訳を付したが，英語の場所格交替で表現される事態は日本語ではどのように表現されているだろうか。英語の場所格交替の研究成果を生かし，対応する日本語の表現についても考察することにする。

　上記のようなこれまで扱われてこなかった事例を含めて記述を行い，「豊かな文法」を通して眺めたときに，場所格交替がどのような姿を見せるのか。これを明らかにするのが本書の目的である。また，本書は場所格交替を例に，認知言語学の構文研究の可能性を模索するという側面も持つ。本書ではコミュニケーションに根差して言語知識が形成されるという使用基盤モデルの考えを重視し，機能主義 (伝達機能を言語の本質と見なす立場) の言語研究を広く参照し，多角的に言語使用を考察していく。コーパス上の実例の観察を行い，用例数をもとにした議論も行うが，単に使用例の数をカウントするだけでなく，意味・機能・使用文脈を取り込んで初めて十全な使用基盤的分析であると言える。そのような使用基盤的な分析と捉え方の分析が一体となった研究の実践例を本書で示したい。

　本章の冒頭で，詩人ルイスのことばを引用した。詩は手垢にまみれたことばを磨きあげ，言語を生き返らせることができるのだと，ルイスは述べる。私は言語学にも同じような役割があると思っているし，そのような言語学を

やりたいと思ってきた。その思いは本書でも変わらない。英語の場所格交替はすでに60年以上の研究の歴史を持ち，些末なことを除けば大概のことはわかっているという印象を抱いている人もいるかもしれない。そんな，言語学者にとってはおなじみの場所格交替がいかに驚きに満ちているか――英語では loaded with surprises といった表現が可能である――を示し，場所格交替の新しい捉え方を提案することができればと思う。

第2章

認知言語学の構文研究と場所格交替

> もちろん，ことばの仕組みといっても，ことばがそ
> れによってひとりでに働き出すというような仕組み
> があるわけではない。仕組みを働かせるのは，〈こと
> ば〉を使う話し手，〈ひと〉の方である。……〈ことば〉
> だけを視野に入れて〈ひと〉を棚上げにしておく，あ
> るいは，〈ひと〉を考慮しても〈理想的な話し手〉だけ
> から成る言語社会といった前提を立てて巧みに〈ひ
> と〉をひとまずは消去してしまう——こうした伝統
> 的な言語学の姿勢に対して，〈認知言語学〉(cognitive
> linguistics) と呼ばれる新しい言語研究の流れの中で
> は，初めて主体的に思考し，行動する話し手としての
> 〈ひと〉をまともに取り込んだ形で〈ことば〉を考える
> 基礎ができあがったように思える。
>
> ——池上嘉彦

　第1章で認知言語学の考え方に触れたが，本章ではさらに踏み込んで認
知言語学の構文研究を紹介する。認知言語学の紹介をする上で，一点注意し
ておきたいことがある。それは「認知言語学」が特定の理論の名前というよ
りもむしろ一群の研究の集合体を指す語であるという点である。実際，認知
言語学と呼ばれる研究の間で，考え方や用語法について一致していない点も
多い。西村 (2000) は次のように述べている。

(1)　　現在「認知言語学」と呼ばれる言語理論の潮流は，その成立の事情
　　　　からしても，実際にその名を冠して行われている個々の研究を見て

30 ｜ 第2章 認知言語学の構文研究と場所格交替

も，理論的・方法論的に確立した（あるいは少なくとも確立しつつ
ある）単一の枠組みというよりは，既存の他の理論（とりわけ「生
成文法」）といくつかの基本的な点で対立する複数の研究プログラ
ムが，それぞれの独自性を保持しつつ，ゆるやかに結合して生じた
一種の理論的共同体のようなものと考えた方が実情に即している。

(西村 2000: 146)

　以上のことを踏まえ，本書なりの認知言語学のまとめを提示し，「豊かな
文法」の考え方を概説する。研究者の間で用語が一致していない場合は，そ
れぞれの用語を紹介した上で，本書でどれを採用するのかを示す。第 2.1 節
は捉え方，第 2.2 節は使用基盤モデルを軸としているが，このような分け方
は便宜的なものであり，すでに第 1 章で述べた通り，「豊かな文法」におい
て両者は分かちがたく結びついている。「豊かな文法」を紹介する過程で，
場所格交替がどのように位置づけられるのか，場所格交替についてどのよう
な点を調査する必要があるのかについて論じる。

2.1. 捉え方と文法

2.1.1. 捉え方と動機づけ

　認知言語学では，表現の意味は何を指すかだけでなく，表現を使う認知主
体（conceptualizer）がどのようにそれを捉えたのかをも含むと考えている。
認知主体の捉え方がいかに重要であるかを理解するための例として，(2) と
(3) を見てみよう。

(2)　　The pitcher ran from the bullpen to the mound.　(Langacker 2008: 529)

(3)　　An ugly scar runs from his elbow to his wrist.　　　　　　(ibid.)

　(2) と (3) はともに移動動詞 run を用いた表現であるが，ここには見逃せ
ない重要な違いがある。(2) は主語の the pitcher が走って移動することを表
しているのに対して，(3) は主語の an ugly scar の範囲を描写した表現で，
「彼は肘から手首にかけて醜い傷跡が走っている」という意味である。(2)

2.1. 捉え方と文法 | 31

と違い，(3) では主語の指示対象が移動したわけではないのに，run という
動詞や from his elbow to his wrist という起点・着点の表現が用いられている
というのは，一見すると不思議に思えるかもしれない。しかし，認知主体が
視覚的あるいは心的に傷跡をたどることで傷跡の範囲を把握しているとすれ
ば，認知主体の捉え方のレベルでは移動が関わっていると考えられる。この
ような仮想上の移動が言語表現に反映されているとすれば，(3) で (2) と同
じく移動表現が用いられることにも納得がいく。

　Langacker は同じ傷を描写するのに (4) と言うこともできることを示して
いる。(4) が用いられる場合，認知主体が傷跡の範囲を捉えた方向が (3) と
は逆であったことが読み取れる。

(4)　　An ugly scar runs from his wrist to his elbow.　　　　　　(ibid.)

これは同一の状況に対して複数の捉え方が可能であること，そのような捉え
方に応じて認知主体は異なる言語表現を用いることを示している。

　この種の表現の捉え方に移動が含まれていると考えるだけの言語的根拠は
ある。次の例を比べてみよう[1]。

(5)　a.　The road goes from Las Vegas to Los Angeles.

　　　b.　The road goes from Los Angeles to Las Vegas.

　　　　　　　　　　　　　　　　　　　　　　(Matsumoto 1996a: 186)

(6)　a.　*The road lay from Burney to Redding.

　　　b.　The road lay between Burney and Redding.　　　　　　(ibid.)

(5) は，(3) や (4) と同じく移動動詞（ここでは go）を用いて主語の指示対
象の位置を表しており，この例でもやはり起点・着点の経路表現が用いら
れている。一方，lie のように静的な位置関係を表す動詞の例 (6) では，方
向の概念とは相性が悪いため，経路表現を使用することができず，もし言
うとすれば between 句のように方向性が関わらない表現を使わなければな
らない。この違いは，認知主体の捉え方を考慮に入れることで自然に説明

1　(6a) はもともと Talmy (1983: 236)（Talmy (2000) に再録）が挙げていた例であるが，ミ
　ニマル・ペアを作り，(6b) と対比して提示したのは Matsumoto (1996a) である。

32 | 第2章　認知言語学の構文研究と場所格交替

することができるのである。ある表現が当該言語の表現として自然に感じられる（ある表現がなぜそのような意味を持っているか，あるいはなぜそのような形式をしているのかについて納得できる）要因がある場合，その表現には「動機づけ」（motivation）があると言う（Lakoff 1987; 池上 1995: 第Ⅱ部; Taylor 2004, 2006）。認知主体の捉え方に移動が関わっていると考えられることが，(3)–(5) で run や go という移動表現を用いる動機づけになっている（なお，(2) と (3)–(5) のような表現のつながりについて，Langacker (2008) は「主体化」（subjectification）の観点から論じている。主体化については第5章で取り上げる）。

　ここで注意しなければならないのは，物体の形状や範囲を表現するときにいつでも移動動詞や経路表現を使えるとは限らない，という点である（Matsumoto 1996a; 松本 1997）。英語の中にも物体の形状や範囲を表すのに使いづらい移動動詞があり，ほかの言語で同様の表現が可能とも限らない。

(7)　The {wall/castle wall/fence} {goes/runs/passes/ *proceeds} through
　　the center of the field. （松本 1997: 219）
(8)　*その {(ベルリンの) 壁／城壁／フェンス} は野原の真ん中を {行く
　　／走る／通る／進む／通っている／走っている}。 （ibid.）

(7) における英語動詞の中では，proceed を用いると不自然となる。似ている表現であっても，同じような用法を持っているとは限らないのである。また，The highway ran from Los Angeles to New York. といった例であれば，「そのハイウェイは東京から新潟へ走っている」のように日本語でも対応例があるが（松本 1997: 207），(7) に相当する (8) の表現は不自然である。このような例から，物体の形状を表す際に，日本語では英語ほど自由に移動表現を使えないことがわかる。同一言語内に類義表現がある場合，そして複数の言語で対応しているような表現がある場合に，それぞれの表現で慣習的な使用範囲が異なる場合があり，そのような慣習性も考慮に入れて言語研究を行う必要があると言えるだろう。言語現象のほとんどは，完全に予測可能でもなければ，かといって完全に恣意的なわけでもなく，動機づけと慣習性の双方の観点から特徴づけるべきものである（Lakoff 1987: 438–439; Langacker

2008: 88)。言語の慣習性については，第 2.2 節で改めて取り上げる。

2.1.2. フレーム

　ここでは捉え方の意味論における重要な概念である「フレーム」(frame)
を取り上げる。意味論において幾度となく扱われてきた語に bachelor があ
るが，この語の分析をもとにフレームという概念を紹介したい。

　Katz and Fodor (1963) および Katz and Postal (1964) は，bachelor（未婚男
性）の意味を [HUMAN] [MALE] [ADULT] [NEVER MARRIED] という意味成分の組み合
わせとして提示している。このように語の意味を意味成分に分解する手法は
成分分析 (componential analysis) と呼ばれている。bachelor を上記のような
意味成分の束として分析することで，たとえば This bachelor is my sister. と
いう文がおかしいこと（bachelor の成分 [MALE] と sister の成分 [FEMALE] で矛
盾が起きる）や John is a bachelor. と John is a man. の間に包含関係が成立す
ることなどを捉えることができる (Taylor 2003a: 29)。

　一方で，語の意味をそのような意味成分の束として見なすだけでは捉えら
れない言語事実も存在する。Fillmore (1975) は，ローマ教皇は未婚男性と
いう条件には当てはまったとしても bachelor とは呼びづらいと述べている。
また，R. Lakoff (1975) は，[MALE] か [FEMALE] かで対になっている語である
bachelor と spinster（未婚女性）が，実際には次のような非対称性を見せるこ
とを指摘している。

(9) a.　Mary hopes to meet an eligible bachelor.
　　b.　*Fred hopes to meet an eligible spinster.　　（R. Lakoff 1975: 32)

　このような事実を捉えるためには，bachelor の意味がどのような背景知識
をもとに成り立っているのかを理解しなくてはならない (Fillmore 1975, 西
村 1993; Taylor 2003a; 松本 2003)。bachelor の背後にあるのは〈人は一定の
年齢になれば結婚するものであり，その年齢を過ぎても結婚しないのは普通
ではない〉という結婚にまつわる価値体系であると考えられる。ローマ教皇
が bachelor と呼ばれないのはこの価値体系から外れることによる（カトリッ
ク聖職者は独身を貫くことが求められる）。そして，bachelor と spinster で違

34 | 第2章 認知言語学の構文研究と場所格交替

いが生じるのは，その価値体系において未婚であることの位置づけが男女で異なることの反映である。つまり，男性が結婚しないことに対しては自由を享受しているといった見方も可能なのに対して，女性が結婚していない場合は，R. Lakoff の研究が発表された 1970 年代では，何らかの理由で婚期を逃したと見なされやすかったのである。そのような価値体系の中では eligible spinster（結婚相手として望ましい独身女性）のような表現が成立しづらいのも自然なことだろう。bachelor は上述のような背景知識の中に位置づけられて成り立っている概念なのである（結婚や男女間の差異についての価値観が変わるにつれて，現代では spinster は使われなくなってきているが，少なくともある時期まではそのような価値体系に基づいて女性が評価されており，spinster はそれに基づいて成立していた語であると言える）。そして，西村 (1993) が述べるように，[HUMAN] [MALE] [ADULT] [NEVER MARRIED] といった要素が組み合わさり，それがゲシュタルト——単なる要素の組み合わせだけでは捉えられない 1 つのまとまり——を構成し，bachelor という語として具現化しているのはなぜか，という問いに答えるためにも，結婚に関する背景知識が必要である（このような意味のゲシュタルト性については，Langacker (1987: 第 1.1.4.4 節) も参照。bachelor については松本 (2003) でも扱われている）。このように，ある語を理解するのに必要な背景知識のまとまりをFillmore (1975) はフレームと呼んだ。Fillmore の研究を出発点に，フレームを基盤にした意味論，つまり「フレーム意味論」(frame semantics) が発展し，認知言語学の意味論の重要な一角を担っている（フレーム意味論の概要と研究例については松本・小原 (2022) を参照）。

　言語表現におけるフレームの重要性は，料理表現を観察することでも確認できる[2]。devein（えびの背わたを取り除く）という語を考えてみよう。この語の理解には，次のような知識が必要である。えびには背わたと呼ばれる筋があり（英語では sand vein, intestinal vein, back vein などと呼ばれる[3]），これ

2　料理動詞とフレームとの関係については，Goldberg (2010) も参照のこと。

3　英語レシピでは，sand vein のように言わずに単に vein とだけ呼ぶこともある (e.g. remove the vein)。このような vein の用法が理解できるのもえびの調理法についての知識を身につけてこそである。

を取らずに調理すると食感が悪くなったり，臭みが出たりする。そして，背わたを取り除くためには，えびの殻 (shell) をむき (peel)，包丁で切り込みを入れ，背わたを引っ張る (pull out) という手順が必要である (その際，えびの尾 (tail) は切らずにそのまま (intact) にしておくことも多い)。図 2-1 は料理本における devein の手順の説明である。

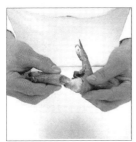
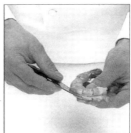
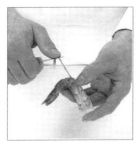

1 Remove the head from the prawn. Carefully peel off the prawn shell and tail section, if you like.

2 Make a shallow cut lengthwise along the back of the prawn, using a small sharp knife.

3 Carefully pull out the intestinal vein, preferably in one movement. Rinse prawn after deveining.

図 2-1. 料理本における devein の手順 [4]

devein の目的語が実質的に shrimp, prawn, langoustine などに限定されていることに加えて，devein の意味にこのような一連の手順が含まれていることを説明するのに，[SHRIMP] といった意味成分を設けるだけでは不十分だろう。devein という語を習得し，使えるようになるには，えびの調理に関するフレームを理解する必要がある。このようなフレームのもとで，devein という語は shrimp, peel, shell, tail といった語とともに母語話者の知識として蓄えられている (devein という語を知っている母語話者にとってはそうである) と考えられる。なお，特定のフレーム知識を有しているかどうかには個人差が見られる[5]。えびの調理に慣れている人には Peel and devein the prawn. といっ

---

4 Le Cordon Bleu, *Classic French Cookbook* (Dorling Kindersley, 1994, p.137) から引用。

5 devein という語の意味がわかるためにはえびの調理のフレームを理解している必要があるので，devein を知っているのに shrimp や shell は知らない，というのは不自然である。

36 | 第 2 章　認知言語学の構文研究と場所格交替

た指示だけで十分だろうが，えびの調理法をまったく知らない英語話者は
devein という語を知らないということもあるだろうし，devein という語を
知ってはいてもえびの調理に慣れていない話者にとっては，各ステップの説
明およびその写真があると便利だと考えられる（料理本によってどの程度調
理手順を説明するかは異なるが，図 2-1 は料理本の中でも比較的丁寧に背わ
たの抜き方を説明したものである[6]）。

　フレーム意味論の重要な議論の 1 つは，認知主体がある事態をどのフ
レームのもとで理解するか，その場に応じて選択するという点である。たと
えば，お金を出そうとしない人物について，英語では stingy（けちな）とも
thrifty（倹約な）とも言える（Fillmore 1982: 125）。stingy の反義語は generous
（気前がよい）であり，これらはお金を使うことを肯定的に評価するフレー
ムを喚起する。一方，thrifty の反義語は wasteful（浪費的な）であり，これ
らはお金を節約することを肯定的に評価するフレームを喚起する。したがっ
て，ある人物を stingy と見なすか thrifty と見なすかは，その人物をどのフ
レームに位置づけるかの違いであると言える[7]。以上のことを踏まえると，次
の例で話し手が何を主張しているのかもよくわかるだろう。

　（10）　He's not stingy – he's thrifty.　　　　　　　　（Fillmore 1982: 125）

（10）のような発言がなされる場合，話し手と聞き手はその人物をどのフ
レームで理解するべきかという点で対立していることになる（一方，"He's

　一方，えび自体を知っていてもえびの調理方法を知らない人はいてもおかしくないので，
　shrimp という語を知っているものの，devein は知らないという話者がいても何ら不思議は
　ない。フレーム知識の個人差について扱った研究としては Lee（2001: 第 11 章）を挙げる
　ことができる。Lee は会話参与者のフレーム知識が一致しなかったことで起こったミスコ
　ミュニケーションを扱っている。Lee の研究は，談話の展開によってどのようにフレーム
　が喚起されていくか，フレーム知識が会話参与者でどのように異なるかといった要素を取
　り込むことで，認知言語学に基づいた談話分析の実践例を示している。

6　近年はインターネット上に画像を用いて調理の各ステップを説明したウェブサイトや調
　理の実演動画が多数存在するので，それらを参照しながら調理手順を知るという者もい
　るだろう。

7　stingy と thrifty の違いについては，Lakoff（1987: 131–132）や Langacker（1991: 4）でも
　言及されている。

not stingy – he's really generous." (ibid.) と述べる場合，話し手と聞き手は当
該男性を同一フレームの中のどこに位置づけるかにおいて対立している)。
このように，認知主体はどのフレームで事態を捉えるかを選択し，それを特
定の表現で提示したり，フレームの選択について他者と交渉したりするので
ある。

　ここで，フレームと関連のある用語として，「百科事典的知識」(encyclopedic
knowledge) と「ドメイン」(domain) について触れておこう。時として，こ
れらの用語があまり区別なく用いられることもあるが，本書では次のように
区別しておくことにする。先に述べたように，認知言語学では，語の意味に
は何を指示するかだけでなく，指示対象に関する背景知識全般が含まれると
考えているが，このような知識の集合全体を百科事典的知識と呼ぶ (Haiman
1980)。百科事典的知識のうち，ある特定のまとまりをなす単位がフレーム
である。この用語法に従うと，フレームと百科事典的知識の違いは，語彙項
目 (語彙的知識に含まれる個々の表現) と語彙 (語彙項目の集合全体) の違い
と並行的であることになる。Langacker (1987, 2008 ほか) は百科事典的知識
の諸側面をドメインと呼ぶ。ドメインには，空間や時間のような (認知的に
これ以上小さい要素に還元できないような) 基本ドメイン (basic domain) と，
基本ドメインがいくつか組み合わさってできた非基本ドメイン (non-basic
domain) が含まれる。Langacker (2008: 47) は非基本ドメインがフレームに
概ね対応するのではないかと述べている。「非基本ドメイン」は「基本ドメ
イン」との対比を扱う場合には必要な用語であるが，本書ではこれ以後その
2つを対比して扱うことがないので，用語の簡潔さを重視し，非基本ドメイ
ンではなく，「フレーム」という用語を用いて議論を進める[8]。

　なお，フレームと一口に言っても，その複雑さは様々である。stingy –
generous の場合，その背後にあるフレームはお金を使うことについての評価
に当たるが，お金を使うという行為自体も1つのフレームとして捉えるこ
とができる。Fillmore (1977) は，売買のフレームに着目し，このフレーム
のどこに焦点を当てるかによって buy, sell, cost, pay のような動詞が使い分

8　野矢 (2011) は百科事典的知識に当たるものを「典型的な物語」と呼んでいる。西村・
　野矢 (2013) も参照。

けられていると説明した（買い手と商品の関係について着目した場合は buy，商品と代金の関係に着目した場合は cost が用いられる，など）。bachelor の背後にあるフレームは一層複雑なものであり，この場合はステレオタイプのような概念と近いと言える。本書では，（bachelor や stingy といった，事象についての評価に関するフレームではなく）売買のような事象自体についてのフレームを主に考察する。

2.1.3. プロファイル（トラジェクター・ランドマーク）

上記のように，認知言語学では，言語表現は豊かな背景知識を喚起すると考えられている。指示対象はそのように喚起された知識のうち特に焦点化された要素のことであると理解することができる。Langacker (2008: 第 3.3.1 節) は，背景知識を「ベース」(base)，焦点の当たるものを「プロファイル」(profile) と呼ぶ。たとえば，father と mother という語であれば，両者は親族関係というフレームをベースとする点は共通しており，その中で自己を中心として一親等上の男女のどちらをプロファイルするかという点で異なる，と説明することができる。

father/mother は名詞の例であり，プロファイルされるのは「モノ」であったが，プロファイルという用語は動詞（句）や前置詞（句），節で表されるような「関係」（たとえばモノとモノの関係）を指すのにも用いられる。心理動詞の例を見てみよう（Pinker 1989: 142; 西村 2004）。

(11) a. John fears snakes.

　　 b. Snakes frighten John.

fear と frighten は，どちらも恐怖の感情に関するフレームを喚起し，感情の主体（経験者）と感情の原因（刺激）の関係をプロファイルしている。プロファイルされる関係の中でもっとも焦点の当てられた，際立ちの高いモノを「トラジェクター」(trajector)，その次に際立ちの高いものを「ランドマーク」(landmark) と呼ぶ（Langacker 2008: 第 3.3.2 節）。他動詞における文法関係で言うと，トラジェクターは主語として，ランドマークは目的語として表現される。したがって，(11) の fear/frighten のどちらを使うかというのは，

2.1. 捉え方と文法 | 39

トラジェクターとランドマークの選択の違いに起因する（西村 2004: 294）。心理動詞のペアについては第 2.1.6 節で改めて議論する。

なお，father/mother や fear/frighten といったペアの意味が，同一フレーム内の焦点要素の違いとして特徴づけられるからといって，これらの語の意味がそれだけですべて説明できると述べているわけではないことには注意されたい。それぞれのペアの各語が異なる多義構造を持っていたり，主語と目的語の逆転以外の違いを見せたりしても，それは自然なことである[9]。

（11）は二者間の関係を表すものであったが，三者間の関係がどのように扱われるかも確認しておきたい。（12）は動作主（I），汚れ（the mud），きれいにする対象（the car）という三者間の関係を表す。

（12）　I washed the mud off the car.　　　　　　　　（Langacker 1995: 22）

事態のうち，（ⅰ）動作主が汚れに働きかけるという部分に着目すると，動作主と汚れにトラジェクターとランドマークの関係が成立していると言える。（12）には（ⅱ）きれいにする対象から汚れが移動する（汚れが落ちる）という側面もあり，ここには，汚れがトラジェクターに対応し，きれいにする対象（移動の起点）がランドマークに対応するという関係を見出すことができる。このような多層的な関係のうち，（12）は（ⅰ）の関係を反映した構文（動作主が主語，汚れが目的語）であると言える[10]。以後，本書では（12）のような三者関係を表す構文において特に焦点が当たっているのは主語と目的語の関係だと考え，トラジェクター，ランドマークはそれぞれ主語と目的語で表現されているものを指すことにする。

9　たとえば，Lakoff (1987: 第4章) は mother の多義構造を分析しているが，father が同様の多義構造を持つわけではない。fear と frighten の違いについては，第 2.1.8 節を参照のこと。

10　あるいは，（ⅲ）動作主をトラジェクター，汚れを第一ランドマーク，きれいにする対象を第二ランドマークと見なすことも可能である。したがって，（12）では（ⅰ），（ⅱ），（ⅲ）という複数の関係が同時に成立していると考えることができる。なお，動作主をトラジェクター，きれいにする対象をランドマークにした表現としては I washed the car. がある。この場合，汚れは表現に現れていないため，どのような汚れを落とすのかは指定されていないが，ベースには汚れの概念も含まれていると考えられる。詳しくは Langacker (1995) を参照されたい。

2.1.4. 捉え方の柔軟性（メトニミー）

　フレームにおける焦点要素を考える上で重要なのは以下のような例である（強調は原文）。

(13) a.　岡の上に松林に囲まれて**学校**が建っている。〈建築物〉

　　 b.　**学校**を卒業してから十年になる。〈制度〉

　　 c.　流感が猛烈にはやって，ほとんど**学校**全体がやられた。〈学校の中の人間（教師・生徒・職員・用務員）〉

　　 d.　**学校**は八時に始まる。〈授業〉

　　 e.　私は**学校**時代はよく映画を見に行っていました。〈学生の身分〉

（国広 1997: 58）

　これらの例にはどれも「学校」という語が用いられているものの，それが指すものは，(a) なら〈建築物〉，(b) なら〈制度〉のように，厳密には異なっている。指示対象のずれが生じる現象は「メトニミー」(metonymy) の名で扱われてきた。一般的に，メトニミーは近接性（隣接性）に基づく比喩だとされている。The ham sandwich is waiting for his check. (Lakoff and Johnson 1980: 35) や「かつ丼が食い逃げした」(西村 2002: 286) といった表現の場合，近接性（この場合は食べ物と注文客の関係）に基づいて指示対象がずれていることが認識しやすく，この種の表現がメトニミーの例として挙げられることが多い。それに対して，(13) のような例では，指示対象はずれているものの，注意深く観察しないとそのことには気づきにくい（普通の話者はそのずれを意識していないと思われる）。また，(13) の各用法のうちどれを基本的意味として，どれを転義（ずれ）とすべきかもはっきりしない。したがって，指示対象がずれていると言うだけでは，(13) のような例の本質を捉えたことにはならない。国広 (1997) が指摘するように，(13) の「学校」の意味はいずれの場合であっても「学校制度があり，授業のための建物があり，教える教師がいて，教わる生徒がいないと成立しない」(p. 59) と考えられる。(13) の「学校」は単に指示対象がずれているだけでなく，そのいずれもが学校に関する同一のフレームのもとに理解されている点が重要なのであ

る[11]。

　このような例もメトニミーに含めて考えるならば，メトニミーとは「ある言語表現の複数の用法が，単一の共有フレームを喚起しつつ，そのフレーム内の互いに異なる局面ないし段階を焦点化する現象」（西村 2002: 299）であるとまとめることができる。つまり，単一フレーム内の焦点が柔軟に移り変わることがメトニミーの本質であると言える（Shinohara（2002a）や Taylor（2003a: 第 7.1 節）も参照）。

　(13) は名詞の例であったが，次のように，動詞が異なる目的語を取る現象もメトニミーの一種として見ることができる。

(14) a.　Sally teaches handicapped children.

　　 b.　Sally teaches mathematics.

　　 c.　Sally teaches third grade.

　　 d.　Sally teaches Sunday school.　　　　　（Langacker 1987: 269–270）

(14) はいずれも teach を用いた例であるが，その目的語になっているのは，(a) では教える生徒，(b) では教える科目，(c) では教える生徒の学年，(d) では日曜学校（教会で日曜日に開かれる，聖書の内容を中心とした教育の場）である。いずれの場合でも，教育というフレームがベースになっており，目的語に現れない要素も（特定されてはいないものの）喚起されていると考えるべきである。teach を用いる場合，(a) から (d) のような要素のうちどれに焦点を当てるかは，認知主体が選び取るものであり，それが目的語の違いに反映されていると言える。同種の例として，Langacker（1991）は以下の表現を挙げている。

(15)　He tied {his shoe/his shoelace/a bow with his shoelace}.

　　　　　　　　　　　　　　　　　　　　　　　（Langacker 1991: 356）

これも，靴を履くことについてのフレーム〈靴ひもを結んで結び目を作り，靴が足から外れないようにする〉のうち，どの要素をランドマークとして選

11　国広（1997: 59）自身はこのような性質を持った多義を多面的多義（multi-faceted polysemy）と呼んでいる。Cruse（2011: 第 5.5.1 節ほか）の議論も参照。

42 | 第2章 認知言語学の構文研究と場所格交替

択するのかに由来するメトニミーの例である[12]。

　これまで，傷跡の範囲を表す例 (3) と (4)，お金を使わない人に対する評価を述べる例 (10)，教える行為を表す例 (14) のように，ある事態を描写するのに複数の言語表現が可能となるケースを見てきた。これらは，描写対象である事態が与えられれば言語表現が自動的に決まるような性質のものではなく，認知主体がどのような捉え方を適用したかが言語表現に反映されることを示している。認知言語学では，このような捉え方の柔軟性こそが，語彙項目や文法形式の多様性を生む源泉であると考えている (Langacker 1987: 107)。Langacker (2008: 30, 46) は概念 (concept あるいは conception) だけではなく，概念化 (conceptualization) という用語も用いるが，それは状況に応じて認知主体が捉え方を選び取ったり，会話の中で捉え方をめぐって交渉したりするという，捉え方の動的な側面を強調するからにほかならない (本章冒頭で引用したエピグラフ (池上 2006: 3–4) も参照のこと)。

2.1.5. メトニミーとしての構文交替

　例文 (14) では teach という特定の語彙項目の用法について取り上げた。teach の場合は，フレーム内のどの要素に焦点を合わせるかにかなりの自由度があり，教える相手以外に教える内容 (科目など) も目的語に選択することができる。一方，teach と意味の近い動詞 instruct の場合，He instructed her in English. とは言えても *He instructed English (to her). のような表現はできない。このように，メトニミーは，語彙項目によって適用が可能である度合いが大きく異なると言える。一方で，特定の動詞群に共通してメトニミーが適用できる場合がある。この現象が構文交替である。西村 (1998: 第 5.3.2 節, 2002, 2018) は，構文交替の根底にあるのもメトニミー的な多義現象であるとしている。まず，与格交替について見てみよう。

12　この種のメトニミーは言語学用語においても見られる。たとえば，本書のテーマを指す「交替」という語について言うと，「構文の交替 (構文が交替する)」という表現のほかに「項の交替 (項が交替する)」「主語と目的語の交替 (主語と目的語が交替する)」といった表現も可能である。これも構文交替というフレームにおける焦点要素の移行から生じた現象である。

第 1 章でも確認したが，与格交替の 2 つの構文の意味は同一ではない。
(a) の構文は〈移動物を受領者のもとへ移動させる〉という側面に，(b) は
〈受領者に移動物を所有させる〉という側面に焦点が当たっている（池上
(1980–1981)，Langacker (1987: 39–40)，Pinker (1989) も参照）。

(16) a.　He sent a letter to Susan.

　　 b.　He sent Susan a letter.

(17) a.　John threw a ball to Harry.

　　 b.　John threw Harry a ball.

これも (14) の場合と同様，同一フレームにおける焦点の違いであると考
えることができる。つまり，与格交替とは，〈X が自分の領域から Y の領域
に Z を移動させ，その結果 Y が Z を所有するようにさせる〉という授与フ
レームのうち，〈移動〉と〈所有〉のどちらに焦点を当てるかによって異なる
構文が選ばれる現象であると考えることができる（西村 2002: 300）。このと
き，〈移動させる〉という事態と〈所有させる〉という事態の間に原因と結果
の関係，手段と目的の関係が成立している。
　場所格交替についても同様である。

(18) a.　Bill smeared paint on the wall.

　　 b.　Bill smeared the wall with paint.

(19) a.　John loaded hay onto the truck.

　　 b.　John loaded the truck with hay.

(18)，(19) のペアのうち (a) は移動物の位置変化，(b) は場所の状態変化に
焦点を当てた表現であるとされる（池上 1980–1981, 2000; Pinker 1989）。西
村 (2002: 303) が指摘するように，〈X が Y を Z に移動させることによって，
Z に状態変化をもたらす〉というフレームのうち，〈移動〉と〈状態変化〉の
どちらに着目するか，その捉え方の違い——移動物 Y をランドマークと見
なすか，場所 Z をランドマークと見なすか——が場所格交替の 2 つの構文
に反映されていると考えられる（同種の考えに基づく研究として，Nemoto

44 | 第 2 章　認知言語学の構文研究と場所格交替

(2005) や Iwata (2008) [13] も参照）。この場合もまた〈移動させる〉と〈状態を
変化させる〉という事態に原因と結果の関係，手段と目的の関係が見出せ
る。

　個々の交替動詞が喚起するのは，このようなフレームを具体化（精緻化）
したものであると考えることができる。たとえば，load のフレームであれば
〈人がものを容器に積載することによって，その容器が本来の機能を果たす
状態にする〉といったものになる (Pinker 1989: 235; 西村 2002: 303)。そし
て，実際の用例はさらに別のフレームと組み合わさって理解されるだろう。
たとえば，load the truck with coal であれば貨物輸送などのフレームが喚起さ
れ，load the gun with bullets であれば銃火器（さらには殺傷）といったフレー
ムも喚起されるだろう。そして，load the gun のように一方の構文で特に慣
習化しているフレーズがあるのも不思議なことではない（西村 1996: 88）。
load bullets into the gun と load the gun with bullets を比較してみると，弾の移
動過程に着目するよりは銃が発砲可能な状態になることに着目するほうが普
通だからである。このような構文ごとの慣習性の違いについても考察する必
要がある。

2.1.6.　捉え方の転換の自然さ [14]

　これまでは捉え方の柔軟性について述べたが，どのような事態でも自由に
捉え方の転換が可能というわけではない。複数の捉え方が適用しやすく，そ
れに応じた表現が可能となるような事態もあれば，そのような自由度が少な
い事態も存在する。本節では，特に二者の参与者が関わる事態に着目し，ト
ラジェクターとランドマークの反転が起こりづらい事態，起こりやすい事態
について考え，ここでの考察をもとにして，第 2.1.7 節で場所格交替につい
て議論することにする。

　まず，二者の参与者が関わる事態のうち，トラジェクターとランドマーク

13　Iwata (2008) は，場所目的語構文で焦点化される意味について，「状態変化」とするだ
　　けでは不十分であり，場所が覆われたり，満たされたりするという，より具体的なレ
　　ベルで特徴づける必要があると述べている。

14　本節は野中 (2022b: 第 2.1 節) とほぼ同内容である。

の反転が起こりづらいケースについて見てみよう。二者の参与者のうち一方が優先的にトラジェクターに選ばれる事態として，Langacker (1987: 234) は以下のようなものを挙げている。

(20) a.　移動物がある場所へ移動する事態（e.g. run, move, approach）
　　 b.　動作主が被動者に打撃を与える事態（e.g. kick, slap）

移動物がある場所へと移動するという事態（e.g. She ran to the station.）でも，動作主が被動者に打撃を与えるような事態（e.g. John kicked Bill.）でも，移動物・動作主が存在しなければその事態は起こらない。その意味で，移動物や動作主はもう一方の参与者（場所や被動者）に比べて事態の中核的参与者としてふさわしいだろう[15]。このような事態の場合，移動物，動作主をトラジェクターとして見なすという捉え方がもっとも自然であり[16]，run のような移動動詞，kick のような働きかけの動詞は，まさにそのような捉え方が組み込まれた語彙項目なのである。

　この種の事態であえてトラジェクターとランドマークの反転を成立させるためには，受身という有標な構文を用いる必要がある（e.g. Bill was kicked by John.）。別の言い方をすると，中核的参与者として捉えやすい移動物，動作主を差し置いて，もう一方の参与者を中核に据える捉え方を表明する手段が受身文であると言える。受身文の成立の可否は，この点から自然に捉えることができる。受身文が成立する際には，移動や打撃といった事態で，移動物や動作主をあえて周辺に追いやり，もう一方の参与者をトラジェクターに据える捉え方をしていることになるが，そのような捉え方が自然に成立するのは，その参与者が影響を受ける（affected）と見なせるときである（Bolinger 1975; Pinker 1989; 西村・長谷川 2016; 長谷川・西村 2019）。Bolinger (1975: 68) は，*I was approached by the train. が容認不可である一

15　移動事象で移動物が場所よりも中核的参与者であると感じられることについては，Talmy (2000) の「図」と「地」の議論，動作主が中核的参与者として見なされやすいという点については Langacker (2006) の動作主志向の表現体系についての議論を参照。

16　She ran to the station. のような例の場合，she は移動物であると同時に動作主でもあるため，その意味でもトラジェクターとして捉えやすいと言える。

方，I was approached by the stranger. は成立すると述べている。前者の場合，電車の位置関係を言うだけで「私」が電車の接近によって何か影響を受けたとは言い難いのに対して，後者が成立するのは物乞いなどが近づいてくれば心理的に「私」は影響を受けると考えられるからであると説明する。つまり，後者の場合は動作主を差し置いて「私」をトラジェクターとして選択する理由があると言える[17]。

一方，二者の参与者のうち，どちらをトラジェクターと見なすのも自然である事態としては，以下のようなものが考えられる（Langacker 1987: 234）。

(21) 心理，認識，知覚に関わる事態（e.g. like/please, think about/preoccupy, see/be visible to）

このような事態においては，参与者の際立ちの度合いが拮抗していると考えられる。たとえば，好意や恐怖の感情については，経験者がある対象に感情を向けているという捉え方も，刺激となるモノが経験者に働きかけたとする捉え方も，どちらも自然である。英語では，この2つの捉え方に応じて経験者を主語とする動詞（like や fear）と刺激を主語とする動詞（please や frighten）が存在するのだと言える[18]。認識や知覚を表す表現についても同様の説明ができる[19]。

Pinker（1989: 142）は，心理動詞 fear/frighten に見られるように，参与者

---

17 同様の観点から，Tokyo Station was reached by Joe around noon. が不自然である一方で，The moon was reached for the first time in 1969. は自然な受身文であることも説明される（長谷川・西村 2019: 290）。東京駅に Joe が到着しても，東京駅が影響を受けるとは感じられないのに対して，月にアポロ 11 号が到達すると，月は人類未踏の地ではなくなるのであり，人類にとって月の意味づけが変わるという意味において，月は影響を受けたと見なすことができる。

18 かつて Lakoff（1970: 126–127）はこの種の動詞の関係を flip という名の変形で捉えていたが，それはフレーム内の焦点の移動という現象を変形規則の形で定式化する試みであったと考えられる。

19 トラジェクターを優先的に決めるような経験的基盤がもっとも希薄な事態として，Langacker（1987: 234–235）は上下，前後などの静的な位置関係（e.g. above/below, in front of/in back of, over/under）を挙げる。この場合，多くの言語で 2 通りの捉え方を表す語彙項目が用意されていると考えられる。

の間に明確な非対称性が見出せず，複数の捉え方が成立することを認知的曖昧性（cognitive ambiguity）と呼んでいる。認知的曖昧性が生じる事態については，複数の表現方法が存在する言語もあれば，一方の捉え方を反映した表現が基本で，もう一方の捉え方は有標な表現（接辞の付加，迂言的な構文といった形態統語的に複雑な表現）が使われる言語もある。英語の fear/frighten のペアに相当するものとして，日本語では「怖がる／怖がらせる」が考えられるが，「怖がらせる」は「怖がる」に「〜せる（させる）」を付加した形であり，その意味で有標の表現である[20]。また，英語に話を限っても話は複雑である。fear/frighten の場合は捉え方に応じて異なる語が成立しているが，delight や worry のように経験者を主語に取る用法と刺激を主語に取る用法を併せ持つ動詞もある（ただし，経験者を主語に取る場合は自動詞，刺激を主語に取る場合は他動詞である）。一方，驚きの原因がトラジェクターになる動詞 surprise を用いる場合，驚く主体をトラジェクターとして表現するには be surprised という受身（有標の構文）を使う必要がある。このように，認知的曖昧性がある事態をどのように表現するかは，移動や働きかけの事態に比べて，当該言語における慣習によって決まる部分が大きいと言える[21]。

2.1.7. 捉え方の転換と場所格交替

Pinker（1989）は，fear/frighten の場合と同様に，種々の構文交替もまた認知的曖昧性の観点から説明している。つまり，参与者の際立ちの拮抗が，事態に対する 2 通りの捉え方を可能にして，それにより捉え方の違いを反映

---

20 日本語は英語に比べると刺激を主語に取る動詞が少ないが，「胸を打つ」や「心を揺さぶる」のような一部の慣用句では，刺激を主語にして表現することができる（e.g. 彼の日記は読む人の胸を打つ）。この種の慣用句については，野中（2022a）を参照。

21 心理や認識を表す表現は，同一言語内に複数存在するだけでなく，通時的な変化が見られることも多い。たとえば，英語の like や日本語の「気に入る」は，経験者と刺激の文法関係に変化が生じたと言われている。英語の like の変化については Allen（1986），日本語の「気に入る」の変化については山泉（2016）などの研究がある。また，関連する議論として，「父の死が悲しい」「私は悲しい」など形容詞の用法を扱った篠原（2002b）も参照されたい。

48 | 第 2 章 認知言語学の構文研究と場所格交替

した 2 つの構文が成立しているのである[22]。以下，場所格交替に即して，そのことを具体的に見ていくことにする。

　場所格交替は，第 2.1.5 節で見たように，〈X が Y を Z に移動させることによって，Z の状態を変化させる〉というフレームのうち，〈移動させる〉と〈状態を変化させる〉のどちらを焦点化するか（移動物 Y と場所 Z のどちらをランドマークにするか）という捉え方の転換により生じるメトニミーである（トラジェクターはどちらも動作主で共通）。それでは，場所格交替の場合に，どのような意味で移動物と場所の際立ちが拮抗していると言えるのだろうか。Pinker（1989, 2007）をもとに，場所格交替が成立する場合と成立しない場合を比較しながら，その点を整理したい。

　まず，液体や半液体の移動を表す動詞を見ることにする（泥やジャムなどの粘性の高い物質を半液体（semi-liquid）と呼ぶことにする）。Pinker（1989: 126）は，液体や半液体に関する場所格交替動詞とそれが表す事態の特徴を(22)，(23) のようにまとめている。このように分類された動詞のグループは「動詞クラス」と呼ばれる（以下，各クラスの名は代表的な動詞に基づく）。

(22)　半液体と場所の表面に同時に力をかけ，半液体を表面に押しつける：brush, dab, daub, plaster, rub, slather, smear, smudge, spread[23], streak（smear クラス）

22　fear/frighten のような心理動詞のペアも場所格交替を含めた構文交替も，認知的曖昧性の生じる事態の言語化という点では共通しているが，前者は捉え方に応じて異なる動詞が用意されているのに対して，後者では動詞はそのままである。fear/frighten では動詞の選択と事態の焦点の選択（経験者・刺激）が連動しているが，場所格交替であれば動詞だけでなく構文まで選択しなければ焦点（移動物・場所）が決定しないのである。そのため，場所格交替動詞の場合，目的語や前置詞句を表現しなければ，移動物と場所の焦点の違いを捨象した捉え方を表現することも可能である。*Oxford Advanced Learner's Dictionary*（OALD）の load の項目に載っている例 We finished loading and set off.「私たちは積み込みを終えて出発した」がそれに該当する。この点については，第 3.4 節でも取り上げる。関連する議論として，篠原（2002b: 第 5 節）の形容詞とプロファイルとの関係を論じた箇所も参照されたい。

23　Pinker（1989）は spread を smear クラスに分類しているが，spread は何かをばらまくことを表すのにも用いられ，この場合はこの後に言及する scatter クラスに該当すると思われる。第 3 章注 17 も参照。

2.1. 捉え方と文法 | 49

(23) 液体に力を加えて勢いよく飛ばし，場所に散布する：inject, spatter,
splash, splatter, spray, sprinkle, squirt（spray クラス）

brush paint on the wall/brush the wall with paint が表す事態について考えてみ
よう。動作主は，はけをペンキに浸しそれを壁に押しつけるという動作を
行っている。動作主がこのようなやり方でペンキを移動させるのは，壁の色
を変えるなどの変化を引き起こすためであり，ここには手段・目的の関係が
見出せる。この場合，ペンキに働きかけてペンキを移動させているという捉
え方も，壁に働きかけて壁の状態を変化させているという捉え方も，どちら
も自然である。spray water over the plant/spray the plant with water の場合も
同様である。霧吹きなどの道具で水を霧状にして植物にかけるのは，水が植
物に十分に行き届くようにして植物の成長を促進させるためである。この場
合もやはり，水に働きかけて水を移動させていると捉えることも，植物に働
きかけて植物の状態を変化させていると捉えることもできる。このような事
態において，移動物と場所はどちらも影響を受ける対象としてその際立ちが
拮抗している。そのため，どちらをランドマークにする構文も可能となる。
つまり，場所格交替が成立する。

　一方，次のような事態を表す動詞は交替しないとされる。

(24) 重力にまかせて液体が移動するようにする：dribble, drip, drizzle,
dump, ladle, pour, shake, slop, slosh, spill（pour クラス）

たとえば，dribble paint on the floor であれば，ペンキをぽたぽたと垂らすこ
とを表すが，このような行為の場合，動作主の働きかけが液体の移動の原因
になってはいるものの，ペンキがどのように移動するかを決定づける要因は
重力である。動作主はペンキの移動を完全にはコントロールしていないた
め，床がどのような状態になるかは予測できないだろう。床がどのように変
化するか予測できない場合には，床に対して直接働きかけているとは見なし
にくい。*dribble the floor with paint が許容されないのは，dribble で表され
るような動作では，床に働きかけて床を変化させていると捉えるのが困難だ
からだ，と考えることができる。動作主が液体の移動をコントロールしてい

50 | 第2章　認知言語学の構文研究と場所格交替

ないという側面は，液体をこぼすことを表す spill の場合により顕著である
（e.g. spill wine on the carpet）。うっかりグラスを倒すなどしてワインをこぼ
したとしても，カーペットにワインがどれぐらい付着するか，カーペットに
染みが残るかどうかといったことはわからない。液体をこぼしてしまうよう
な事態を場所に対する行為の一種として見ることは困難である。そう考えれ
ば，*spill the carpet with wine のように，場所をランドマークにした表現が
成立しないのも不思議ではない。

　spill を場所目的語構文で使うのは不自然であるが，stain という動詞を使
うなら stain the carpet with wine と言うことはできる。ある場所に染みなど
の汚れが付く過程には様々なものが考えられるが，stain はそのような過程
を焦点から外して事態を捉える場合に用いられる動詞であり，移動物目的語
構文では用いられない（e.g. *stain wine on the carpet）。ワインをこぼしてカー
ペットに染みが付いてしまうようなことは現実に起こることがあるが，この
場合，ワインを〈移動させる〉こととカーペットの〈状態を変化させる〉こ
ととの間には，手段・目的という関係が成立していない。この点が（22）や
（23）で見た交替動詞が表す事態とは異なる。そのため，spill や stain のよう
な動詞は交替動詞として成立しづらく，〈移動させる〉に着目して spill wine
on the carpet とするか，〈状態を変化させる〉に着目して stain the carpet with
wine とするか，どちらかを使うことになるのだと言える。stain のように移
動物目的語構文では用いられず，場所目的語構文で用いられる動詞にはほ
かに cover, drench, fill, saturate, soak などがある（詳しくは Pinker（1989: 127）
を参照）。

　Pinker（1989: 126–127）は，smear クラス，spray クラス以外で場所格交替
が成立する動詞として以下のものを挙げている。

（25）　ある場所に物を積み重ねて置く：heap, pile, stack（heap クラス）

（26）　小さな粒やかけらを広範囲に散布する：bestrew[24], scatter, sow, strew

24　Pinker は bestrew を交替動詞に分類しているが，bestrew の用例の多くは場所目的語構
　　文であり，しかもそのほとんどは状態を表す受身で用いられる。be- が付加された動詞
　　については，第3章注 14 を参照されたい。

2.1. 捉え方と文法 | 51

（scatter クラス）

(27) 容器の容量を超えてものを入れる：cram, crowd, jam, pack, stuff, wad（cram クラス）

(28) 物を容器に入れて，その容器が機能を果たせるような状態にする：load, pack (what one does to suitcases), stock (what one does to shelves)（load クラス）

いずれの場合も，特定の種類の移動物を特定のやり方で移動させるからこそ場所に特定の状態変化を引き起こすことができる事態を表している。このような事態においては，〈移動させる〉と〈状態を変化させる〉の間には手段・目的という関係が成り立っており，移動物に着目することも場所に着目することも自然であると言える。

　ただし，この種の認知的曖昧性が生じる事態のうち，どれを構文交替という手段で表現するかは，言語によって異なる。たとえば，英語の smear，日本語の「塗る」はどちらも交替するが，英語の load は交替する一方，日本語の「積む」は交替しない。「積む」は移動物を目的語（ヲ格）に取っても，場所を目的語に取ることはできない。場所を目的語に取るには，「積み尽くす」のような有標の表現を使う必要があると Fukui et al. (1985) は述べている。

(29) a. ペンキを壁に塗る
　　　b. 壁をペンキで塗る
(30) a. 干し草を荷車に積む
　　　b. 荷車を干し草で {*積む／積み尽くす}　　　（Fukui et al. 1985: 12)

Fukui et al. は (30b) の「積み尽くす」を完全に容認可能とは思えない話者がいることを認めているが（筆者にも「積み尽くす」は相当に不自然のように感じられる），「荷車を干し草で積む」に比べれば「荷車を干し草で積み尽くす」のほうが容認度が上がると指摘している。「V 尽くす」については第 8 章でも改めて取り上げるが，いずれにせよ，英語の load と違い，日本語の「積む」が交替しないことは確かであり，それぞれの言語で実際にどの動詞が交替するのかといったことは，心理動詞の場合と同じように，慣習に

52 | 第2章 認知言語学の構文研究と場所格交替

よって決まる部分が大きい。構文のタイプに関する慣習性については，第
2.2.2.1 節で扱う。

2.1.8. 場所格交替における 2 つの構文の使用範囲

　恐怖の感情の表現として，fear/frighten のようなペアとなる動詞が存在す
ることを見たが，これらのペアとなる語は単にトラジェクター・ランドマー
クが入れ替わっているだけでなく，異なる使用範囲を持つ。たとえば，fear
は経験者の状態を表すのに対して，frighten は感情を引き起こすという動的
な側面を表すと言われている（Grimshaw 1990）。このような違いは，以下の
ように進行形で用いることができるかどうかなどによって確認できる[25]。

(31) a. ＊We were fearing the storm.

　　 b. 　The storm was frightening us. 　　　　　　　（Grimshaw 1990: 23）

　場所格交替の場合も，2 つの構文の使用範囲は同一ではない。2 つの構
文の使用範囲の違いは，（ⅰ）過程重視と結果重視，（ⅱ）部分的解釈と全体
的解釈の違いとして捉えることができる（Anderson 1971; Fraser 1971; 池上
1980–1981）。まず（ⅰ）の観点から見てみると，たとえば one by one のよう
に行為の過程を描写する表現は（32a）移動物目的語構文（過程重視）のみに
用いられ，（32b）場所目的語構文（結果重視）には用いられない。このよう
な対比は行為の完了を表す不変化詞 up との相性でも見られる[26]。完了用法の
up は（33a）移動物目的語構文ではなく（33b）場所目的語構文で用いられる
が，過程重視と結果重視の観点から見れば自然なことだろう[27]。（34a）移動物

25　fear と frighten の違いについては，Pesetsky (1995) や Gelderen (2014) なども参照のこと。

26　前置詞（e.g. in, on, through）の副詞的用法および一部の位置や状態（の変化）を表す副
　　詞（e.g. apart, away）は不変化詞（particle）と呼ばれている。不変化詞は動詞と結合して，
　　動詞・不変化詞構文を形成する。動詞・不変化詞構文は第 6 章で詳しく扱う。

27　load up の up に関して，Fraser (1971: 607) は単に完了（completive）を表す用法としか
　　記述していない。不変化詞の up は行為の完了を表すと言われることが多いが，load up
　　の up に関しては，「たくさん」「ぎっしり」といった意味が強調されると捉えるのがよ
　　いかもしれない（このように捉えた場合でも，場所目的語構文が結果重視の表現であ
　　るという特徴づけは有効である）。『動詞を使いこなすための英和活用辞典』は load up

2.1. 捉え方と文法 | 53

目的語構文では前置詞を選択することで移動物がどのような経路をたどるのかを表現できるのに対して，(34b) 場所目的語構文は full のような表現を伴い，目的語の結果状態を詳細に表現できる。これも過程重視と結果重視の表れだと言えるだろう。

(32) a.   The boy loaded the boards one by one onto the wagon.

   b.   *The boy loaded the wagon with the boards one by one.

(Fraser 1971: 607)

(33) a.   *He loaded up the goods onto the wagon.

   b.   He loaded up the wagon with the goods.   (ibid.)

(34) a.   Pat sprayed the paint {toward the window/over the fence/through the woods}.   (Goldberg 1995: 175)

   b.   Joe loaded the wagon full with hay.   (ibid.: 82)

移動物目的語構文と場所目的語構文の違いとしてもっともよく言及されるのが，(ii) の部分的解釈と全体的解釈である。移動物目的語構文では場所が受ける影響が部分的であっても構わないのに対して，場所目的語構文では場所全体が影響を被っていることが示される。(35b) は場所目的語構文の要求する全体的解釈のため，前半と後半で矛盾があると判断される（Anderson 1971: 389）。

(35) a.   John smeared paint on the wall, but most of the wall didn't get any paint on it.

   b.   *John smeared the wall with paint, but most of the wall didn't get any paint on it.

以上のように，場所格交替の 2 つの構文についても，同一フレーム内の

───────────────

の意味を「（車などに）（物を）（たくさん）積み込む，（棚などに）（物を）（ぎっしり）詰め込む」と説明している。*Longman Phrasal Verbs Dictionary* には "to put a lot of things into a vehicle or onto an animal before you start a journey" とある。ただし，簡潔な言い方が可能なため，この後も引き続き up の「完了用法」という表現を使うことにする。load の場所目的語構文には up 以外に down も用いられる。load down の例は第 4.3.2 節で取り上げる。

焦点要素の違いという特徴づけを踏まえた上で，その使用範囲がどのように異なっているのかを記述していく必要がある。本書では，実例をもとに，このような使い分けを記述していくことにする。

2.2.　使用基盤モデルと文法

　捉え方の意味論を本書における一本の柱とすると，もう一本の柱は使用基盤モデルであり，この2つが一体となった文法観が「豊かな文法」である。ここで，両者の関係を使用基盤モデルの観点から確認しておきたい。

　第1.2.2節で述べたように，使用基盤モデルでは言語知識が言語使用に根差していると考える。人間は実際の言語使用（使用事象）の中で多様な言語的インプットを受け，そこに共通性（スキーマ）を見出す。そのようにして得られる各種スキーマ（語や構文など）をユニットとして身につけていくことで言語が習得される。ここで重要になるのは，使用事象に含まれる情報は，どんなものであっても，ユニットの一部になりえるということである（Langacker 2008: 466）。使用事象には音韻的にも意味的にも極めて豊かな情報が含まれており，その1つに捉え方も位置づけられる。私たちが使用事象において捉え方の伝達をしているのであれば，語や構文は捉え方を意味の一部として含むことになる。以上のことから，Langackerの言う使用基盤モデルの立場を取るなら，捉え方の意味論は必然的にその一部に組み込まれることになると言える（使用基盤モデルと記号的文法観の関係を説明した野村（2018）も参照）。

　以上のことを踏まえた上で，第2.2節では使用基盤モデルの考えをより詳しく紹介するとともに，その中に構文交替を位置づけることにする。

2.2.1.　「使用基盤モデル」という用語について

　議論を進めるにあたって，「使用基盤モデル」（usage-based model）という用語について考えておきたい。

　現状，usage-based modelの日本語訳としては，「使用基盤モデル」のほかに「使用依拠モデル」「用法基盤モデル」が使用されている。usage-based model においては，使用事象をもとにして身につけた様々な抽象度のスキーマの集積によって言語知識が構成され，その知識は言語使用に応じて動的に更新・再編されると考えられている。usage-based model を日本語に訳すにあたって，実際の言語使用を表す usage event「使用事象」との関係を明示しようとするなら，野村（2009: 525）が言うように，usage には「使用」という日本語を用いるのがふさわしいと言える。それに対して，「用法」は従うべき規範を想起させる語である。Tomasello（2008: 第 6.3 節）はスピーチ・コミュニティに共有された規範として文法を捉えており，このような見方を重視するなら usage を「用法」と訳す意義もある。ただし，「用法」という語は「他動詞用法」や「叙述用法」のようにしばしば抽象的な知識を指して用いられるため具体性の高い下位スキーマの重要性を十分に伝えることができない恐れがある。また，上述の動的な側面が抜け落ちかねないことも考慮し，ここでは「使用」を用いることとする。

「使用依拠モデル」と「使用基盤モデル」であれば，どちらがよいだろうか。これは，X-based の日本語として「X 依拠」と「X 基盤」のどちらがよいかという問いに還元できるが，筆者は「基盤」がよいと考える。「X 基盤」は「財政基盤」「生活基盤」などの事例を包括する慣習性の高いスキーマだと考えられるが[28]，「X 依拠」という表現は慣習的とは言えない。このような

---

28 「使用基盤」は「財政基盤」とともに「X 基盤」の事例として位置づけられると述べたが，実はこれらの表現は異なる特徴を持つ。「基盤」の背景にあるフレームを〈A が B を支える〉だと考えると，「財政基盤」は〈A が財政を支える〉という関係をもとにした複合語であるのに対して，「使用基盤」は〈使用が B を支える〉という関係をもとにしていることがわかる。つまり，「財政基盤」と「使用基盤」の違いは，X に当たる要素が〈A が B を支える〉の A に相当するか，B に相当するかの違いであると言える。「財政基盤」と同種の表現としては「経済基盤」「生活基盤」などがある。「使用基盤」の類例には「インターネット基盤（の技術）」「知識基盤（社会）」などがあるか，「財政基盤」タイプに比べると数は少ないと思われる。なお，同様の現象は「X 目的」にも見られる。「目的」のフレームを〈A のために B する〉と考えると，「設立目的」は〈A のために設立する〉，「勧誘目的（で声をかける）」は〈勧誘のために B する〉という関係であり，やはり X が A に当たるか B に当たるかという違いに相当する。このような現象を整理するにあたっては氏家啓吾氏との議論が有益であった。特に「設立目的」や「勧誘目的」という例は氏家啓吾氏に教えていただいた。「勧誘目的」などの表現については氏家（2019）の分析を参照されたい。

ことを考慮して，本書では，usage-based model に当たる日本語として「使用基盤モデル」を採用する。

それでは，使用基盤モデルに基づく構文研究を見ていこう。第 1.2.2 節で述べた通り，Langacker（1987: 57）は言語知識を「慣習的な言語ユニットの構造化された目録」(structured inventory of conventional linguistic units) として捉えている。ここでは，使用基盤モデルを「慣習」と「構造」(＝ネットワーク) という 2 つの側面から見ていくことにする。

2.2.2. 構文と慣習性

言語の慣習性は様々なレベルで指摘できる。第 2.2.2.1 節では，どのような種類の表現が成立しやすいか，特にどのような構文タイプが使用されやすいか，という観点から日英語の慣習性の違いを見ていく。第 2.2.2.2 節では，構文の下位スキーマに注目し，それぞれの構文に定着した事例があること，母語話者は頭の中にそのような事例を大量に蓄えていることを確認する。第 2.2.2.1 節と第 2.2.2.2 節では，それぞれマクロの視点とミクロの視点から英語構文の慣習性を扱う。それに対して，第 2.2.2.3 節では，さらに観察の範囲を広げ，構文がどのような文脈，どのようなレジスターでどのようなことを伝えるために用いられるかを見て，こうした情報も構文の知識の一環であることを論じる。

2.2.2.1. マクロの視点 [29]

認知言語学の源流の 1 つとして，Whorf の研究を挙げることができる。Whorf は *Language, Thought and Reality*（1956）の中で fashions of speaking という用語を使用している（小型大文字による強調は原文）。

(36) They [= the concepts of 'time' and 'matter'] do not depend so much upon ANY ONE SYSTEM (e.g., tense, or nouns) within the grammar as upon the ways of analyzing and reporting experience which have become fixed in the language as integrated "fashions of speaking"

---

29 本節は野中（2019b: 第 4 節）の一部を発展させたものである。

and which cut across the typical grammatical classifications, so that such a "fashion" may include lexical, morphological, syntactic, and otherwise systemically diverse means coordinated in a certain frame of consistency.

そのような概念は，文法の中の何か一つの体系（例えば時制とか名詞）によって決まるというよりは，むしろ，経験をいかに分析し報告するかによっている。これが言語の中に「言い廻し」として繰り入れられて固定し，いくつかの典型的な文法的分類にまたがって現れる。その結果，このような「言い廻し」の中には，語彙，形態論，統語論に属する手段および，その他のさまざまな体系的な手段が一定の首尾一貫した枠内で統合された形で含まれるのである。

(Whorf 1956: 158（池上訳 1993: 137））

言語によって慣習化されている語彙項目や構文の傾向が異なり，同じ事態を報告する場合でもずいぶんと違った表現が用いられることがある。どのような言い回しが慣習化しているかについては複数のカテゴリーで共通した傾向が見られ，それが各言語の言語らしさを形作っていると Whorf は考えている，とまとめることができる。以下，fashions of speaking の日本語は，池上訳で用いられる「好まれる言い回し」という用語で統一する（ただし，「廻」は「回」と表記することにする）。

　西村・長谷川 (2016: 283) は the ways of analyzing and reporting experience「経験をいかに分析し報告するか」というのは認知言語学の「捉え方」に相当すると述べている。西村・長谷川は，Whorf の言う「好まれる言い回し」に相当する現象に着目したことが，Langacker の認知文法が成立する重要な契機になっていると述べているが，実際，このような考えは現在の認知言語学に広く引き継がれている。上記の Whorf の引用と次の Tomasello の引用を比較してみると，その類似性が一目でわかるだろう（斜体による強調は原文）。

(37) And, of course, different languages are composed of different specific constructions and construction types. In some cases, these differences have become relatively conventionalized across different linguistic

structures within a language so that we may speak of different *types* of languages with regard to how they symbolize certain recurrent events or states of affairs [...].

もちろん，言語が異なればそれを構成する個々の構文や構文タイプも異なる。場合によっては，そうした相違は個々の言語のなかで構造のさまざまな面を横断してかなりの程度まで慣習化する。その結果，私たちは繰り返し現れる事象や状況を各言語がどのように記号化するかという観点から異なる言語「類型」(type) について論じることもできる。　　　　(Tomasello 1998: xviii (大堀ほか訳 2011: 17))

　池上 (1980–1981, 1981, 2006 ほか) は，好まれる言い回しの観点から，日英語でどのような文法項目が使われやすいか，どのような概念が語彙項目として成立しやすいかについて分析し，日英対照研究を展開している。日英語で好まれる言い回しの違いが見られる例を確認してみよう。

　まず，他動詞構文の使用範囲を見ることにする。他動詞構文のプロトタイプが，以下のような他者 (人または物) に対する行為であるとすると，この部分は日英語で使用範囲が共通していると考えられる。

(38) a.　He broke a glass.

　　 b.　彼はグラスを割った。

(39) a.　John hit Bill.

　　 b.　ジョンはビルをなぐった。

一方，知覚や心理を表す表現となると，他動詞構文を使用するかどうかに違いが見られる。

(40) 英語：他動詞 ─ 日本語：自動詞

　　 a.　I see several stars.

　　 b.　星がいくつか見える。　　　　　　　　　　　　　　(池上 2006: 162)

英語の話し手は，知覚という事態を他者への行為と同じく他動詞構文で表現する。それに対して，日本語では知覚者を表現に出さず，知覚対象を主語に

した自動詞を用いる傾向にある。第 2.1.6 節で見たように，英語でも知覚対象を主語にした表現は成り立つが（be visible や come into view など），そのような表現よりも see という他動詞を使う傾向が強い[30]。これらの事実は，日英語ともに他動詞構文がプロトタイプを中心とするカテゴリーを形成していること，そして，そのプロトタイプからの拡張がどの程度慣習化されているかは言語により異なることを示している（西村 1998: 115–118; 大堀・西村 2000: 190）。

日英語の違いは，次のような場合にも見られる。

(41) 英語：他動詞の受身 ― 日本語：自動詞

    a.   He was killed in the war.

    b.   彼は戦争で死んだ。   （池上 2006: 162）

英語では be killed という他動詞の受動態を用いる場面で，日本語の話し手は「死ぬ」という自動詞を用いた言い方を好む。戦死という事態は，加害者として敵が関与しており，英語ではそれを暗に含むような表現が慣習化しているが，日本語では「殺された」のような受身を用いるよりも，その種の起因には何も触れない自動詞で表現する傾向がある。

本書でたびたび触れてきた心理動詞についても見ておこう。すでに述べたように，英語には like/please や fear/frighten のように経験者を主語に取る動詞と刺激を主語に取る動詞が両方存在する場合がある。一方，bother やsurprise のような場合は，刺激を主語に取る動詞が基本形であり，経験者を主語に取る表現には受身が用いられる（e.g. be bothered, be surprised）。それに対して，日本語は経験者を土語に取る自動詞（e.g 悩む，驚く）が基本である。

(42) a.   I was surprised at the news.

    b.   知らせを聞いて驚きました。   （池上 2006: 162–163）

日本語でも「悩ませる」「驚かせる」のように使役表現を使えば刺激を主語

30　see や「見える」といった知覚動詞の日英対照研究としては西村 (2000) がある。

60 | 第2章 認知言語学の構文研究と場所格交替

として表現することはできるが，英語に比べるとそのような表現は少ない。たとえば，以下の英語はまったく自然な表現であるが，日本語でそれに当たる内容を表すなら「驚かせる」「怖がらせる」などの動詞表現は避けられることが多いだろう（西村 2019: 122）[31]。

(43)a.　Oh, you scared me.
　　b.　なんだ，びっくりしたじゃないか。

このように，英語は（刺激などを含む広い意味での）動作主が何をしたかに注目し，それを際立たせようとする傾向があるのに対して，日本語は出来事を全体として捉え，動作主があったとしても全体に含め，覆い隠すようにする傾向があるとされる（池上 1981）。池上は前者のような言い回しを好む言語を「スル的な言語」，後者を好む言語を「ナル的な言語」と名づけた。(44) はこの対比がもっともよくわかる例の1つと言えるだろう。

(44)a.　This medicine will make you feel better.
　　b.　この薬で気分がよくなるでしょう。　　　　　　（池上 2006: 163）

英語では，スル的表現の一環として，原因や手段に当たるものを主語に据えた make 使役構文が自然に成立するが，日本語で同じことを言おうとすれば，使役的表現は避けられ，「なる」を用いた表現が使用されるのが普通であり，まさにナル的な捉え方への志向性が強く現れている。

また，池上は英語が結果志向であるのに対して，日本語が過程志向であるとも述べている。英語では，I burned it. や I boiled it. と言えば対象が燃えたり沸いたりしたことを含意するが，日本語で「燃やした」「沸かした」と言う場合，必ずしも対象の変化を含意しないことがある。このように，英語の動詞は行為の結果まで含意する傾向が強いのに対して，日本語で対応する動

31　ただし，Don't scare me. と「脅かさないでよ」であれば，日英語ともに自然な表現である（西村 2019: 122, 注 26）。また，「驚かせちゃってごめんね」のような表現は「驚かせる」を含むが自然であると考えられ，日本語でも刺激を主語にした表現が問題なく用いられる場合もある（氏家啓吾氏に指摘していただいた）。ただし，英語に比べて日本語では刺激を主語にした使役表現の使用範囲が狭いというのは確かだろう。

詞は常に行為の結果を含意するとは限らず，行為の過程だけを描写する場合
にも用いられることがある。

(45) a. *I burned it, but it didn't burn.

    b. 燃やしたけれど，燃えなかった。 (池上 1981: 266)

(46) a. *I boiled it, but it didn't boil.

    b. 沸かしたけれど，沸かなかった。 (ibid.)

  結果志向，過程志向という英語・日本語間の違いは，結果構文の分布にも
見られる[32]。結果構文の使用範囲について整理するためには，Washio (1997)
の研究を参照するのが有益である。

(47) a. Mary dyed the dress pink.

    b. メアリーはドレスをピンクに染めた。 (Washio 1997: 10)

(48) a. John hammered the metal flat.

    b. ??ジョンは金属をぺちゃんこにたたいた。 (ibid.: 5)

Washio は，結果構文の動詞の意味と結果句の意味の関係に着目し，(47) の
ように動詞がある種の結果状態を含意しており（あるいは，含意とまでは言
えなくても，少なくともそのような結果状態を得ることを目的とした行為を
表しており），結果句がその結果状態を明示している結果構文を「弱い結果
構文」(weak resultatives) と名づけた。(47) の動詞 dye や「染める」は対象
の色を変化させることを意味に含んでおり，pink や「ピンクに」という結
果句は変化の内容（何色に変わったのか）を特定している。弱い結果構文が
成立する点については，日英語で共通している。一方，（単純）他動詞構文
での典型的な用法を考えた場合に動詞が特定の結果状態を含意しておらず，
結果句が付くことで初めて状態変化の事象を表す（あるいは結果句が通常想
定されるのとは異なる結果状態を指定する）タイプの結果構文は「強い結果
構文」(strong resultatives) と呼ばれている。たとえば，単に John hammered
the metal. と言う場合は，金属の状態が変化するかどうか（あるいはどのよ

---

32 結果構文には他動詞型のほかに自動詞型もある (e.g. The lake froze solid.)。ただし，本
  書では前者の他動詞型を指して「結果構文」と呼ぶことにする。

62 | 第2章　認知言語学の構文研究と場所格交替

うに変化するか）は表現されていないが，（48a）のような結果構文を用いた
場合は，金属をたたいた結果，金属が平らな状態になるという変化があった
ことまで表現されている。英語では強い結果構文が幅広く用いられるのに対
して，日本語では，（48b）に見るように強い結果構文は許容されない（結果
構文の日英比較については影山（1996）も参照）。（48a）に当たる内容を日本
語にする場合は，「ジョンは金属をたたい<u>て</u>ぺちゃんこにした」のようにテ
形で複数の動詞句を並べるなどするほうが自然だろう。

　英語では典型的には他者への働きかけを表さない sing や dance といった
動詞でさえ，目的語を伴って結果構文に現れる（（49b）は赤ん坊に歌を聞か
せて眠らせること，（50b）はダンスで相手の女性を疲れさせることを表す）。
これも強い結果構文の一種であり，（48b）から予測される通り，日本語では
この種の表現は成立しない。

(49) a.　I sang to the baby.

　　 b.　I sang the baby asleep.　　　　　　　　　　（池上 1980–1981: 623）

(50) a.　I danced (with her).

　　 b.　I danced her weary.　　　　　　　　　　　　　　　　　（ibid.）

強い結果構文が英語で成立し日本語では成立しないというのも，英語の結果
志向，日本語の過程志向の表れであると考えられる。なお，池上（1980–1981,
1981）や Washio（1997）では言及されていないが，この種の表現の成立にフ
レーム知識が関わっていることも忘れてはならない。sing の例の背後にある
のは，歌は子供を寝かしつけるために用いられることがあるというフレーム
である（このようなフレーム知識が存在することは lullaby（子守歌）という表
現からも確認できる）。このようなフレームがあることで，歌うという事態
と子供が眠るという事態の間の因果関係が保証され，（49b）のような表現が
産出されたと考えることができる。dance の例の動機づけとしては，パート
ナーとペアで踊るタイプのダンスがあるというフレーム知識を指摘できる。
そのフレーム知識には，動作主の踊り方次第でパートナーがどれぐらい疲れ
るかが変わることも含まれており，ここにも因果関係を見出すことができる
（フレームの観点から結果構文を扱ったものとしては Boas（2003）がある）。

池上（2000）は、英語と日本語で場所格交替が成立する範囲が異なることも結果志向・過程志向の表れだと述べている。すでに第2.1.7節で見たように、英語の load は交替可能であるのに対して、日本語の「積む」は移動物目的語構文には現れるものの、場所目的語構文には現れない（e.g. *トラックを干し草で積む）。ほかにも、spray に当たる「吹き付ける」も同じように交替不可である（e.g. 塗料を壁に吹き付ける／*壁を塗料で吹き付ける）。結果重視の表現である場所目的語構文（第2.1.8節）は、英語では成立しやすいのに対して、日本語では成立しにくいのである（奥津（1980: 95）、松本（1997: 第2.2.4節）、池上（2007: 235）も参照）。

このように、言語によって好まれる捉え方が異なり、捉え方を表現する手段として慣習化している語彙項目や構文も異なる。そして、そのような慣習化には一定の傾向が見られる。こうした傾向は語彙項目や構文を横断して見られるものであり、それぞれの言語における言語らしさ（英語らしさ、日本語らしさ）を形作るものである。

池上による好まれる言い回しの研究では、心理動詞や結果構文のように、語彙項目や構文のタイプの観点から言語の慣習性が扱われていたと言える。これを言語間の比較から慣習性を探るマクロの視点とすると、次節で見るのは特定の言語内を観察してわかるミクロの視点の慣習性ということになる。

2.2.2.2. ミクロの視点

Langacker（1987: 35）は、英語でよく用いられる、複数語から成るフレーズとして hold ... responsible for, kill two birds with one stone, mow the lawn, have great respect for, I'll do the best I can, underlying assumptions などを挙げ、これらを「慣習的表現」（conventional expression）と呼んでいる。慣習的表現は、クリシェ、イディオム、コロケーションといった名で呼ばれるような表現の総称である（Langacker 1991: 3）。本節では Langacker（1987: 35）が挙げた以下の表現を取り上げ、慣習的表現について考えてみたい。

(51) a.　answer the phone（電話に出る）

　　 b.　other things being equal（ほかの条件が同じなら）

64 | 第2章　認知言語学の構文研究と場所格交替

　　　c.　I don't care（気にしない）

　先ほど挙げた kill two birds with one stone は諺とでも言うべきものであり，英語話者が丸ごと覚えていることを否定する者はいないだろう。諺は複数の語から成るが，部分の意味から全体の意味を導けず，丸ごと覚えているという意味で語彙知識の一部として扱えばよいと考えられる。一方，（51）のような表現は，部分の意味から表現全体の意味を導くことが概ねできるため，単に特定の文法パターンの事例に過ぎないように感じられるかもしれない（たとえば other things being equal は分詞構文の事例の1つである）。そのため，言語知識を語彙と文法に二分し，語彙項目を文法規則に沿って配置すれば過不足なく文を産出できるとするモデル―― Taylor（2012）にならって「辞書＋文法書モデル」（dictionary plus grammar book model）と呼ぶことにする――からすると，（51）のような表現は考察対象から外れることになるだろう。しかし，辞書＋文法書モデルから抜け落ちてしまうようなこれらの表現こそ言語知識の重要な一面を占めると Langacker は述べている。Langacker は（51）の各例がどのような意味で慣習的表現であると言えるのか詳細には述べていないので，ここでは筆者なりにその慣習性について分析しておきたい。

　まず，（51a）answer the phone を見てみよう。電話に出ることを英語で表現するなら，respond to the phone などと言ってもよさそうなものであるが，普通はそうは言わない。BNC で answer の直後に the phone が続く例を検索すると（answer の品詞を動詞に指定し，すべての活用形を含めて検索），129件の用例が見つかるのに対して，respond（すべての活用形を含む）の直後に to the phone が続く例は1件も見つからなかった[33]。電話に出ることを表現するたびに他動詞構文という文法パターンに沿って answer や the phone と

33　BNC では answer the phones や answer your phone のような表現も確認できるが，一番多いのは answer the phone である。なお，respond to the phone という表現は見つからなかったが，以下の用例は見つけることができた。ただし，respond の右方4語以内に phone が用いられていたのはこの1例のみであり，電話に出ることを表す慣習的な表現はやはり answer the phone だと言える。

　　（ⅰ）　The British authorities, responding to an anonymous phone call, had gone to a roadside in Buckinghamshire and there found Simon Cormack dead.　　　　（BNC）

いった語句を並べていると考えるのは不自然であり，英語話者は answer the phone という表現を丸ごと覚えていると考えるべきだろう。そして，日本語では「電話に答える」ではなく「電話に出る」が普通の表現であることからもわかるように，この種の事態を表す慣習的表現は言語によって異なるのである。

(51b) other things being equal は，things が「条件」に当たる意味を担っている点は注意が必要だが，それ以外はコピュラ文や分詞構文といった文法パターンに還元できると思われるかもしれない。しかし，実際にはコピュラ文と分詞構文の組み合わせと言うだけでは捉えきれない，高度に慣習化した表現であると言える。先ほどと同じく BNC を参照してみよう。other things being equal という文字列を検索すると 89 件の例が得られるが（all other things being equal のように all を伴う例も含む），other things being the same という文字列では 1 例しか得られない。other things being equal としても other things being the same としても実質的な意味はほぼ同じであると考えられるが，慣習的なのは前者なのである。

(51c) I don't care も言語の慣習性を考える上で興味深い特徴が見られる。まず，care は否定文で使うことが多いが，その中でも I don't care はよく使う言い回しである[34]。この点は音声面からも確認できる。Bybee and Scheibman (1999) は，会話データをもとに don't がどのように発音されているかを調べ，I don't know, I don't think, I don't have (to) といった使用頻度の高いフレーズの場合に don't の音声弱化が見られることを明らかにしている。I don't care もそのフレーズの 1 つとして挙げられており，これが慣習的な言語ユニットになっていると見なすことができる。

その上で，母語話者は I don't care をどのような場面で使うかについての知識も身につけていると考えられる。I don't care が用いられる典型的な場面の 1 つは，「どうでもいい」という無関心な態度，投げやりな態度を示すときである。そのことがよくわかるのが，次のような例だろう。

34　Hunston (2011: 89–90) は，Bank of English から care を含むコンコーダンスラインを 100 行観察し，don't care, didn't care, couldn't care less を含むものがそのうちの 41 を占めていたと述べている。

66 | 第2章　認知言語学の構文研究と場所格交替

(52)　I don't know and I don't care!　　　　　　（Pawley and Synder 1983: 207）

（52）は「そんなこと知らないし，興味もない」といったことを伝える表現であるが，Pawley and Synder（1983）は1文単位のよく使われる表現の1つとしてこれを挙げている。この例に見るように，I don't care は聞き手に否定的な印象を与えるフレーズの1つであると言える[35]。一方，以下の例（TED動画）は投げやりな態度というよりも強い意志を表していると言ったほうがよいだろう。このような決意表明も，I don't care が使われやすい場面の1つである。

(53)　Now, Martin Luther King, on the eve of his death, gave an incredible speech. He said, "I know there are challenges ahead, there may be trouble ahead, but I fear no one. I don't care. I have been to the mountain top, and I have seen the Promised Land."

（Nic Marks, "The Happy Planet Index"[36]）

キング牧師は亡くなる前日に素晴らしいスピーチを行いました。「目の前には困難や問題が待ち受けていますが，私は何も恐れません。そんなことは気にしないのです。私は山の頂上に立ち，約束の地を見たのですから」と彼は言いました。

　以上のような音声弱化や使用場面に関する情報を含めた形で I don't care は慣習化していると考えることができるだろう。

　Langacker（1987）は，上で挙げたような慣習的表現をユニットとして身に

35　Swan（2016: 252）は，I don't care そのものは扱っていないが，whatever の用法を説明する際にこの表現に言及している。Swan は質問に対して whatever とだけ答えると投げやりで失礼な返答になることを指摘して，その失礼さを伝えるために I don't care という表現を使っている。（i）がその記述であり，（ii）の例が挙がっている。このことからも，I don't care は失礼な返答を表す代表的な表現として認識されていることがうかがえる。

　　（i）　*Whatever* is often used to mean 'I don't care' or 'I'm not interested'. This can sound rude.

　　（ii）　'What would you like to do? We could go and see a film, or go swimming.' 'Whatever.'

36　https://www.ted.com/talks/nic_marks_the_happy_planet_index

つけることが滞りなく言語を使用するために必要であると述べている。

(54) There are literally thousands of these **conventional expressions** in a given language, and knowing them is essential to speaking it well. This is why a seemingly perfect knowledge of the grammar of a language (in the narrow sense) does not guarantee fluency in it; learning its full complement of conventional expressions is probably by far the largest task involved in mastering it.　　　　　　(Langacker 1987: 35–36)
それぞれの言語には，誇張なしに何千何万もの**慣習的表現**が存在するのであり，言語を十分に使いこなすにはそのような表現を知っていることが不可欠なのである。そのため，ある言語の（狭い意味での）文法を完璧に身につけたように見えても，それだけではその言語を使いこなせるようになるとは限らないのである。言語を習得するのに必要なことの中でも，慣習的表現を身につけることはとりわけ重要なことであると言えるだろう。

「（狭い意味での）文法」というのは，辞書＋文法書モデルで言う文法規則に当たる。(54)は，多くの人にとって思い当たるであろう外国語の学習経験を引き合いに出すことで，母語話者がいかに多くの慣習的表現を身につけているかを説明した箇所である。そして，辞書＋文法書モデルに代わり，慣習的表現を適切に扱えるモデルとして，Langacker は使用基盤モデルを提唱した。

　なお，慣習的表現のようなレベルで言語を捉えることが重要であるという考えは，Sinclair をはじめとするコーパス言語学の系譜（e.g. Sinclair 1991, 2004; Stubbs 2001; Hunston 2002; Hoey 2005）とも共通するものである。これらの研究で見られる（複数語から成る）「意味単位」(unit of meaning) や「フレイジオロジー」(phraseology) といった用語は Langacker の「慣習的表現」とほぼ同じ意味であると考えられる。先ほど見た (54) に加えて，Langacker (2008) は (55) のように言っている。Stubbs (2001) の一節 (56) を並べて見ると，その共通性は一目瞭然だろう。

(55) Without a substantial inventory of prefabricated expressions, fluent real-time speech would hardly be possible.　　　　　（Langacker 2008: 19）

相当量にのぼる出来合いの表現がなければ，言語を使っているまさにその現場で流暢に話すなどということは，ほとんど不可能だろう。

(56) Every native speaker has thousands upon thousands of multi-word units stored in memory. It is difficult to see how people could speak fluently, or understand other fluent speakers, if they could not rely on familiar chunks of language behavior.　　　　　（Stubbs 2001: 59）

母語話者であれば誰でも，何千何万にものぼる，複数語から成る言語単位を記憶している。言語運用上よく使う表現のかたまりを当てにできないとしたら，流暢に話したり，誰かが流暢に話すのを理解したりするなんてことが果たして可能なのか，はなはだ疑問である。

　もちろん，認知文法における使用基盤モデルと Sinclair らのコーパス言語学は出自も違えば力点も異なるが，両者の知見を参照した分析もある[37]。そのような研究では第 2.2.2 節で見た構文についても慣習的表現の観点から捉えることの有効性が示されている。ここでは，Boas (2003) の結果構文の分析と Gilquin (2010) の使役構文の分析を紹介する。

　まず，結果構文について見てみよう。Goldberg (1995) は drive を結果構文で用いる例に言及し，結果句（形容詞・前置詞句）が crazy に代表されるような望ましくない精神状態を表すものに限定されていると指摘した。

(57) a.　Chris drove Pat {mad/bonkers/bananas/crazy/over the edge}.

　　 b.　*Chris drove Pat {silly/dead/angry/happy/sick}.（Goldberg 1995: 79）

Boas (2003) はこのような結果構文に見られる慣習性をより細かく扱って

37　McEnery and Hardie (2012) は Sinclair の系譜を新 Firth 派（neo-Firthian）と呼んでいる。McEnery and Hardie (2012: 第 7, 8 章) は，認知言語学を含む機能主義の言語学と新 Firth 派のコーパス言語学において，得られた知見と方法論の両面にわたって更なる連携が進んでいくことが望ましいと述べている。

いる。彼は BNC で drive の結果構文の実例を調べ，結果句が以下のような分布になっていることを示した（表 2-1 は Boas (2003: 129) をもとに作成。Boas が挙げた結果句のうち第 10 位までのものに限定して表に載せた）[38]。

表 2-1．**drive を結果構文で用いる場合の結果句の頻度**

順位	結果句	生起数
1	mad (to madness)	108 (5)
2	crazy	70
3	to distraction	27
4	insane	23
5	wild	22
6	nuts	18
7	up the wall	13
8	to suicide	9
9	to despair	8
10	to depression	7

Boas はほかにも shoot NP dead, stab NP to death, put NP to sleep など高頻度のパターンがあることを報告している（Boas (2003) の第 5 章および付録を参照）。shoot と stab は，Levin (1993: 150) では同じ動詞クラスに分類されているが，Boas によると，shoot の結果句には dead が使われやすいのに対して，stab の結果句は dead ではなく to death が使われる。たとえ同じ動詞クラスに属すると思われる動詞であっても，慣習的に結びつく結果句には違いがあるのである。このことは，動詞と結果句の結びつきが従来考えられてきたほど自由ではなく，一部の組み合わせは高度に慣習化していることを示している。

　同じことは英語の make 使役構文についても当てはまる。Gilquin (2010:

38　これは drive の右方 5 語以内に現れる結果句をまとめたものである。結果句は Boas が先行研究を参考に選定したものである（結果句は 3 語以内のものに限定されている）。詳しくは Boas (2003: 129) を参照。drive の結果構文については Bybee (2010) も参照されたい。

第 7.3.3 節，第 8.5.3 節）は BNC で make 使役構文の分布を調べ，原形不定詞として用いられる動詞には，feel, look, think, want のように特に高い頻度で現れるものがあることを明らかにした。これを踏まえ，西村・長谷川（2016），西村（2019）は，英語話者が [NP make NP think ...] といったパターンを慣習的表現として覚えており，以下のような表現を使用する際にはこのような具体性の高い下位スキーマにアクセスしていると想定できる，と述べている（(58b) は「あなたのおかげで，もっとまともな男になりたいと感じる」という意味を表す）。

(58) a.　What makes you think so?

　　 b.　You make me want to be a better man.　　　　　（西村 2019: 115）

　一般的な統語規則のもとで説明されてきた構文において，実際には用いられる語彙項目に偏りがあるということは，認知言語学が使用基盤モデルを採用する根拠の 1 つとなっている。言語の慣習性は，どのような語彙項目が成立しやすいか，どのような構文が使われやすいか，というマクロのレベルだけでなく，どの語がどの語と共起しやすいか，どの構文タイプにどの語が使われやすいか，といったミクロのレベル，つまり慣習的表現の視点からも捉える必要がある。池上の好まれる言い回しの研究では，このような具体性の高い下位スキーマに見られる慣習性は（少なくとも明示的には）扱われていなかったが，西村・長谷川（2016: 301）はこの種の慣習性も好まれる言い回しの一部をなすという見方を提案している。Taylor（2012）はメンタル・コーパスという考えを打ち出し，具体性の高い表現が記憶の単位となっていることを数多くの構文で例証している。このような事実を踏まえれば，構文交替でも，対応する 2 つの構文間で慣習的に結びついている語が異なるということは，十分にありえると言えるだろう。本書では，場所格交替の 2 つの構文に現れやすい語がどのように異なるかを調べていくことにする。

2.2.2.3.　文脈とレジスター

　実際の言語使用からのスキーマ抽出によって言語知識が形成されると考えると，語や構文の知識には典型的な生起環境や現れやすい文脈といった

2.2. 使用基盤モデルと文法 | 71

情報も含まれているということになる。たとえば，Jones（2002）は反義語のペアが使用されやすい環境としてA and BやA or Bのような並列構造が挙げられることを報告している。以下の例はJones（2002: 61, 66）が*The Independent*紙に基づくコーパスから収集した例である。

(59) While pensions will not be abolished, the government will encourage everyone, rich and poor, to rely for their retirement mainly on money they invest in private pension funds.

(60) He showed no disloyalty, publicly or privately, to Virginia Bottomley though it must have irked him that she was in the Cabinet and he was not.

使用基盤モデルからすれば，反義関係などの語彙知識はこのような使用されやすい文脈とともに言語知識の一部を構成していると考えられる。

　構文を用いて話し手が聞き手とどのような関係を構築しようとしているのかを見ることも，構文の知識を理解する上で重要である。例として条件文の用法を見てみよう。Clancy et al.（1997）や赤塚（1998）は，会話に見られる条件文の多くは単なる真偽の記述よりも警告や禁止の表現として用いられやすいと述べている。

(61) a. それにさわったら，やけどをするよ。
　　 b. よそ見をするとこぼすよ。　　　　　　　　　　　　　　　　（赤塚 1998: 3）

このような表現は，大人から子供への注意として発せられる[39]。こういった発話行為としての側面は，言語表現そのものに内在するというよりは語用論的な推論から得られるものだと考えられてきたが，ある構文が慣習的に使用される文脈や談話の流れがあるなら，そして，そのような構文を使うからこそ達成できる発話行為があるなら，それは母語話者の言語知識の一部であり，構文の解明に不可欠な一面を構成すると言える。以下のCroft and Cruse

---

39　赤塚（1998）は，このような表現は「望ましくないことをすると，望ましくないことが起こる」という予測をもとに成立していると述べ，条件文の理解には「望ましいか／望ましくないか」の観点が必要であると主張している（「Desirabilityの仮説」と呼ばれる）。

72 | 第2章　認知言語学の構文研究と場所格交替

(2004) や Kay (1995) の引用からもわかる通り，構文文法においては，構文と慣習的に結びついた談話機能は意味の一部であり，文法がカバーする範囲に属すると考えられている。

(62)　The term 'meaning' is intended to represent all of the **conventionalized** aspects of a construction's function, which may include not only properties of the situation described by the utterance, but also properties of the discourse in which the utterance is found (such as the use of the definite article to indicate that the object referred to is known to both speaker and hearer) and of the pragmatic situation of the interlocutors (e.g. the use of an exclamative construction such as *What a beautiful cat!* to convey the speaker's surprise). We will use the terms 'meaning' and 'semantic' to refer to any conventionalized function of a construction.　　　　　　　　　　　　　(Croft and Cruse 2004: 258)

「意味」という用語でカバーしようとしているのは，構文の機能のうち**慣習的な**側面すべてである。ここに含まれるものとして，発話によって描写される事態についての情報だけでなく，発話がなされる談話についての情報（定冠詞は指示対象が話し手と聞き手の共通認識であることを表すのに使われるなど），会話参与者のその場の伝達状況についての情報（たとえば What a beautiful cat! などの感嘆構文を使用することで発話者の驚きを伝える）なども挙げることができるだろう。構文の機能のうち慣習的なものにはどんなものであれ，「意味」や「意味的」という用語を用いることにする。

(63)　[...] the pragmatic forces or effects resulting from utterances of such expressions [= *Him help an enemy?!*, *What's it doing snowing in August?*] are conveyed according to conventions of language rather than by a process of conversational reasoning, and so must be accounted for by the grammar.　　　　　　　　　　　　　　　　　(Kay 1995: 172)

このような表現を発話することで得られる語用論的効力ないし効果は，会話時の推論に基づくというよりも，言語表現の慣習に沿った

形で伝えられるのであり，したがって文法によって説明されなければならない。

　母語話者はレジスター（register）に関する知識も豊富に有していると考えられる（Biber 2000; Taylor 2012: 第 7 章）。レジスターとは目的や状況に応じた言語のバリエーションであり，発信者と受信者の関係を規定する言語の慣習の 1 つと言える。Hayward（1994）は，たった 5 語程度のテクストの断片を見せた場合であっても，被験者はその引用元のテクストが小説であるか歴史についての文書であるか，かなりの精度で判別できるという実験結果を示している。

　レジスターごとに特有の慣習的表現があるが，ここでは Stubbs（2001: 95–96）の挙げた例を紹介したい。Stubbs は COBUILD コーパスを調べ，レシピにおいて chopped が finely, fresh, parsley といった語と非常によく共起すると指摘した。特に，finely chopped や freshly chopped parsley といったフレーズがよく使われる。一方，ˀfinely cut や ˀfreshly sliced parsley といった表現は用いられないと述べている。freshly chopped parsley は丸ごと記憶されるべき慣習的表現であり，chop の知識の重要な一面を担っている[40]。また，Stubbs は chopped の前後の文脈には add の原形も多く見つかることも報告し，add が命令文で使われるのはほぼレシピ（あるいは化学実験の説明）においてであり，add と chopped が共起していればそれを含むテクストがレシピである確率は 100% に近いと述べている。

　レジスターによって項構造構文の使用傾向にも偏りが見られる。たとえば，英語の広告，宣伝文には中間構文（e.g. This car drives well.）の使用が多いことが指摘されている（Fellbaum 1986; Sakamoto 2008; 吉村 2020）。中間構文には基本的に他動詞として用いるはずの動詞が生起し，行為の対象を表す名詞（他動詞の目的語に相当する）が主語として用いられる。中間構文

40　作例に依拠して動詞 chop の用法を研究する場合，John chopped the tree down. や Mary chopped meat into small pieces. といった例は思いついたとしても，finely chopped parsley といった例は思いつかない，あるいはそういった例を用いて研究をしようとは思わない（ましてや finely chopped parsley と ˀfinely sliced parsley を比べてみようなどとは思わない）可能性がある。

は，特定の動作主に焦点を当てずに，誰にでもその行為ができるという物の属性を表現するのが特徴である。中間構文のこのような性質ゆえに，商品の紹介や宣伝に効果的に用いられる。最近では通販サイトや SNS に商品のレビューがよく投稿されるようになり，そこで中間構文を見かける機会が増えているように思われる。(64) はキッチンに置くキャスター付きカートのレビュー，(65) はダッチオーブン（蓋付きの深鍋）のレビューで用いられていた表現である。

(64) This multifunctional cart <u>moves and folds easily</u> and is suitable for indoor and outdoor use.[41]
この多機能キッチンカートは動かしやすく，折りたたみやすくて，室内用にも室外用にもピッタリです。

(65) <u>Cooks well, cleans easily, and looks great.</u>[42]
よく火が通り，汚れも落ちやすく，見た目もよい。

商品の紹介・宣伝で使用されやすいという情報は，中間構文に関して母語話者が有している知識の一部であると考えられる。

　なお，レジスターに近い用語としてジャンル (genre) がある。Biber and Conrad (2009) は，テクスト全体 (complete text) というよりはテクストの一部 (text excerpt) に着目し，そこに現れる語彙項目・文法項目の機能を論じる際にレジスターという用語を用いている。一方，テクスト全体を扱い，テクストの構造を論じるときにはジャンルと呼ぶことを提案している。Biber and Conrad によれば，レジスターとジャンルはテクストを観察する視点の違いであり，同じテクストをレジスターとして見ることもジャンルとして見ることもあるとされる。たとえば，学術論文 (scientific research) をレジスターから捉えると，名詞句の長さや受身の使用頻度などに着目し，機能的な観点からそれらの特徴を分析することになるのに対して，ジャンルとして見た場合は論文全体の構成（イントロダクション，研究手法の紹介，調査結果

41　https://www.foodandwine.com/lifestyle/kitchen/best-kitchen-island-carts

42　https://www.foodandwine.com/lodge-6-quart-enameled-dutch-oven-amazon-7378172

2.2. 使用基盤モデルと文法 | 75

など）を扱うことになる (ibid.: 19)[43]。レシピで用いられる finely chopped というフレーズ，商品の紹介や宣伝に用いられる中間構文に着目することは，テクストの一部に現れる語彙項目・文法項目を扱っていることになるので，Biber and Conrad が言うレジスターの観点を取っていたということになる。本書でもレジスターおよびジャンルをこのように捉えた上で，場所格交替の2つの構文が使用されやすいレジスターについて調査する。

2.2.3. 構文ネットワーク[44]

2.2.3.1. 構文ネットワークと構文交替

使用基盤モデルでは，スキーマとしての構文は，具体的な表現から共通する特徴を抽出することで，ボトムアップ式に形成されると想定されている。統語規則に相当する一般性の高い構文が抽出されても，具体性の高い表現が言語知識から排除されることはない。たとえあるスキーマの事例に当たるものであっても，話者の頭の中で十分に定着しているものは，スキーマ抽出後も引き続き言語知識として蓄えられているのである。それどころか実際の運用上重要な役割を果たすのは，下位レベルの構文であると考えられる。話し手は発話のたびに抽象的な構文を使いゼロから表現を作り上げるのではなく，むしろ，すでに慣れ親しんだ下位レベルの構文，慣習的な表現に直接アクセスして文を産出するのである。

すでに結果構文や make 使役構文における下位スキーマ（[drive NP crazy] や [make NP think ...]）の重要性は述べた通りだが，ここでは二重目的語構文（与格交替の構文のうち，目的語を2つ伴うもの）について見てみよう (Langacker 2000, 2005, 2008. 第 8.3.2 節)。まず，Give me that chocolate. や

---

43 Biber and Conrad (2009) はさらに文体 (style) という用語も取り上げている。レジスターと同じく，文体もテクストの一部に着目する際に用いる用語とされているが，審美的な観点からテクストを扱い，良し悪しを論じるときには文体が適切だと考えられている。なお，本書では Biber and Conrad に従い，レジスターとジャンルを区別しているが，そのような分け方をせずに，広い意味で「ジャンル」という用語が用いられる場合もある（たとえば，Langacker (2008: 第 13.3 節) など）。筆者も一般向けの記事などではジャンルと呼ぶことがある（野中 2022b）。

44 第 2.2.3.1 節と第 2.2.3.3 節は野中 (2023) とほぼ同内容である。

76 | 第 2 章　認知言語学の構文研究と場所格交替

Can you give me a ride? のような表現に出会うことで，[give me NP] とい
うスキーマが抽出される。そして，目的語が me でない例にも触れていく
と [give NP NP] というスキーマが形成され，さらに give 以外の授与動詞
（TRANSFER と表記）に触れることで [TRANSFER NP NP] というスキーマ
が得られる。最終的には，授与に特化した意味を持つとは言いづらい動詞
（read や throw，さらには envy など）を含んだ [V NP NP] という抽象度の高
いスキーマが立ち上がることになる。[give me NP] については，give me の
縮約形 gimme があることからも，これが母語話者にとってひとかたまりの
言語単位になっていることが確認できる。実際の言語使用においてアクセス
されやすいのは，このような下位スキーマであると想定できる。

　語彙の知識も同様に実際の使用例から抽出されたものだと考えられる。英
語母語話者は send という語をまず学んでからそれを二重目的語構文で用
いる，といったプロセスを経るのではなく，まず [send NP NP] や [send NP
to NP] といった言語単位を習得し，それらに共通する要素として事後的に
send という語彙項目の知識（単語レベルの知識）を得ると考えることができ
る（西村・長谷川 2017）[45]。Langacker は二重目的語構文と send に関わる知識
を以下のようなネットワークとして提示している（Langacker（2000: 34）を
一部改変 [46]）。スキーマのうち，話者の頭の中でアクセスされやすいと考え
られるものは，枠線が太く描かれている。

45　野矢（1996: 第 7 章）には「語を学ぶのは文のあとということになるね」（p. 148），「言
　　語使用の単位は語ではなく，文だ」（p. 149）とあるが，これは哲学の観点から使用基盤
　　モデルを考察した論考として読むことができる。また，野矢（2010: 第 32 章）でも使用
　　基盤モデルを推進する上で示唆に富む議論がなされている。

46　Langacker（2000: 34）の図ではスキーマと事例の関係を示すために [give NP NP] → [give
　　me NP] のように矢印が引かれているが，習得順はその逆となる。本書では，習得順に
　　沿って話を進めてきたため，[give NP NP] → [give me NP] とするとわかりにくくなるこ
　　とを考慮し，矢印ではなく直線に直して引用した。

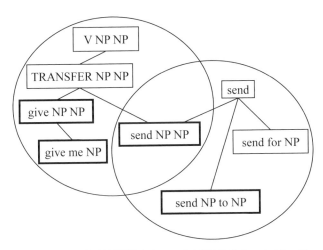

図 2-2. 二重目的語構文と send に関するネットワーク

　図 2-2 のように，スキーマは抽象度（特定の動詞か動詞クラスか，スロットがどの程度埋まっているかなど）や慣習性に応じて様々なレベルで抽出され，「慣習的な言語ユニットの構造化された目録」を構成する。言語習得においては，子供は，下位レベルのスキーマ，つまり具体的な表現から先に身につけて，徐々に上位スキーマを獲得すると考えられる。以上はあくまで概略であり，実際のネットワークはもっと複雑であるはずだが，言語知識がボトムアップ式に形作られるという使用基盤モデルの想定は示すことができたと思われる。使用基盤モデルの観点から言語習得を扱った詳細な研究としては Tomasello (2003) がある。Tomasello は，特定の動詞が埋まった具体性の高い構文（Tomasello は「動詞の島」(verb island) と呼ぶ）の習得をもとに徐々に抽象度の高い構文が得られ，構文のネットワークが形成されていく（孤立していた動詞の島に橋がかけられ，つながっていく）プロセスを示した研究として重要である。大人の言語使用においても，子供の言語の習得においても，具体性の高い下位レベルの構文が重要な役割を果たす。このような研究に基づき，使用基盤モデルでは語彙・文法融合的な単位こそが言語にとって基本的な単位であると考えられている。

　send のネットワークに目を向けると，[send NP to NP] と [send NP NP] と

いうスキーマが含まれるが，この2つの類義構文の間には，一方では前置
詞句で表されていたものが他方では間接目的語になっているといった項の対
応関係が成立している。このように2つの構文スキーマの間に規則的な対
応関係が見出せる現象こそ，構文交替である。このような対応関係の意味
的な基盤は第2.1.5節で見たフレームであり，2つの構文がメトニミーの関
係にあることはすでに指摘した通りである（構文の対応関係については，第
3.4節で触れるPerek（2015）も参照）。ある動詞が交替可能であるというの
は，対応関係にある2つの構文にその動詞が現れることが慣習化している
（その動詞のネットワーク内で当該の2つの構文が定着している）ことだと
考えられる。第2.2.2.2節でも述べたように，対応関係にある2つの構文も，
その下位事例については，異なるネットワークを形成していると考えられる
が，この下位事例の実態を明らかにすることは，使用基盤モデルの観点から
構文交替を扱う際の主要課題の1つである。

2.2.3.2.　認可と類似性判断

　これまで，具体性の高い下位スキーマに当たる構文の重要性を述べてきた
が，それでは，抽象度の高い上位スキーマに当たる構文はどのようなときに
参照されるのだろうか。抽象度の高い構文スキーマの有効性を示した研究の
1つにGoldberg（1995）がある。Goldberg（1995）は，個々の語彙が捨象され
た骨組みとして構文を捉え，次の例に関する英語話者の直観について議論し
ている。

　（66）　She topamased him something.　　　　　　　　　　（Goldberg 1995: 35）

（66）は意味のない架空の動詞を用いた例であるが，英語話者はこれをgive
に似たような意味だと感じるようである。英語話者のこのような直観を説明
するには，[V NP NP] の構文自体に授与の意味が含まれており，この上位ス
キーマをもとに（66）が理解されたと考えるのが妥当だろう。Goldbergは以
下のfaxの例も同じように説明している。

　（67）　Joe faxed Bob the report.　　　　　　　　　　　　（Goldberg 1995: 120）

まだ fax が新規の語彙項目（fax 発売当時）であったときも，母語話者は上記のような表現を自然に受け入れることができたと思われるが，そのような表現が使用されるのも，動詞スロットが埋まっていない抽象度の高い構文の事例として捉えることができたからだと考えられる。構文と事例のこのような関係を説明する際，認知言語学では，構文スキーマが事例を「認可する」（sanction）という表現が用いられる。

　ただし，このような上位スキーマがあるからといって，どのような表現でも可能になるわけではない。慣習から外れた言語使用は，スキーマによる認可に加えて，既存の慣習的表現からの類推で成立の可否が判断されると考えられる。(66) を聞いた英語話者の頭の中では give からの類推が働いていることが想定できるが，それは give が二重目的語構文でもっともよく使われる動詞であり，拡張の源泉にしやすいからであると考えられる。(67) が成立したのも，send はもちろんだがそれ以外に telephone といった動詞がすでに二重目的語構文として使用されており，そうした例と fax の例との間に類似性が見出せたことが重要だろう[47]。構文ネットワークを適切に扱うためには，縦の関係（スキーマによって事例が認可される）だけでなく，横の関係（慣習的事例と似ている面があるために拡張事例が成立する）を捉えることも必要なのである（Langacker 1990: 第 10 章, 2000）。このようにして新しい表現が産出される仕組みを平沢（2019: 52）は「認可と類似性判断の二重チェックシステム」と呼んでいる。第 2.1 節では捉え方に基づく動機づけについて扱ったが，上位スキーマがあること（認可）と既存の慣習的事例があること（類似性）も，ある表現が成立する動機づけであると言える。動詞が普通であれば現れないような項構造構文で用いられる臨時的な使用法は，しばしば構文の強制（coercion）と呼ばれ，項構造を扱う研究で議論されるこ

47　簡易的に Corpus of Historical American English（COHA）で [telephone/fax ＋代名詞＋冠詞] という文字列を検索すると（telephone と fax の品詞は動詞に指定して，すべての活用形を検索），telephone の二重目的語構文に該当する例は 1930 年代から見つかるが，fax の例が見つかるのは 1990 年代からである。

　　（ⅰ）　Your father telephoned me the news, Magna.　　　　　　　　　（COHA 1933）

　　（ⅱ）　If you can't find it in the J. Edgar Hoover Library, call me back and I'll fax you a copy.
　　　　　　　　　　　　　　　　　　　　　　　　　　　　　　　　　　　（COHA 1993）

とも多いが，構文の認可という面だけでなく慣習的な表現からの類推（Boas 2003; Bybee 2010, 2013）という観点からも議論される必要がある（類推については Langacker（1987: 第 11.3.4 節）も参照）。

　認知言語学，特に使用基盤モデルの研究では，慣習から外れた言語使用についても分析を行ってきたが，それは実際の言語使用を重視してどのような表現がどのような文脈で選ばれるのかを観察する姿勢と，そのような創造的な使用を可能にする側面も含めて言語知識だと考える言語観を示している。そのような言語使用がなされるのは，話し手・書き手がコミュニケーションの目的を達成しようとする工夫の表れである。第 2.1.4 節で認知主体の捉え方を重視する言語観について説明したが，「慣習的な言語ユニットの構造化された目録」という資源を駆使してコミュニケーションを行う認知主体に着目する（Langacker 2000: 9）という意味で，使用基盤モデルもまた認知主体を中心に据えた認知言語学の方向性を示すものである。

2.2.3.3.　交替の可否

　すでに述べたように，使用基盤モデルの観点から交替現象を捉え直すと，構文が交替可能であるというのは 2 つの構文スキーマの間に項の対応関係が見出せる現象であり，交替動詞とは対応する 2 つの構文に現れることが慣習化している動詞であると言える。時として，母語話者や研究者によって，ある動詞が交替するかどうかの判断や認定にずれが生じることがあるが，それは，一方の構文スキーマが十分に定着していない（下位レベルの具体的な表現のみが定着している）ために構文スキーマの対応関係が見出しづらい現象である，とまとめることができる。

　この点について，Taylor（2012）は興味深い事実を指摘している。与格交替の先行研究では，explain は与格交替に参与しない，つまり [explain NP to NP] とは言えても，[explain NP NP]（二重目的語構文）とは言えないとされてきた（Oehrle 1976: 137; Pinker 1989: 119; Levin 1993: 46; Goldberg 1995: 129; Huddleston and Pullum 2002: 309）。Taylor 自身も，Explain it to me. は容認できるが*Explain me it. は不自然であると判断している。一方，次のような実例については悪くないと述べている。

（68）a. Can someone explain me how PHP interacts with Java?

PHP が Java とどのようにやりとりするかを誰か説明してくれませんか。

b. Can someone please explain me how are aggregates stored in the database?

集約式がデータベースにどのように蓄えられているか，どなたか説明してくださいませんか。

(Taylor 2012: 29（西村ほか訳 2017: 45））

Taylor（2012: 31, 257）は，explain の二重目的語構文は頻度が低く，インフォーマルなレジスターに限られているが，explain NP NP の実例は確かに見つかると述べ，特に [Can {someone/anyone/you} (please) explain me wh-S?]（wh-S は疑問詞節，以下 [Can you explain me wh-S] と表記）のような形でなら，ある程度許容されると指摘している（野村（2018: 28）も参照）。第2.2.3 節では，give me NP のような二重目的語構文の下位スキーマについて述べたが，このような考えをもとにすれば，それよりもさらに具体性の高い表現，つまり NP スロットが埋まり，[Can you VP?] という依頼表現と組み合わさった構文が（少なくとも一部の英語母語話者にとっては）定着しているというのは，言語にとって例外的な現象ではなく，多くの構文に見られる分布の偏りの１つであると捉えることができる[48]。

Taylor（2012）はなぜ [Can you explain me wh-S?] という具体性の高い構文が存在するのかについては言及していない。この点を考えるにあたっては，

---

48 こうした発想は次のような例を考える上でも有効だろう。expect NP to VP に対応する受身文は NP is expected to VP である。この種の受身文には NP is {intended/meant} to VP のように定着度が高く，使用範囲からいっても能動文とは単純な対応関係にないように思われるもの，NP is said to VP のように対応する能動文が存在しないもの（say NP to VP とは言えない）がある。さらに，NP is rumored to VP について言えば，rumor が動詞として使われるのはほぼこの構文（あるいは It is rumored that ...）に限られており，能動文では基本的に用いられない（rumor の動詞用法については家入（2019）を参照）。この問題を考える際にも，ある動詞が受身化可能／不可能という二択で考えるのではなく，NP is rumored to VP のような表現自体が慣習的な単位になっていることを認める必要がある。

82 | 第2章　認知言語学の構文研究と場所格交替

高橋（2017: 第4章）を参照するのが有益であると思われる。

　高橋は，explain の二重目的語構文については論じていないが，explain の使用実態について次のような興味深い指摘をしている。高橋は Corpus of Contemporary American English（COCA）から得られたデータを参照し，explain は命令文での使用頻度はそこまで高くないが，Can/Could you 構文での使用頻度は高いと述べている（Can you 構文の動詞頻度としては第4位，Could you 構文としては第3位である）。Can/Could you 構文の動詞頻度の第1位は tell，第2位は give であり，これらは Can you tell me ... や Can you give me ... のように一人称目的語を取る二重目的語構文の用法が多い（give や tell は命令文でも一人称目的語を取ることが多い）。このほかにも，Can you help me? のように二重目的語構文でなくても，一人称目的語の例が広く用いられている。

　以上のことをもとに，[Can you explain me wh-S?] を構文ネットワークに位置づけてみたい。ここでは議論を簡略化するため，someone と anyone の例を除いて議論を進める。まず，Can/Could you 構文は [Can/Could you V me ...?] という形で使われることが多いが，その中には二重目的語構文と結びついた [Can/Could you V me NP?] があり，中でも [Can/Could you give me ...?] や [Can/Could you tell me ...?] は慣習的なユニットになっていると考えられる。一方，explain は [explain NP_1 to NP_2] という形でよく使われるとともに [Can you explain ...?] という形で使われることも多い（[Can you explain NP_1 to NP_2?]）。その上で伝達内容（NP_2）が wh-S のように長い名詞句の場合，explain to NP_2 wh-S という形になることがあるが（この現象は「重い名詞句の転移」(heavy NP shift) と呼ばれている），その場合は二重目的語構文とも語順が近くなる（e.g. Can you explain to me what happened?）。これらを考慮すると，[Can/Could you explain me wh-S?] は，単に [Can/Could you V me NP?] というスキーマの事例として認可されうるというだけでなく，一方では [Can/Could you give me NP?] や [Can/Could you tell me NP?] との類似性[49]，他方では [Can/Could you explain to me wh-S?] との類似性が見られ，こ

49　高見（2003）も，explain の二重目的語構文が成立する動機づけとして tell の事例からの類推を指摘している。

れらが動機づけとなって成立していると考えられる。

　ある表現に複数の動機づけが見られ，当該言語の構文ネットワークの中に位置づけられる場合，その表現に「生態的地位」(ecological niche) が与えられると言う (Lakoff 1987: Case study 3; Taylor 2004; 平沢 2014, 2019: 第1, 5章)。[Can/Could you explain me wh-S?] が完全に慣習化したとは言えなくても，英語らしい表現の1つとして感じられる要素があるのは，生態的地位が与えられているからだと考えられる。[Can you explain me wh-S?] の生態的地位は図2-3のようになっているのではないだろうか（図2-3ではCan/Could you 構文のうち Could の表記は省いた）[50]。図中の破線の矢印は類似性に基づく拡張関係を表している。

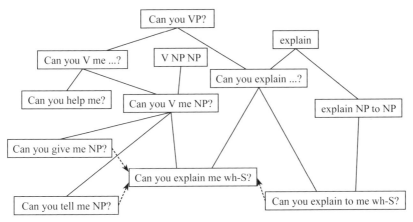

図 2-3．Can you explain me wh-S? の生態的地位の素描

実際，COCA にも次のような例がある。

(69) a.　Could you please explain me what – in your view – would happen when the U.S. treasury defaults?

50　Taylor (2012: 29) は They've explained me what I wanted to know. という依頼文でない例も挙げている。このような例については，Can/Could you 構文との関係とは異なる要因を考える必要がある。

もしアメリカの国債が債務不履行に陥ったらどのようなことが起こるのか，あなたの見解を教えていただけないでしょうか。

b. Could someone please explain me what this means?
誰かこれの意味を教えてくれませんか。

なお，Goldberg（2019）は Explain me this. が不自然であると述べ（この例を本のタイトルにしている），言えてもいいはずなのに不自然な表現があることをもとに使用基盤モデル・構文文法の議論を展開している。もし Goldberg が [Can you explain me wh-S?] をある程度許容する場合は（Taylor の議論から言うと，その可能性は十分にあると考えられる），explain の二重目的語構文の容認度が [Can you explain me wh-S?] と Explain me this. で異なることになるが，本書の議論が正しいとすれば，後者は前者ほど生態的地位を与えられていないからだと考えることができる。Can/Could you 構文の場合に比べると，explain の命令文での使用頻度は劣る，explain this to me のような表現では重い名詞句の転移が起こらない（explain to me this とは言わない），といった事情を考慮すると，少なくとも [Can you explain me wh-S?] に比べると Explain me this. は類推のもとになるような慣習的事例が少ないと言えるだろう（Explain me it. が容認不可であると言う Taylor（2012）の観察とも一致する）[51]。

---

51 Taylor（2012: 29）は Explain me it. を容認不可だと判断する一方で，Explain me this. はそれほど悪くないと考えている。理由として Answer me this. からの類推を想定している。同じ explain の二重目的語構文を取り上げながら，Goldberg は通常は使用されないという部分に着目し，Taylor は生起環境が限定的ながら使用されうるという部分に着目しているというのは興味深い。ただし，Answer me this. 自体はそれほど高頻度な表現というわけではない。Hirasawa and Nishimura（2021）は COCA を調べ，[V me this] の命令文では Tell me this. がもっともよく用いられる表現であり，Answer me this. や Riddle me this. がそれに続くことを明らかにした。Explain me this. はそれらに基づいた拡張例として理解することができる。詳しくは Hirasawa and Nishimura（2021: 第 3.1 節）を参照。なお，explain me の後に疑問詞節や this 以外が続く二重目的語構文の例として，COCA には以下のものがあった。

（i）　OK. Can you explain me one thing?
COCA には tell me one thing や promise me one thing といった二重目的語構文が多く見つかり，これらの表現が類推のもとになっていると考えられる。

explain を交替可能／不可能と分類するよりも，以上のように [Can you explain me wh-S?] のような具体性の高い表現が言語知識として蓄えられていると考えるほうが，実態に合った説明が可能になる[52]。そして，[explain NP to NP] と [explain NP NP] というレベルで見たときには，交替が成立するとは言えないのに対して，[Can you explain me wh-S?] のようなレベルでは二重目的語構文が成立することがあるため，このどちらに目を向けるかによって，交替可能性の判断や認定にずれが生じることになる。下位スキーマの重要性を認める使用基盤モデルなら，このような例を適切に記述できる。

　場所格交替においても，研究者によって交替についての判断が分かれる動詞がある。そのような動詞として hang や set を取り上げた野中 (2018) を紹介する。場所格交替の先行研究において，Fraser (1971)，奥津 (1980)，Ikegami (1985) は hang も set も交替可能であるとしている。次のような例が挙げられている。

(70) a.　John hung pictures on the wall.

　　　b.　John hung the wall with pictures.　　　　　　(奥津 1980: 95)

(71) a.　set diamonds in a crown

　　　b.　set a crown with diamonds　　　　　　(Ikegami 1985: 287)

一方，hang や set が移動物目的語構文には現れても，場所目的語構文には現

52　Green (1974: 89) は She explained him her behavior. が周辺的であるものの使用できる可能性を指摘しており，Can you のような依頼表現ではない例，me 以外の目的語を取る例が用いられることも確認されてはいるが (Pinker (1989: 155) も参照)，同時に ?She explained Marion her behavior. だと不自然になるとも述べている。高見 (2003) や鷹家・林 (2004) は，母語話者への聴き取り調査により，母語話者の意識としては explain の二重目的語構文が完全に許容されるとまでは言い難いことを明らかにしている。explain の二重目的語構文の使用範囲は依然として限定的ではあるが，徐々に Can/Could you 構文，代名詞の使用といった限定的な生起環境から解き放たれ，より自由に使われるようになることも考えられるだろう。なお，explain の二重目的語構文が現れやすいもう 1 つの生起環境として，高見は受身を取り上げている (高見 (2003: 367) は，I explained John the situation when he arrived. よりも John was explained the situation when he arrived. のほうが適格性が高いと母語話者が判断することを報告している)。Goldberg (2006: 第 7 章) は二重目的語構文＋受身構文の組み合わせが 1 つの構文になっていると論じており，その観点からもアプローチすることができるように思われる。

れないと判断する研究者もいる。Levin（1993）は hang を交替動詞のリスト
に含め，set を非交替動詞のリストに含めている。岸本（2001a）は hang, set
ともに非交替動詞として扱っている。

　実は，hang や set の場所目的語構文が観察されるのは，実質的には受身表
現に限られている。野中（2018: 148）は BNC から以下の例を挙げている。

(72)　The bedchamber was hung with silks which were so fine that they
　　　bruised if something brushed against them.
　　　寝室には絹織物が掛けてあったが，その絹織物はとても上質で，何
　　　かに擦れるだけでも生地が傷むほどだった。

(73)　[...] her crown was set with no less than 4,936 diamonds [...]
　　　彼女の王冠には 4,936 個ものダイヤモンドが施されていた。

上記のような受身表現がよく用いられる単位になっていることは，*Longman
Dictionary of Contemporary English*（LDOCE）の記述からもうかがえる。
LDOCE の hang の項目には be hung with という小項目があり，"if the walls
of a room are hung with pictures or decorations, the picture etc are on the walls"
と書かれている。形容詞 set の項目には be set with germs/jewels etc という
小項目が設けられ，"to be decorated with jewels" という説明がある。(72)
や (73) のような表現が言えるなら能動文も成立するはずだと考える話者は
hang や set を交替動詞だと考えたのに対して，be hung with pictures や be set
with diamonds といった受身のフレーズでのみ蓄えられている話者は hang や
set が交替動詞だと思い至らなかった可能性がある。このように，場所格交
替においても，交替の可否を論じる際は，動詞単体で捉えるのではなく，具
体性の高い言語単位に着目することが重要だと言える。

　なお，(72) や (73) は，絹織物やダイヤモンドが設置された状態にあった
という，行為の結果状態を表す受身の例である。このような結果状態を表す
受身については第 3.5.4 節で取り上げる。第 5 章では生態的地位の観点から
この種の受身と場所格交替の組み合わせを扱う。

2.3. 事例研究：穴あけ構文 [53]

　以上，捉え方の意味論と使用基盤モデルの観点から認知言語学の構文研究を紹介した。本節では，そのような構文研究の実践の 1 つとして，「穴あけ構文」の事例研究を提示する。

2.3.1. 穴あけ構文の特徴

　日英語ともに，「掘る」や dig といった動詞は，働きかける対象だけでなく，働きかけの結果としてできる穴を表す名詞も目的語に取ることができる [54]。このうち，穴を目的語に取る構文を「穴あけ構文」（*a hole* construction）と呼ぶことにする。

(74) a.　ジョンは地面を掘った。
　　 b.　ジョンは地面に穴を掘った。

(75) a.　John dug the ground.
　　 b.　John dug a hole in the ground.

この現象は，掘るという行為によって穴を作るというフレームのうち，どの要素を焦点化するかの選択によって生じるメトニミーであると考えられる [55]。上記の例のうち，「穴」や a hole は，行為の結果生まれるものを指すので結果目的語と呼ばれる（本章の (15) で見た He tied a bow with his shoelace. における a bow も結果目的語である）[56]。

53　本節は野中 (2011) の議論を簡潔にまとめ直したものである。ただし，構文ネットワークの描写をはじめ，いくつかの箇所は元論文から発展させた内容を含んでいる。

54　奥津 (1980: 97–98) は構文交替を紹介する際にこの種の例についても言及している。なお，奥津は「構文交替」ではなく「代換」という用語を使用している。「地面に穴を掘った」に比べて，「地面を掘った」は項が 1 つ少ないことを踏まえ，奥津はこの現象を「不完全な代換」と呼んでいる。本書では「代換」を構文交替と同じことを表す用語としては用いずに，佐藤 (1987) が使った意味で用いることとする。佐藤の言う代換については，第 7 章で扱う。

55　「掘る」のこのような用法については国広 (2006: 244–249) も参照。国広は「掘る」と「彫る」を合わせて 1 つの語（多義語）と見なし，その意味を分析している。

56　Jespersen (1927: 233) は，結果目的語を扱う中で，穴あけ構文の例を取り上げている。

88 │ 第2章 認知言語学の構文研究と場所格交替

　興味深いことに，英語では，dig といった穴の作成を含意する動詞以外に
も，多様な動詞が hole を目的語に取り，穴をあけることを表現するのに用
いられる。

(76) a.　Matilda poked a hole in the rice paper screen (with her cane).

　　 b.　Stephanie burned a hole in her coat (with a cigarette).

　　 c.　Frances kicked a hole in the fence (with the point of her shoe).

（Levin and Rapoport 1988: 278）

　一方，日本語ではこのような表現は許容されない。たとえば，(76a) に当
たることを日本語で表現しようとしたら，「障子をつついて穴をあけた」の
ように動詞を2つ使う（1つ目はテ形）必要があり，次のような表現は容認
されない（加賀 (2007) も参照）。

(77) *フランシスはフェンスに穴をつついた。

これは，結果構文の分布と並行的である。野中 (2011) は，Washio (1997)
の結果構文の分類にならい，(75b) のように動詞の意味から「穴をあける」
ことを予測できるものを「弱い穴あけ構文」，(76) のように動詞の典型的な
用法からは「穴をあける」ことを予測できないものを「強い穴あけ構文」と
名づけ，英語では弱い穴あけ構文とともに強い穴あけ構文が成立するのに対
して，日本語では弱い穴あけ構文しか成立しないとまとめている。これも英
語の結果志向，日本語の過程志向の表れであると考えられる[57]。

───────────────────────────────

　　結果目的語については，Hopper (1985)，吉田 (2003) も参照。

57　野中 (2011) は英語の弱い穴あけ構文を構成する動詞として，bore, dig, drill, punch,
　　gouge, pierce などを挙げている（*Longman Dictionary of Contemporary English* 第3版
　　の語義記述で make a hole という表現が含まれているかどうかを基準にした）。日本語
　　には穴をあけることを含意する動詞が「掘る」以外にはあまりないが，わずかながら
　　「穴」を目的語に取るものがあり，日本語にも弱い穴あけ構文は存在する。以下の例は
　　現代日本語書き言葉均衡コーパス（BCCWJ）からの引用である。
　　（i）　弾丸が胸腔を貫き，心臓に穴を穿った。
　　（ii）　マックス・ヴェーバーは，『職業としての政治』（脇圭平訳）の中で，政治とは，
　　　　「堅い板に力をこめてじわっじわっと穴をくりぬいていくような作業である」
　　　　と述べている。

2.3. 事例研究：穴あけ構文 | 89

　英語で強い穴あけ構文が成立するといっても，単に英語が結果志向であるというだけでは説明できない側面があることには注意が必要である。hole は様々な動詞と共起して結果目的語として使われるが，強い穴あけ構文の場合，生産的であるのは hole のときのみである（hole に近い意味を表す hollow, gap などの名詞が結果目的語として用いられるのはまれである）。したがって，この現象に関しては，単に英語では結果目的語を取る表現が日本語よりも成立しやすいと考えるだけでは不十分で，[V a hole (holes) in/into/through NP] という目的語が具体的に定まった形で慣習化していると捉えるべきである [58]。目的語に特定の語が用いられる点で，穴あけ構文は「way 構文」に似ている。way 構文とは [V one's way PP/Adv] という形式で主語指示物の移動を表す構文であり，目的語の名詞は way に固定されている（Adv は副詞（e.g. forward））。

(78)　The demonstrators pushed their way into the building.

(Goldberg 1995: 208)

(79)　Mary danced her way through the park.　　（高見・久野 2002: 81）

(78) は人ごみなどを押しのけて建物に入ることを表す例である。(79) ではダンスをしながら公園を移動することが表されている。ここでは way 構文について詳しく紹介する余裕はないが，way 構文に関する先行研究には Goldberg (1995: 第 9 章ほか)，Israel (1996)，高見・久野 (2002: 第 2 章) などがある。穴あけ構文と way 構文の並行性は影山・由本 (1997: 182–184) で指摘されている [59]。

58　影山・由本 (1997) は，穴あけ構文に用いられる前置詞は in のような場所を表す前置詞であり，方向性を表す into などの前置詞は現れないとしている。

　　(ⅰ)　He kicked a hole {in/ ??into} the wall.　　（影山・由本 1997: 183）

　　しかし，以降の例で示すように into や through を用いた例も（in よりは低頻度ではあるが）見つけることができる。

59　次の例（いずれも COCA から）に見るように，強い穴あけ構文で hole の代わりに hollow や crater が用いられている例，way 構文で way の代わりに passage や path が用いられている例などもあるが，hole や way の例に比べると珍しく，慣習性の差ははっきりとしている。

　　(ⅰ)　Inside at one end, we scooped a hollow in the ground, which serves as our fireplace.

90 | 第2章 認知言語学の構文研究と場所格交替

2.3.2. コーパス調査

影山 (1996) は，穴あけ構文に用いられる動詞は何かに対する働きかけを意味する動詞であると想定している。そのため，次のような例は容認されないと述べている。

(80) *The elephant danced a hole in the wall. (影山 1996: 280)

影山は穴あけ構文では動詞の働きかけの対象は前置詞句で表現されるとしている。その上で，影山 (1996: 280) は「動物園の象がダンスをしていて，その振動で管理人室の壁に穴が空いたというような状況を想像しても，象が直接に壁に触ったわけではない」ために (80) のように言うことはできないと説明している。

しかし，COCA を調べてみると，ごく少数ではあるが dance や walk のような，典型的には働きかけを表さない自動詞を用いた例も存在することがわかる。(81) はいずれも COCA で見つかった例である（以下，(84) までの例文は COCA から引用した）。

(81) a. He [= Davy Crockette] was teaching himself to dance so that he could impress a real pretty gal named Sally Sugartree, who could dance a hole through a double oak floor.[60]

(ⅱ) It [= the bomb] blew a crater in the street and injured five people.

(ⅲ) As Tom makes his passage from one world to another, his senses come alive; he feels the presence of the mountains, hears the rain, smells it.

(ⅳ) While the birds were yet singing the morning in, they made their path across the hills until they came to a river.

60 この表現は話し言葉 (SPOK) として COCA に収録されているが，出典情報を見ると *Davy Crockett Saves the World* (Rosalyn Schanzer 著) という絵本を読み上げた箇所であることがわかる。この例は結果構文の誇張用法によく似ているように思われる。一部の結果構文は，対象の状態変化そのものを伝えるというより，そういった変化をもたらすかのように行為が過剰に行われたことを伝える誇張表現として用いられることが知られている。たとえば，The joggers ran the pavement thin. (Carrier and Randall 1992: 217) は，走った結果として舗道が実際にすり減ったというよりも，舗道がすり減るほどの勢いで盛んに走ったということを誇張して表現している例である (Goldberg 1995: 184–185)。この種の結果構文については西村 (1998: 第5章, 2018)，野中・貝森 (2016) も参照。

デイビー・クロケットは，ダンスの自主練習に励んでいました。サリー・シュガーツリーという，とてもかわいい女の子に対して格好をつけたかったからです。その子のダンスは，オーク材が二重になった床にも穴をあけてしまうほど元気なものでした。

b. She remembers her teacher, Miss Zola Jackson, finally having to tell her, "Little girl, if you don't stop coming up and asking me, 'Miss Jackson, is this right? Is this right?' you're going to walk holes in the soles of your shoes!"[61]

彼女は，ついには先生（ゾーラ・ジャクソン先生）にこんなことを言わせてしまったのを覚えているそうだ。「お嬢ちゃんったら，毎回わざわざ私のところまで来て「ジャクソン先生，これ本当？これ本当？」って聞き続けていたら，たくさん歩くことになって，しまいには靴底に穴があいちゃいますよ」と。

(81) のように dance や walk が用いられる表現が穴あけ構文の事例としてどのように位置づけられるかを探るため，野中 (2011) では，COCA で動詞の直後に a hole および holes が現れる例を検索し（動詞はすべての活用形を含む），穴あけ構文に該当しない例と make などの作成動詞を含むものを除外し，2000 件の穴あけ構文の例を収集した（検索は 2009 年に行ったものであり，当時の COCA は 4 億語規模であった）。これらを，弱い穴あけ構文と強い穴あけ構文に分類していくと，前者が 13 種類の動詞で 936 件，後者が 75 種類の動詞で 1064 件であった。

見つかった用例を確認してみよう。(82) は弱い穴あけ構文の例である（(82b) はアグーチ（齧歯類）がブラジルナッツの殻に歯を突き刺して穴をあけることを表す例）。

(82) a. Doctors had tried everything, had even drilled holes in Johnson's skull to relieve the pressure on his brain caused by massive bleeding, but it hadn't worked.

61　元の英文で引用符の誤りがあると思われたため，その部分を修正して引用した。

92 | 第2章 認知言語学の構文研究と場所格交替

医師たちは全力を尽くした。大量出血からくる脳への圧迫を緩和するため，ジョンソンの頭蓋骨にドリルで穴をあけもしたが，効果はなかった。

b. After piercing a hole through the fruit's hard outer shell, the agouti removes the seeds and buries them one by one in favorite locations, [...]
アグーチはナッツの固い殻に歯を突き刺して穴をあけてから，その種子を取り出し，お気に入りの場所に1つずつ埋める。

強い穴あけ構文には多様な動詞が現れるが，中でも頻度が高い poke や burn の例では，物理的に穴をあける例だけでなく，比喩的な拡張をしている例も見られる。

(83) a. The defense attorney has to just poke holes in that case.
被告側弁護士はその証拠のあら捜しをすることがまさに求められている。

b. After paying my first month's rent I've got an amazing wad of cash burning a hole in my pocket.
最初の月の家賃を払った後，驚くほどの大金が手に入ったが，すぐに財布から消えて行ってしまった。

それ以外の強い穴あけ構文の例には以下のようなものがある。物理的な働きかけを表す動詞が多く見つかった。

(84) a. Never poke a hole into a wire to check a circuit.
電気回路のチェックでワイヤーをつついて穴をあけるなんてことは絶対しないように。

b. [...] he had to cut a hole in the ice in both ends so that he could enter in one hole and come out the other.[62]

---

62 ここでは cut が用いられている例（84b）を強い穴あけ構文に分類している。対象物を切ったとしても必ずしも穴ができるとは限らない（対象物が2つに分かれてしまったら穴は作成されない）からである。ただし，kick a hole in the fence のような例に比べれば，（84b）は弱い穴あけ構文に近いと言える。したがって，弱い穴あけ構文と強い穴あけ

彼は氷を切り抜いて，両側に穴をあけなければならなかった。一方の穴を入り口に，もう一方を出口にするためだ。

c. The rats had already chewed holes in the fingertips of his silk gloves.
その時点ですでに，彼が身につけていた絹の手袋の指先部分はネズミにかじられて穴があいていた。

d. She carried the pants to the river, stomped a hole through the ice, and dangled the crotch in the water below.
彼女は（排泄物で汚れた）ズボンを川に持って行き，（川の表面を覆う）氷を踏みつけて穴をあけ，そこからズボンをおろしていき股の部分を氷の下の水につけた。

　こういった COCA の実例の中でも特に注意を引くのは，先ほど見た（81）の dance, walk を用いた例である。次節では，穴あけ構文のネットワークを示すとともに，（81）が生態的地位を与えられていることを示す。

2.3.3.　穴あけ構文のネットワーク

　この調査結果は，使用基盤モデルを用いると次のように説明することができる。dig, drill などの例から得られるのが [穴をあけることを意味する他動詞＋hole] という弱い穴あけ構文のスキーマである。これらの例の頻度が高いことから，このスキーマは定着度も高く，穴あけ構文のプロトタイプだと考えられる。poke, burn などの他動詞の例からは [他動詞＋hole] という強い穴あけ構文のスキーマが抽出される。このスキーマに含まれる動詞は，弱い穴あけ構文のスキーマと違って，穴をあけるという含意が欠けているが，何かに対して働きかけることは表しており，弱い穴あけ構文からの拡張として位置づけられるだろう。強い穴あけ構文に現れる動詞の多くは働きかけを表す他動詞なので，[他動詞＋hole] が典型的な強い穴あけ構文だと考えられる。一方で，まれではあるが，働きかけが強いとは言い難い stomp を用いた穴あけ構文の例も見つかる。stomp は自動詞として stomp into the room（足音を立てて部屋に入る），stomp on the brake pedal（ブレーキペダルを踏む）な

構文は，実際にはゆるやかな連続体をなしていると考えるのが妥当だろう。

どの用法があり，他動詞としては stomp the floor（床を踏み鳴らす）といった
例がある。強い穴あけ構文は，stomp のように自動詞としても他動詞として
も使われる動詞にまで拡張し，最終的には dance, walk という通常は他者へ
の働きかけを表さない自動詞にまで拡張される。これらの過程で他動詞・自
動詞の違いを捨象した [動詞 + hole] という穴あけ構文のスーパースキーマ
が抽出される。(81) のような事例は多くの英語話者にとってなじみ深いもの
ではなく，臨時的・創造的に産出された表現に感じられるだろうが，同時
に英語らしさも感じられるのは，既存の穴あけ構文の定着事例からの拡張と
いう側面と，スーパースキーマによる認可という側面の両方から動機づけら
れているからだと言える。

　また，dance は基本的には自動詞であるが，先に見た通り結果構文や way
構文のような目的語を伴う用法がある程度見られる。walk も結果構文や
way 構文で使用されることがある。

(85) a.　I danced her weary. = (50b)

　　 b.　Mary danced her way through the park. = (79)

(86) a.　Belinda walked the soles off her shoes.　　　　　（Levin 1993: 100）

　　 b.　The old man walked his way across the country to earn money for
　　　　charity.　　　　　　　　　　　　　　　　　　（Goldberg 1995: 205）

このような例をすでに耳にしていた場合，同じく目的語を伴う穴あけ構文に
dance や walk が現れる例 (81) も自然に感じられやすくなるだろう。特に，
(81b) は歩きすぎて靴底に穴をあけることを表す例，(86a) は歩きすぎて靴
底が外れることを表す例であり，意味もよく似ている。COCA では dance,
walk を用いた穴あけ構文はわずか 1 例ずつしか見つからず，珍しい表現で
あると言えるが，スキーマの認可と類似例の存在により生態的地位が与えら
れるため，英語話者にとって受け入れやすいものになっているのだろう。以
上のことを踏まえると，穴あけ構文のネットワークは次のように示すことが
できる（紙幅の都合により，中段と下段のスキーマについては動詞部分のみ
を記載した）。

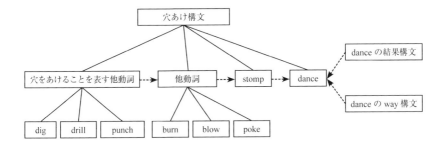

図 2-4. 穴あけ構文のネットワーク

　(81) のような表現は英語母語話者にとってもあまりなじみのないことが予想される。しかし，使用基盤モデルでは，たとえわずかな使用でもそれは慣習化への第一歩であると考えている (Langacker 2000: 10–11; Taylor 2012: 212)。実際，COCA 以外でも次のような実例を見つけることができる ((88) はランニングシューズの商品レビューから)。

(87)　I'd been stingy about wearing them [= the shoes] because I didn't want to walk holes in the soles before my feet got big enough to fill them.[63]

(Dianne E. Gray, *Together Apart*)

私はその靴をあまり履きすぎないようにしていた。足がその靴にぴったりのサイズになるよりも前に，歩きすぎて靴底に穴をあけたりはしたくなかったからだ。

(88)　I love these shoes. I literally ran holes in my last running shoes so I ordered these and I really like them.[64]

この靴，最高です。前のランニングシューズは，文字通り履き潰して穴をあけてしまったので，これを注文しました。とても気に入っています。

63　stingy については第 2.1.2 節を参照。

64　https://www.amazon.com/Puma-Womens-Complete-Ryjin-Running/product-reviews/B007WQICFK ("literaly" という綴りの誤りを直して引用。)

このように，穴あけ構文は創造的に使用されることがあり，今後さらにその
使用範囲が広がることも考えられる。

　穴あけ構文が創造的に利用されるとはいっても，どんな表現でも可能にな
るわけではない。今回見つけることができた dance や walk を用いた穴あけ
構文の例は，いずれも床または靴に穴をあけることを表すものであったが，
このような例が受け入れられるのは，英語話者が持っているフレーム知識
（過度に行うと，床が傷ついたり，靴がぼろぼろになったりすることまで含
めた，ダンスや歩行に関する知識）に沿っているからだと考えられる。影山
（1996）の挙げた（80）*The elephant danced a hole in the wall. の不自然さを考
えるにあたっては，単に象が壁に働きかけていないという点だけでなく，こ
のような事態に関する情報は英語話者が共有するフレーム知識になっていな
いという点も考慮に入れる必要があるだろう。

2.4.　まとめ

　本章では，捉え方の意味論と使用基盤モデルに基づく構文研究を紹介し，
「豊かな文法」の概説を示すとともに，場所格交替という現象がどのように
扱われるのか，どのような研究がこれから必要なのかについて議論した。そ
して，そのような分析の実践例として，穴あけ構文の事例研究を紹介した。
第3章では場所格交替の研究の歴史を紹介し，本書で扱う課題を具体的に
選定していく。

第 3 章

場所格交替の
先行研究と課題

Scientists often study the past as obsessively as historians because few other professions depend so acutely on it. Every experiment is a conversation with a prior experiment, every new theory a refutation of the old. *

―― Siddhartha Mukherjee

　場所格交替は，様々な理論的立場から研究が行われてきた。本章では，初期の生成文法から構文文法に至る場所格交替研究の流れを概観し，今なお残る研究課題を指摘する。

　構文交替が活発に研究されるようになったのは，生成文法が勢いを増した 1960 年代からである（cf. Hall 1965; Fillmore 1968）。といっても生成文法以前に構文交替について言及がなかったわけではない。たとえば Jespersen (1933) は次の例を紹介している。

---

* 科学者はさながら歴史学者顔負けの熱意を持って歴史を研究する。というのも，科学者はほかの職業では見られないほど切実に過去に依存しているからである。あらゆる実験が過去の実験との会話であり，あらゆる新説がそれまでの説の反証である。（拙訳）

98 | 第3章 場所格交替の先行研究と課題

（1）a. The garden swarms with bees=bees swarm in the garden.

b. This stream abounds in fish=fish abound in this stream.

（Jespersen 1933: 107）

Jespersen は主語を動作主として特徴づけるのは十分ではないと主張する流れで，自動詞型の場所格交替に言及している（Jespersen は動詞に「二面性がある」（dual-faced）と表現している）。日本では斎藤秀三郎が場所格交替を取り上げている。

（2）To strew flowers on the path

To strew the path with flowers （Saito 1932: 1096）

Jespersen や斎藤のように英語を母語としない研究者が場所格交替を取り上げているというのは示唆的である。構文交替は，母語話者からしてみると意識にのぼりにくい現象であるのかもしれないが，非母語話者からすると（たとえば，日本語では場所格交替動詞が少ない分だけ余計に）興味深い現象に見えたのではないかと思われる。ただし，Jespersen にしても斎藤にしても，例を紹介するにとどまり，その背後にある原理が探究されるようになったのは生成文法の登場以後であると言ってよいだろう。

　生成文法で構文交替が扱われるようになった背景として，統語論が重視されるようになったことが挙げられる。Chomsky（1957, 1965）によって統語論が整備されるにしたがって，文レベルの意味研究の重要性が認識されていくと，異なる形式であるにもかかわらず実質的に同じ意味を表す（同じ事態を表すのに用いられる）文が存在することに注目が集まったのである。これにより，構文交替という現象が「発見」され，構文間の関係をどのように捉えるべきか，どのような動詞が構文交替に現れるのかといった問題が扱われるようになった（"alternation" という用語が定着したのは 1980 年代ごろだと思われる）。生成文法の枠組みでいち早く場所格交替を扱った研究が Hall（1965）である。Hall は移動物目的語構文の構造を基本として位置づけ，それに統語変形が適用されることで場所目的語構文が得られるとしている。ただし，この変形は統語的な観点のみから規定されており，意味上の考察はな

されていない。その後，構文の意味の違い，交替動詞と非交替動詞の違いなどが明らかになるにつれて，場所格交替の分析方法も変わっていった。それでは，時系列に沿って場所格交替の先行研究を概観していこう[1]。

3.1. 統語的アプローチ

　Fillmore（1969）は同一の事態が（3）のように複数の文によって描写されうることを指摘している[2]。（3）では，構文の違いにかかわらず，the door は影響を受ける対象，the janitor は行為を行う動作主，this key は行為の手段を表す道具を表すとされる。Fillmore は，当時の生成文法（Chomsky（1965）の標準理論）ではこれらの現象を十分に扱えないと述べ，参与者の同一性に基づいて，構文の対応関係を扱うことのできる理論の必要性を訴え，格文法を提唱した。

(3) a. The door will open.

　　b. The janitor will open the door.

　　c. This key will open the door.

　　d. The janitor will open the door with this key.　　（Fillmore 1969: 363）

　このような現象を扱う一環として，Fillmore（1968）は場所格交替の分析を行っている。Fillmore は移動物目的語構文と場所目的語構文に共通の深層構造（動作主，移動物，場所の 3 つの格が含まれる格フレーム（case frame））を想定し，そこから両構文が派生されると考えた。たとえば，以下の smear の例では，smear の格フレームにはもともと on the wall と with paint が含まれており，一方の参与者は目的語として生起し，その前置詞は表面上現れないが，もう一方の参与者はそのまま前置詞句として生起する，と説明している。

1　本章の第 3.1 節から第 3.4 節は野中（2018）をもとにしている。

2　Fillmore（1969）のもとになる原稿は 1966 年に書かれており，初出は Fillmore（1968）よりも前である。これらの論文を再録した Fillmore（2003）では，前者が第 1 章，後者が第 2 章となっている。

100 | 第3章　場所格交替の先行研究と課題

(4)　a.　John smeared paint on the wall.

　　b.　John smeared the wall with paint.　　　　　（Fillmore 1968: 48）

Fillmore（1968: 48, 注 49）は 2 つの構文に意味の違いがあることに言及している。たとえば，He sprayed the wall with paint. であれば壁全体がペンキで塗られていることを表すのに対して，He sprayed paint on the wall. は必ずしも壁全体が塗られていなくてもよいことを指摘している。Fillmore はこれを表層構造上の焦点（focusing）の問題として捉えることができると述べているが，このような違いは注で触れるにとどまっている。両構文の核となる意味はあくまで同一であり，焦点のような違いは理論的には重要でないと考えたのであろう。

3.2.　統語的アプローチの破棄

3.2.1.　構文の意味の違い

　しかし，1970 年代に入ると，2 つの構文を統語的操作で結びつけることには問題があることが指摘された。Hall や Fillmore が仮定していたような統語的操作では，結びつけられる構文の間で（少なくとも基本的なレベルでは）意味が変わらないという想定があった（統語的操作は意味を変えないという想定については Katz and Postal（1964）を参照）。しかし，実際にはそのような表面的な問題では済まされないほどに 2 つの構文の意味は異なると Anderson（1971）は述べている [3]。Fillmore 自身も指摘している通り，移動物目的語構文の場合は場所の受ける影響が全面的でなくてもよいのに対して，場所目的語構文では場所全体が影響を受ける（場所の表面が覆われたり，場所が容器の形状であればそれが満たされたりする）という解釈がなされる。Anderson はそれぞれ部分的解釈，全体的解釈と名づけ，それが (5)，(6) のように移動物目的語構文と場所目的語構文に変形が施されたものについても

3　Anderson（1971）は事実観察の多くを Fraser の "A note on the spray paint cases" と Chomsky の "Some empirical issues in the theory of Transformational Grammar" に負っている。引用された時点でこれら 2 つの論考は未発表原稿であったが，後に同名の論文が Fraser（1971），Chomsky（1972）という形で出版されている。

成り立つことを示している（Anderson 1971: 390）[4]。

(5) a. A pencil would be easy for John to jam into the jar.

b. The jar would be easy for John to jam with pencils.

(6) a. It's a pencil that John is certain to jam into the jar.

b. It's the jar that John is certain to jam with pencils.

この違いは表層構造で移動物と場所のどちらが目的語に現れるかといった違いには還元することができない（したがって，2つの構文には異なる深層構造を想定する必要がある）と Anderson は述べている。

　部分的解釈，全体的解釈がもっとも明瞭に観察されるのは以下のケースである（第 2.1.8 節も参照）。移動物目的語構文の場合は，場所が受ける影響が部分的であっても構わないため (7a) のように言っても容認されるが，(7b) では前半の場所目的語構文の一般的な読みである全体的解釈と後半の内容で矛盾があると判断され許容されない（Anderson 1971: 389）。

(7) a. John smeared paint on the wall, but most of the wall didn't get any paint on it.

b. *John smeared the wall with paint, but most of the wall didn't get any paint on it.

このような意味の違いが認識されるにつれて，移動物目的語構文と場所目的語構文の関係を統語的派生として捉える分析は避けられるようになっていった[5]。

　また，はかの言語でも移動物目的語構文と場所目的語構文について研究されるようになり，英語と同様，部分的解釈や全体的解釈といった違いが見られることが報告されていった。たとえば，日本語については Fukui et

---

4　移動物に可算名詞が用いられる場合，移動物目的語構文では単数形でもよいのに対し，場所目的語構文では通常複数形である（Anderson 1971: 387）。この観察に基づき，(5a) と (6a) では a pencil，(5b) と (6b) では pencils が用いられている。

5　Anderson (1971) と同じ時期に Fraser (1971) も2つの構文の違いを指摘している（第 2.1.8 節を参照）。

102 | 第3章　場所格交替の先行研究と課題

al.（1985）などの分析がある[6]。

3.2.2.　1970年代の状況

　ここで，当時の生成文法の状況に触れておきたい。格文法と並んで勢いを増した理論の1つに生成意味論がある。(3) では自他同形の動詞 open が格フレームの観点から扱われていたことを確認したが，生成意味論では形が異なる動詞の間にも派生関係を見出していった。たとえば，動詞 kill の意味をCAUSE ... TO BECOME NOT ALIVE のような要素に分解することで，kill の目的語になるものと die の主語になるものが対応することなどが説明された（McCawley 1968; Lakoff 1970）。

　しかし，格文法も生成意味論も1970年代のうちに衰退してしまう。場所格交替を統語的派生で結びつける分析のように言語事実に沿わない変形が問題視されたこと，個別言語の個別の構文よりもその背後にある普遍的な原理（普遍文法）の解明を目指すという観点から変形の力を弱める方向に進んでいった生成文法の志向性に合わなかったことなどが理由である。1970年代ごろまでは，各種構文を導くために様々な変形が想定されていたが，次第に個別性の高い変形は破棄されていき，抽象度の高い一般原理へと解体されていった（このような理論的変遷については，安井ほか（1983），安井（1988），藤田（2013），福井・辻子（2014），酒井（2017）などを参照）。その結果，構文は一般原理の相互作用の結果生じた付帯現象（epiphenomenon）に過ぎないと言われるようになった（Chomsky 1995: 129）。その後の生成文法では，構文ごとの具体的な言語事実よりも一般原理を反映すると考えられる現象に研究対象が限定される傾向にある[7]。

6　日本語の場所格交替を取り上げた先駆的な研究としては Kageyama (1980)，奥津（1981）があり，その後も様々な研究が行われている（たとえば岸本（2001a），Iwata (2008: 第11章)，川野（2021）など）。

7　扱う現象が一部のものに限定されたり，言語事実をもとにした理論の検証が十分に行われなくなったりすることへの懸念は，生成文法の研究者からも表明されている。

　　（i）　しかしながら上述した構図でもって，初期の変形文法がたくさんの変形規則を設けることによって達成したのと同程度の記述的妥当性が保証できたか（あるいは現在の生成文法理論も含めて，できているか）は定かではない。説明的妥

3.2. 統語的アプローチの破棄 | 103

　格文法や生成意味論といった 1970 年代に勢いのあったアプローチは衰退したが，その遺産はのちの理論へと引き継がれている。格フレームをもとに動詞の意味を考えるという格文法の考えは，動詞に限らず言語表現は意味フレームをもとに理解されるとするフレーム意味論へと発展していった。構文ごとに変形規則を想定するというアプローチは，構文文法の源流であると言える。梶田 (1974) で扱われた変形規則と，Hilpert (2019) で扱われた構文のうち，対応するものを次の表に記す (例は Hilpert (2019) から)。梶田 (1974) は 1970 年代前半までの生成文法を整理・概観した研究書，Hilpert (2019) は構文文法の教科書であるが，この表を見れば 1970 年代の生成文法のアプローチが構文文法に引き継がれていることがよくわかるだろう。

表 3-1.　梶田 (1974) と Hilpert (2019) の対応

例	梶田 (1974)	Hilpert (2019)
Call me after lunch.	命令変形 (imperative transformation)	命令構文 (imperative construction)
Mina bought Mel a book.	与格移動 (dative movement)	二重目的語構文 (ditransitive construction)
the book that is blue	関係節形成 (relative clause formation)	関係節構文 (relative clause construction)
My brother, he rarely calls me these days.	左方転位 (left dislocation)	左方転位構文 (left dislocation construction)

　当性に関心が移行するにつれて取り扱われる構文の種類が限定され，それらの構文だけに基づいて説明的妥当性を満たすような理論の構築が試みられている。例えばかつて変項を用いて定義される規則として，WH 疑問化，関係節化，話題化，分裂化，比較化などさまざまな規則が各構文ごとに提案されていたが，それらはいずれも WH 移動 (あるいは α 移動) 一つにまとめられている。はたしてこれらの構文がすべて，WH 移動 (あるいは α 移動) という一つの規則で保証することができるのか，これらの構文がいずれも同じ特性を示すのかなど，最近では記述的妥当性の観点から詳しく吟味されることがない。文法理論が目指すところは，記述的妥当性か説明的妥当性のいずれかを満たすことでもなければ，それらをほどほどに満たすことでもなく，両方を十全に満たすことである。説明的妥当性に関心が移行した結果，記述的妥当性が軽視されてきている嫌いがあることは否めない。　　　　　　　　　　　　　　　(中島 1998: 93)

104 | 第3章　場所格交替の先行研究と課題

　もちろん，1970年代の生成文法のアプローチを構文文法がそのまま引き継いでいるわけではない。当時の生成文法は深層構造と表層構造という二層の統語構造を想定していた（深層構造と呼ばれる抽象的な構造に対して変形を適用することで，実際に発話される文に当たる表層構造が得られるとされた）のに対して，構文文法ではそのような二重の表示を採用せず，構文の継承という考え方を取る（構文の継承については第5章を参照のこと）。また，構文文法で言う構文は統語規則ではなく，形式と意味から成る言語記号の一種である。そして，1970年代に比べて，構文の意味を分析するための手段は格段に進歩している。

　動詞の意味をCAUSEやBECOMEなどの要素に分解するという，生成意味論の発想は，語彙意味論という分野に影響を与えている。次節では1980年代に語彙意味論のアプローチで場所格交替を扱った研究を紹介する。

3.3.　語彙意味論

3.3.1.　Rappaport and Levin (1988)

　統語的派生として結びつけないならば，移動物目的語構文と場所目的語構文の関係はどのように扱えばよいだろうか。Rappaport and Levin (1988) やPinker (1989) は統語的操作ではなく動詞の語彙情報から構文の対応関係を説明しようとした。このようなアプローチは語彙意味論と呼ばれる。語彙意味論の研究者は，動詞の意味と項構造とがどのように対応するかを探究し，動詞が生起する構文は動詞自体の意味から決定されるという立場を取った。動詞が複数の構文に現れる場合，それに応じて動詞の意味を複数想定することになる。動詞の意味の変換は語彙規則によって扱われる。まず，Rappaport and Levin の分析を見てみよう。

　Rappaport and Levin (1988) は，移動物目的語構文に現れる load の意味構造を (8a) とし，そこから語彙規則によって場所目的語構文に現れる際の意味構造 (8b) が派生されると考えた。そして，それぞれの意味構造が移動物目的語構文と場所目的語構文の統語構造へ連結されると想定している。(8a) が (8b) に組み込まれていることで，両者の意味の類似性が説明されると同

時に，(8b) に STATE の変化が表示されることで，全体的解釈が場所目的語構文のみに見られることを捉えている。

(8) a. LOAD: [x cause [y to come to be at z]/LOAD]
    b. LOAD: [[x cause [z to come to be in STATE]] BY MEANS OF [x cause [y to come to be at z]]/LOAD] (Rappaport and Levin 1988: 26)

(8a) の意味を BY (MEANS OF) 以下に組み込み (8b) のような意味を派生するプロセスは語彙従属 (lexical subordination) と呼ばれている[8]。

3.3.2. Pinker (1989)

Pinker (1989) は語彙規則のアプローチを洗練させ，場所格交替について極めて示唆に富む分析を行っている (Pinker (2007) も参照)。Pinker は場所格交替の構文の選択には事態に対する捉え方の違いが反映されていると主張している。移動物目的語構文は移動物に起こった変化 (移動物の位置変化) に焦点を当てている一方，場所目的語構文では場所に起こった変化 (場所の状態変化) に焦点が当たっているのであり，語彙規則の基盤には捉え方の転換があるとされる。Pinker は捉え方の転換を「ゲシュタルト・シフト」(gestalt shift) と呼び，load の例を挙げて以下のように説明している (斜体は原文)。

(9) Basically, it [= the locative alternation] is a gestalt shift: one can interpret *loading* as moving a theme (e.g., hay) to a location (e.g., a wagon), but one can also interpret the same act in terms of changing the state of a theme (the wagon), in this case from empty to full, by means of moving something (the hay) into it.   (Pinker 1989: 79)

大枠として，場所格交替はゲシュタルト・シフトの一種なのである。積み込みは，モノ (干し草など) を場所 (ワゴンなど) に移動さ

---

8 Levin and Rapoport (1988) は語彙従属の観点から動詞が複数の構文に現れる現象を解明しようとした。たとえば，Pauline smiled. に現れる smile₁ [x DO 'smile'] が拡張することで Pauline smiled her thanks. 「ポーリーンは微笑んで感謝の気持ちを表した」の smile₂ [x EXPRESS y BY [x DO 'smile']] が得られると考えられた (Levin and Rapoport 1988: 283)。

せる行為だと捉えることができるが，それは何か（干し草）を移動
させることによってモノ（ワゴン）の状態を変化させる（空の状態
から満載の状態にする）行為だと捉えることも可能なのである。

　Pinker の分析では，文字通り「全体」が影響を受けていないのに場所目的
語構文が用いられる例についても，有効な説明ができる。たとえば，（10）
ではペンキが像の一部に付いただけでも，その美的価値が損なわれるという
意味で状態変化があったと判断できるため，場所目的語構文で表現できると
される。

（10）　The vandal sprayed the statue with paint.　　　　（Pinker 1989: 78）
　　　　心ない人物がペンキを吹き付けてその影像を汚した。

現在では，位置変化と状態変化の観点から場所格交替を捉えるという立場は
理論を問わず広く受け入れられており，その意味で Pinker の果たした役割
は大きい。

　語彙規則を捉え方の転換だとした上で，Pinker（1989）は様々な構文交替
を語彙規則の観点から分析し，どのような動詞に語彙規則が適用できるか
という問題を扱っている。Pinker は構文交替を broad-range rule と narrow-
range rule の 2 段階で分析している。broad-range rule と narrow-range rule に
ついては，日本語の定訳がない。以下，その意味を汲み取ってそれぞれ上位
規則，下位規則と呼ぶことにする。

　場所格交替について言えば，位置変化を表す動詞から状態変化を表す動詞
への転換という大枠は上位規則で扱われるが，実際の交替の可否を決めるの
はより細かい動詞クラスであるとされる。この動詞クラスを規定するのが下
位規則である。たとえば，spray や splash などの動詞（spray クラス）は動作
主が液体に力を加え，勢いよく飛ばすことを表す。そのような特定の働きか
けをもって液体を飛ばすと，液体が場所全体を覆うという結果がもたらされ
ることが予測できる。そのため，動作主が移動物に働きかけて位置変化を引
き起こしたという解釈はもちろん，場所へ働きかけて状態変化を引き起こし
たとも解釈されるため，移動物目的語構文に加えて場所目的語構文も成立す

ることになる。一方で，pour や dribble などの動詞（pour クラス）は，重力を利用し自然にまかせて液体を移動させることを表すが，この場合，液体がどのように表面に付着するかについて，動作主が完全にコントロールしているとは言いづらい。そのため，動作主が場所へ働きかけて状態変化を引き起こしたとは見なしにくく，場所目的語構文は成立しないとされる（第 2.1.7節）。英語ではこのような液体への働きかけ方の違いによって，交替可能なspray クラス，交替不可能な pour クラスが分かれると考えられ，こうした動詞クラスの形成を担っているのが下位規則である。英語の load は交替するが，日本語の「積む」は交替しないといった差異が生まれるのは，言語によって下位規則に違いがあるからだとされる。

　語彙意味論では，核となる意味を共有する動詞クラスは一定の構文に現れるという想定から，動詞の意味，統語的振る舞いについての分類が進められ，Pinker (1989) や Levin (1993) のような研究によってどの動詞クラスがどの構文に現れるかが詳細に分析されていった。その中でも，Levin (1993)は 3000 以上におよぶ動詞を構文交替の観点から分類しリストしたものであり，語彙意味論の 1 つの到達点であると言える。

　なお，日本では池上 (1980–1981) および Ikegami (1985) が，Pinker (1989)などの語彙意味論の発展に先立って場所格交替を位置変化と状態変化として特徴づけている。池上は状態変化の説明の際に「影響を与える」ことを表すaffect という用語を使用しているが，Pinker (1989) にも affect という語を使用している箇所 (p. 78) があり，同じ趣旨の説明であると理解できる。

3.4. 構文文法

Rappaport and Levin や Pinker のアプローチでは，一方の意味構造から他方を派生させることから，どちらの意味が基本かという問題設定をする必要がある。しかし，どちらを基本とするかを決めるのに十分な証拠がないという批判や基準に一貫性がないという批判もある（Iwata (2008) や高見・久野

(2014: 第4章) にはその問題点が簡潔に説明されている)[9]。

　Goldberg は，場所格交替を構文文法の観点から扱えばこのような問題を解決できると述べている。Goldberg (1995, 2006) は，動詞だけでなく文の骨組みとなる統語構文も意味の担い手であること，構文交替は統語派生や語彙規則によって成立するのではなく，動詞が2つの独立した構文と融合することで成立すると主張している。たとえば，load の交替は (11) のように表記される。load には loader, loaded-theme, container の3つの参与者が関わっているとされるが ((11a), (11b) それぞれの下段に相当)，その語彙情報が使役移動構文 (移動物目的語構文に当たり，(11a) では caused motion と表記されている) の項構造，使役構文＋with 句の構文 (場所目的語構文に当たり，(11b) では causative＋with constructions と表記されている) の項構造と融合することで，場所格交替が成立する[10]。

(11) a. Caused motion (e.g. *Pat loaded the hay onto the truck*)

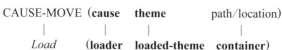

　b. Causative + with constructions (e.g. *Pat loaded the truck with hay*)

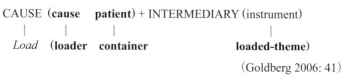

（Goldberg 2006: 41）

動詞の意味だけが項構造を決める唯一の要因だとすると，動詞が現れる構

9　問題点の1つは，基本となる意味の判定方法である。Pinker (1989) は，前置詞句の省略可能性をもとにどの意味が基本であるかを決めている。He piled the books (on the table). / He piled the table *(with the books). であれば，pile は移動物目的語構文で前置詞句が省略可能，場所目的語構文では前置詞句が省略不可能なので，位置変化が基本義，状態変化が派生義であるとされる。しかし，heap のようにどちらの前置詞句も省略できない動詞 (*?John heaped the books. / *John heaped the shelf.) も位置変化が基本であるとされており，このような例に関してどのように基本・派生が判断されるのか必ずしも明らかでない。

10　使役移動構文については第7章も参照。

3.4. 構文文法 | 109

文の種類が増えるたびに動詞の意味を増やすことになるが，Goldberg（1995）
はそのような語彙意味論の分析法を批判している。たとえば，通常は自動詞
として用いられる sneeze がごくまれに He sneezed the napkin off the table.「彼
はくしゃみをしてナプキンをテーブルから吹き飛ばした」のような表現で用
いられることを説明する場合，語彙意味論では，sneeze が移動物や場所の項
を取る動詞であること，sneeze に「くしゃみをして対象を移動させる」とい
う意味があることを認めなければならないが，そのような分析は不自然であ
ると Goldberg（1995: 9）は述べている。このような動詞偏重の分析に反論す
るため，Goldberg（1995）は，構文が語彙とは独立して担っている役割を強
調する形で分析を行っている。

　しかし，このように語彙項目か構文かという二項対立を設定することにつ
いては，構文文法の立場を取る研究者からも批判がなされ，その後の場所
格交替の研究では構文の重要性を認識しつつも動詞の貢献も重視する分析
（Nemoto 2005; Iwata 2008）が提案されている [11]。特に，Iwata（2008）は構文文
法のアプローチを発展させるとともに，これまで以上に動詞を詳しく分析し
ている。Iwata は，これまで交替すると言われていた動詞が実際には交替で
きないケースもあることを明らかにした一方で，反対に交替しないと考えら
れてきた動詞が交替する例も取り上げている。Iwata で扱われた例について
は，第 3.5.3 節や第 3.5.6 節で紹介する。

　Goldberg（1995, 2006）では，構文交替における 2 つの構文は異なる意味
を持つ独立した存在であることが強調され，構文同士の関係に対して理論的
な重要性が与えられていなかった。構文文法において構文間の対応関係を捉
える試みとして Cappelle（2006）は異構文モデルを提案し，Perek（2015）は
それを与格交替・場所格交替に応用した（早瀬（2020: 181–190）も参照）。

　まず，Cappelle（2006）の異構文モデルを紹介する。Cappelle は，不変化詞を

11　Goldberg（1995）でも動詞や形容詞が指定された構文（e.g. drive NP {crazy/mad/...} の
　　ような結果構文）について言及しているが，著書全体としては構文の有効性を主張する
　　側面が強かったと言える。Goldberg（2006, 2019）では，スロットが部分的に埋まった
　　ような構文に関する知識（item-specific knowledge）の重要性を強調するようになったが，
　　構文交替については，そのような観点からの分析を行っていない。

伴う他動詞の構文（動詞・不変化詞構文）において pick up the book/pick the book up のように2通りの語順が可能である現象を取り上げている。Cappelle は不変化詞の語順を捨象した上位構文として動詞・不変化詞構文を捉え，2つの統語パターンはその下位構文に当たるとした。このような関係にある上位構文は「構文素」(constructeme)，下位構文は「異構文」(allostruction) と呼ばれる[12]。異構文にはそれぞれの意味・機能がある一方，共通のスキーマである構文素の事例にあると見なすことで，その対応関係が捉えられている。

Perek (2015: 第6章) は与格交替，場所格交替についても，異構文の観点から扱うことを提案した。Perek が想定する場所格交替における構文素と異構文の関係は以下のようなものである（図3-1は Perek (2015: 162) で示された図を簡略化したものである）。

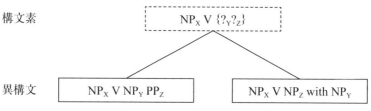

図 3-1. 場所格交替における構文素と異構文

[NP_X V $\{?_Y?_Z\}$] という構文素（?の部分は移動物 Y と場所 Z の統語関係が未指定であることを示す）のもとに，移動物目的語構文（図の左下）と場所目的語構文（図の右下）が異構文として位置づけられている。第2.1.5節では場所格交替における2つの構文の背後に共通のフレーム〈X が Y を Z に移動させることによって，Z に状態変化をもたらす〉があることを論じたが，Perek における [NP_X V $\{?_Y?_Z\}$] はそれを構文レベルで表示したものであると考えることができる。場所目的語構文の意味をどのように捉えるかに関して Perek と本書では違いが見られるが，構文間の対応関係を捉えようとする営みとして，重なる部分が多い（Perek の立場について，詳しくは Perek (2015:

---

[12] Cappelle (2006) の時点では constructeme という用語は登場していないが，その後の異構文モデルの研究では，この用語が広く使われるようになった。

160–161）を参照）。

　Perek（2015: 第 6, 7 章）では，心理実験によって異構文モデルを支持する結果が得られることが示されている。Perek 自身は挙げていないが，次のような表現があることも重要だろう[13]。（12）は *Oxford Advanced Learner's Dictionary*（OALD）の load の項目に載っている例であり，（13）は Pinker（1989）からの引用（9）の再掲である。

(12)　We finished loading and set off.
　　　私たちは積み込みを終えて出発した。

(13)　Basically, it [= the locative alternation] is a gestalt shift: one can interpret *loading* as moving a theme (e.g., hay) to a location (e.g., a wagon), but one can also interpret the same act in terms of changing the state of a theme (the wagon), in this case from empty to full, by means of moving something (the hay) into it.

（12）や（13）では移動物と場所の名詞句が表現されずに loading という表現が用いられており，移動物と場所の焦点の違いを捨象した捉え方がなされていると言える（the same act の箇所も同様）。このような表現を記述するためにも，移動物目的語構文と場所目的語構文の違いを捨象した $[NP_X \ V \ \{?_Y?_Z\}]$ のようなレベルの知識を想定する必要があるだろう。

　異構文モデルを提唱した Cappelle（2006）は，drum up NP とは言っても drum NP up とは言いづらいという例を挙げ（drum up NP は drum up support「支持をかき集める」のように用いる），動詞によって好まれる異構文が異なる場合があることを指摘している。Perek（2015: 第 6.3.2 節）は与格交替でも動詞によって一方の構文が選ばれやすいものがあるケースを挙げ，それらは異構文の定着度の違いとして扱うことができるとしている。このように，異構文モデルを用いた分析においても，Iwata（2008）などと同じく，特定の動詞を含んだ下位レベルの構文の重要性が認識されている。

　以上が，初期の生成文法から構文文法に至る場所格交替研究の大まかな流

13　第 2 章の注 22 も参照。

112 | 第3章 場所格交替の先行研究と課題

れである。このように場所格交替は様々な理論で扱われ，研究が進んでいっ
たが，それでもまだ解明されていない点は残っている。次節では今なお残さ
れた課題を指摘していく。

3.5. 残された課題

第2章で紹介した認知言語学的観点，そして本章で見てきた場所格交替
の先行研究を踏まえ，本書で扱う課題を以下のように設定する。

3.5.1. 課題1：なぜ移動物目的語構文を基本とする研究が多かったのか

先行研究を概観すればわかる通り，場所格交替の2つの構文は，しばしば
一方を基本構文として，もう一方を派生的として分析されてきた。Hall (1965)
は統語規則，Rappaport and Levin (1988) は語彙規則を想定しており，構文
同士の関係を捉えるための枠組みは異なるが，どちらの分析も移動物目的語
構文を基本構文とする点は共通している。Pinker (1989) は，動詞によって
どちらの構文が基本となるかが異なると考えている。たとえば，pile であれ
ば移動物目的語構文が基本で場所目的語構文が派生的，stuff であれば場所
目的語構文が基本で移動物目的語構文が派生的であるという関係を想定して
いる。しかし，Pinker (1989) の分析を簡略的に示した Pinker (2013 [1993])
では，（議論が複雑になるのを避けるためか）どの動詞の場合でも移動物
目的語構文が基本であると述べており，その点では Hall や Rappaport and
Levin などの研究を引き継いでいるように感じられる。

移動物目的語構文が基本と考えられるようになった要因の1つとして，
他言語の場所格交替の知見が関係しているように思われる。以下に見るよう
に，英語以外の言語では，移動物目的語構文に現れる動詞が基本形であるの
に対して，場所目的語構文に現れる動詞は形態的に複雑な場合がある（ドイ
ツ語では be- という接頭辞が付加され[14]，日本語では「V尽くす」などの複合

14　ドイツ語の場合は，移動物目的語構文と場所目的語構文の間で V/be-V という形式上
　　の違いが見られることが多いため，英語よりも早くこの種の現象が認識されていたと
　　されている（池上 2000）。Curme (1922: 435) は laden/beladen（英語の load に当たる）

動詞の形を取っている）。

(14) 日本語

    a.   干し草を荷車に積む

    b.   荷車を干し草で {*積む／積み尽くす}   （Fukui et al. 1985: 12）

(15) ドイツ語

    a.   Die Vandalen spritzten Farbe auf das Auto.

        'The vandals sprayed paint onto the car.'

    b.   Die Vandalen {bespritzten/ *spritzten} das Auto mit Farbe.

        'The vandals *be*-sprayed the car with paint.'   （Brinkmann 1997: 69）

形態的な基準からすると，これらは移動物目的語構文が基本であり，場所目的語構文は派生的である。このような観察の影響で，形態上の区別が見られない英語の場所格交替を扱う場合にも，移動物目的語構文が基本だと感じられやすくなった可能性がある。

　興味深いことに，2つの構文を派生関係で捉えない認知言語学の枠組みでも，移動物目的語構文を基本とする研究者はいる。たとえば，Talmy（2000）は移動物を「図」（Figure, F），場所を「地」（Ground, G）として捉え，図が地に先行する構文が基本であると分析している（以下の例における A は動作主）。

(16) a.   I (A) loaded hay (F) (up/down) into/onto the truck (G).

     b.   I (A) loaded the truck (G) with hay (F).   （Talmy 2000: 334）

構文文法（e.g. Goldberg 1995, 2006; Iwata 2008; Perek 2015）では，2つの構文に派生関係を認めず，基本構文といった概念は顧みられなくなっている。しかし，なぜ移動物目的語構文を基本とする研究が多かったのかは考察する価値のある問いであると思われる。

　の例を挙げ，その意味の違いに言及している。現代英語でも一部の場所格交替動詞には be-V という形が存在し，これらは場所目的語構文で使用されることが多い。たとえば，bescatter, besmear, bespatter, bestrew などがある（ただし，接頭辞なしの語形のほうが使用されやすい）。

114 | 第3章 場所格交替の先行研究と課題

3.5.2. 課題2：場所目的語構文の意味はどのように特徴づければよいか

すでに Pinker (1989) を紹介した際に触れた通り，場所目的語構文における全体的解釈の「全体」という用語は，必ずしも文字通りに受け取る必要はない。たとえば，(17) は店中を封筒でいっぱいにするのではなく，在庫として十分な量の封筒を仕入れたと解釈するのが自然である。(17) のような例について，Jeffries and Willis (1984) は，文脈から場所に対する十分な影響を推測できるならば使用可能であると述べている。

(17)　He stocked the shop with envelopes.　　（Jeffries and Willis 1984: 718）

こういった例が存在することもあり，Levin (1993: 50) は場所目的語構文における全体的解釈を正確に記述するのは難しいと述べている（全体的解釈に関する問題については Laffut (2006: 第4章) による整理を参照）[15]。場所格交替に参与する動詞のリストが作られていることに比べると，構文の意味の分析は立ち遅れている部分があると言える。

意味分析が十分な精度で進められていない理由として，これまでの研究の多くが作例に依拠していたこと，しかもその例がほぼ同じだったことが挙げられる [16]。Boas (2003) は結果構文に関して，一部の代表例が繰り返し引用される状況だったと述べているが，それは場所格交替についても当てはまる。

(18)　After I finished reviewing the data presented by previous approaches
　　　to resultatives, I noticed that most accounts were based on a somewhat

---

15　ドイツ語においても V/be-V を用いた場所格交替に当たる現象があるが，Eroms (1980: 38–44) は be-V に強調をはじめとする様々な意味合いを感じ取る話者がいることを報告しており（池上 (2000) も参照），ドイツ語の場合も場所目的語構文の意味を正確に特徴づけることは難しいようである。

16　たとえば，load については，以下に見るようにほぼ同じ例ばかりが扱われている。また，dab や stock など，例文すらほとんど挙げられることのない場所格交替動詞もある。

　　（ i ）　Henry loaded hay onto the wagon. / Henry loaded the wagon with hay.

　　　　　　　　　　　　　　　　　　　　　　　　　　（Rappaport and Levin 1988: 26）

　　（ ii ）　Irv loaded hay into the wagon. / Irv loaded the wagon with hay.

　　　　　　　　　　　　　　　　　　　　　　　　　　　　　　（Pinker 1989: 49）

　　（iii）　She loaded the hay onto the wagon. / She loaded the wagon with the hay.

　　　　　　　　　　　　　　　　　　　　　　　　　　　　　　（Goldberg 1995: 177）

small set of typically thirty or less constructed example sentences containing the same verbs.　　　　　　　　　　　　　　（Boas 2003: 11）
結果構文の先行研究で取り上げられていたデータを検討した結果，30 にも満たない程度の作例，それも同じ動詞が用いられている一部の例に基づく研究がほとんどであることがわかった。

例外は Laffut（2006），Iwata（2008）などのコーパスを使用した研究である。これらの研究では，それ以前の文献では指摘されてこなかった興味深い事実が発掘されている。本書でも幅広く場所格交替の実例を集め，場所格交替の実態を解明したい。

3.5.3.　課題 3 : 2 つの構文で名詞句の分布はどのように異なるか

　場所格交替の先行研究の多くは動詞を中心に据えた分析であった。とりわけ語彙意味論は，動詞の意味によって動詞が生起する構文が決定されるという立場を取るので，動詞に関心が集中している。一方，Goldberg（1995）は，それまでの動詞偏重の分析に対する反動という面もあり，構文が語彙とは独立して担っている役割を重視した分析を行っていた。しかし，Iwata（2008）は動詞を中心とした分析も，語彙が捨象された骨組みとしての構文を中心とした分析も，どちらも不十分であり，そのような研究では説明できない例があると指摘している。たとえば，spread は一般的に交替可能だと言われているが，以下に見るように，名詞句によっては自由に交替できない。

(19) a.　He spread glue on the paper.
　　 b.　He spread the paper with glue.　　　　　　　　（Iwata 2008: 45）
(20) a.　He spread the contents on the table.
　　 b.　*?He spread the table with the contents.　　　　　　　（ibid.）
(21) a.　He spread a blanket on the sleeping child.
　　 b.　*He spread the sleeping child with a blanket.　　　　　（ibid.）

このような例から，Iwata は構文文法に依拠しつつも，場所格交替の説明には，個々の動詞のより詳細な分析や共起する名詞句を考慮に入れる必要があ

116 | 第3章　場所格交替の先行研究と課題

ることを主張している[17]。Iwata 自身は言及していないが，結果構文において
動詞と結果句に典型的な組み合わせがあった（Boas 2003）のと同じく，場所
格交替においても一方の構文にしか現れない名詞句があるだけでなく，それ
ぞれの構文に現れる典型的な名詞句に違いがあると考えられる。

3.5.4.　課題4：ほかの構文と組み合わさったときにどのような性質が見られるか

　場所格交替の2つの構文を調査する上で，名詞句以外に着目すべき点
として形容詞的受身を挙げることができる。英語には動詞的受身（verbal
passive）と形容詞的受身（adjectival passive）という2種類の受身がある（e.g.
Huddleston and Pullum 2002: 1436–1440; 影山 2009）[18]。一般的に，単に「受
身」とだけ言う場合は動詞的受身を指す。break のような動作動詞を動詞
的受身として用いる場合は，被動者に対して行われた行為（出来事）を描写
する[19]。一方，形容詞的受身は行為の結果としての位置や状態を描写する。
(22a) のように動詞的受身と形容詞的受身のどちらの意味にも取れるような
文もあるが，形容詞的受身には（ⅰ）行為に参与する動作主を by 句で表現し

17　本書では十分に扱う余裕がないが，Nonaka (2011) では，このような spread の振る舞
　　いは，spread が異なる意味で使われていることに関係していると述べた。つまり，「塗
　　る」を表す spread は交替可能なのに対して，「ばらまく，あちこちに置く」を表す場合
　　は場所目的語構文が成立しにくくなり，「畳んであるものを広げる」を表す場合は場所
　　目的語構文が許容されないと考えられる。Nonaka (2011) はフレーム意味論に基づいて
　　spread の多義に着目するとともに，spread が現れる下位レベルの構文を分析している。

18　形容詞的受身は状態受身（statal passive）などと呼ばれることもある。多くの研究者は
　　「受身」を動詞的受身のみを指す用語として捉えており，形容詞的受身は厳密には受
　　身ではないと考えている。たとえば，Quirk et al. (1985) は出来事を表す受身を central
　　passives，状態を表す受身を pseudo-passives と呼び区別している。Huddleston and Pullum
　　(2002) は，形容詞的受身という用語の「受身」は拡張的な意味でのものだと述べてい
　　る。本書では Huddleston and Pullum のように広い意味で「受身」という用語を用いる。
　　形容詞的受身については，影山（1996: 第3章）や Emonds (2006) も参照のこと。認知
　　文法の観点から形容詞的受身を扱ったものには Langacker（1990: 第4章）がある。

19　love のようにもともと状態を表す動詞は，動詞的受身文にした場合も状態を表す。た
　　とえば能動文 Everyone loves her. と動詞的受身文 She is loved by everyone. はどちらも状
　　態表現である（Huddleston and Pullum 2002: 1438）。

ない[20]．（ⅱ）be 以外に seem, remain などの動詞が使用できる，などの特徴があり，（22b）や（22c）では曖昧性が生じないとされている（Huddleston and Pullum 2002: 1439）。

(22) a.　The window was broken.（曖昧）

　　 b.　The window was broken by vandals.（動詞的受身）

　　 c.　The window remained broken.（形容詞的受身）

Levin and Rappaport（1986）は，場所格交替に関わる 2 つの構文が形容詞的受身で用いることができるかどうかを議論している。両構文は，少なくとも前置詞句を伴う場合はどちらも形容詞的受身を形成し，行為の結果としての位置や状態を描写することができるとされている。

(23) a.　The feathers remained stuffed in the pillows.

　　 b.　The pillow remained stuffed with feathers.

（Levin and Rappaport 1986: 650）

第 2.2.3.3 節では be set with diamonds などの例に触れ，場所目的語構文＋形容詞的受身の組み合わせで用いられやすいケースがあることを指摘した。このような形容詞的受身の分布について注意深く観察する必要があるだろう。

　ここまでに提示した形容詞的受身の例では，結果のみが焦点化されているとはいえ，その結果をもたらした行為は存在していた。（23a）は羽毛の位置，（23b）は枕の状態を述べているが，どちらの場合も，誰かが羽毛を枕に詰め込むという先行する行為が想定できる。

　しかし，Laffut and Davidse（2002），Laffut（2006: 第 7 章）は COBUILD コーパスで場所格交替を調べ，上記とは異なる形容詞的受身が数多く存在することを明らかにした。これらの例では，先行する行為の動作主，あるいは行為そのものを想定することができない。Laffut（2006: 231–232）は COBUILD

20　一部の例では形容詞的受身であっても，by 句が用いられることがある。たとえば，She was pleased {at/by} these results. という形容詞的受身文では，at 句に加えて by 句も使用可能であるとされる（Huddleston and Pullum 2002: 1439）。この場合の by 句は動作主というよりも感情の原因（刺激）を表している。

118 | 第3章　場所格交替の先行研究と課題

コーパスから以下の例を挙げている。

(24) a.　The courtroom was packed with reporters and spectators.

b.　An unidentified man lying twisted on the pavement, his face and chest smeared with blood.

c.　Houston was a man crammed with guilty knowledge.

(24a) は法廷に記者や傍聴人がたくさんいることを表しているが，これは誰かが記者，傍聴人を法廷に入れた結果を表しているわけではない。(24b) であれば男性の顔や胸が血まみれになっていることが表されているが，これも誰かが血を塗った結果ではない。また，(24c) はヒューストンという人物に犯罪の意識があることを表しているが，それを詰め込むという先行する行為があったことは通常想起されない。(24) の例が先行する行為の結果としてではなく単純な状態や属性を描写している表現であることから，Laffut らは，場所目的語構文と形容詞的受身が組み合わさった場合に意味拡張が起こることがあると述べている。本書では，場所格交替の2つの構文と形容詞的受身構文との複合形を分析し，(24) のような表現が英語話者にとって自然に感じられる要因（動機づけ）を調べることを試みる。なお，本書では形容詞的受身という用語を (a) be 動詞（または look や remain などの動詞）＋過去分詞，(b) 過去分詞の分詞構文，(c) 過去分詞の名詞修飾のいずれの場合にも用いることにする（それぞれ (24) の (a) から (c) に対応）。

3.5.5.　課題5：場所格交替動詞が用いられやすいレジスターとは

　第2.2.2.3 節で述べたように，構文の知識の一部には，どのようなレジスターで使われやすいかという情報も含まれていると考えられる。場所格交替で注目すべきは，レシピでの使用例である。実は場所格交替動詞の中には，料理表現として用いられやすいものがある。たとえば，英語で「肉に塩を振る」に相当するものとして，Sprinkle salt over the meat. や Sprinkle the meat with salt. のような表現はどちらもレシピでよく見かける。松本 (1999: 33) は，COBUILD コーパスを調べた結果，レシピの用例 (25)，(26) が見つかったことを報告している（brush は「はけを使って塗る」という意味，drizzle

「垂らす，かける」という意味である）。

(25) a. Brush warm apricot jam over the fruit ...

　　 b. Brush bread slices with oil.

(26) a. Drizzle half the icing over the loaf.

　　 b. Drizzle salad with dressing.

場所格交替の2つの構文がレシピに見られることは，Pinker (1989)，松本 (1999)，Iwata (2008) に言及があるが，いずれもレシピに特化した研究は行っていない。本書では，料理本をデータとして，場所格交替がレシピでどのように用いられているかも調査する。

3.5.6. 課題6：非交替動詞が例外的に交替するのはどのようなときか

第2.1.7節で見たように，液体を移動させることを表す動詞 (dribble, slosh, spill などの pour クラスの動詞) は移動物目的語構文に現れるのに対して，場所目的語構文には現れないとされる。たとえば，Pinker は次の例を挙げている。

(27) a. She dribbled paint onto the floor.

　　 b. *She dribbled the floor with paint.　　　　　　　(Pinker 1989: 126)

一方で，dribble が場所目的語構文で用いられる事例も観察されている。Iwata (2008: 71) は以下の例を挙げている（(28) はウェブ上の実例。Maldon はイギリスの製塩会社）。

(28)　I dribbled the bread with olive oil and New Maldon sea salt, then left in a hot oven for about 5 minutes.

パンにオリーブオイルとニュー・マルドン・シー・ソルトをかけ，熱したオーブンに入れて5分ほど焼いた。

Iwata (2008) は，dribble the bread with olive oil のような例では調味料で食べ物が覆われており，場所目的語構文の意味に合致するため，問題のない表現だと判断している。言語学者がこれまでレシピのような例を見逃してきた

だけで，dribble は実際には場所目的語構文にも現れるのだと Iwata は主張する。

　ここで考えなければならないのは，dribble は場所目的語構文に現れることが慣習化した動詞なのかどうかという問いである。Pinker（1989: 59）は，I dribbled the floor with paint. はたとえ床がペンキで覆われたとしても容認できない（I splattered the floor with paint. であれば問題ない）と述べている。Pinker（1989: 157–158）も dribble がまれに場所目的語構文で見つかることを報告しているが，それはあくまで周辺的用法であると考えている。(28) のような実例については，それが臨時的に成立した表現であるのか，それとも慣習化した表現なのか，慎重に判断する必要があるだろう。

3.5.7. 課題 7：英語場所格交替に対応する日本語の表現はどのようなものか

　日本語にも「壁にペンキを塗る／壁をペンキで塗る」のように場所格交替が見られる。しかし，英語の場合に比べると，場所格交替に参与する日本語の動詞は少ないと言われている（e.g. 奥津 1980; 松本 1997; 池上 2007）。それでは，英語で場所格交替の 2 つの構文を使って表現するような事態は，日本語ではどのように表現しているのだろうか。本書では，英語の場所格交替動詞の中に料理表現，特に調味料をかけることを表す表現として用いられているものがあるという事実を踏まえ，日本語でも調味料をかけることを表す表現（e.g. 塩を振る）を調べ，英語との違いを論じることにする。

3.6. 以降の構成

　以降の章で，第 3.5 節で見た 7 つの課題に取り組んでいく。

　第 4 章では課題 1–3 を扱う。場所格交替の例として言及されることが多かった load と smear を取り上げ，大規模コーパスで移動物名詞句と場所名詞句の分布の違いを調査する。キーワードは評価的意味である。話し手の事態に対する評価に着目し，それが構文の選択に影響を与えていることを論じる。また，なぜ多くの研究で移動物目的語構文が基本構文とされてきたのか

についても考察する。

　第 5 章のテーマは課題 4 として取り上げた場所格交替の 2 つの構文と形容詞的受身の複合構文である。特に，Laffut and Davidse（2002），Laffut（2006）が言うような意味拡張の動機づけについて考察する。Laffut らは場所目的語構文を中心に扱っているが，本書では移動物目的語構文と形容詞的受身の複合形についても分析する。その上で，認知言語学で複数の構文が組み合わさるような事例をどのように扱えばよいのかについても考察する。

　第 6 章ではレシピで交替動詞がどのように使われているか観察する（課題 5）。特定のレジスターに特化した現象は，文法研究の中心的課題ではないように思われるかもしれないが，実際にはレジスターによって動詞・構文の用法は大きく異なることがある。場所格交替以外の関連現象にも触れ，文法研究においてレジスターを考慮することの重要性を示す。

　第 7 章は課題 6 を取り上げる。dribble や slosh といった動詞が場所目的語構文で用いられるのはあくまで臨時的な用法であることを指摘し，慣習化した事例からの類推と文脈的要因の観点から構文の例外的な使用を扱った Boas（2003）を参考に分析を行う。具体的には，レシピというレジスター，形容詞的受身構文といった生起環境で用いられる際に，液体を移動させることを表す非交替動詞が臨時的・創造的に場所目的語構文で使用されることを示す。

　第 8 章で扱うのは，英語の場所格交替動詞に対応する日本語の動詞が交替しない場合に，どのような表現を用いているかという問題である（課題 7）。英語の sprinkle が交替可能である（sprinkle salt over the meat/sprinkle the meat with salt）のに対して，日本語の「振る」の場合，「肉に塩を振る」とは言えても，「*肉を塩で振る」のような言い方は不可である。日本語には，sprinkle the meat with salt のように食材を目的語に取る表現はないのだろうか。第 8 章では，現代日本語書き言葉均衡コーパス（BCCWJ）を用いて，調味料をかけることを描写する日本語の表現を調査・分析する。このような取り組みは，文法的側面に着目した料理表現の研究としても，場所格交替研究の新たな切り口の提示としても意味のあるものだと考える。

第4章

場所格交替と評価的意味

しかし，言語と対していると，形式的，客観的記述の
網にはかからない（比喩的な言い方をしてよければ）
何かどろどろしたものの存在を絶えず意識させられ
る。……筆者などは（危険を十分承知の上で）その捉
え難い何かにまで手を延し，少し位ならば触れてみて
もよいのではないかという誘惑に駆られることがあ
る。

——池上嘉彦

　場所格交替における2つの構文の意味を考えるにあたって，もう一度
Pinker (1989: 78) の挙げた以下の例を見ておこう。

(1)　　The vandal sprayed the statue with paint. = 第3章（10）

ペンキが像の一部に付着しただけでも，像の美的価値が損なわれるという意
味で状態変化があったと考えられるため，場所目的語構文で表現できるとさ
れている（第3.3.2節）。この例で注目したいのは，像が望ましくない状態に
なったという評価が表明されているという点である。そのことは，ペンキを
吹き付けた人物を vandal と呼ぶことに端的に表されている。美的価値が

損なわれるというような否定的評価がなされることが，(1) の場所目的語構文を使う理由の1つになっているとしたら，場所目的語構文を特徴づける上で，場所が受ける影響についての話者の評価を考慮すべきである。話し手の評価といった側面は，文脈次第で変わる不安定なものであり（エピグラフの池上 (1981: 298) の比喩を借りると「どろどろしたもの」だと言える），文法研究の範囲外であると感じられるかもしれないが，第 2.2.2.3 節で述べたように，事態に対する評価が特定の構文と慣習的に結びついているなら，それは構文研究で取り組むテーマの1つであると考えるべきである。本書では，分析のための枠組みとして，「意味的韻律」(semantic prosody) という概念を導入する。意味的韻律は，コーパス言語学で発達した概念で，生起環境や共起関係をもとに判断される語や構文の評価的意味を指す。

　本章では，意味的韻律について紹介した後，事例研究として load と smear を取り上げる。2つの構文に現れる名詞の分布を調べ（課題 3），特に場所目的語構文の意味について意味的韻律の観点から分析する（課題 2）。それをもとに場所目的語構文が派生的であるとされてきた理由についても考察する（課題 1）[1]。

4.1. 意味的韻律とは

　語の中には，モノや事態を指すだけでなく，それらをどのように評価しているのかを表すものがある。第 2.1.2 節で取り上げた stingy（けちな）と thrifty（倹約な）にも評価が関わっている。つまり，stingy はお金を使おうとしない人を否定的に評価していることを表す一方，thrifty は肯定的な評価を表す。このような評価についての情報は，辞書に記載されていることもある。たとえば，*Collins COBUILD Advanced Learner's English Dictionary* (COBUILD) は語義説明のあとに [APPROVAL] [DISAPPROVAL] といったラベルを付けてその語が持つ評価的意味を明示している。COBUILD の stingy と thrifty の項目は以下の通りである（stingy には [DISAPPROVAL] だけでなく，

1　本章は野中 (2012)，Nonaka (2013) を発展させたものである。

4.1. 意味的韻律とは | 125

[INFORMAL] というラベルも付けられている。太字の強調は原文)。

(2) a.　stingy（COBUILD）

If you describe someone as **stingy**, you are criticizing them for being unwilling to spend money. [INFORMAL, DISAPPROVAL]

　　 b.　thrifty（COBUILD）

If you say that someone is **thrifty**, you are praising them for saving money, not buying unnecessary things, and not wasting things. [APPROVAL]

COBUILD でほかに [APPROVAL] のラベルが付けられている語には angelic（天使のような），sublime（雄大な），unassuming（つつましい）などがあり，[DISAPPROVAL] とされる語としては childish（子供っぽい），meretricious（見かけ倒しの），sly（こそこそした）などがある。

　上に挙げたのはいずれも形容詞の例だったが，形容詞や副詞には評価を伝えることが意味の中心にあると考えられる語が少なくない（Krzeszowski 1990: 149）。一方，名詞や動詞についてはどうだろうか。enmity（敵意）や murder（殺害，殺害する）といった語には否定的な評価が込められていると言ってよいだろうが，そのような語を除けば，評価を伴うと断言できる名詞，動詞は多くないように感じられるかもしれない。

　しかし，特定の評価を反映していないように思える語でも，コーパスによってその共起語や現れやすい生起環境を調べると，評価的意味を読み取れる場合がある。例として cause という語を見てみよう。cause は，一見するとどのような出来事の原因を描写する場合にも用いられるように思える。しかし，Stubbs（1995, 2001）はコーパス調査に基づき，cause が動詞用法でも名詞用法でも，(3) のように問題，被害，病気などを表す語と共起する傾向にあることを明らかにした[2]。したがって，cause は否定的な評価を伴いやす

2　以下，コーパスを用いた文献（e.g. Stubbs 2001; Sinclair 2004）から例文を引用する場合，それはコーパス上の実例である。例文が小文字から始まっているもの，ピリオドがないものなどは，元の文献において例文の一部のみが引用されているためである（例文中に“...”として省略が明示されている場合は，本章でもそれを含めて記載している）。

126 | 第4章 場所格交替と評価的意味

いとされている。cause が amusement のように好ましい意味を持つ語と共起する場合もあるが，(4)では，affair（浮気，不倫）という語の選択からここで言う amusement が望ましくないものであることが示唆されており，やはり否定的な評価が読み取れると考えられる。

(3) a.　heavy traffic is causing long delays

　　b.　the cold weather caused the plants to die

　　c.　her rudeness was a cause for complaint　　　　　（Stubbs 2001: 47）

(4)　　the affair with Kim caused her a great deal of amusement　　（ibid.: 49）

　このように，ある語（あるいはイディオムや句動詞）の共起関係や生起環境を観察することで確認できる評価的意味は「意味的韻律」と呼ばれている（Louw 1993; Stubbs 1995; Sinclair 2004）。cause の場合は，否定的な意味的韻律を伴うと言える。句動詞の例としては，Sinclair (1991) の挙げた set in（始まる）がある[3]。Sinclair は，set in の主語には悪い天候，病気の流行，望ましくない心理を表す名詞が生起することが多いと指摘し，set in が否定的な意味的韻律を示す表現であるとしている（e.g. It was no wonder that disillusion had set in ...(Sinclair 1991: 74)）[4]。この種の評価的意味は，母語話者の直観からは引き出しづらく，大規模コーパスの観察を経て初めて気づかれることも多い。コーパスによる量的な証拠を提示することで，評価的意味が従来考えられていたほど不安定なものではなく，話者の間で広く共有されていることを示すことができる。

　意味的韻律の研究は，多くの場合，単語やイディオムを出発点としているが，Stubbs (2001: 211–215) は統語構文も意味的韻律を伴うことがあるとして，get 受身構文を挙げている。英語には be 動詞ではなく get を用いる受身構文も存在する。これまでの研究で，get 受身の特徴として次のような点が

3　Sinclair (1991) では意味的韻律という用語は用いられていないが，ここでなされた set in の分析は意味的韻律の研究の1つとして見なされている（Louw 1993: 158–159; Stewart 2010: 6–7）。

4　Partington (2004) は happen, occur, come about, take place といった set in の類義表現を調べ，その意味的韻律の違いについて分析している。

挙げられてきた。(ⅰ)フォーマルな文体では避けられやすい，(ⅱ)状態動詞は用いられない，(ⅲ)主語指示物（被動者）の責任が暗示される，(ⅳ)被害や利益といった評価を伝える（Huddleston and Pullum 2002: 1442; Carter and McCarthy 2006: 800）。特に注目されてきたのは（ⅳ）である。Collins（1996）や Carter and McCarthy（1999）などのコーパス調査により，be 受身文に幅広い動詞が用いられるのに対して，get 受身文には被害や望ましくない結果を描写する動詞（e.g. hurt, kill）が多く現れていることが報告されている。Stubbs はそれらの研究を参照し，get 受身文は否定的な意味的韻律を伴うと述べている[5]。Stubbs（2001）自身は以下の例を挙げている。

(5) a. we nearly got chucked out

    b. customers get embarrassed when talking about money

    c. one child gets hurt　　　　　　　　　　　　（Stubbs 2001: 212）

get 受身の例には被害に当たらないような事態を描写するものも存在するが，特に話しことばでは，上記のような被害や不利益を表すものが多いと考えられている。なお，Stubbs は細かく言及していないが，get 受身は実際にはいくつかの下位構文から成るカテゴリーであり（Collins 1996），一般的に get 受身と言えば，対応する能動文がありえるもの，言語表現上現れていなかったとしても by 句で描写できるような動作主を想定可能なものを指す（Collins（1996）が central *get*-passives と呼ぶもの）。本書でも get 受身はそのような範囲のものを指す用語として用いる[6]。

　意味的韻律（semantic prosody）という用語が文献で使用された最初の例は Louw（1993）であるが，この用語の考案者は Sinclair であると言われている（Louw 1993: 158）。音韻の話ではないのに「韻律」（prosody）という用語が

5　Carter and McCarthy（1999）は，get 受身が被動者もしくは話し手にとって望ましくない事態を表すことが多いものの，望ましい事態を表す場合や，肯定的／否定的というよりは注目に値する（noteworthy）ことを表す場合もあるとしている。Rühlemann（2007）も参照。

6　そのような範囲から外れるものとして，get involved や get accustomed to などがある。詳しくは Collins（1996: 44–49）を参照。

128 | 第 4 章　場所格交替と評価的意味

採用されているのは，音韻的な現象との対応関係が見出されたからである。Amen の母音が m, n の影響で鼻音化するように，分節音は前後の音韻的環境によって影響を受けるが，このような分節音を超えた単位は韻律と呼ばれている。周囲の環境から影響を受けるという点に類似性があることから，単語やイディオムがその共起語や生起環境によって影響を受けて評価的意味を帯びるようになる現象が意味的韻律と名づけられた，と Louw は述べている（ibid.: 158–159）。

　Louw（1993）以後，Sinclair（2004）[7] 本人を含め様々な研究者が意味的韻律について扱ってきたが，その概念は確立したものとして受け入れられたわけではなく，幾度となく議論の対象になってきた（関連する文献のタイトルに revisited（Hunston 2007），re-examined（Bednarek 2008），critical（Stewart 2010）などの語が使われていることにもそのことが反映されている）。semantic prosody という用語自体についても議論があり，semantic prosody ではなく discourse prosody（Stubbs 2001）や evaluative prosody（Partington 2014）と呼ぶ研究者もいる [8]。本書ではもっとも普及している用語である semantic prosody を採用し，その日本語として「意味的韻律」を用いることとする。

　上記のように，意味的韻律については研究者の間で必ずしも意見の一致が見られていない。第 4.2 節では本章の議論にとって特に有益と思われる論点を取り上げ，どのようにこの概念を扱うかを示すことにする [9]。

7　Sinclair（2004）は過去に発表された論文を 1 冊にまとめたもので，意味的韻律については特に第 2 章 The search for units of meaning と第 8 章 The lexical item で扱われている（この 2 つの論文の初出はそれぞれ 1996 年，1998 年である）。

8　Channell（2000）のように単に evaluative function という表現を使う者もいる。Stubbs（2001）が discourse prosody という用語を用いる理由については第 4.6.3 節を参照。

9　意味的韻律については Stewart（2010）や McEnery and Hardie（2012: 第 6.4 節）のまとめも有益である。Stewart（2010）は，Louw と Sinclair では意味的韻律という用語で捉えようとしているものが部分的に異なると指摘しているが，ここではそのような見解の違いの細部に立ち入ることはせず，本書でどのようにこの用語を使うのかを示すこととしたい。

4.2. 意味的韻律の論点を整理する

4.2.1. 意味的韻律と評価的意味

　意味の中でも，モノや事態がどのように評価されているかに関わる側面を指して評価的意味（evaluative meaning）と呼んできた。「評価」（evaluation）について Thompson and Hunston（2000）は次のように述べている[10]。

(6)　[E]valuation is the broad cover term for the expression of the speaker or writer's attitude or stance towards, viewpoint on, or feelings about the entities or propositions that he or she is talking about.

（Thompson and Hunston 2000: 5）

　　　評価とは，描写対象のモノ（entity）や命題（proposition）に対する話し手・書き手の態度や姿勢・視点・感情の表明のことを指すカバータームである。

Thompson and Hunston（2000）の言う評価はモダリティ（命題に対する判断）をも含んでいる。評価的意味の研究では，モダリティよりも感情や好ましさといった面に注目するものが多く[11]，本書でもそれは同様だが，モダリティと感情などの領域は重なることもある。たとえば，Thompson and Hunston（2000: 25）は確かさ（certainty）と望ましさ（goodness）の相関に言及している。この点については第 4.3.3 節でも触れていく。

　さて，clever, stupid, genius, idiot などは明らかに評価的意味を表す語であるが，それに対して cause や set in は評価が意味の中心にあるとは言い難い。Morley and Partington（2009: 151）が述べるように，表現によって評価的意味

10　Thompson and Hunston（2000）は *Evaluation in Text: Authorial Stance and the Construction of Discourse*（Hunston and Thompson 2000）のイントロダクション（第 1 章）に当たる。この本には，様々な観点から評価を扱った論考が収められている。Hunston（2011）も参照。

11　これは，モダリティが文法研究，意味研究（法助動詞や法副詞の研究）の領域の 1 つとして確固たる地位を築いているため（Thompson and Hunston 2000: 20），わざわざ評価的意味の一部として位置づける必要がないからだと考えられる。

130 │ 第4章　場所格交替と評価的意味

がどの程度明白であるかについては異なり，そこには段階性がある[12]。意味的韻律という用語は，単語，イディオム，構文が持つ評価的意味の中でも，コーパスで共起語，生起環境などを詳細に調べなければ十分に記述することが難しいものを指して使われることが多く（Louw 1993: 173; Stubbs 2001: 198; Hunston 2002: 142），本書でも意味的韻律をそのような場合に用いることにする。したがって，評価的意味は意味的韻律を含むカバータームとして位置づけられる。

4.2.2.　意味的韻律は肯定的・否定的の二値的か

　意味的韻律に関する初期の研究（e.g. Sinclair 1991; Louw 1993; Stubbs 1995）は，「肯定的／否定的」（あるいは「良／悪」や「快／不快」）といったように，意味的韻律を二値的に捉えるものが多かった。すでに挙げた cause や set in は否定的な意味的韻律を担う例である。肯定的な意味的韻律を伴うものとしては provide がある。Stubbs（1995: 26）は，provide と共によく使われる語として information, support, protection などを挙げ，こうした共起語から provide は望ましいものを与えるような事態を描写する傾向があると述べている[13]。

　その後の研究では，意味的韻律をより複雑な概念として捉えるものがある。例として Sinclair（2004）の naked eye という語句の分析を見てみよう。naked eye は視覚に関わる語と共起し，あるものが肉眼で（望遠鏡や顕微鏡

12　この点については Krzeszowski（1990），Stewart（2010: 第 2, 7 章），Partington（2014）の議論も参照のこと。

13　意味的韻律の研究では，肯定的評価よりも否定的評価を表す表現のほうが多く報告されている（Louw 1993: 171; Channell 2000: 55; Partington 2004: 133）。実際に否定的な意味的韻律を伴う表現のほうが多いとすると，否定的な評価を表明するという行為は対人関係上のリスクを負うために避けられることが多く，あからさまに評価を表さないような言語的手段が求められる，といった事情が関わっているのかもしれない（肯定的な評価を表明する場合はあまり遠回しに表現する必要がなく，明示的に評価を表す語を使うことで問題になることも少ないだろう）。このような点について追究するためには，Channell（2000: 55）が言うように，ポライトネス（Brown and Levinson 1987）の観点からの研究も必要になるだろう（対人関係上のリスクを負う行為は，Brown and Levinson の言うフェイス侵害行為（face-threatening act）に当たる）。

4.2. 意味的韻律の論点を整理する | 131

を使わずに）見えるかどうか（e.g. visible, could be seen）を描写する際に用い
られる。

(7) a.　... it is not really visible to the naked eye ...

　　 b.　... too faint to be seen with the naked eye ...

　　 c.　... these could be seen with the naked eye from a helicopter ...

（Sinclair 2004: 33–34）

Sinclair（2004: 33–34）は，このような例を踏まえて，naked eye に付随する
意味的韻律は対象物が見えにくいという「困難さ」であると述べている。

　Sinclair は動詞 budge の意味的韻律も分析している。budge は，not と共起
する（won't や can't など，助動詞を伴うことも多い）か，あるいは refuse の
ように拒否を表す動詞と共起することが多く，budge を含む文全体は，何か
が動かない，動こうとしないことを表す。

(8) a.　[...] We won't none of us be able to budge tomorrow. [...]

　　 b.　[...] the doors didn't budge or even rattle. [...]

　　 c.　[...], he'll refuse to budge off that stool [...]　　（Sinclair 2004: 147）

budge が使われるのは，動いてほしいにもかかわらず動かせない，動いてく
れないときであり，Sinclair（2004: 144–146）は budge の意味的韻律として
「フラストレーション」を想定している。このような感情を伝えたいがために，
に，話し手（書き手）は move のような語ではなく，わざわざ budge を選ん
でいるのだと言える。

　「困難さ」や「フラストレーション」は「否定的」や「不快」といった評
価よりも複雑である。Hunston（2007）は意味的韻律で表現される評価は肯定
的・否定的といった二分法では捉えきれないと述べる。naked eye や budge
の意味的韻律に could や won't に見られるようなモダリティが関わっている
点からもそれがうかがえるだろう。一方，Morley and Partington（2009）や
Partington（2014）のように，肯定的／否定的という判断は評価の核心に当た

132 | 第4章 場所格交替と評価的意味

ると考え[14]，より詳細に評価を記述する場合には [bad: difficult] [bad: not being in control] のような表記法を提案する者もいる。本書では，すべての意味的韻律が肯定的／否定的に分類できるとは想定しないものの，大まかな分類をする上ではそのような二分法は有効であると考える。

　なお，イディオムによっては，肯定的評価／否定的評価どちらを表すのにも用いられるものがある。Hunston (2001: 21) は see the amount of というイディオムを取り上げ，これが何かの量が意外なほど多いときに用いられる表現であると述べるが，量の多さが肯定的に評価されているか否定的に評価されているかは文脈次第であるとしている。see the amount of rubbish であれば否定的な評価，see the amount of strength and training であれば肯定的な評価のように，of に続く名詞句からその評価が概ねわかることもあれば，(9) における saw the amount of attention（斜体は Hunston による）の例のように，より広く生起環境を見て初めて評価が判明することもある。(9) では somewhat uncharitable thought（少々厳しい見方）という箇所により否定的評価が読み取れるだろう。

(9)　　That's the somewhat uncharitable thought that flashed through my mind when I *saw the amount of attention* that *The Faber Book of Science* and its editor, John Carey, have received in the newspapers and on the radio.

（Hunston 2001: 21）

4.2.3.　意味的韻律を担う単位

　意味的韻律の研究では，「ある語やイディオムが意味的韻律を持つ」のような書き方がなされることもあるが，そこで意図されているのは，中心をなす語やイディオムとその前後の共起語，あるいは生起環境を含めた単位が意味的韻律を担うということである（Hunston 2002: 141–142, 2007; Sinclair 2004: 第2章，第8章ほか）[15]。

14　Thompson and Hunston (2000: 25) にも同様の指摘がある。Channell (2000) も肯定的／否定的という観点から評価的意味を分析している。

15　Morley and Partington (2009: 145–146) や Partington (2014: 191–192) は，Hoey (2005)

4.2. 意味的韻律の論点を整理する | 133

たとえば，（7）で挙げた naked eye について考えてみよう。Sinclair（2004:
33）は，意味的韻律を担うのは，[[可視性] + 前置詞 + the naked eye] という
単位であると述べている。naked eye はほとんどの場合に the を伴い，名詞
句全体は前置詞（to や with）の補部になっていることが多い。それらと可視
性に関わる表現（e.g. visible, seen, perceived）が組み合わさった単位が肉眼で
見ることの「困難さ」という意味を担うのである。同様のことは budge に
も言える。Sinclair の分析を踏まえ，Hunston（2007: 257）は，[[能力] + [否
定] + budge（+ 対象)]（対象を伴うのは他動詞のとき）や [[意志] + [否定] +
budge] という単位で用いられるときに，動かそうとしたが動かなかったこ
と，何かが動こうとしないことによるフラストレーションが表現されるとま
とめている。

Hunston（2007）は，さらに次のような興味深い指摘をしている。Hunston
は，主語に無生物名詞が現れる did not budge の例のうち，（10）は先述の例
と同じくフラストレーションが関わる例だが，（11）はそのような感情を伴
わない例であるとしている（[ ] の補足は Hunston による）。

(10) Max hurled himself at the door. It did not budge; ...

(Hunston 2007: 257)

(11) He [Otis] chose the New York Exposition to demonstrate his device,
      standing on an open lift high above the ground as his assistant cut the
      cord supporting it. The lift did not budge.   (ibid.: 258)

（11）は，エレベーターが動かなかったことによる不満を表す例ではなく，
エレベーターを吊すケーブルを切ったのにエレベーターが動かなかったこ
とに対する展示会の観客の驚きを表しており，フラストレーションという

の語彙プライミング理論をもとに，そもそも語というものは繰り返し現れる生起環境
とあわせて頭の中に蓄えられているのであり，そのように蓄えられる情報に意味的韻
律も含まれると述べている。これは使用基盤モデルと一致する考え方である。辞書 +
文法書モデル（第 2.2.2.2 節）からすると，どの語（あるいはイディオム）に評価的意味
があるのか特定することが重要になるかもしれないが，意味的韻律を扱う研究の背景
にある文法観は辞書 + 文法書モデルでないことに注意が必要である（本節の最後の段落
を参照）。

よりむしろ称賛といった評価に相当する。また，Hunston は (12) のように budge の主語が一人称である場合もフラストレーションを表す例ではないとしている。たしかに，通常，話し手は自身の行動を否定的に描写しないだろう。Hunston は，(12) は反対意見に動じない固い決心を描写する例であるとしている。

(12)　He tried to persuade me, but I wouldn't budge.　　(Hunston 2007: 258)

Hunston は，[[能力] + [否定] + budge (+ 対象)] や主語が一人称でない場合の [[意志] + [否定] + budge] という単位が意味的韻律を担うのであり，このような生起環境から外れると，必ずしもフラストレーションという意味的韻律は見られないと述べている。

　生起環境を観察することの重要性がわかるもう 1 つの例として，build up を見てみよう (Louw 1993: 171)。build up は，人間を表す名詞を主語に取り，他動詞として用いる場合は肯定的な意味的韻律を伴うのに対して，無生物を主語に取る自動詞用法では否定的な意味的韻律を伴うと Louw は述べている。『動詞を使いこなすための英和活用辞典』から該当する例を引用する（以下，『動詞活用辞典』と表記。訳文も同辞書から）。

(13) a.　A successful businessman must build up a network of personal relationships.
　　　　ビジネスマンとして成功したいのなら，人間関係のネットワークを構築しなくてはいけない。
　　b.　Tension is building up again in the Middle East.
　　　　中東で緊張が再び高まっている。

つまり，build up の場合も [[人] build up [組織 (関係)]] や [[緊張] build up] といった単位で意味的韻律を捉えるのが重要であると言える。

　中心となる語・イディオムの前後の生起環境を含めた大きな単位で意味的韻律が観察されるという考え方は，Sinclair (1991, 2004) の一連の研究を踏まえれば納得がいくものだろう。Sinclair (2004) は，意味の基本単位を語とすることの問題点を指摘し，意味の担い手として語よりも大きな単位をど

ように記述するかという観点から意味的韻律という概念を提案したという背景がある[16]。第2.2.2.2節でも述べたように，Sinclairの考える意味の基本単位は，Langacker（1987）の言う慣習的表現に相当すると考えられる。語という単位で見た場合は，文脈次第で不安定に見える評価的意味も，慣習的表現という単位で見た場合には，相当程度まで安定して見出せるものである。意味的韻律は慣習的表現として英語母語話者が蓄える情報の1つであると言える。

4.2.4. 意味的韻律を左右する諸要因

前節で意味的韻律を担うのは，問題となる語の生起環境を含めた大きな単位であることを確認したが，ここでは生起環境の一環としてメタファー，人間に関する描写，レジスターを扱い，意味的韻律についての理解を深めたい。

Ullmann（1962: 136）やKrzeszowski（1990）は，特定の評価を含まないように見える表現であってもメタファーとして用いると評価的意味を帯びることがあると指摘している。意味的韻律の研究ではMorley and Partington（2009: 153–154）がorchestrateのメタファー用法を扱っている。orchestrateがオーケストラの曲について描写する場合は否定的な意味合いがないのに対して，メタファーとして組織や政治運動について描写する場合は「計画する，画策する，組織化する」といった意味で用いられ，否定的な意味的韻律を帯びると彼らは述べている（(carefully) orchestratedだと日本語の「（巧妙に）仕組まれた」に近い意味になる）。

(14)a. ... the Ottoman authorities orchestrated the killing of 1.5 million Armenians, ...

b. ... a campaign is being orchestrated to destroy the credibility of ...

（Morley and Partington 2009: 154）

---

16 Sinclair（2004: 第2章）のタイトルはThe search for units of meaningであり（本章注7も参照），語より大きい意味の単位を指してextended unit of meaningという用語が使われている。同書ではlexical itemという用語も使われており，これはLangacker（2008）のlexical itemに相当すると考えられる。SinclairおよびLangackerの用語の変遷やその意義については機会を改めて論じたい。

メタファーとして用いるかどうかでどのような語と共起するかが変わることを考えれば，これも意味的韻律を担う単位に関する話の一部だと言える。short-sighted もメタファーについて考慮する必要がある語である（Bednarek 2008）。short-sighted には「近眼の」を表す用法と「先見性のない」を表すメタファー用法がある[17]。前者の意味で用いる場合は単に視力の話をしているだけで必ずしも描写される人物を悪く言っているわけではないのに対して，後者の場合は当該人物（の考え方）を明確に非難していると言える。Bednarek（2008）はそれぞれの用法で共起語が異なることを報告している。前者の場合は視覚や眼鏡に関する語（e.g. eyes, steel-rimmed），健康状態に関する語（e.g. patients, infirm）などと共起するのに対して，後者の場合は「考え」を表す名詞（e.g. attitude, view）や「考え」に関する形容詞（e.g. uninformed, selfish）などと共起する（共起語について詳しくは Bednarek（2008: 124–125）を参照）。意味的韻律を調べる際は，このような点にも注意する必要がある。

　このほかに注意すべきこととして，意味的韻律と人間についての描写との関係が挙げられる。すでに cause が否定的な意味的韻律を持つことを述べたが，Hunston（2007）はそのような意味的韻律が見られるのは，引き起こされる事態に人間が関わるものだけであると述べている。病気や症状（e.g. pain），感情（e.g. anger），何かをする上での障害（e.g. problem）といった人間が関与するものを描写するときには否定的評価が見られるが，以下の例のように，引き起こされる事態によって人間が影響を受けるとは考えられない場合には，それが当てはまらない（太字の強調や [ ] の補足は Hunston による）。

(15) a.　They [researchers] also searched for a second group of molecules called desensitisation proteins, which temporarily stop the receptor cells from responding to an odour. **These proteins cause a smell to become less strong if we continue to sniff at it**. The keys to the

---

17　『英和イディオム完全対訳辞典』によると，「近眼の」という意味の場合は short にアクセントが置かれるのに対して，「先見性のない」という意味の場合は short と sighted の両方にアクセントを置いて発音されるのが普通であるとされる。

researchers' success were antibodies which recognise ...

b. If signals are seen, **how will we be certain that they are caused by dark matter particles**? One way of finding out would be ...

（Hunston 2007: 252）

たとえば（15a）の場合，研究者の実験についての評価（The keys to the researchers' success ...）は表現されているとしても，引き起こされる事態そのものに関しては良いものとも悪いものとも言えないだろう。

　同様のことは get 受身についても当てはまる。Collins（1996: 53）は，被動者が無生物の場合は事態に対する評価は表明されていないと述べている。Carter and McCarthy（2006: 278）が挙げる get 受身の例（16）はそれに該当するだろう。これは微生物学の講義における実例である[18]。get 受身と be 受身が両方使われているが，どちらもウイルスについて説明しているだけで，特定の評価は関わっていないとされる（例文における太字は Carter and McCarthy による）。

（16）Many viruses **get taken** up by cells of the immune system of one sort or another. And they **get transported** to the lymph nodes and swollen lymph nodes is a common feature of many virus infections. And what's happening is that as the virus **is taken** to the lymph nodes, there is an intense immune response within the lymph nodes so the lymph node swells in an attempt to try and eliminate the virus infection.

18　Carter and McCarthy（2006: 10, 278, 800）は，get 受身は書きことばよりも話しことばで用いられやすいと述べ，学術分野でも講義のような話しことばでは見られる一方，学術書ではまれであるとしている。しかし，get 受身をどの程度使用するかは執筆者の好みも関わってくるようで，たとえば John R. Taylor は学術書でも get 受身を比較的多く用いる傾向がある。

　（ⅰ）In approaching the task of linguistic description, Cognitive Grammar blurs many of the distinctions traditionally made in linguistic theory. [...] Another distinction that **gets blurred** is that between semantics and pragmatics.　（Taylor 2002: 30）

　（ⅱ）Second, we need an account of how the unitary meaning **gets elaborated**, or modulated, in specific contexts of use.　（Taylor 2012: 225）

138 | 第4章　場所格交替と評価的意味

これらも生起環境をもとに意味的韻律を見ることの重要性を物語る例である（評価的意味と人間の関与との関係については，Krzeszowski（1990）も参照）。

（15）や（16）は科学に関するテクストであり，これらの例は，意味的韻律とレジスターの関係を考える必要があることも示していると言える。レジスターによって語彙項目の典型的な生起環境が変わることを考えれば，特定のレジスターでのみ意味的韻律が見られる（あるいは特定のレジスターでは意味的韻律が見られない）という現象があるのも不思議ではない（Partington 2004: 153–154; Hunston 2007: 263）。すでに見た orchestrate のメタファー用法も政治や時事問題を扱うニュース記事のレジスターで見られる意味的韻律の例である。

orchestrate と同じくニュース記事で見られる意味的韻律の表現としてerupt を挙げることができる（O'Halloran 2007）。erupt と言えば「噴火する」という意味が思い浮かぶが，ニュース記事では volcano（あるいは具体的な火山名）よりもむしろ violence, row, scandal といった語と共起することをO'Halloran は明らかにしている。ニュース記事では [[人間が関わる事態] + erupted（過去形）] が事件や犯罪が発生したことを表す慣習的表現になっており，否定的な意味的韻律を帯びている（e.g. Fresh fighting erupted yesterday in northern Afghanistan ...（ibid.: 15））。一方，スポーツ報道のレジスターでは，erupt は crowd, press box, pub, stadium などの名詞と共起し，観客や記者が歓声を上げたり拍手喝采をするという肯定的な事態を描写するのに用いられる（e.g. The pub erupted.（ibid.: 14））[19]。erupt はレジスターによって意味的韻律が異なるという点はもちろんだが，メタファー，人間の関与，レジスターといった要素が有機的に結びついた例としても興味深い[20]。

19　O'Halloran（2007: 15）は，この場合の press box（記者席）や stadium（スタジアム）にはメトニミーが関わっている（会場にいる記者や観客（の歓声や拍手）が表現されている）と述べている。スポーツ報道のレジスターではメタファーであっても肯定的な意味合いで使われるという点は erupt だけでなく，実は Morley and Partington（2009: 154）の挙げた orchestrate にも当てはまる。eruption, orchestration という派生語ではメタファーとして用いられにくいという点も共通している。メタファー，レジスター，派生語の関係を調べる上で示唆的であると言える。

20　O'Halloran（2007）は表現の評価的意味がレジスターによって変わる場合に register

4.3. 事例研究：load | 139

　以上，意味的韻律について整理した。次節から意味的韻律の観点から場所格交替を分析する。これまでに見てきた通り，意味的韻律の研究は語やイディオムを出発点としていることが多く（Stubbs（2001）は数少ない例外），その手法を構文交替に適用する点は本章の大きな特色である。本章では特に場所格交替における2つの構文の移動物，場所として用いられやすい名詞に着目することで，意味的韻律を明らかにする。

4.3. 事例研究：load

　本節では場所格交替動詞の中でも特に取り上げられることが多いloadに焦点を当て，構文と意味的韻律の関係を調べることにする。

4.3.1. 調査方法と結果

　調査には，イギリス英語のコーパスであるBNCを利用した。loadが2つの構文で取る移動物，および場所の名詞の違いを調べるため，他動詞用法で，かつ文中に移動物と場所の両方がそろっている例のみを調査した。

　調査方法はBoas（2003）を参考にした。BoasはBNCから結果構文を収集するにあたって，動詞と結果句が5語以内に現れている例を検索している。それにならい，以下のような手順で調査を行った。まず，移動物目的語構文を取得するため，動詞loadの右側5語以内に前置詞on, ontoおよびintoが現れる例を集め，その中から今回の調査で扱わない例を手作業で取り除いた。調査対象外としたのは，自動詞の例と，文中で移動物もしくは場所が欠けている例である。移動物目的語構文の前置詞には様々なものが用いられるが，ここでは先行研究におけるloadの例でもっともよく見るon, ontoお

---

prosodyという用語を用い，レジスターに関わりなく意味的韻律が一定である場合と区別しようとしている（O'Halloran（2007）はさらにregisterとgenreを区別し，genre prosodyという概念も提案している）。しかし，そもそも意味的韻律を担うのは語単体ではなく生起環境を含めた大きな単位であり，レジスターに関する情報もそこに含まれると考えれば，意味的韻律とは別にregister prosody（あるいはgenre prosody）という概念を設ける必要はないように思われる。そのため，本書ではregister prosodyという概念は採用していない。

140 | 第4章 場所格交替と評価的意味

およびinto を代表的な前置詞として選んだ（on to のように on と to の間にスペースが入る例も含めた）。さらに，同じ方法で動詞の右側5語以内に with が現れる例を検索し，場所目的語構文を収集した。load の品詞は動詞に限定し，異なる活用形も合わせて調べられるように，レンマ（lemma）単位で検索した。このようにして得られた用例のうち，先ほど述べた調査対象の範囲から外れるもの（自動詞用法など）はこの段階で除外した。

　次に，2つの構文における移動物および場所として機能している名詞を，それぞれ集計した。it や this のような代名詞が用いられている場合は，文脈からその指示対象を特定し，指示される名詞として集計した（指示対象が特定できなかったものについては，it のように，そのままの形で数えた）。ただし，人称代名詞のうち，照応先が人間である場合は「人称代名詞（人）」として扱った。固有名詞は，人の名前である場合は「人名」とした。乗り物の場合も同様で，たとえば自動車を指す固有名詞（e.g. BMW）は「自動車名」，飛行機を指す固有名詞（e.g. RAF Hercules）は「飛行機名」として集計した。そのほかの固有名詞（装置の名前など）はそのままの形で数えた。

　また，複合語については，基本的に後半部分の名詞として数えたが（e.g. milk churn），ice cream のように慣習性が高い複合語，あるいは後半部分のみでは何を指すわかりにくい複合語は，そのままの形で集計した。A of B の表現（e.g. a half thousand pounds of explosives）については，基本的に A, B 両方の名詞を数えた。ただし，one of the trucks のような表現では，B の名詞のみをカウントした（A of B の表現の種類については，Quirk et al. (1985: 249–252) における partitive constructions のセクションを参照）[21]。

　(17), (18) のように，load が化学実験の文脈やコンピュータ用語として用いられている場合，筆者が内容を正しく理解できない場合があることを考慮して，ひとまず今回の調査からは除外した。データの包括性は下がるが，第4.2.4節でも見たように，科学などのレジスターでは評価的意味が見られないのが普通なので，評価的意味を調べる上では問題はないと言えるだろう。なお，本章の以降の例は，断りのない限り BNC からの引用である。

21　博士論文とは名詞の集計方法を一部変更したため，後に示す集計数が博士論文のものとは異なっている。

（17） A nuclear extract (6 ml, 0.6 μg/μl) from $5×10^8$ cells were loaded at 4°C onto a Heparin-Sepharose column (bed volume = 6 ml) [...]

（18） If you saved the program to a file called BASPROG, you could load it into BBCBASIC(Z80) with the following command: [...]

このようにして得られた例文数は，移動物目的語構文が 201 件，場所目的語構文が 327 件であった。これらの用例を対象として，構文ごとに移動物と場所の名詞を収集している。以下，場所名詞，移動物名詞の順で 2 つの構文の名詞の分布を比較し，実際に例を観察しながら，構文と意味的韻律の関係について論じる。

4.3.2. 2 つの構文の比較

4.3.2.1. 場所名詞を中心に

まず，場所名詞を比較する。移動物目的語構文に生起した場所名詞は 102 種であり，総生起数は 206 件であった。それに対して，場所目的語構文の場所名詞は 185 種，341 件であった。結果を以下の表に示す。名詞の種類が多かったため，表には 3 回以上生起する名詞に限定して載せている。名詞は生起回数に基づいて並べられている。たとえば，car は移動物目的語構文における場所名詞として 12 回用いられている。これらの表から，生起する名詞の傾向が，どちらの構文を取るかによって異なることがわかる。

表 4-1. 移動物目的語構文の場所名詞

場所名詞 (into, on, onto)	生起数
car, trailer, van	12
cart, lorry	9
barge, truck	8
ship, train	6
vehicle, 自動車名	5
boat, flight, plane, transport, tub, 飛行機名	3
生起数が 1, 2 の名詞を含めた合計	206

142 | 第 4 章　場所格交替と評価的意味

表 4-2.　場所目的語構文の場所名詞

場所名詞（with）	生起数
人称代名詞（人）	21
truck, van	15
lorry, ship	12
人名	11
car, trailer, trolley	7
table, tray, wagon	5
aircraft, brush, train	4
barge, boat, camera, filter, pen, pistol, reel, shotgun, vehicle, 自動車名, 船名, 飛行機名	3
生起数が 1, 2 の名詞を含めた合計	341

　それでは，実際に例を見ていこう。移動物目的語構文，場所目的語構文ともに，car, ship といった場所名詞が多く用いられており，乗り物を表す名詞を含む事例は両構文で慣習化していると言える。以下の例では，移動物目的語構文（19）と場所目的語構文（20）がどちらも運搬のために乗り物に荷物を載せるという事態を表現している。なお，動詞 load と前置詞を太字にして，カウントした名詞には下線を施した。

(19) a.　And his foreman makes sure the <u>containers</u> are **loaded onto** the <u>trucks</u> and dumped over the border.
　　　そして，彼の監督が，コンテナがトラックに積まれ，国境を越えたところで投棄されるようにする。

　　 b.　He and Geoff went over there and **loaded** them [= the <u>bricks</u>] **on** the <u>trailer</u>.
　　　彼とジェフはそこに行き，レンガをトレーラーに積んだ。

(20) a.　[...] the transport firm in Decin had **loaded** up the <u>lorry</u> **with** gas <u>containers</u> from Belgium.
　　　ジェチーンにある運送会社がベルギーのガス容器をそのトラックにぎっしり積んだ。

　　 b.　From thirty to sixty <u>trucks</u> were **loaded with** <u>bricks</u> daily for dispatch

4.3. 事例研究：load | 143

　　　to London and its surrounding area.
　　　毎日 30 台から 60 台のトラックにレンガが積まれ，ロンドンと
　　　その周辺地域に送られた。

このような場合は，まさに移動物の位置変化に着目するか，場所の状態変化に
着目するかによって，移動物目的語構文，場所目的語構文が使い分けられてい
ると考えられる。(19a) では移動物の container を積み込んだ後にどこで降ろ
す (dump) のかが描写されている。第 2.1.8 節で移動物目的語構文が前置詞に
よって移動物のたどる経路を表現できると述べたが，(19a) にもそれに近い側
面がある。次の (21) でも，移動物の位置変化が and 以下で詳しく描写されて
おり，load を移動物目的語構文で使うのにふさわしい場面であると言える。

(21)　The scrap was **loaded into** a narrow boat at the bottom of the incline
　　　and taken to North Kilworth for transshipment by rail.
　　　スクラップは傾斜の下でナロウボートに積み込まれ，積み替えのた
　　　めに鉄道でノース・キルワースに運ばれた。

一方，(20a) の場所目的語構文では up が用いられている。完了用法の up が
場所目的語構文で用いられることはすでに確認しているが (第 2.1.8 節)，ほ
かには (22) のように to capacity (最大限まで) を伴う例も見つかる。場所目
的語構文の特徴 (状態変化，結果志向) がよく確認できる例であると言える。

(22)　Fifteen RAF Hercules are being **loaded** to capacity **with** anything
　　　needed for a speedy evacuation.
　　　15 機の RAF ハーキュリ　ズが満載になるまで，迅速な避難に必要
　　　なものは積み込んでいるところだ。

上記のような積載を表す用例に関しては，両構文で意味的韻律の違いは見ら
れない。
　移動物目的語構文は，ほとんどの例が荷物の運搬に関するものである一
方，場所目的語構文ではそれとは異なるタイプの用例も多い。場所目的語構
文の場所名詞が camera や shotgun のような道具である例は，次節で移動物

144 | 第4章 場所格交替と評価的意味

名詞を扱うときにまとめて触れることにして，ここでは，人称代名詞，人名のように，人間を表す表現が場所名詞としてよく用いられているという点に着目したい。そのほかに人間に準ずる名詞として committee などが現れる例もある。

(23) a. Elaine was **loaded** down **with** towels, and bags full of swimwear and sun creams.
エレインはタオルの束だったり水着や日焼け止めクリームが詰まった袋をどっさり持たされた。

b. The King and Queen **loaded** him **with** wealth and honours but Columbus wanted even more.
国王・王妃両陛下は，コロンブスに富と名誉をお与えになったが，彼はさらに多くのものを欲しがった。

c. Just **loading** the committee **with** responsibility for everything inevitably means setting priorities with some subjects receiving less attention than others.
委員会にすべての責任を負わせるだけでは，必然的に優先順位を定めることになり，一部のテーマはほかと比べて注目されなくなる。

(23) の目的語は場所というよりもむしろ受領者を表しており，二重目的語構文に近いと考えられる。第4.2.4節で見たように，人間に関する事態では評価的意味を伴いやすいが，これは二重目的語構文についても当てはまる。Ikegami (1985: 286) が述べている通り，二重目的語構文は単に受領者が何かを所有するのを描写するだけでなく，受領者への利益や被害を表現するという面がある[22]。Green (1974: 92) や Goldberg (1995: 146) は，受領者への利益という解釈ができるかどうかで二重目的語構文の容認性が変わってしまう例もあることを報告している。以下の (24) を見てみよう。

(24) *Sally burned Joe some rice.　　　　　　　　　　(Goldberg 1995: 146)

22　受領者と受益性（被害性）の関係については，Shibatani (1996), Kittilä and Zúñiga (2010) も参照のこと。

4.3.　事例研究：load | 145

(24) は通常は容認されないが，Joe が焦げたごはんが好きであることがわかっていれば，つまり受領者が動作主の行為によって恩恵を受けるという意味が前面に出るような文脈であれば容認される。

　このようなことを考えれば，(23) でも受領者に対する利害という評価が関わっていると見るのも自然なことだと言える。(23a) は不変化詞 down を伴う例だが，*Oxford Phrasal Verbs Dictionary* は load down の意味を "to give sb/sth too many things to carry" としている。too many という部分から，load down は評価が関わる表現であることがわかる（同辞書には load down について受身で用いるのが普通であると書かれており，(23a) はその用法に沿う例である）。Boers (1996: 102) は down に負担 (burden) を表す用法があると述べているが，この例もそれに該当する[23]。また，(23) の (b) や (c) は honours のような抽象名詞が用いられており，メタファーの例でもある。メタファーについては次節で移動物名詞を見る際に改めて言及する。

4.3.2.2.　移動物名詞を中心に
　移動物目的語構文に生起した移動物名詞は 149 種であり，総生起数は 217 件であった。一方，場所目的語構文の移動物名詞は 324 種，466 件であった。ここでも 3 回以上生起数する名詞を表に載せている。

表 4-3.　移動物目的語構文の移動物名詞

移動物名詞（into, on, onto）	生起数
goods	11
人称代名詞（人）	7
coal, thing	6
aircraft, bag	5
pile	4
container, suitcase	3
生起数が 1, 2 の名詞を含めた合計	217

23　load down には抽象名詞もよく用いられる。*Oxford Phrasal Verbs Dictionary* はその場合の意味を "to give sb/sth too much work or too many responsibilities" と記述している。Boers (1996: 102) は He was loaded down with responsibilities. という例を挙げている。

146 | 第4章　場所格交替と評価的意味

表 4-4.　場所目的語構文の移動物名詞

移動物名詞（with）	生起数
explosive, food	8
bag	7
water, pound	6
ammunition, chain, equipment, supply	5
book, buckshot, container, furniture, honour	4
calorie, cargo, cheese, clothes, coal, fat, film, fish, incendiary, iron, meaning, medium, paint, parcel, responsibility, sack, scrap, stuff, tank, timber, ton, weight	3
生起数が 1, 2 の名詞を含めた合計	466

　移動物目的語構文によく現れる移動物名詞は，goods や coal のような貨物を表すものか，container や suitcase のような入れ物を表すものが多い。人間が移動物になることもあり，その場合は人を自動車などに乗せることを表す。人間を表す名詞はしばしばほかの移動物と並置されている。

(25) a. Goods were **loaded on to** Charterail road trailers [...]
　　　貨物はチャータレイル社のロードトレーラーに積み込まれた。

　　b. John had been **loading** coals **into** a wagon on the instructions of another driver [...]
　　　ジョンはほかのドライバーの指示で貨車に石炭を積んでいた。

　　c. Original plan was to **load** the aircraft **on** barges in the River Cart at Abbotsinch then float them to Greenock via the Clyde [...]
　　　当初の計画では，アボッツィンチのカート川で航空機を船に積み，クライド川を経由してグリーノックに運ぶ予定だった。

　　d. [...] he **loaded** her and her possessions **into** his car and took the wheel.
　　　彼は，彼女を持ち物ごと車に乗せて，ハンドルを握った。

先に見たように，ここでもやはり移動物目的語構文は運搬・輸送といった事態を表すのに用いられていることがわかる。
　場所目的語構文に目を向けると，移動物には単なる貨物というより，

4.3. 事例研究：load | 147

救援物資（e.g. food, supply, water）や犯罪に使われるもの（e.g. explosive, ammunition）が多く用いられていることがわかる（(26a) や (26b)）。これらの移動物は，人を助けたり，人に危害を与えたりといった目的を持って運ばれるものであり，望ましい事態か望ましくない事態かという話し手の評価が関与していると考えられる。(26c) の scrap は，それ自体は犯罪とは関係ないが，stolen という修飾語からこれも犯罪に関する例であることが確認できる。

(26) a. A lorry **loaded with** clothing, medical supplies, food and furniture left Clifford Street police station in Newcastle yesterday [...]
衣料品，医薬品，食料品，家具を積んだトラックが昨日ニューカッスルのクリフォード・ストリート警察署を出発した。

b. [...] suspicious security guards caught terrorists dumping a van **loaded with** explosives.
不審に思った警備員が，テロリストが爆発物を積んだバンを乗り捨てたところを捕まえた。

c. He'd tried to stop a truck which was **loaded with** stolen aluminium scrap worth just a hundred pounds.
この男性は，盗難アルミスクラップを積んだトラックを止めようとしました。盗難品はわずか 100 ポンド相当でした。

また，(27) のように buckshot, paint, film などの名詞も場所目的語構文の移動物としてよく用いられる。これらはそれぞれ shotgun, pen, camera のような専用の道具に対して用いられるものである。

(27) a. The local people naturally defend their crops, usually with totally inadequate weapons such as ancient shotguns **loaded with** buckshot.
地元の人々は当然農作物を（象から）守るのだが，持っているのは基本的に（象を撃つのには不向きな）バックショット弾を装填した古めかしい散弾銃といった，まったく不十分な武器である。

b. For the dark lines of bare tree branches Martin uses a pen **loaded with** paint.

148 | 第4章　場所格交替と評価的意味

　　　葉の落ちた木を暗い線で描くのに，マーティンは絵の具を含ませたペン（つけペン）を使う。

　c.　I had a camera with me, too, **loaded with** film that could take pictures in low light conditions.

　　　私はカメラも携帯しており，暗いところでも撮れるフィルムを入れていた。

同じタイプの用例として，… **load** the filters **with** other media … がある。この例における filters は水槽の濾過フィルターであり，media（medium の複数形）はそれに装着する濾材を表している。これらの表現は，Pinker（1989: 127）の以下の記述をもっともよく表している例であると言える（西村（2002: 303）も参照）。

　(28)　物を容器に入れて，その容器が機能を果たせるような状態にする： load, pack (what one does to suitcases), stock (what one does to shelves) ＝第2章（28）

(28) の記述の範囲を広げて「移動物（特に重量感のあるもの）をあるべき場所に移動させる」ものを含むようにするなら，(29) のような例も自然に捉えることができるだろう。

　(29) a.　Zen gazed up at the shelves **loaded with** rows of books as uniform as bricks.[24]

　　　ゼンはレンガのように変わり映えのしない本がずらりと並んでいる本棚を見上げた。

　b.　The words seemed to have been dragged up one by one from the depths of himself, like prisoners **loaded with** chains, and released to

---

24　Bolinger（1975: 76）は本棚は本を置くためのものだと説明する際に "a shelf is made to be loaded with books, not ordinarily with tablecloths" と述べており，ここでも load が用いられている。なお，Bolinger のこの記述は，以下の例の容認性の違いを説明するためのものである。

　（ⅰ）　Which shelves have been put books on?　　　　　　　　　（Bolinger 1975: 76）

　（ⅱ）　*Which shelves have been put tablecloths on?　　　　　　　（ibid.）

the world only with great reluctance.

その言葉は，彼の心の奥底から，まるでずっしりとした鎖につな
がれた囚人のように，順番に引きずり出され，非常に不本意なが
らこの世に解き放たれたようだった。

すでに（23）でも言及したが，場所目的語構文での移動物で興味深いのは，
抽象物（e.g. honour, responsibility）を表す名詞が用いられている点である。
このようなメタファー用法には以下のようなものがある。

(30) a. The King and Queen **loaded** him **with** wealth and honours but
Columbus wanted even more. = (23b)

　 b. If you **load** up your sentence **with** trifles before you've built it
properly, it will of course fall down.

文をきちんと練り上げる前に余分な修飾語句を詰め込んでしまえ
ば，当然，その文は崩壊してしまう。

　 c. Just **loading** the committee **with** responsibility for everything
inevitably means setting priorities with some subjects receiving less
attention than others. = (23c)

　 d. Preferring a neutral approach for such material [= the chronology of
René Magritte's career], Sylvester has not **loaded** the catalogue **with**
critical judgements.

このような年代順の記述に対して中立的なアプローチを好むシル
ヴェスターは，カタログに批評的な判断を載せていない。

第 4.2.4 節でメタファー用法であれば評価が入り込みやすいことを確認した
が，このような例は場所目的語構文と評価とのつながりを示すものである
と考えられる。実際，(30a)，(30b) の honours や trifles は明らかに評価を
含む語である。(30c)，(30d) のように「責任（を押しつける）」や「批判的
な判断」について言及する例でも，話し手の評価，あるいは事態の参与者
（Sylvester）の視点から見た評価が含まれると言ってよいだろう。

load の移動物目的語構文ではこのような抽象名詞を伴うメタファー用法

150 | 第4章 場所格交替と評価的意味

の例はあまり見られない。以下は BNC で見つかる数少ない例の1つである（負担を押しつけることを表す場合は，移動物目的語構文でも比較的言いやすいようである）。

(31) A spate of airline buyouts, which has touched every major US carrier during the last six months, has come in for growing criticism because of the heavy <u>debt</u> it **loads on** the <u>companies</u>.

この半年間で米国の主要航空会社にことごとく手が及んだ，一連の航空会社買収は，企業に重い負債を負わせるとして批判が高まっている。

この場合に場所目的語構文を使用すると the heavy debt it loads the companies with という表現になるが，英語話者は，そのように前置詞が最後に残る形（前置詞残留）は避けるべきである，と学校で教わる場合がある。(31) で移動物目的語構文が選ばれた要因として，そのような規範意識が働いた可能性を指摘できる（前置詞残留については，Huddleston and Pullum (2002: 第7章第4.1節) を参照）。

ここで抽象名詞と形容詞的受身の関係について見ておこう。これまで挙げた (26)，(27) などもそうであったが，場所目的語構文は形容詞的受身で用いられる例が多い。形容詞的受身は行為の結果状態を表すものであるので，このような例は移動物を移動させた結果として場所がどのような状態であるのかを描写していると言える。抽象名詞の場合に興味深いのは，形容詞的受身でしか表現できないものが存在する点である。

まず，能動文でも形容詞的受身文でも用例が見つかる場合を確認する。(30a) では honours が能動文で用いられていたが，以下のように形容詞的受身の例もある。

(32) <u>Kekulé</u> died in 1896, **loaded with** <u>honours</u>, and Richard Anschütz, his successor as professor of chemistry at the University of Bonn, undertook a comprehensive biography.

ケクレは1896年に栄誉に満ちた人生を閉じ，彼の後任としてボン大学の化学教授に就任したリヒャルト・アンシュッツがケクレの生

4.3. 事例研究：load | 151

涯を描く伝記の執筆にあたった。

(32) の場合は (30) と同様にメタファーとして考えることができるが，次のような例に関してはどうだろうか。

(33) a. 'You need to keep your eyes open in here.' His voice seemed **loaded with** meaning [...]
「ここでは油断は禁物だぜ」そう言う彼の声は意味深であった。

b. Some of that hurt must have crept into her voice, because Mandy gave her a look **loaded with** sympathy.
きっとその苦痛がいくらか彼女の声ににじみ出ていたのだろう，というのもマンディが同情に満ちた眼差しを向けたからだ。

c. Sean is really a very sweet guy and **loaded with** talent.
ショーンは本当にとてもやさしい奴だし，才能にあふれている。

d. 'We can't eat that, it's **loaded with** calories,' I said.
「私たちはそんなの食べられないよ，カロリーが詰まっているから」と私は言った。

これらは Laffut and Davidse (2002) や Laffut (2006: 第 7 章) が指摘する，先行する行為の動作主，あるいは行為そのものを想定することができないタイプの形容詞的受身であると言える (第 3.5.4 節)。その証拠に，これらの例では対応する能動文を用意することができない。実際に以下のような例を作り，母語話者に容認性を尋ねたところ，能動文の例は不自然であると判断された。

(34) a. *Mary loaded her voice with meaning.

b. Her voice was loaded with meaning.

(35) a. *Nature loaded John with talent.

b. John was loaded with talent.[25]

---

25 交替動詞ではないが，endow であれば (35) に相当する表現はどちらも可能である (形容詞的受身で使うほうが普通ではあるが)。

(i) Nature had endowed him with exceptional vitality [...] (BNC)

(ii) He was a good public speaker and organiser and endowed with extraordinary energy.
(ibid.)

152 | 第4章 場所格交替と評価的意味

(33) を単にメタファーとして扱うだけでは対応する能動文が成立しないという事実を十分に説明できないだろう。(33) のような表現が英語として自然に感じられる動機づけについては第5章で詳しく扱う。

　対応する能動文があるかどうかという点については異なるが、能動文と同じく形容詞的受身の場所目的語構文でも評価的意味が確認できる。(33c) は「才能にあふれている」ことを表しており、ここでは肯定的な評価がなされている。また、(33d) の「カロリーが詰まっている (から食べられない)」という例では否定的な評価が表現されていると考えられる。(33a), (33b) の例は肯定的／否定的といった分類はしづらいが、感情を伝える表現であることは確かであり、これもまた評価の表れの1つであると言える。今回は移動物と場所の両方の名詞を備えている例だけを検索対象に含めたが、BNC で with 句を伴わない例を探すと emotionally loaded のような例もある (emotionally loaded というフレーズは BNC で3例見つかる)。

(36)　Theories of maternal instinct and mother-child bonding are **emotionally loaded**, and constantly being reappraised; [...]
　　　母性本能と母子の絆についての考え方は主観が入り込むものなので、絶えず見直され続けている。

　(33) や (36) のような loaded (場所目的語構文の形容詞的受身) が評価を表す機能があることは、以下のように、まさに評価的意味を扱った論文自体にこの種の表現が用いられていることからも明らかだろう。

(37)　Words have a tendency to be **axiologically loaded** with 'good' or 'bad' connotations in proportion to the degree of the human factor associated with them.　　　　　　　　　　　　　　　　　　　（Krzeszowski 1990: 150）
　　　語は、その描写内容が人間に関わるものであればあるほど、「良い」または「悪い」という評価的なコノテーションを含む傾向がある。

(38)　During the writing of CCED [= *Collins COBUILD English Dictionary*], compilers noted more than double the number of **negatively loaded** words to **positively loaded** ones.   (Channell 2000: 55)

CCED の執筆過程で，編纂者たちは否定的評価を表す語の数は肯定的評価のものよりも 2 倍以上多いと述べている。

4.3.3.　load の場所目的語構文と意味的韻律

　以上，BNC の名詞の分布を中心に，2 つの構文を観察した。貨物の運搬について描写する場合は，移動物目的語構文，場所目的語構文ともに使用可能であり，基本的には事態を中立的に表現していると考えられる。したがって，移動物の位置変化，場所の状態変化のどちらに着目するかによって，移動物目的語構文，場所目的語構文が使い分けられるとする分析が当てはまる。

　移動物目的語構文は，貨物の運搬に関する例が大部分を占め，それ以外には人を乗り物で運ぶような場面で使われる例が一部見つかるにとどまる。それに対して，場所目的語構文は移動物目的語構文には見られないような幅広い使用範囲を持つ。運搬であっても，単なる貨物ではなく救援物資や犯罪に使う武器を運ぶ車などを表現することも多く，「望ましい」「危険だ」といった事態に対する評価を伴っていると考えてよいだろう。乗り物への積載ではなく人間への授与を表すケースもある。この場合，受領者への利益や被害が表現されていると言える。抽象名詞を伴う場合は，名誉や負担について表現することもあれば，話し手の感情や態度を示すこともある。loaded with supplies や [load [人] with responsibility], loaded with meaning など，それぞれのフレーズの意味的韻律は，肯定的なこともあれば否定的なこともあり，また感情表出的と呼ぶはうがよい場合もあるが，load の場所目的語構文という単位で見ると，評価を伝えるための言語デバイスとしての機能を見出すことができる。これまでの場所格交替の研究では，load hay onto the wagon/load the wagon with hay のように運搬に関する例ばかりを取り上げてきたので，load の場所目的語構文が持つ評価的意味は見過ごされてきたが，話し手がどのようなときに場所目的語構文を選択するのかを明らかにする上で，評価的意味は非常に重要な側面である。

154 | 第4章 場所格交替と評価的意味

例文 (27) では a shotgun loaded with buckshot や the shelves loaded with rows of books などの表現が用いられていたが，これらは肯定的／否定的な評価や感情表出の例だとは言えないだろう。しかし，これらの表現に共通する「移動物をあるべき場所に移動させる」という意味は，英語で言えば "where it should be" や "where the speaker wants it to be" とでも言えるようなものであり，この点でモダリティとのつながりが見出せ，広い意味での評価の射程に入ると言える[26]。ただし，現時点ではこのように述べるにとどめ，この種の表現の位置づけは今後改めて考えていきたい。

本節では load の場所目的語構文が意味的韻律を伴うことを述べてきたが，ほかの場所格交替動詞でも同様の傾向があるだろうか。次は smear を取り上げ，この点を検証する。

4.4. 事例研究：smear

smear は，Hall (1965) 以降，場所格交替の議論でたびたび取り上げられてきた動詞だが，言語学の論文の中では場所格交替の例でしか見かけない動詞である。その際も，交替可能ということが述べられる程度であり，その使用実態は明らかになっていない。以下，*Longman Dictionary of Contemporary English* (LDOCE) の記述を確認した上で，smear の2つの構文がどのように使い分けられているかを BNC で調べ，意味的韻律の観点から分析する。

4.4.1. LDOCE の記述

LDOCE は smear の意味を以下のように記載している。

(39) a.　[SPREAD] to spread a liquid or soft substance over a surface,

---

26　"where it should be" や "where the speaker wants it to be" という記述は Taylor (2003b: 40) が put の意味を説明する際に使用した表現である。Taylor は，put で表されるのが単なる移動ではなく，あるべき場所への移動であると説明している。この点は move と比較するとわかりやすい。Move your toys away! であればおもちゃをどこか別の場所に移動させるように言っているだけなのに対して，Put your toys away! はおもちゃをあるべき場所（クローゼットなど）にしまうように求める表現だと Taylor は述べている。

especially in a careless or untidy way

b. [TELL LIES] to tell an untrue story about someone important in order to make people lose respect for them – used especially in newspapers

c. [DIRTY] to put dirty or oily marks on something

d. [INK/PAINT] if writing, a picture, or paint smears or is smeared, the ink or paint is accidentally touched and spread across the surface

下線部からもわかるように，smear は単に移動物を塗り付けるだけでなく，それによって場所を「汚す」という意味合いを伴うことが多い。(39b) の「人の評判を落とす」という用法は，「汚す」という意味のメタファー的拡張だと考えられる。このように，smear には「汚す」という否定的評価が関わっていると言えるが，LDOCE には評価的意味と構文との関係までは書かれていない。

4.4.2. 2 つの構文の比較

　以下，BNC を利用して移動物，場所に用いられる名詞を調査する。用例の取得方法は基本的に load の場合と同じである。ただし，smear の場所名詞には，rubber surface のような物体＋部位の表現がしばしば用いられており，このようなケースでは物体と部位の名詞をそれぞれカウントした。また，smear の場合，科学のレジスターの用例が多くなかったため，そのような例は除外せずに集計している。移動物目的語構文の前置詞として選んだのは on と onto である（on to のように 2 語になっているものを含む）。得られた例文数は，移動物目的語構文が 42 件，場所目的語構文が 74 件である。今回は，名詞の表を先に示す。load の場合よりもカウントした名詞の数が少なかったので，得られた名詞をすべて表に掲載している。

156 | 第4章　場所格交替と評価的意味

表4-5.　smear の移動物目的語構文に現れる場所名詞

場所名詞 (on, onto)	生起数
wall, slide	4
cheek	3
body, face, ground, skin, thread	2
arrow, ball, barrier, bedclothes, bedpost, biscuit, bit, blade, bruise, cap, centre, cigarette, cut, dagger, dart, doorpost, doorstep, existence, eyelid, flower, glass, home, lint, lip, napkin, paper, piston, rubber, shirt, shoe, sleeve, sole, stick, strip, surface, tip, wheel, windscreen, wound	1
合計	60

表4-6.　smear の移動物目的語構文に現れる移動物名詞

移動物名詞 (on, onto)	生起数
ointment	4
blood, petroleum jelly, poison, secretion, Vaseline	2
cell, colour, compound, cream, essence, eye, faeces, fat, fingerprint, greasepaint, jam, lip, lubricant, milk, mud, mud-mask, neutrophil, nucleus, pollen, portion, rouge, salve, sample, sap, scent, snuff, something, trail, treacle, water, what, whatever	1
合計	46

表4-7.　smear の場所目的語構文に現れる場所名詞

場所名詞 (with)	生起数
face	11
hand	8
body	4
cloth, plate, trousers, wall, 人称代名詞 (人)	2
abdomen, Anglo-Saxon, anything, assortment, back, bank, bill, blade, bread, ceiling, character, cheek, chicken, claw, clothes, desert, diaphragm, end, everything, eye, finger, fingertip, fish, floor, garment, groove, hair, hunk, jaw, keyboard, label, leather, leg, lobster, mouth, nut, organisation, passer-by, people, pipe, plain, potato, rim, room, servant, shape, skirt, slab, slide, sock, soil, spanner, surface, terminal, toast, tooth, underclothes, uniform, vest, victim, wool	1
合計	94

4.4. 事例研究：smear | 157

表 4-8. smear の場所目的語構文に現れる移動物名詞

移動物名詞（with）	生起数
blood	9
cream, grease, mud, oil	4
Vaseline	3
butter, dust, edenwort, excrement, gel, gravy, honey, sauce, soap, sweat	2
activity, ash, brain matter, cement, chicken, chocolate, chutney, colour, compound, crime, drink, drop, food, fragment, grime, insinuation, juice, line, lubricant, mixture, okra, oxide, paint, petroleum jelly, phosphorus, rumour, scent, shit, slime, something, soot, souvenir, spermicide, spittle, spread, streak, suggestion, tar, turpentine, violence, wax, what, worse	1
合計	91

　まず移動物目的語構文と場所目的語構文で同じような事態を表しているものを見てみよう。以下の例では道具を使いやすくするためにワセリン（petroleum jelly と Vaseline はともにワセリンを指す）を塗ることが表現されている。

(40)　When using a plunger, ensure that it seals well on to the surface (**smearing** <u>petroleum jelly</u> **on to** the <u>rubber surface</u> helps) and that you don't simply pump the water up the overflow pipe and back into the sink – hold a wet cloth tightly over the overflow while using one.
　　　トイレ用吸水カップを使用する際は，カップの密閉性を高める（ゴム面にワセリンを塗ると効果的）とともに，オーバーフロー管からシンクに水を逆流させないよう，オーバーフロー管に濡れ布巾を当てるようにする。

(41)　Opening trick: stop nail polish bottle tops from sticking by **smearing** the <u>grooves</u> with some <u>Vaseline</u>.
　　　開栓のコツ：マニキュアのボトルの蓋にある溝にワセリンを塗っておくと，蓋が固まってしまうのを防げます。

　しかし，全体的な傾向としては，上記のように両構文で類似した例は少ない。移動物目的語構文には以下のような例が多く見られる。

158 | 第 4 章 場所格交替と評価的意味

(42) a. He **smears** ointment **on** a strip of lint and lays the dressing gently
across my wound.
彼はガーゼに軟膏を塗って，私の傷口にそっと当てた。

b. She **smeared** after-sun milk **on** her satin brown skin before joining
Steve at the table with her drink.
彼女はアフターサンミルクをよく日に焼けた肌に塗り，飲み物を
持って，スティーブのいるテーブルに自分もついた。

c. Mesenchyme cells were dissociated and **smeared on** microscope
slides [...]
間葉系細胞は解離し，顕微鏡用スライドに塗抹した。

d. The Indians collect it in pots and **smear** it [= the poison] **on** the tips
of their arrows and blow-pipe darts.[27]
アメリカ先住民たちは毒を壺に溜め，弓矢や吹き矢の先端に塗り
付ける。

移動物目的語構文で目立つのは，ointment をはじめとする傷の治療や美容
のための薬品（e.g. (after-sun) milk, mud-mask, salve）が移動物として用いら
れている点である。これらは皮膚や布の表面（e.g. bruise, cut, face, lint, skin,
wound）に塗られている。また，生物の核（e.g. cell, neutrophil, nucleus）をス
ライドガラス（slide）に塗り付けるという例も見つかる。これらの例におけ
る塗り付けは，LDOCE で見られたような汚すという意味合いはない。これ
は（42d）のように毒（poison）が移動物として用いられる場合にも当てはま
る。塗り付ける場所は武器（arrow, dart）の先端（tip）であり，この場合の毒
は汚れとして見なされてはいない。

これとは対照的に，場所目的語構文における名詞の分布は，場所が移動物
によって汚れるという LDOCE の記述に沿うものとなっている。

(43) a. He smoked constantly and his clothes were always **smeared with**
cigarette ash.

27　この例ではアメリカ先住民を指すのに Indian という表現が用いられているが，現在で
は Native American と呼ぶのが普通。

4.4. 事例研究：smear | 159

　　　彼は常にタバコを吸っていて，服はいつもタバコの灰で汚れていた。

　b.　"Look at your hands!" commanded Mr Broadhurst. I looked at them, they [= my hands] were **smeared with** blood and worse.
　　　「手を見てみなさい！」とブロードハースト氏は言った。見てみると，手は血まみれで，もっとひどいものも付いていた。

　c.　The mirror showed that his face was **smeared with** mud, and it had stuck in his beard also.
　　　鏡に映った彼の顔は泥だらけで，ひげにも泥がこびりついていた。

　d.　All his underclothes, his sports socks, his trousers and vests were **smeared with** shit.
　　　彼の下着，スポーツソックス，ズボン，ベストはすべて大便で汚れていた。

　e.　VDUs lie smashed, with their electronic entrails ravaged, keyboards are **smeared with** something sticky, [...]
　　　ディスプレイは粉砕されていて，内部の電子機器はボロボロになり，キーボードはベトベトしたもので汚れている。

　移動物には潜在的に汚れを表す名詞（e.g. ash, blood, dust, mud, shit, sweat）が用いられ，これらが付着する場所は身体（e.g. body, face, hair, hand）や衣服（e.g. clothes, sock, trousers, uniform, vest）である。something のような語が使われていた場合でも sticky といった形容詞で修飾されており，やはり不快なものを描写するのに用いられている。

　以上から，smear は生起する構文によって「汚す」という意味が表れるかどうかが異なることがわかる。smear の移動物目的語構文は何か目的を持って塗り付けることを表すのに対して，場所目的語構文は汚れ，不快なものの付着を表すと考えられる[28]。移動物目的語構文は，(42a)のように薬を塗るこ

28　LDOCE は汚すという意味と構文の関係について説明していないが，挙げられている例文はここで示した傾向に沿うものであった。

　（ⅰ）　Elaine smeared suntan lotion on her shoulders.　　　　　　　　　（LDOCE）

　（ⅱ）　His face was smeared with mud.　　　　　　　　　　　　　　　　（ibid.）

160 | 第4章 場所格交替と評価的意味

とを表す例であれば，望ましい事態であると考えられるが，多くの場合は中立的に事態を描写するのに用いられる。一方で，場所目的語構文は否定的評価を伴うことが多い。この違いは以下のような例についても当てはまる。(44) は移動物目的語構文で blood が用いられている。場所目的語構文で blood が用いられる場合，blood は汚れとして見なせるものとして描写されていたが，(44) は目印になるようあえて血を塗るという行為を表している[29]。

(44) On the night of their escape, Moses had commanded the Jews to sacrifice a lamb and **smear** the <u>blood</u> **on** the <u>doorposts</u> of their <u>homes</u> as a sign that they were to be 'passed over' by the Angel of Death, who was to bring death to the first born of every Egyptian family.
　エジプトから脱出を図る夜，モーセは，ユダヤ人に子羊を生け贄として捧げ，その血を家の戸口の柱に塗り付けるように命じた。それは死の使いがユダヤ人の家を「過ぎ越す」ためのしるしであり，(血が塗られていなかった) エジプト人の家では長子の命が奪われることになった。

一方，Vaseline のように通常は有用な目的で塗られるものも，場所目的語構文で用いられた場合は，望ましいとは言えないものとして描写されることがある。(45) は人の顔について説明するものだが，ここでは不快とは言わないまでも好ましい状態が表現されているわけではない。

(45) His shiny brown shoes had fine cracks in them, like an old oil painting, and the expanse of leg showing above the left sock was pale and hairless. The man's face was a glistening red, as though he had **smeared** it [= his <u>face</u>] **with** <u>Vaseline</u>.
　彼の光沢のある茶色の靴には，古い油絵のように細かいひび割れが

29　この例は，出エジプトのエピソードを説明した箇所である。死の使いが子羊の血が塗られた家を通り過ぎたことで，ユダヤ人は無事であったとされる。このようにして助かったことを祝うユダヤ教の祭りは Passover (過ぎ越しの祭り) と呼ばれている。

あり，左の靴下の上に見える脚の肌は青白く，毛がない。その男の顔はまるでワセリンを塗りたくったかのように赤く光っていた。

ここで load の場合と比較してみよう。load の場所目的語構文では，肯定的評価を表す例も否定的評価を表す例もどちらも存在したが，smear の場所目的語構文はもっぱら否定的評価を表す例に偏っている。このことは，場所目的語構文に評価を伝える機能があるという見解を支持する一方で，その評価は場所格交替動詞によって異なる点に注意すべきであることを示している。動詞単体だけのスキーマ，場所目的語構文といった抽象度の高い構文スキーマに着目するだけでは言語事実を適切に捉えることができず，smeared with blood のような慣習的表現を見て，下位レベルの構文を丹念に確認する必要がある。smear の場所目的語構文で否定的な評価に偏っている理由については，現段階では十分な分析ができていないが，移動物が（半）液体であることが一因になっている可能性はあるだろう。流動物は位置を一定にしておくのが難しく，動作主の意図しない場所に付着させてしまうことも少なくない。このような性質が，smear の場所目的語構文が汚れを表しやすいことと関係しているのかもしれない。

次に，load の場所目的語構文を観察したときと同じく，smear のメタファー用法と形容詞的受身についても見てみよう。smear の場所目的語構文では，以下のような抽象名詞（e.g. crime, violence, rumour, suggestion, insinuation）が用いられることがある。これは LDOCE の記述で確認したメタファー用法であり，人や組織（e.g. organisation, people）などの評判に傷がつけられている（この種の smear の用法は，smear campaign（中傷合戦）という表現にも生かされている）。先に orchestrate や erupt のメタファー用法がニュース記事というレジスターで見られることを確認したが，smear のメタファーもまたニュース記事で用いられることは興味深い。

(46) At all times, the BBC and official propaganda has been industrious at **smearing** them [= the <u>organisations</u>] **with** <u>crime</u> and <u>violence</u>.
これまでずっと，BBC や当局は，その組織が犯罪や暴力を行っているというプロパガンダを躍起になって広めてきた。

162 | 第 4 章　場所格交替と評価的意味

(47)　They [= the police] also knew that the arrested men were respectable and law-abiding and they were highly indignant when they heard that an official spokesman had **smeared** them [= the arrested men] **with** the suggestion of criminal activities.

警察はまた，逮捕された男性たちが真っ当で，法律を遵守していることも認識しており，（軍の）広報が男性たちに犯罪行為の嫌疑をかけたと聞いて強い憤りを覚えた。

smear のメタファー用法は移動物目的語構文では見られなかった。load の場合も移動物目的語構文がメタファーとして用いられるのはまれである。これに関連する指摘が Levin and Rappaport Hovav（1991: 143）にある。Levin and Rappaport Hovav は除去を表す場所格交替（第 1.4 節で見た他動詞型 B）の clear の例を挙げて，移動物が抽象名詞（e.g. guilt）の場合は交替に制限があり，場所目的語構文のみが使用可能であると指摘している[30]。同じような現象は自動詞型の場所格交替にも見られる（岸本 2001a: 114）。(49) は buzz の例に移動物として excitement が用いられているが，この場合，移動物主語構文は容認されない一方，場所主語構文は問題なく許容されうる。同様の傾向が他動詞型の場所格交替にも当てはまるのではないかと思われる[31]。

(48) a.　The judge cleared the accused of guilt.

　　 b.　*The judge cleared guilt from the accused.

（Levin and Rappaport Hovav 1991: 143）

30　この例については Iwata（2008: 第 9.2.3 節）にも分析がある。メタファーに関して，似たような現象が与格交替においても見つかる。与格交替でも，移動物が目的語に現れる構文ではメタファーが成立しにくい。Levin and Rappaport Hovav（1991: 142）は give someone a headache/*give a headache to someone という例を挙げている。与格交替とメタファーの関係については池上（1980–1981: 564），Ikegami（1985: 286），Goldberg（1995: 第 3.4.2 節，第 6 章）も参照。

31　以下の例のように，交替動詞の移動物目的語構文であってもメタファー用法が見つかるものもあるので，絶対的な制約ではない。

　　（i）　The attempt to **cram** sufficient experience of a five year span **into** a term of ten weeks brought with it superficiality and rush, leaving a guilty residue of feeling that not enough had been done thoroughly enough.　　　　　　（BNC）

(49) a. *Excitement buzzed in the garden.

b. The garden buzzed with excitement. （岸本 2001a: 114）

以上のことが smear の場所格交替にも当てはまるのか確認するため，以下の例文（作例）の自然さをインフォーマントに尋ねたところ，抽象名詞が用いられる場合は場所目的語構文しか容認できないという判断であった。

(50) a. *They smeared untrue rumors on the party leadership.

b. They smeared the party leadership with untrue rumors.

(51) a. *They smeared false accusations on their political opponents.

b. They smeared their political opponents with false accusations.

しかし，例文（52）を作り，「称賛することで人の評判を高める」という意味で用いることができるかどうか尋ねた結果，たとえ場所目的語構文でも容認されないことがわかった。

(52) a. *He smeared high praise on Mary.

b. *He smeared Mary with high praise.

このことから，smear におけるメタファー用法は否定的な評価を表現する際にのみ用いられることがわかる[32]。

smear の形容詞的受身はどのように使われているだろうか。smeared with

---

32 praise という名詞を使っていても，それが望ましくないものとして表現されている場合は，smear の場所目的語構文の実例が見つかった（新型コロナウイルスのワクチンを製造したモデルナ社についての記事で，バンセル氏はモデルナの CEO）。下線部は [damn [人] with faint praise]（気のない褒め方をしてかえって非難する）という慣習的表現からの類推なのではないかと思われる。

（ i ） Afeyan, the Moderna board chairman, fiercely defends Bancel. He told CNN the characterizations of Bancel as a gifted fundraiser are misplaced and even "derogatory," saying it's a way for detractors to smear him with faint praise.
（https://edition.cnn.com/2020/05/01/us/coronavirus-moderna-vaccine-invs/index.html）
モデルナのアフェヤン会長はバンセル氏を力強く擁護している。彼は CNN に対し，バンセルを天才的な資金調達力があるなどと評価するのは的外れで，「軽蔑的」でさえあると言い，そんなのは彼に批判的な者が遠回しにけなしているだけだと苦言を呈した。

blood などの例で見たように，smear の場所目的語構文も形容詞的受身が多い。これらは，知らぬ間に身体や服が汚れていたことを表す例であり，誰かが血や泥を塗った結果ではない。その意味で，やはり Laffut and Davidse (2002)，Laffut (2006: 第 7 章) が挙げた，先行する行為が想定できない形容詞的受身だと言える。この点に関しては，load の場合と似ている。一方，smear の形容詞的受身の場合，抽象名詞が用いられる例は多くないようで，今回の調査では見つからなかった。形容詞的受身の loaded と smeared の違いについては，第 5 章でも取り上げることとする。

4.4.3. (all) over を用いた移動物目的語構文

前節で見た smear の移動物目的語構文は，on と onto を伴う例であったが，実際にはそれ以外の前置詞（e.g. across, along, between）が用いられることもある。on 以外の前置詞で用例が比較的多く見つかるのが over である。本節では，over を用いる移動物目的語構文に触れることにする。

まず，場所格交替で over が用いられる例について触れた Salkoff の指摘を紹介する。自動詞型の場所格交替を扱った Salkoff (1983) は，移動物主語構文で前置詞 over が用いられると，部分的解釈と全体的解釈の対立がなくなると述べている。以下の例では，どちらも木全体にアリが群がっていることを意味している。

(53) a.　Bugs swarmed over the tree.

　　 b.　The tree swarmed with bugs. 　　　　　（Salkoff 1983: 322, 注 15）

同様に，over を用いた移動物目的語構文と場所目的語構文の振る舞いに共通点が見られるのではないかと思われる。

以上の点も踏まえながら，[smear NP over NP] を観察することにする。前節と同様の手法で，over を含む移動物目的語構文を BNC から抽出すると，以下のような例を得ることができた。

(54) a.　**Smear** flux lightly **over** the ends of the pipe and the inside of the fitting.

4.4. 事例研究：smear | 165

媒溶剤をパイプの両端と部品の内側に軽く塗る。

b. Besides the crash damage, the thieves had also **smeared** tomato sauce
over the front seats and dashboard.

車に衝突による損傷を与えただけでなく，窃盗団はフロントシー
トとダッシュボードにトマトソースを塗りたくっていた。

c. The dried blood from my nose was **smeared all over** the front of my
mouth and it cracked when I tried to move my lips.

鼻から垂れた血が乾燥して口元にべったりと付いていて，唇を動
かそうとするとひび割れした。

(54a) のような例は on や onto を用いた移動物目的語構文の例に近いが，
(54b) や (54c) では，場所目的語構文の場合と同じように汚れの付着を表し
ているように思われる。(54c) は鼻から垂れた血が付着したことを表す形容
詞的受身の例であり，塗り付けを行った結果ではないという点で，(43b) に
あった smeared with blood の表現に近い。

(54c) では over が all を伴っているが，このような all over の用法につい
ては Queller (2001) の記述が参考になる (Taylor (2006, 2012: 第 11 章) も参
照)。Queller は，all over には望ましくないものが広がっていることを表す
用法があると指摘している。たとえば，テーブルクロスが血痕だらけになっ
ている場合は，(55) のように言うことがある。

(55) This tablecloth has got bloodstains all over it. (Queller 2001: 58)

Queller はこのような all over の意味を「無秩序な拡散」(chaotic dispersal) と
名づけた。興味深いことに，(55) が用いられるのはテーブルクロス全体が
血まみれになっているような場合とは限らず，全体の 4 分の 1 程度に血痕
の斑点が付いているような場合でもよいと Queller は述べている。つまり，
all over という表現が用いられるのは，場所全体に何かが付着するという側
面よりも，それが望ましくないものであるという側面のほうが重要となる
場合があると言える。本書ですでに何度か触れてきたように，spray the wall
with paint のような場所目的語構文では壁全体がペンキで覆われると解釈

166 | 第 4 章　場所格交替と評価的意味

されるのが普通であるが，Pinker の挙げた (1) The vandal sprayed the statue
with paint. のように，ペンキの付着が汚れであると認識されるような例もあ
る。前節と比べると簡易的な調査ではあるが，[smear NP (all) over NP] は，
移動物目的語構文でありながら，場所目的語構文と同じように汚れを表す例
があるという意味で，両構文の中間的な位置にあり，all over の形を取る場
合には，汚れを表す傾向がより顕著になると言える。

　なお，Queller (2001: 57–58) は無秩序な拡散を表す all over と共起しやす
い動詞として (56) を挙げ，*Cambridge International Dictionary of English* の
spill の項目から (57) の例を引用している。

(56)　daub, dump, pour, scatter, smear, spatter, spill, splash, splatter, spray,
　　　sprinkle, swarm
(57)　He dropped a bag of sugar and it spilt all over the floor.

Queller は場所格交替については言及していないが，(56) の大部分が交替を
起こす動詞であることから，(54) で見たのと同じような用例がほかの動詞
でも見られることが予想される。

4.5.　全体的解釈・状態変化・評価

　load と smear の事例研究を通して，全体的解釈，状態変化，評価の関係に
ついて考えてみたい。場所の変化としてわかりやすいのは，全体的解釈の場
合である。smear the wall with paint や load the truck with hay と聞いて思い浮
かぶ典型的な状況では，場所全体が覆われたり満たされたりして初めて有
意義な変化が起こったと認識されることが多い (Pinker 1989: 78; 坪井・西村
1991: 27)。壁全面にペンキを塗れば壁の色が変わったと感じられるし，ト
ラックが荷物でいっぱいになれば，運搬の準備ができたと感じられる（壁に
塗り残しがある場合や，トラックにあまり荷物が載っていない場合は，壁や
トラックの変化として捉えにくい。Pinker (1989: 235, 2007: 49) も参照）。し
たがって，塗りつけや積載を表す場所目的語構文のプロトタイプ的事例にお
いては，全体的解釈という特徴づけが有効であると考えられる。

一方，必ずしも場所全体が覆われたり満たされたりしなくても，状態が変化したと捉えられるケースもある。(1) The vandal sprayed the statue with paint. は，たった一滴のペンキが付着しただけでも美的価値が変わったと言える例である。対象物への評価が変わることは，対象物の状態変化として捉えられやすい。場所目的語構文で表現される事態は授与（load [人] with honours）であったり，汚れの付着（smeared with blood）であったりと様々であるが，評価という観点から捉えることも重要であると言える。

評価と状態変化が密接につながっているというのは，場所目的語構文にしか現れない動詞の中に，評価を意味の中心に持つものがあることからも確認できる。Pinker (1989: 127) は，そのような動詞として adorn, burden, embellish, endow, garnish, imbue, pollute, stain などを挙げている。このうち，たとえば，imbue や burden と load，stain と smear は酷似した用法を持つ（以下は BNC の例）。

(58) a. Dexter's <u>voice</u> was **imbued with** a <u>seriousness</u> that was unusual to Blanche.
デクスターの声には真剣さがこもっており，それはブランチにとっては意外なことだった。

    b. At only 11 <u>he</u> was **burdened with** the <u>responsibility</u> of helping his mother cope while trying to support his younger brother.
わずか 11 歳にして，彼は弟の世話をしながら母親を助けなければならないという重責を担っていた。

(59) By the time he had pulled the corpse out into the street, Valenzuela's <u>clothes</u> were **stained with** <u>blood</u>.
死体を路上に引きずり出したときには，バレンズエラの服は血で汚れていた。

第 3.5.1 節（課題 1）で「なぜ移動物目的語構文を基本とする研究が多かったのか」という問いを出した。これまでの研究で場所目的語構文が評価的意味を伴いやすいという指摘はなされてこなかったが，研究者，特に英語を母語とする研究者たちの分析が場所目的語構文の評価的側面に無自覚のうちに

168 | 第4章 場所格交替と評価的意味

影響を受けていたために，場所目的語構文のほうが特異であると判断されていた可能性はあるだろう。移動物目的語構文に比べ，場所目的語構文にメタファー用法が多いという特徴も，場所目的語構文のほうが特殊に見える一因になっているかもしれない。このような背景があったとすれば，中立的に事態を描写すること，物理的な移動を描写することが多い移動物目的語構文を基本と見なす研究者が多かったことにも納得がいくように思われる。

4.6. 評価（評価的意味）の位置づけ

4.6.1. 文法研究，意味研究と評価

　ここで，評価（評価的意味）が文法研究，意味研究でどのように扱われてきたかを簡単に確認する。第4.2.1節で見たように，Thompson and Hunston（2000）は，描写対象のモノや命題または事態に対する話し手・書き手の態度・姿勢・視点・感情を表すカバータームとして「評価」を位置づけている。このように捉えた上で，Thompson and Hunston は，命題・事態に対する評価とモノに対する評価を便宜的に分けて，これまでの研究動向に簡潔に触れている（表4-9は Thompson and Hunston（2000）をもとに作成）。

表4-9. 評価を扱った研究の大まかな分類

評価対象	これまでに研究されてきた内容	主な研究分野
命題・事態	モダリティ	文法
モノ	感情，好ましさ	語彙

　命題・事態に対する評価は，主にモダリティの観点から研究されてきた。英語の場合，法助動詞や法副詞（e.g. may, possibly）といったモダリティを表すための文法カテゴリーが存在することもあり，モダリティは言語システムの一部として認識されるとともに文法研究の分野で積極的に研究されている。命題・事態に対しても好ましさなどの評価が表明されることがあるものの，現在でも十分に研究されてはいないと言える。

　モノに対する評価は，感情や好ましさといった観点から言及されること

がある。モノに対する評価は，名詞や形容詞（e.g. genius, beautiful）によって表現されることがあるが，必ずしも特定の文法カテゴリーによって表現されるわけではないこともあり，体系的な研究はなされていない。感情や好ましさといった側面は，意味論ではコノテーション的な意味（connotative meaning）や感情的意味（affective meaning）といった項目で扱われることもある。ただし，これらは指示的意味に比べて付随的で不安定な要素であると認識されるか，周辺的な問題だと考えられることが多かった（e.g. Leech 1981: 第 2 章）。

　モダリティを除けば，文法，意味どちらの分野でも現状では評価を中心に扱った研究は十分にはなされておらず，今後は表 4-9 のような枠を超えて評価の研究が進展することが望まれる。また，すでに触れたように，モダリティと感情などの評価は交差することがあり，この両方に注意を向けた観察も必要である（Thompson and Hunston 2000: 25）。

4.6.2.　談話研究と評価

　評価は意味論よりも談話の研究において取り上げられてきた。談話研究で扱われるのは，実際の言語使用であり，コミュニケーション上の目的を持って産出された実際の言語表現である（Brown and Yule 1983: 1）。作例をもとにした文法・意味の研究では，分析対象となる語彙項目や文法項目を調べる上で不要な要素を含まないよう，できるだけ単純な例が用いられる。そのような例では，評価を表すような表現は取り除かれていることが多い。一方，談話には様々な形で評価が反映される。

　談話研究の中でも評価について本格的に取り上げた初期のものとして，Labov and Waletzky (1967)，Labov (1972) といった，体験談を語るナラティブの研究を挙げることができる。Labov らによると，ナラティブには要旨，導入，展開，評価，解決，終結といった構造があり，このうち評価のセクションは体験内容を話し手がどのように評価しているのかに特化したセクションである。Labov (1972) は，評価はナラティブ全体を通して表現されること，評価を担いやすい言語デバイス（e.g. 表現の反復，否定表現，命令文）があることを指摘した。評価が談話内の構造や文法・語彙といった観点

170 │ 第 4 章　場所格交替と評価的意味

からアプローチできることを示したのは，Labov らの大きな貢献である。意味的韻律の研究を推進してきた Stubbs や Sinclair は，談話の分析も行っているが（Stubbs 1983; Sinclair 2004: 第 2 部），そこでは Labov らの研究が引用されている。Labov らの研究はその後の意味的韻律の研究に引き継がれていったと考えられるだろう。

4.6.3.　意味的韻律と談話

　Labov らの研究において注目すべきことは，談話においては，評価的意味は指示的意味よりも重要になることがあるということである。話し手は，指示的意味（何が起こったのか）だけでなく評価的意味（話し手がどう感じたのか）についても理解してほしい，そしてその評価に同意・共感してほしいと感じる。それが，話し手がナラティブを語る動機である。評価はナラティブにおけるもっとも重要な要素であり，なぜナラティブが語られたのかという，ナラティブの意義（raison d'être）を示すものであると言える（Labov 1972: 366）。

　意味的韻律についてもこの点から考える必要がある。たとえば，第 4.2.2 節で，（move ではなく）budge が選ばれるのは話し手がフラストレーションを伝えたいからであるとする Sinclair の分析を紹介した。意味的韻律は，話し手がある表現を選ぶ――同じような意味の表現はほかにもあったにもかかわらず，その表現を選ぶ――強力な動機づけとなる（Stubbs 2001: 65, 92; Sinclair 2004: 34, 144, 174）。そして，意味的韻律は問題の語句だけでなく，その前後に渡って幅広く行き渡り，談話における表現間のつながり，つまり結束構造（cohesion）を保つ上で重要な役割を果たしている（Stubbs 2001: 第 5 章; Sinclair 2004: 141）。Stubbs（2001: 66）が semantic prosody ではなく discourse prosody（談話的韻律）という用語を採用する（第 4.1 節を参照）理由の 1 つは，このような側面を重視するからである。

　load の場所目的語構文でこのことを確認しよう。以下は fat-free（脂肪分ゼロ）の食品についての文章である。

　(60)　Fat-free foods *aren't much better*. They may be fat-free, *but* these <u>foods</u>

4.6. 評価（評価的意味）の位置づけ | 171

are commonly **loaded with** sugar. In fact, sugar, corn syrup and fructose are usually three of the first five ingredients on any box label of fat free sweet snacks. It's well known that *too much* sugar can *wreak havoc* on blood sugar level, especially for diabetics or hypoglycemics, an ever-growing segment of Americans. *Over-consumption* of sugary treats also triggers the production of insulin – your body's signal to make fat! Fat-free *but* **loaded with** sugar, is a *poor* choice for a dieter and for general health!

（Linda Page, *Linda Page's Healthy Healing: A Guide to Self-Healing for Everyone*）

無脂肪食品も（脂肪代替食品と比べて）大差ありません。無脂肪といっても，これらの食品は糖分をたっぷり含んでいます。実際，砂糖やコーンシロップ，果糖は無脂肪スナック菓子の食品表示欄の常連で，最初に目にする５つの原材料のうちの３つを占めているのです。糖分の摂りすぎが血糖値に悪影響を与えることはよく知られていて，アメリカでも増加の一途をたどっている糖尿病患者や低血糖症患者にとっては特に問題となります。甘いお菓子の過剰摂取はインスリンの分泌を誘発します――つまり，脂肪を付けるという信号が体内に送られているのです。無脂肪でも糖分がたっぷり入った食品は，ダイエットはもちろん普段の健康のためにもおすすめできません。

脂肪分ゼロの食品は良いもののように思えるが，実は糖分が多いという問題点があると書かれている。sugar 自体は必ずしも体に悪いものではないが，ここでの loaded with sugar は，but に続いていることからも判断できるように，否定的評価を示す表現であると言える（仮に中立的に表現するなら，The foods contain sugar. のような表現も可能であったはずである）。loaded with sugar が中立的な表現ではなく，糖分過多という問題を表す表現として用いられているのは，その後の too much sugar や over-consumption of sugary treats などで内容を表現し直していることからも判断できる。そして，

172 | 第4章 場所格交替と評価的意味

否定的な評価は，aren't much better, wreak havoc, poor などの表現で繰り返し示されている[33]。このようにして談話の結束構造が保たれるとともに，談話という単位でメッセージが紡がれる。Louw (1993: 172) の "in many cases semantic prosodies 'hunt in packs' and potentiate and bolster one another"「多くの場合，意味的韻律は「群れを成して獲物を狙い」，互いにその力を高め合うのである」という指摘がまさに当てはまる例である。

4.6.4. 認知言語学と評価

　第 4.5 節で状態変化という捉え方と評価の関係を見た。捉え方と評価が地続きであるなら，評価の研究は認知言語学の射程に入る。大堀 (2004) は次のように述べる。

(61)　これまでの認知言語学が語の意味や文の意味に題材を取りながら明らかにしてきたことは，人間にとって重要なのは，客観的な事実だけでなく，経験をどう捉えるかという面も含まれるということだった。意味とは，既に決定されてあるというより，話し手が見出し，作り出すものなのである。語るという相互作用の根本には，出来事を経験した自分と，それを回想する自分との内なる対話がある。順当な評価にせよ，あるいは過大評価や過小評価にせよ，いま―ここの自分が評価するということは，自分の世界観の中に一つの経験を位置づけ，同時に意味づけることに成功したということである。

（大堀 2004: 275）

認知・機能的な観点から言語研究を進める Du Bois (2007) は会話参与者による評価の表明や交渉を分析しており，認知言語学の枠組みで評価に取り組む研究例が示されている。

　また，Tomasello (2008: 第 5.2.3 節，第 6.3 節ほか) は，物事に対する評価

33　Morley and Partington (2009: 143–144) はこのように一貫した評価が表明されることを connotational or evaluative harmony（評価の調和）と呼んでいる。異なる評価が混在する表現を用いてしまうと，聞き手が理解する上での負担が増えたり，アイロニーとして受け取られたりする可能性がある。

4.7. まとめ │ 173

（感情，態度）の共有は，コミュニケーションの主要な動機の1つだと述べている。Tomasello によれば，他者との共感を通じて，ヒトは絆を深め，仲間，そして社会集団を作り，そこに生まれるのが規範である（なお，文法は規範の一種とされている）[34]。このような研究と接続できるならば，評価の研究がコミュニケーションの起源や進化の解明に寄与できる可能性もあるだろう。

　もちろん，本章で扱えたのは，評価という側面のごく一部でしかなく，事例研究で扱えた交替動詞も load と smear の2つだけであったが，これから認知言語学の中でより重要性を増すと思われる評価研究に少しでも資するところがあれば幸いである。

4.7. まとめ

　本章は意味的韻律の観点から load と smear の分析を行った。第3.5節の課題に答える形で本章の内容をまとめると，以下のようになる（課題の番号と逆になってしまうが，3から1へと並べる）。

(62)　課題3：2つの構文で名詞句の分布はどのように異なるか

　　　load の場合も smear の場合も，移動物目的語構文と場所目的語構文に共通して現れる名詞がある一方で，片方の構文にしか現れない名詞もある。load の場合，移動物目的語構文が貨物運搬のための積載を表すことが多いのに対して，場所目的語構文は救急，犯罪の場面における積載のほか，授与，属性などの事態を表すのにも用いられ，それに合わせて幅広い名詞が生起している。smear の場合も，場所目的語構文では単なる塗り付け以外の場面で用いられることが多く，特に汚れに関係する名詞が生起している。load，smear の場所目的語構文は，どちらも抽象名詞が生起する（メタファー）

---

[34]　規範については Goldberg (2019) の議論も参照。言語使用と規範については野矢 (2011: 282–300) にも議論がある。Tomasello (2008) や Goldberg (2019) のような使用基盤モデルを推進する研究者が言う規範と野矢で議論されている規範とがどのような関係にあるのか考察することも興味深いテーマであるように思われる。

174 | 第4章　場所格交替と評価的意味

という共通点がある。

(63)　課題2：場所目的語構文の意味はどのように特徴づければよいか
　　　　上記の名詞の分布から，場所目的語構文の意味的韻律を確認する
　　　ことができる。意味的韻律は，load の場合は肯定的／否定的どちら
　　　の場合もありうるのに対して，smear の場合は否定的なものに偏っ
　　　ている。このような違いはあるが，場所目的語構文の事例に評価的
　　　意味を担うものが多いという点は共通している。

(64)　課題1：なぜ移動物目的語構文を基本とする研究が多かったのか
　　　　意味的韻律を帯びるという点で，場所目的語構文のほうが特殊な
　　　構文であると（無自覚のうちに）感じられた可能性がある。そのこ
　　　とが，中立的に事態を描写する移動物目的語構文を基本に据える研
　　　究者が多いことの一因になっているのかもしれない。

　これまで，構文交替の研究の多くは，用いる名詞をそろえてミニマル・ペアの例文を作ることで分析を進めてきた。場所格交替の研究でもそれは同様である。一方の構文でしか使えない名詞があること自体は，しばしば指摘されてきた（たとえば (48) The judge cleared the accused of guilt./ *The judge cleared guilt from the accused. における guilt など）。しかしそれだけでなく，今回の調査で，移動物目的語構文と場所目的語構文で現れる名詞の分布が相当程度異なることが明らかになった。中には場所目的語構文の形容詞的受身にしか現れない名詞すらある。捉え方の違いに応じて一方の構文が選択されるという特徴づけでは，場所格交替のごく一部しか扱えていなかったと言える。そのような側面のみを場所格交替と呼び，そこに理論的関心が集中していたと言ってもよいかもしれない。しかし，[load [人] with honours] やloaded with fat，[smear [薬] on [身体部位]] や smeared with blood といった表現を用いるときに，話し手は，移動物目的語構文（位置変化）と場所目的語構文（状態変化）のどちらを選ぼうかなどとは意識していないはずであり，場所格交替に関する言語事実を説明するためには，この種の慣習的な表現の観点から捉え直すことが必要である。

　一方で，そのような慣習的な表現は必ずしも無秩序に存在しているわけで

はなく，評価的意味の観点から見ると，共通性も見える。本章のような事例研究を積み重ねることで，慣習的表現という具体性の高いレベルでの記述とそれらに共通する特徴の記述を進めることが重要である。

　評価的意味は，語やイディオムを対象とした研究で扱われることはあっても，文法的な現象であるとは見なされない傾向にあった（第 4.6.1 節を参照）[35]。評価を伝達する統語的手段については，形容詞（Adj）を含んだ構文（[It is Adj to V] など）の指摘が Hunston and Sinclair（2000）にあるものの，未だに模索の段階である。本章の意義は，統語的現象の中でもとりわけ関心を集めてきた構文交替に評価的意味が関わるという仮説を提示し，意味的韻律の研究手法を構文交替に適用した点にある。本章では，表現の簡潔さのため「場所目的語構文が意味的韻律を伴う」のような表現をする場合があったが，第 4.2.3 節で述べたように，意味的韻律を担う単位は，単語単体や抽象度の高い構文スキーマではなく，慣習的表現である。動詞単体や [V NP with NP] といったスキーマだけに着目すると，評価的意味が見出せる場合も見出せない場合もあり，文脈次第のように見えるかもしれないが，[load [人] with honours] や smeared with blood のような慣習的表現という単位で見た場合には高い精度で評価的意味を指摘できる。そのような下位事例が場所目的語構文に多く見つかるという点で，load と smear に関して，「場所目的語構文が意味的韻律を伴う」と言えるのである。

　構文交替の説明に評価的意味を取り入れる手法は，他言語へも応用できると考えられる。国広（1980）は，日本語の交替動詞「刺す」について，料理などの作成（e.g. 串にだんごを刺す）を表すような場合と傷害（e.g. 短刀で腹を刺す）を表すような場合で，異なる構文を用いる傾向にあると報告しているが，これは本研究の言う評価的意味から捉え直すことが可能だろう。また，通言語的に見て，項の増減に伴い被害や恩恵の意味が表れることが広く観察されている。たとえば，英語の get 受身についてはすでに確認した通りであるが，ほかにも日本語の迷惑受身，ドイツ語の心性的与格表現（e.g. Ihm ist die Frau gestorben. 'To-him the wife died.'）などが挙げられる。した

35　第 2.2.2.3 節で見た赤塚（1998）は条件文と望ましさ（desirability）の関係を提案するものであり，評価的意味の文法研究として重要だろう。

176 | 第4章 場所格交替と評価的意味

がって，本章の分析は，項の表現方法と評価というさらに大きなテーマにつ
ながると考えられる。

　最後に，第5章と第6章で扱うテーマをここで簡単に紹介しておく。load
と smear の場合，場所目的語構文は形容詞的受身でよく使われていた。動詞
によっては移動物目的語構文でも形容詞的受身の使用例が多い。たとえば，
scatter では移動物目的語構文，場所目的語構文，両方で形容詞的受身の例が
よく見つかる。以下はどちらも BNC の例である（(65b) では sky と scattered
の間の be 動詞が省略されている）。

(65) a. The stars were **scattered** in fragments **across** the sky.
　　　　星がぽつぽつと空に散らばっていた。

　　 b. The air was soft and mild and the sky **scattered with** many stars.
　　　　空気は柔らかく穏やかで，空にはたくさんの星が散らばってい
　　　　た。

第5章では，このような表現の動機づけについて論じる。

　第4.4節で見たように，BNC で見つかった smear の場所目的語構文は，
主に汚れを表すことに使われていたが，そのような否定的評価を伴わない場
合もある。そのような用例の1つに，以下のような smear が料理表現として
用いられたものがある。

(66) 　He set the tray down on the table and she identified the predictable
　　　ingredients: coffee in a bowl and a hunk of <u>bread</u> **smeared with** <u>honey</u>.
　　　彼がトレーをテーブルに置くと，彼女は，ありきたりな食材が載っ
　　　ているのを認めた。載っていたのは大きめのカップに入ったコー
　　　ヒーとはちみつを塗ったパン一切れだった。

第6章では場所格交替動詞が料理表現として用いられることに着目し，レ
シピにおいて移動物目的語構文と場所目的語構文がどのように使い分けられ
ているのかを明らかにする。

第5章

場所格交替と
構文の複合形

こういう〈恣意性〉と〈動機づけ〉の絡み合いが，言語というものを極めて複雑な記述の対象とする。これは記述する側から言えば，明快さが得られ難いということである。しかし，だからと言って一見明快と思えるやり方で捉えられるところだけを捉えておけばよいということではない。そのようなやり方では，言語の一面——そして，しばしば偏った一面——しか捉えていないということになりかねない。人間の営みというのは多くの矛盾，錯誤，重複と一見思えるものを含む。しかし，それが〈人間〉的な営みの姿であるとすると，人間を対象とする学問にはそれに故意に目を閉じるようなことは許されないわけである。

——池上嘉彦

これまで見てきたように，場所格交替の2つの構文は，形容詞的受身と組み合わさる場合がある。(1a) が移動物目的語構文，(1b) が場所目的語構文の形容詞的受身である。それぞれ，動詞の表す行為（散らす，積む）の結果としての軍隊の位置（ある範囲に散らばっている）やカヌーの状態（浮き具が積んである）を表している。

(1) 先行する行為の結果としての位置や状態

    a. His own British and Dutch forces were scattered across five hundred square miles of countryside.

    b. The canoes were loaded with sealskin floats.　　　　　　(BNC)

178 | 第5章　場所格交替と構文の複合形

しかし，同じ場所格交替動詞が形容詞的受身で用いられる例でも，次のように行為の結果を表しているとは言い難いものもある（Laffut and Davidse 2002; Laffut 2006: 第7章）。

(2) 先行する行為が想定できない位置や状態
   a. The stars were scattered in fragments across the sky. = 第4章 (65a)
   b. Sean is really a very sweet guy and loaded with talent. = 第4章(33c)

(2a) は星が空に点在していることを，(2b) はショーンが才能にあふれていることを表しているが，これらは (1) の場合と違って，位置や状態を成立させる行為を想定するのが難しい。位置や状態（あるいは属性）を表す表現として，なぜ scatter や load のような動詞を使った言い回しが慣習化しているのだろうか。そして，なぜ自動詞ではなく他動詞が使われているのだろうか。scattered や loaded は形容詞になっているのだから，そのような問いを考える必要はない，とする立場もあるだろうが，英語話者の頭の中で scatter や load の動詞用法と関係づけられていないと十分な検討もせずに決めつけてしまうのは問題であり，また (2) のような表現が場所格交替の範囲外であると判断するのであれば，その判断は恣意的であると言わざるを得ない。本章では，場所格交替の2つの構文と形容詞的受身が組み合わさった (2) のような例の性質，特に，このような表現が英語話者にとって自然に感じられる動機づけについて論じる（課題4「ほかの構文と組み合わさったときにどのような性質が見られるか」）。

　本章は以下のような構成になっている。まず，(1) や (2) が Lakoff (1987) の言う構文の交差 (intersection) に該当することを確認する（第5.1節）。そして，(2) のような表現の動機づけを (A) 主体化と (B) 英語の好まれる言い回しおよび構文ネットワークの観点から分析する。(A) については，第5.2節で仮想上の変化という考えを導入し，第5.3節でそれが Langacker (1998, 2008) の言う主体化 (subjectification) の事例の1つと見なせることを指摘する。(B) は第5.4節で扱う。英語らしいスル的な言い回しの一環として (2) のような表現を位置づけると同時に，構文ネットワークの観点から移動物目的語構文と場所目的語構文の違いを捉える。本章では動機づけと

並んで慣習性についてもたびたび言及していくが，第5.5節では特にload
を中心にこの種の構文に見られる慣習的表現を確認する（動機づけととも
に慣習性に注目することの重要性は第2.1.1節を参照。エピグラフで見た池
上（1995: 122）の言う「恣意性」は慣習性に相当すると考えられる）。続く
第5.6節では，場所格交替に限らず，複数の構文の組み合わせについて考察
する。先行研究を整理した上で，複数構文の組み合わせには，少なくとも4
つの異なるタイプが見られることを示し，認知言語学の構文研究における理
論的な貢献を目指す。第5.7節は本章のまとめである。なお，本章は現代英
語話者の言語知識として（2）のような表現がどのように位置づけられるか
の解明を目指したものである。場所格交替動詞の歴史的な変遷を扱った石崎
（2020, 2022）については第5.7節で触れる。

　以下，（1），（2）のような場所格交替の2つの構文と形容詞的受身の組み
合わせを複合構文と呼ぶことにする（先行する行為が想定できるかどうかは
問わず，場所格交替の構文＋形容詞的受身を複合構文とする）[1]。

5.1.　構文の複合形

　構文を記述する上で重要なことの1つは，実際に用いられる表現は，複
数の構文の組み合わせから成り立っているということである（Croft and
Cruse 2004: 264; Goldberg 2006: 21）。I didn't sleep. という例を見てみよう。
この表現は自動詞構文の事例であると同時に否定構文の事例でもある（図
5-1参照。図5-1はCroft and Cruse（2004: 264）の表記を一部改めた）。こう
した例からわかるように，実際の言語表現はいくつかの構文の複合形として
記述することができる。

　このようにスキーマとなる構文が複数見出せる関係をLakoff（1987: Case
study 3）は構文の交差と呼んでいる。一見すると，交差は複数の構文を足し
合わせただけのありふれた現象だと思われるかもしれない。たしかに，Was
Harry hit by someone? （Lakoff 1987: 533）という表現であれば，発話時に受

1　本章は野中（2015b, 2019b）を発展させたものである。ただし，第5.6節は野中・貝森
　（2017）に基づいている。

身構文と疑問構文を組み合わせればよいだろう。しかし，交差の中には統語上は2つの構文の足し算として考えることができても，意味・機能上は単なる足し算では導き出せないものがある。たとえば，Didn't Harry leave? (ibid.)「ハリーは帰ったんじゃないの」は，ハリーが帰ったという肯定の内容をぼかして伝える表現だが，この意味は疑問構文と否定構文の単なる組み合わせでは捉えることができない。つまり，新たな意味が創発しているのである。Lakoff は一部の交差した構文については，その意味，使用状況についても習得しなければならないことを強調している。これは，構文の組み合わせ自体が構文となっていることにほかならない（図 5-2 を参照。図 5-2 は Lakoff (1987: 533) の記述を参考に作成した）[2]。

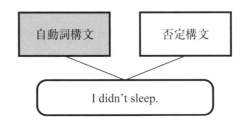

図 5-1. 自動詞構文＋否定構文（交差タイプ）

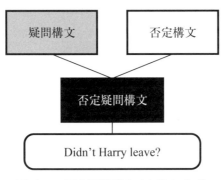

図 5-2. 否定疑問構文（交差タイプ）

---

2 否定疑問文（図 5-2）の場合，交差自体が独自の構文としての地位を持つため，自動詞構文＋否定構文（図 5-1）とは描き分けている。ただし，交差が新しい構文として定着するかどうかいつでも明確に判断できるとは限らず，このように描き分けることができない表現もあるだろう。

5.2. 仮想変化 | 181

　Lakoff（1987）に見るように，複数の構文が組み合わさる例について，認知言語学では以前から関心が寄せられていた（Langacker（2009: 4–5）も参照）。しかし，実際には散発的な言及がなされるだけで，必ずしも十分には研究対象とされてこなかった。本書が注目する場所格交替と形容詞的受身の組み合わせも構文の交差の例であり，このような表現の用法や動機づけを分析することは，認知言語学の構文研究を進める上でも重要であると言える。

5.2.　仮想変化

　本節では，位置や状態（属性）を描写するのに，純然たる存在文や形容詞文を使うのではなく，scatter や load のような動詞との関連が感じられる scattered や loaded で表現するのはなぜなのかを考える。以下では，仮想変化という概念を導入し，（2）のような例でも捉え方の面では行為がもたらす変化が関わっていることを主張する。

5.2.1.　仮想変化とは何か

　仮想変化を扱った研究として Matsumoto（1996b）を紹介しよう。仮想変化表現とは，ある状態について，実際に変化が起こったわけではないのに，あたかも変化が起こったかのように描写する表現のことである。Matsumoto は日本語のテイル形の例を挙げている。テイル形は（3）に見るように，変化（ここでは「落ちる」）の結果として位置や状態を描写するが，（4a）は，部屋に「丸くなる」という変化が起こっていなくても，つまり最初から丸い形状として部屋が作られていたとしても，使用可能な表現である。同じく（4b）は，最初に長方形を描いてそこから角を取る，という行為を行ったわけでなく，初めから直角の角が一部ない図形（図5-3）を描いたとしても，その図形を指すのに用いることができる[3]。

3　この種の表現に着目した先駆的な研究として国広（1985）が挙げられる（国広は「痕跡的認知」という用語を使用している）。（4b）を初めて取り上げたのは国広（1985: 12）であり，Matsumoto（1996b）でより詳しく説明されている。

(3) 実際の変化

　　葉っぱがたくさん落ちている。　　　　　　（Matsumoto 1996b: 126）

(4) 仮想変化

　　a.　その部屋は丸くなっている。　　　　　　（ibid.: 124）
　　b.　角が {落ちている／欠けている／取れている}。　（ibid.: 134）

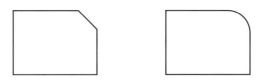

図 5-3.　右上に角がない図形（2 種類）

(4) の場合，たしかに主語の指示対象に変化が起こったわけではないが，通常予期される形状（部屋であれば四角いもの，横長の図形であれば理想的な長方形）から変化した結果として当該の形状を見る，という捉え方が動機づけとなって，この表現が成立していると考えられるのである。

　ここで「仮想変化」という用語について触れておきたい。Matsumoto 自身は (4) のような表現を subjective-change expression と呼んでいる。subjective change の類義表現としてほかに fictive change がある。認知主体の捉え方という部分に着目すると subjective change（主体変化）という用語が選ばれ，「あたかも変化があったかのように」という部分に着目すると fictive change（仮想変化）という用語が選ばれる。本書では，「主体的」「仮想的」は交換可能な用語として用いることにする。

5.2.2.　英語の仮想変化表現

　Matsumoto (1996b: 134, 148) は，英語では形容詞的受身が仮想変化を表すのに用いられると述べている。Matsumoto は日本語の (4b) に近い英語の表現として (5) を挙げている。また，Langacker (2008) や Talmy (2000) も類例を挙げている。

(5)　　a square with a corner {rounded off/cut off}　（Matsumoto 1996b: 134）

(6)　　detached garage　　　　　　　　　　　　　（Langacker 2008: 530）

5.2. 仮想変化 | 183

(7)　　scattered villages　　　　　　　　　　　　　　　　　　(ibid.)

(8)　　Termite mounds are {scattered/strewn/spread/distributed} all over the
　　　　plain.　　　　　　　　　　　　　　　　　　　　　　(Talmy 2000: 135)

(5) では (4b) と同じく角を取った結果であるかのような表現が用いられて
いる。(6) は家から離れた位置にある車庫を指す。一般的に garage と聞い
て最初に思い浮かぶのは家の一部となっている車庫，あるいは家に隣接して
いる車庫である[4]。そのような背景知識をもとにして，家とは独立に建てる車
庫を，まるで家から離れさせた結果であるかのように捉えたことが (6) で
detached という表現を使う動機づけになっている。(7) や (8) でも，(もと
もと密集していたわけではないが) まるで散らばらせた結果であるかのよう
に村やシロアリ塚を捉えたと考えれば，このような表現形式になるのも納得
できるだろう。Langacker や Talmy は場所格交替については言及していない
が，(7) と (8) はまさに場所格交替動詞 (scatter, strew, spread) が用いられて
おり，(2a) の scattered の例も仮想変化表現の一種であることが確認できる。

　(5)–(8) は物体の形状や位置についての表現であったが，形容詞的受身の
仮想変化表現は状態や属性を表すのにも用いられることを確認しておこう。
坪井 (2014: 64) は Koontz-Garboden (2011: 295, 注 9) の挙げた (9) を取り上
げ，それぞれ標準的脂肪含有率と平均寿命を基準に，そこからの仮想的な変
化として脂肪分が低いことや寿命が短いことを描写した表現だとしている[5]。

(9)　a.　Kim eats only reduced fat mayonnaise.[6]

　　　b.　Patients with Down Syndrome have a shortened life expectancy.

　同様に，(2b) のように才能があるという属性を述べる表現にも仮想変化
を見出すことができるのではないだろうか。そもそも，英語では才能・能
力・性質を神や自然の恩恵によって与えられたものだとする捉え方を反映
したものであると考えられる。贈り物を表す gift が才能という意味も持つこ

4　COBUILD の garage の項目には "A garage is often built next to or as part of a house." とある。

5　Koontz-Garboden (2011) 自身はこの例を仮想変化表現として扱っているわけではない。

6　日本語の「減塩（しょうゆ）」も同じく仮想変化表現だと言える。

と，Nature had endowed him with exceptional vitality ... (BNC) や Spiders may give some people the creeps, but nature has given them a special talent. (COCA)[7] のように，自然がある性質を与えるという表現も，そのような捉え方を反映したものであると考えられる[8]。このような例を踏まえれば，(2b) のような表現の動機づけは，自然が平均的な能力の人間に才能を積み込んだ結果であると捉えたことにあると指摘できる。

Matsumoto (1996b) は，描写対象に何らかの点で意外な (unexpected) 面や普通でない (unusual) 性質があると考えられるときに，それが通常予期される状態からの仮想的（主体的）に把握された変化の結果として概念化されることが，仮想変化表現が成立する理由であると述べている。意外であるというのはそれ自体1つの評価であり，第4章の分析を支持するものであると言える。ただし，仮想変化表現が常に意外な事態を表すとは限らないことには注意が必要である。たとえば，(9a) の reduced fat mayonnaise は現在ありふれた商品の1つであり，標準的なマヨネーズとの比較は想起されるものの，意外性を感じる商品ではない[9]。したがって，仮想変化表現全体としては，描写対象に意外性が感じられるというよりも，〈描写対象の状態を標準的なものと比較し，標準的なものからの変化であるかのように捉える〉ことが動機づけになっていると考えるほうがよいだろう。その意味で，仮想変化表現が使用される範囲は「意外」や「普通でない」といった表現から想起されるものよりずっと広いと考えられる[10]。意外性があるものは，標準的なものとの差を想起させやすく，仮想変化という捉え方を適用しやすい対象である。

---

7 本例（COCA）は平沢慎也氏に教えていただいたものである。平沢氏からは英語では nature を主語にした表現が慣習化しているというコメントをいただいた。

8 endow は能動文で使うこともできるが，形容詞的受身で使うほうが多い（第4章注25も参照）。

9 第5.2.3節で見る慣習性も関わっていると思われる。商品発売当時の意外性が仮想変化表現を使う動機づけとなっていたとしても，商品の目新しさがなくなりその表現が慣習化した結果，特に意外性を感じなくなるということもあるだろう。

10 坪井 (2014) も参照のこと。野中 (2021) は日本語の仮想変化表現を取り上げ，その種類を4つに分類している。

5.2.3. 慣習性と創造性

以上，なぜ位置や状態・属性を表現するのに動詞が用いられるのかについて議論してきた。(2) の複合構文では，一見すると動詞が表すような行為は関わっていないように思える。しかし，あたかも行為によって変化がもたらされ，その結果として当該の位置や状態が成立したという捉え方がなされているとすれば，動詞を用いるだけの動機づけはあると考えることができるのである。

もちろん，仮想変化という捉え方が動機づけになっているからといって，実際にその種の表現を使うときに仮想上の行為や変化を思い描いているわけではないと思われる。現代英語では scattered や loaded などは位置や状態を表す表現として慣習化しているのであり，母語話者がこれらの表現を使用する度にそのような変化を意識しているわけではない。母語話者としては仮想変化表現と純然たる形容詞の表現で大きく意味が変わらないと感じられる場合もあるだろう。たとえば，(9a) の reduced fat mayonnaise は low-fat mayonnaise のように形容詞を用いた表現と似ていると感じられるはずである。同様に (2b) の loaded (with talent) のような例も full (of talent) といった表現と大差ないと感じられてもおかしくはない。

さらに，この種の表現が基本的に能動文では用いられないということからも，英語話者が変化をもたらす行為を明確には意識していないことがうかがえる。たとえば load の場合，仮想変化表現の形容詞的受身に対応した能動文は作れない。以下は第 4 章 (34) と (35) の再掲である。

(10) a. *Mary loaded her voice with meaning.

   b. Her voice was loaded with meaning.

(11) a. *Nature loaded John with talent.

   b. John was loaded with talent.

第 4 章でも述べたが，この点が loaded の表現を単なるメタファーとして扱ってこなかった理由である。(10) や (11) のように能動文を作ることができない例を説明するためにはメタファーと呼ぶだけでは不十分であり，仮想

186 | 第5章　場所格交替と構文の複合形

変化の観点から説明しなければならないだろう[11]。

　しかし，仮想変化表現が慣習化している場合であっても，変化や行為という概念が完全に消え去ってしまっているわけではない。以下の例を見てみよう。

(12)　Low-Fat Kugel, a custardy pudding with drastically reduced fat and calories, is a perfect dessert for a dairy dinner.[12]
　　　低脂肪クーゲル（脂肪とカロリーが非常に少ないカスタード・プリン）は，乳製品を食べる夕食のデザートに最適だ。

(13)　The energy content of fat is more than double that of protein and nearly three times as much as carbohydrate. If the type of foods you eat means that all your meals are heavily loaded with fat then they will contain a lot of energy [...] 　　　　　　　　　　　　　　　　　　(BNC)
　　　脂肪のエネルギーはたんぱく質の2倍以上，炭水化物の約3倍である。もし普段あなたが食べているものから判断して，食事すべてが脂肪たっぷりということになると，とても多くのエネルギーが含まれていることになる。

reduce は，変化が劇的であることを表す副詞 drastically によって修飾されることがある[13]。仮想変化表現の reduced も drastically を伴うことがあるが，これは仮想変化であっても reduced に変化の概念が引き継がれているからだろう。load はしばしば heavily と共起し，load the truck heavily のような表

11　honours の例のように，能動文と形容詞的受身の両方の表現が用いられるような場合もあり，このような例は通常の積み込みを表す表現と loaded with talent といった仮想変化表現の橋渡しになっていると考えられる（実際，(ⅱ) では誰かが honours を与えるプロセスについては意識されないように思われる）。
　　(ⅰ)　The King and Queen loaded him with wealth and honours but Columbus wanted even more. = 第4章 (30a)
　　(ⅱ)　Kekulé died in 1896, loaded with honours, [...] = 第4章 (32)

12　http://articles.latimes.com/1990-12-06/food/fo-7828_1_fruit-kugel

13　COBUILD の drastic の項目には "A drastic change is a very great change." とあり，変化を表す語と共起する場合，drastic が変化の程度を描写する語であることがわかる。派生語 drastically も同様に変化の概念が関わっていると言えるだろう。

現で用いられる。loaded も heavily などの副詞を伴うことがあり，たとえ希薄化していたとしても積み込み行為が意味に含まれていると言えるだろう（heavily は物理的な重さとの関連を示唆するため，荷物を積むという load 本来の意味合いを前景化していると考えられる）。このように，drastically や heavily のような表現と共起していることから，(12) や (13) では捉え方に変化や行為が関わっていると考えることができる。reduced と low，loaded と full を単に同じ意味とするだけでは，こうした事例を説明できないだろう。

loaded と full のような違いを捉えるには，Langacker の言う合成の経路（compositional path）の観点から考えるのが有効である。Langacker (2008: 61–62) は，同一のものを描写するのに使われながらも意味が異なる表現として，pig meat と pork を挙げている。meat という語が含まれている分，pig meat のほうが肉という概念が前景化している。概念の構成の仕方が異なることで結果として意味も異なることを Langacker は合成の経路が異なると表現する。reduced と low，loaded と full の各ペアもまた合成の経路の違いとして捉えることができる。reduced と loaded は，V-ed という形を取っている点で，希薄化されてはいても動詞とのつながりが消えておらず，その点で low や full とは異なるのである。

そして，(10a) や (11a) のように能動文が成立しづらい例があるからといって，loaded が能動文の用法から完全に切り離されてしまったというわけではない。時として，潜在的に含まれていた行為の概念が活性化され，次のような臨時的な表現を生み出す資源となる。

(14)　Renoir loaded her eyes with as much meaning and penetrating power as he was able to achieve, hinting perhaps that a woman with such eyes had no need for the gold opera-glasses she holds.

ルノワールは彼女の目に画技の限りを尽くして意味と，鋭く見抜く力を与えたが，こうした目を持つ女性には手にした金色のオペラグラスなど必要がないのだと言おうとしたのにちがいない。

(Stephen Kern, *Eyes of Love: The Gaze in English and French Paintings and Novels, 1840–1900* (高山宏ほか訳『視線』))

(15) Taken at number 17, Josh Freeman is raising eyebrows in Tampa where
      <u>a new regime has loaded him with talent on offense.</u>[14]
      ドラフトの順位こそ17位だったジョシュ・フリーマンだが，新体
      制となったタンパでオフェンスの才能が開花し，目を見張る活躍を
      見せている。

（14）は画家ルノワールの作品『桟敷席』に描かれた女性についての文であ
る。下線部は，ルノワールが，意味ありげな印象を持たせるように女性の
目を描いたことを表している。このように創作物に意味を込めるという表
現として用いる場合は，load NP with meaning という能動文も許容される
（この例は第4章（30d）の… Sylvester has not loaded the catalogue with critical
judgements. に近い）。（15）はアメリカン・フットボールに関する例である。
チーム（Tampa Bay Buccaneers）の新しい体制により，選手（Josh Freeman）
のオフェンスの才能が開花したことが表現されている[15]。このような臨時的・
創造的な表現が可能であるということも，（2）の複合構文に動詞が用いられ
る動機づけを示していると言える。

5.3. Langacker の主体化

　本節では scattered や loaded といった仮想変化表現が Langacker (1998, 2008)
の言う主体化の事例として位置づけられることを論じる。主体化とは，客体
的に把握されていた意味要素が徐々に希薄化し，もともと内在していた主体
的な意味要素が顕在化することである。共時的には多義構造を生み，通時的
には意味変化・文法化の要因となる。

　Langacker (1998: 77) は across の例（16）を挙げている。

(16) a. The child hurried across the busy street.（実際の移動）
     b. The child is safely across the street.（実際の移動の結果）

14　https://phinphanatic.com/2012/05/10/nfl-first-round-qbs-face-uphill-climb/

15　例文（15）の成立にあたっては，endow の能動文からの類推が働いているかもしれない。

c. Last night there was an altercation right across the street.（仮想上の移動）

(16a) は「混雑している通りを子供が急いで渡った」という意味で，子供がたどる物理的な移動の経路が表されているが，(16b) や (16c) では移動の経路ではなく位置が表されている。(16b) は「子供が通りを無事に渡って，向こう側にいる」という意味で，経路を移動した結果としての子供の位置を表しているが，「通りの真向かいで昨夜けんかがあった」ことを表す (16c) は実際に誰かが移動した経路を指すものではない。そこにあるのは主体的に把握された経路のみである。Langacker (1998) は，(16a) から (16c) へ行くにつれて客体的な要素（実際の移動）の希薄化が進んでいること，しかし，いずれも認知主体が心的に移動のプロセスをたどっている点は共通していることを述べている。

場所格交替の複合構文に戻ると，通常の結果状態を表す例 (1) と仮想変化の結果状態を表す例 (2) が (16b) と (16c) との関係に対応していることがわかる。(1) のような例に残っていた行為の意味が弱化していき，(2) のような例における行為は概念化の主体が心的に把握されるだけになっていると考えることができる。

(16c) は第 5.2 節で見てきた仮想変化表現とあまり似ていないように感じられるかもしれないが，けんかがあった位置を，発話時に問題になっている位置（典型的には発話時に話し手と聞き手がいる場所）と比較し，そこからの移動として表現するというのは，reduced fat や loaded with talent などの例で見てきた仮想変化の捉え方と対応していると言えるだろう。ただし，(16) の across は（移動か位置かの違いはあれ）いずれも空間を表す表現であるのに対して，loaded の場合は物理的な積み込みと抽象物が関わる用法に見られる多義であり，この点が across と loaded では異なる。

Langacker は主体化には段階性が見られると述べているが，この点も loaded の仮想変化表現の特徴を捉える上で有効である。Langacker (1998: 77) は (17) の例を挙げ，これが (16b) と (16c) の間に位置づけられるとしている。(17) は実際の移動を表しているわけではないものの，移動が完全

190 | 第5章 場所格交替と構文の複合形

に仮想的とまでは言えない例である。

(17) a. You need to send a letter? There's a mailbox across the street. (聞き手の潜在的な移動の結果としての位置)

b. A number of shops are conveniently located just across the street. (一般化, 総称化された人の潜在的な移動の結果としての位置)

同様に, loaded の複合構文でも, カヌーに浮き具が積んであることを表す例 (1b) とショーンに才能があることを表す例 (2b) の間には, 次のような例が想定できる。(18) も実際に積み込み行為を行っていないという点で仮想変化表現の一種であると言えるが, (2b) と (18) には異なる点もある。

(18) a. Her eyes were loaded with tears.

b. Her voice was loaded with meaning. = (10b)

(2b) は才能があるという属性を表す例であり, そのような属性を持つに至る変化が実際に起こったわけではなく, 変化はあくまで仮想上のものである。一方, (18a) のように感情が高まって自然と涙がたまってしまう場合や, (18b) のように彼女の言い方に何らかの意味がこもってしまう場合は, その状態はあくまで一時的なものであり, 問題となっている状態に至るには, 通常の状態から実際に変化があったことは間違いない (ただし, その変化は通常 load という動詞で描写するものではない)。(18) は実際の積み込み行為が想定できないという点で (2b) に近く, 恒常的な属性ではなく一時的状態を表すという点では (1b) に近い。したがって, (18) は (1b) と (2b) の間に位置づけられる。この段階性は表 5-1 にまとめることができる。

表 5-1. loaded を用いる表現の段階性

	先行する行為	実際の変化の有無
A. The truck was loaded with hay.	○	○ (一時的状態)
B. Her eyes were loaded with tears.	×	○ (一時的状態)
C. John was loaded with talent.	×	× (恒常的属性)

5.3. Langacker の主体化 | 191

このように場所格交替の複合構文を主体化の一種として位置づけることにより，across などほかの表現にも見られる多義形成との共通点や行為の際立ちの度合いに段階性があることを適切に扱うことができる[16]。

　興味深いことに，動詞によっては，表 5-1 の C の用法がない場合もある。たとえば，smear の場合は，A と B の用法しか見られない。

(19)a.　He set the tray down on the table and she identified the predictable ingredients: coffee in a bowl and a hunk of bread smeared with honey. = 第 4 章 (66)

　　b.　"Look at your hands!" commanded Mr Broadhurst. I looked at them, they were smeared with blood and worse. = 第 4 章 (43b)

(19a) ははちみつを塗った結果としてパンにはちみつが付いていることを表している。(19b) は，塗るという行為は行っていないが，気づくと血などの汚れが付いていたことを表現している。これらはそれぞれ表 5-1 の A と B に対応するが，C の恒常的属性は smear では表現できないようである。このような点には気をつける必要がある。

16　なお，表 5-1 の A（行為そのものを表す動詞的受身），B（実際の行為の結果状態を表す形容詞的受身），C（仮想変化表現の形容詞的受身）は，(16) の (a)–(c) の across の用法にすべて対応することになるが，複合構文に関しても across に関しても，歴史的にこの順に登場したと述べているわけではない。主体化は歴史的変化の要因として挙げられることが多く，Langacker (1998) も be going to や法助動詞の意味変化を主体化によるものとして分析しているが，across の例については歴史的な順序に言及しておらず，across の場合は自然な多義の在り方として主体化を論じていると思われる。英語の受身は，守澤 (2002) によると，もともと結果状態を表すのに用いられていたのか行為全体を表す際にも使われるようになったものであり，歴史的には動詞的受身よりも形容詞的受身のほうが先だと言える。石崎 (2020, 2022) では，load や smear の動詞用法は，初期の段階では場所目的語構文の形容詞的受身のみで用いられたことが示されている。ここでは，loaded の形容詞的受身における多義が主体化で捉えられること，across と loaded の間で多義の形成の仕方に共時的なレベルで対応関係があることを述べるにとどめ，動詞的受身と形容詞的受身の関係についてはこれ以上踏み込まないこととする。

192 | 第5章 場所格交替と構文の複合形

5.4. スル的言い回しと構文ネットワーク

5.4.1. スル的言い回しとしての複合構文

　第5.2節，第5.3節を通して，位置や状態・属性を表す表現になぜ動詞が用いられるのかを考察してきた。次に問うべきは，なぜ他動詞が用いられているのかである。これまでに取り上げてきた英語の仮想変化表現は他動詞の受身（形容詞的受身）という形を取っているのに対して，対応する日本語は，以下の例のように自動詞のテイル形である。

(20) a. John is loaded with talent.
　　 b. ジョンは才能にあふれている。

英語と日本語でこのような表現形式の違いが生まれるのはなぜだろうか。本節では，好まれる言い回しの観点から日英語の違いを探ることとする。

　日英語の好まれる言い回しについては，すでに第2.2.2.1節で紹介している。スル的特徴を持つ英語では他動詞が，ナル的特徴を持つ日本語では自動詞が選ばれやすいという傾向にある。

(21) a. He was killed in the war. ＝ 第2章 (41a)
　　 b. 彼は戦争で死んだ。＝ 第2章 (41b)

好まれる言い回しの違いは，どのような概念が1語の動詞になっているかの違いにも当てはまる。英語にはナル的な自動詞が日本語ほど豊富に存在しないのである。その傾向を補うべく，英語でナル的な表現をするためには，しばしば他動詞の受身が用いられる。たとえば，ヤコブセン（1989: 234）は以下のような例を挙げ，日本語の自動詞に当たるものが英語にない場合，代替手段として受身が用いられると述べている [17]。

(22) a. cut / be cut ― 切る／切れる

17　Shibatani (1985) も，他動詞に対応する自動詞が存在しない場合にしばしば受身が用いられると述べ，次の例を挙げている。
　　（i）These boys {are/get} discouraged easily, so be careful with them.
　　　　　　　　　　　　　　　　　　　　　　　　　　　　（Shibatani 1985: 838）

5.4. スル的言い回しと構文ネットワーク | 193

    b.   decide / be decided ── 決める／決まる

    c.   find / be found ── 見つける／見つかる

　英語でこのように受身を用いる傾向は，surprise/be surprised といった心理動詞の表現にも当てはまるが（第 2.1.6 節を参照），場所格交替動詞の場合でも同様である[18]。

(23) a.   scatter / be scattered ── 散らかす／散らかる

    b.   pack / be packed ── 詰める／詰まる

したがって，英語が scattered や loaded のように他動詞の受身を用いるのに対して，日本語では自動詞のテイル形が用いられているというのは，このような日英語の好まれる言い回しの傾向に沿ったものであると言える。実際，The stars are scattered across the sky. は「星が空に散らばっている」，Her eyes were loaded with tears. は「彼女の目には涙がたまっていた」のように，場所格交替の複合構文は自動詞のテイル形で訳すと自然なことが多い。実は，日本語にも「才能に恵まれている」のように受身のテイル形として慣習化している表現は存在し，これは英語の loaded with talent（あるいは endowed with talent）と同じ発想に基づいていると考えられる。しかし，全体的に見ればこのような表現は英語ほど多くない。

　注意しておきたいのは，英語には自動詞型場所格交替も存在するということである。他動詞型場所格交替の形容詞的受身が位置や状態を表す場合，自動詞型場所格交替に近い意味になる。以下の例（いずれも BNC から）は (a) が自動詞型場所格交替，(b) が他動詞型場所格交替の形容詞的受身である。自動詞型と他動詞型＋形容詞的受身の使用範囲がまったく同じというわけではないが，両者の間には類似性が見て取れる（本節と次節では，意味の近い表現を太字で示す）。

(24) 建物がある場所にたくさん存在することを表す例

    a.   Stone buildings **abound in** much of France, especially Normandy,

―――――――――――――

18　このような交替動詞に関する自他の対応関係については，松本（2000）も参照。

also in England, the German Rhineland and southern Italy; [...]

    b.   Ancient castles, burial chambers, ruins and churches **are scattered over** the area, highlighting the rich cultural heritage and providing a contrast to the golden sands, estuaries and wooded valleys.

(25) 通りに人がたくさんいることを表す例

    a.   The narrow streets **swarmed with** young people.

    b.   The street **was jammed with** people.

(26) 文章に情報が詰まっていることを表す例

    a.   The book **teems with** a Flemish profusion of detail.

    b.   "Many candidates ... write long introductions **packed with** unnecessary detail or fail to" introduce "their essays with perceptive comment which gives direction to their answers."[19]

英語で自動詞型の表現が存在するにもかかわらず，他動詞をもとにした表現がよく使われ，慣習化しているという事実は，英語のスル的傾向をよく示すものだと言えるだろう。

これに関連して，池上は以下のような興味深い指摘をしている。

(27)   最後に，従来しばしば問題とされてきた 'have a look at ~' などの型の迂説的な表現の発達も，〈行為〉中心対〈結果〉中心，そして英語に認められる後者への志向性という観点から捉え直すと面白いであろう。どちらの意味合いであるかという点についての曖昧さを避けるという効果（この点に関しては，boil up, burn up などの副詞を添えた言い方の発達も参照）の他に，もしかしたら，〈結果〉中心への志向性という全体的傾向に対する相補的な反動として，〈行為〉中心という志向性が一部では少なくとも働いていたのではないかという推定もできる。（例えば，I played a trick on him, but he wasn't tricked のような表現の可能性を参照。）   （池上 1980–1981: 625）

同じように考えると，他動詞型場所格交替＋形容詞的受身の複合構文も，英

19　この例は，BNC に収録されたテクストが別の書籍を引用している箇所である。

語のスル的な傾向に対する相補的な反動として発達したという見方が可能かもしれない。つまり，ナル型の表現が（日本語などに比べて）少ない英語において，ナル型の表現を補う手段として形容詞的受身（他動詞を使いつつもナル的な事態を表す構文）が発達したという可能性を探ってもよいのではないだろうか。これを検証するには，通時的な観察や英語におけるほかの表現の比較など，さらなる研究が必要であるが，好まれる言い回しを考えるにあたって，興味深いテーマであるように思われる。

5.4.2. 複合構文のネットワーク

ここまで移動物目的語構文も場所目的語構文も同列に扱ってきたが，実際には移動物目的語構文のほうが仮想変化の複合構文として成立しにくいと考えられる。たとえば，scattered の場合はどちらも成立する例があるが，loaded の場合は仮想変化の複合構文が成立するのが場所目的語構文に限定されている。

(28) a.　Stars were scattered across the sky.

　　 b.　The sky was scattered with stars.

(29) a.　*Meaning was loaded into her voice.

　　 b.　Her voice was loaded with meaning.

(30) a.　*Talent was loaded into John.

　　 b.　John was loaded with talent.

なぜこのような違いがあるのだろうか。以下，考えられる要因を 2 つ挙げる。第一に，移動物目的語構文が過程重視であることが挙げられる。第 2.1.8 節で述べたように，移動物目的語構文は場所目的語構文よりも行為の過程に着目した表現であるため，場所目的語構文に比べて行為の概念が希薄化されず仮想変化表現との相性が悪いと考えられる。

第二の要因は，移動物目的語構文がそもそもそれほど形容詞的受身で用いられないことに関係している。移動物目的語構文が形容詞的受身になりづらい理由として，〈位置〉は複合構文の力を借りなくても表現しやすいことが考えられる。たとえば，名詞の直後に前置詞句を置いて villages {across/

196 | 第5章 場所格交替と構文の複合形

throughout} the country などの表現も可能である。一方，場所目的語構文の複合構文で表される〈状態〉はそのような形では表現できない場合や，意味の近い形容詞がない場合もある。

　加えて，場所目的語構文に現れる動詞は filled with NP や imbued with NP のように，交替動詞でなくても複合構文で使われるものが多く，[V-ed with NP] という形で構文が確立していると言える。

(31)a.　The future, they know, is **filled with** uncertainty.

　　b.　The mines were **flooded with** thousands of new workers.

　　c.　Dexter's voice was **imbued with** a seriousness that was unusual to Blanche. = 第4章 (58a)

　　d.　The German Officer appears to be seriously wounded, the clothing on his back is **saturated with** blood; [...]　　　　　　　　(BNC)

実質的に [V-ed with NP] だけで慣習化している overgrown with NP や overrun with NP といった例もある（どちらも「NP が生い茂っている」という意味である。能動文で [V NP with NP] の形ではほとんど使わないせいか，Pinker (1989) は場所目的語構文に現れる動詞として挙げていない）。このような表現があることも [V-ed with NP] という単位の定着度が高いことを表している。

(32)a.　The path became more **overgrown with** honeysuckle, convolvulus, montbretia and brambles.

　　b.　The county was **overrun with** underwood that made it impervious to the traveller.　　　　　　　　　　　　　　　　　　　(BNC)

　移動物目的語構文の複合構文に現れる動詞にも，場所格交替に参与しないものは存在するが（distribute, locate, site, situate など），それほど数は多くない。移動物目的語構文の複合構文には一部定着した事例はあるものの，場所目的語構文の複合構文ほどに幅広くは使われていないのである。このことも，仮想変化表現としての移動物目的語構文の複合構文があまり用いられない一因になっていると考えられる。

　ここで場所格交替の複合構文の構文ネットワークを図示してみよう（図

5.4. スル的言い回しと構文ネットワーク | 197

5-4)。図中の V-ed (AP) は形容詞的受身（adjectival passive）を表す。網掛け部分が場所格交替動詞の事例である。scatter のように，移動物目的語構文と場所目的語構文のどちらであっても形容詞的受身で用いられやすい動詞もあるが（破線で囲っている範囲。(8) で見た scatter, strew, spread など），そのような交替動詞は多くない。loaded into NP や smeared on NP のような形容詞的受身は，loaded with NP に比べるとずっと少なく（特に仮想変化の場合は少ない），場所目的語構文の複合構文のスキーマに比べると移動物目的語構文の複合構文のスキーマが十分に定着していないと考えられる。ただし，移動物目的語構文の複合構文の場合は，前置詞によっても成立のしやすさが変わる。たとえば，smeared on NP の例はそれほどよくは用いられないが，(33a) のような smeared (all) over NP であれば，仮想変化表現の smeared with NP と同じような例も比較的多く見られる（第 4.4.3 節を参照）。似た例として，smudged over NP の例 (33b) もある。このような下位事例の形成の仕方と，非交替動詞との関係を含めて，移動物目的語構文と場所目的語構文の複合構文では，それぞれに独自のネットワークが形成されていると言える（図 5-4 で示すことができたのは，ネットワークのごく一部である）。

(33) a. The dried blood from my nose was **smeared all over** the front of my mouth and it cracked when I tried to move my lips. = 第 4 章 (54c)

b. A chubby six-year-old with brown curly hair, earth **smudged over** two enormous pink cheeks, was standing at her side, holding on to her skirt. (BNC)

198 | 第5章　場所格交替と構文の複合形

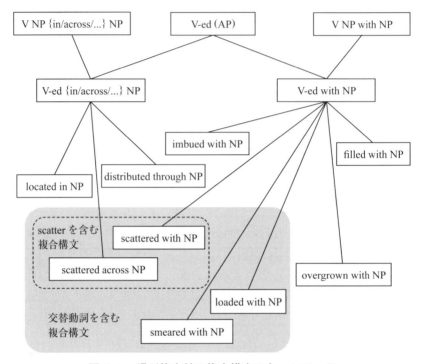

図 5-4.　場所格交替の複合構文のネットワーク

5.5.　複合構文に見る慣習的表現

　前節までに見てきたのは，場所格交替の複合構文の動機づけについてであり，これは場所格交替全体に当てはまる話であった。本節では load を中心にこの種の複合構文の慣習的表現について観察する。

　load の場所目的語構文＋形容詞的受身を含む慣習的な表現として，まず以下の BNC の例文を見てみよう。

(34) a.　It [= the ship] had also returned loaded with magnificent botanical, zoological, and geological collections for the Crown.
　　　また，その船は王室のために植物学，動物学，地質学の見事な収

集品を積んで戻ってきていた。

b. [...] the ravagers returned home loaded with booty.
略奪者たちは戦利品を抱えて戻ってきた。

c. Every time he went abroad with the company he came back loaded up with western goods.
彼（役者）は一座と海外に行くたびに，西洋のものをたくさん持って帰ってきた。

(34) は return または come back と loaded の分詞構文が組み合わさった表現である。外国などに行き，そこで得たものを持って帰るといった意味合いで用いられる。(34a) のように乗り物を表す名詞が主語になっていることもあるが，(b) や (c) のように人を表すものが主語になっているケースが多いように思われる。

　第 4 章では移動物名詞と場所名詞の両方を伴う例を調査対象にしたため，データに含めていなかったが，場所名詞のみを伴う loaded にも慣習的な表現が見つかる。『アメリカ口語辞典』の loaded の項目には以下のような例が載っている。(35a) はお金をたくさん持っている状態を表す例，(35b) はお酒に酔っている状態を表す例である。

(35) a. Look at that mansion. The people who live there must be loaded.
あの豪邸を見るよ。あそこに住んでいる人はきっとたんまりお金があるにちがいない。

b. By the time we left our third bar, we were all loaded.
3 軒目のバーを出る頃には，われわれはみんなしこたま酔っていた。

母語話者はこのような with 句（移動物）を伴わない [[人] is loaded] を慣習的表現として覚えていると考えられる。

　『アメリカ口語辞典』には a loaded question という項目もある。これは相手にとって不利な発言などを引き出すことを意図した質問を表す表現で，(36) のような使われ方をする（括弧内の解説を含めて『アメリカ口語辞典』から）。with 句は現れていないが，loaded with meaning のような表現と密接

200 | 第5章　場所格交替と構文の複合形

に関係している。

(36)　A: Was the woman you were seen talking to in that restaurant last night pretty, dear?

　　　B: That's a loaded question if there ever was one.

　　　A: ねえあなた，ゆうベレストランであなたが話しているところを人に見られた女の人，きれいだった？

　　　B: そんな誘導尋問，聞いたこともないな。

（この例文の A の質問に Yes と答えても No と答えても B が「別の女と一緒にいた」という事実を認めることになるわけである。）

　load 以外の場所格交替動詞にも目を向けてみよう。ここでは，load クラスの動詞である pack と stock を含む複合構文の例を取り上げる（pack は cram クラスにも含まれている）。packed の複合構文は，loaded に似て with 句に抽象名詞が現れることが多いが，loaded に比べて packed は information との結びつきが強く，慣習的表現として packed with information がよく用いられる。また，[[場所] is packed with [人]] で場所に人がたくさんいることを表すことも多いが，このような表現は loaded ではそれほど多くない（crammed や jammed など，cram クラスの動詞の過去分詞は，この種の用法でよく用いられる。(25b) も参照）。stock は，店や棚に商品を仕入れることを表すだけでなく，川や湖に魚を放流するという意味でも用いるが，この場合は [[水] is stocked with [魚]] という形容詞的受身で用いることが多い。(37)，(38) は BNC の例である。

(37)a.　Beautifully illustrated throughout, the book is packed with information, often with clear, step-by-step drawings to show techniques.

　　　全体を通して美しいイラストが描かれているその本は情報が満載で，作業のコツをわかりやすく示すステップごとの絵も多く添えられている。

　　b.　The main city centre hospital was packed with injured people, many brought by taxi, and inundated with hundreds of people trying to find relatives among the dead or injured.

市内中心部の病院は，負傷者であふれており，その多くはタクシーで運ばれてきた。死傷者の中から家族，親族を探そうとする数百人の人々も詰め寄せていた。

(38) At the moment <u>my pond is stocked with 41 fish</u>, ranging in size from six to 12 inches.

現時点で，私の池には6から12インチまでの魚が41匹放流してある。

load の移動物目的語構文の場合，形容詞的受身で用いられることは多くないが，それに比べると pack はそのような表現もある程度見つかる。たとえば，information packed into NP と NP packed with information であれば後者のほうが使用例は多いが，前者に相当する表現も比較的よく見られる。Pinker (2007) の本文では (39) のような表現が使われている。類例として (40) もある。

(39) <u>The information packed into a verb</u> not only organizes the nucleus of the sentence but goes a long way toward determining its meaning.

動詞に詰め込まれた情報は，文の核を構成するだけでなく，その意味の決定に大きな役割をもつ。

(Pinker 2007: 31 (幾島・桜内訳 (上) 2009: 70))

(40) We have been focusing on constructions in which <u>causation is packed concisely into a verb</u>, as in *break the glass* and *slide the puck*.

これまで私たちは，break the glass（グラスを割る）とか slide the puck（パックを滑らせる）のように，因果関係が動詞そのもののなかに簡潔に詰め込まれた構文にもっぱら注目してきた。

(Pinker 2007: 80 (幾島・桜内訳 (上) 2009: 171))

本章の第5.4節までは場所格交替の複合構文の動機づけについて論じてきたが，そのような動機づけだけを指摘すれば十分なわけではなく，本節で見

202 | 第 5 章　場所格交替と構文の複合形

たように，個々の動詞における慣習的表現や動詞ごとの特異性を記述することもまた重要である。

5.6.　構文の複合形の種類とその分析方法

　本節では，一度場所格交替から離れ，複数の構文の組み合わせ全般について，認知言語学でどのように扱うのがよいかについて考えることで，構文研究における理論的貢献を目指す。

　第 5.1 節で実際の表現には複数の構文が関与するのが一般的であると述べた（Croft and Cruse 2004; Goldberg 2006）。構文間にはスキーマと事例の関係，全体と部分の関係などが見られ，構文の特性の引き継ぎは継承（inheritance）と呼ばれる。しかし，そのような現象を扱うための理論的な整備は十分になされていない（早瀬（2020: 131–146）も参照）。たとえば，Goldberg（2006: 21）は（41）が引き継ぐ構文として（42）を挙げているが，Goldberg は継承する構文を列挙するにとどまっており[20]，構文を組み合わせる際のメカニズムには具体的に言及していない。

（41）　A dozen roses, Nina sent her mother!

（42）　Ditransitive construction / Topicalization construction / VP construction / NP construction / indefinite determiner construction / plural construction

これまでにも複数の構文が関わる表現についての研究はあったが，研究者ごとに考察対象が違うこと，似た用語（e.g. アマルガム，ブレンディング，多重継承，多重事例化）が多数存在し，混同されることもあり，分析のための土台が形成されているとは言い難い[21]。

20　Goldberg（2006）は語も構文として扱っているので，（41）の各語も *dozen, rose, Nina, send, mother* constructions として（41）に関与する構文の一部に含めているが，（42）はそれを省いて提示した。

21　Hilpert（2019）はサブパート・リンク（subpart link）の項目（Goldberg（1995）の用語）で複数の構文が関与する例を紹介しているが，ここでも多様な現象が雑然と扱われているため，整理が必要と思われる。

以下では，認知言語学において複数の構文が関与する表現を扱うための第一歩として，先行研究を整理し，複数構文からの継承のタイプとして以下に述べる4つを分けて考えることが有効であることを示す。4種のうちの1つはすでに見た交差であるが，ほかの現象と比較することで交差についての理解も深まるだろう。なお，関与する構文を便宜的にA，Bと表記するが，継承する構文の数が3つ以上の場合でも同じように扱うことができる。

5.6.1. 構成要素タイプ

1つ目は，ある表現の構成要素として構文Aと構文Bが関わる場合である。これを「構成要素タイプ」と呼ぶことにする。たとえば，他動詞構文 [NP [V NP]$_{VP}$]$_{TRANS}$ はNP構文とVP構文をその構成要素として含んでいる (Hilpert 2019: 63)。初期生成文法で言う句構造規則で扱われていた構文の内部構造は，構文文法では構成要素タイプの継承として扱われる[22]。他動詞構文に含まれるNP構文を例に構成要素タイプを図にすると，以下のようになる。なお，NP構文は他動詞構文以外の構文の一部にもなる。図5-5ではNP構文がPP構文の構成要素でもあることも示している。

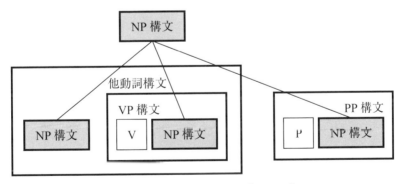

図 5-5. NP構文（構成要素タイプ）

---

22 句構造規則に相当する面が構文文法でどのように扱われるか，句構造規則と構文文法で異なるのはどのような部分か，といった点に関しては，Croft and Cruse (2004: 第10章) や Taylor (2012: 第2, 6章) などを参照。

204 | 第5章 場所格交替と構文の複合形

構成要素タイプの問題として注目すべき現象の1つは，構文の内部に同一の構文が含まれるケースである。Taylor（2002: 565）は所有格が名詞の前に置かれる構文 [NP-POSS N]$_{NP}$ を取り上げている（e.g. the man's hat, the neighbor's car）。この構文は内部に NP 構文を含むが，全体としても NP 構文であり，構文の埋め込みが繰り返し適用可能であることを捉えることができる。構成要素タイプはこのような生成文法で言う再帰的適用に相当する現象を扱う上でも重要である。

5.6.2. アマルガムタイプ

2つ目は，ある表現に構文 A と構文 B が関わっているものの，統語的にはそのどちらからも逸脱している場合である。たとえば，(43) は前半に there 構文，後半に他動詞構文が関わっているが，表現全体として見たときには [there be NP V NP] という構造となっている。そのため，(43) は there 構文や他動詞構文の事例としては特異であり，一方が他方の真部分でもないことから純粋な構成要素の関係とも言えないため，新しい構文が成立しているケースだと考えてよいだろう。

(43)　There was a farmer had a dog.　　　　　　　（Lambrecht 1988: 336）

この種の構文は統語的な特異性ゆえにこれまでにも注目されており，研究者によって様々な用語が用いられてきた。たとえば，Lakoff（1974）やLambrecht（1988）はアマルガム（amalgam）という名称を使用しており，Taylor（2012: 第12章）はブレンディング（blending）として扱っている。Jespersen（1927: 第7章）のように共有構文（apo koinou）という用語を使用する者もいる。ここでは Lakoff らにならって，「アマルガムタイプ」という用語を採用する。

一見すると，(43) は There was a farmer who had a dog. の who を抜かしてしまった言い間違いに見える。実際のところ，Huddleston and Pullum（2002: 1055）は (43) に当たる表現をインフォーマルなものと非標準的なものの中間に位置するとしている。一方で，この種の表現には単なる言い間違いでは説明できない特性も見出せる。Lambrecht（1988）は，(43) には談話に

新しい指示物を登場させる役割があることを指摘している。実際, (44) に見るように, この構文の前半は there 構文や I have ... などに限定される。Lambrecht は There is/I have の部分を提示標識 (presentational marker) として分析できる可能性を示唆している。

(44) a. I have one of my uncles was an engineer and he told me ...
　　 b. *?I asked one of my uncles was an engineer and he told me ...
(Lambrecht 1988: 321)

　また, Jespersen (1927: 第 7 章) はこの種の表現が古くから観察されること, 近代になって関係詞が必要とされるようになってきたことを指摘している。さらに, Diessel and Tomasello (2000) は, このような関係詞のないパターンのほうが関係詞を含むものよりも言語習得上早く学ばれるというデータを提示している。これらを考慮すると, (43) のような例を言い間違いとして済ますのではなく, 独自の構文として分析する必要がある。(43) を「提示アマルガム構文」と呼ぶとすると, 次のように図示できる (提示アマルガム構文の後半は他動詞構文でなくても主語・述語構文であれば何でも構わない)。

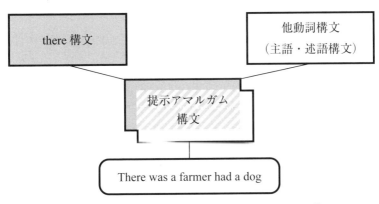

図 5-6. 提示アマルガム構文 (アマルガムタイプ)

206 | 第5章　場所格交替と構文の複合形

アマルガムタイプを扱った研究として柴﨑 (2015) を見てみよう。柴﨑によると，現代アメリカ英語には (45) に見るような That's the X is (that) Y 構文があるという（X には抽象名詞，Y には定形節が現れる）。(45) は柴﨑 (2015:18) が COCA から引用した例である。

(45)　Well, but – of course that's the problem is that they've underinvested in capacity.

柴﨑は，That's (not) the problem. に続いて The problem is that ... が用いられることが，(45) の成立に寄与していると述べ，構文の連鎖の観点からこの表現を分析している。構文の創発を通時的視点から見ること，背後にある構文の連鎖を分析することは，アマルガムタイプの研究として発展させるべき方向の1つであると言える。

5.6.3.　競合タイプ

3つ目は，ある表現に構文 A の特徴も構文 B の特徴も見出せるが，A と B には相容れない面がある（競合関係にある）という場合である。Goldberg (1995) が挙げた以下の例を見てみよう（Bolinger (1971: 第6章) も参照）。

(46)　He cut the speech short. / He cut short the speech. （Goldberg 1995: 97）

(46) の short は目的語の前にも後にも現れるが，このような語順は動詞・不変化詞構文でよく見られる。第3.4節でも触れたように，動詞・不変化詞構文では，不変化詞の位置が目的語の前の場合も後の場合もある (e.g. Turn the light on. / Turn on the light.)。したがって，形式面から言えば，(46) は動詞・不変化詞構文の一種として見なすことが可能である。一方，short は目的語と叙述関係にある (cf. The speech is short.) ことから結果句だと判断することができ，これをもとにすれば (46) は結果構文だと言うことができる。

しかし，Goldberg (1995: 97–98) が挙げる以下の例からわかるように，大多数の結果構文は結果句を目的語の前に出すことはできず (47)，一方で動詞・不変化詞構文の不変化詞と目的語は叙述関係にない (48)。

(47) He talked himself hoarse. / *He talked hoarse himself. (＝He was hoarse.)

(48) He cleaned the mess up. / He cleaned up the mess. (≠The mess was up.)

(46)のように相容れない指定を持つ2つの構文を同時に継承すると考えるのは問題だと感じられるかもしれない。これについて，Goldberg (1995) は (46) に cut short 構文と呼ぶべき独立の構文を想定し，継承元の構文が競合関係にあることは問題にならないとする立場をとる。

Goldberg は (46) のようなケースを構文の多重継承 (multiple inheritance) として紹介している。しかし，多重継承という用語が指す範囲がこのような現象に限定されているものなのかどうか定かではない。実際，(46) のような例を超えて多重継承という用語を用いる研究者もいる。たとえば Hilpert (2019) は，多重継承の一部として，本書で言うアマルガムタイプの事例を扱っている。しかし，(46) がアマルガムタイプで見たような言い間違いや破格といった見方はされないだろうことを考慮すると，アマルガムタイプとは別の扱いが必要であると考えられる。また，多重継承は後述する多重事例化などの用語と似ており紛らわしい。これらを考慮して，本書では多重継承という用語を避け，「競合タイプ」と呼ぶことにする。cut short 構文を例に競合タイプを図で表すと，以下のようになるだろう (図 5-7)。

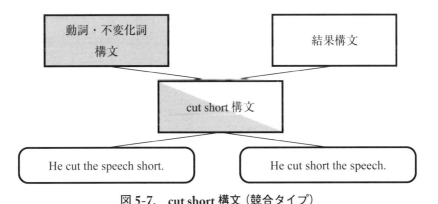

図 5-7. cut short 構文 (競合タイプ)

208 | 第 5 章 場所格交替と構文の複合形

このように，競合タイプに着目することで，研究者間で構文の認定が一致しないケースを整理することができる。たとえば，Uhrig (2015, 2018) は，Quirk et al. (1985) と Huddleston and Pullum (2002) で外置構文の認定が異なると指摘している [23]。Quirk et al. (1985: 第 18.33 節) は (a) It is obvious that ... 型の構文と (b) It seems that ... 型の構文を形式の類似性からともに外置構文として認定している（ただし，(a) は随意的外置，(b) は義務的外置として区別はしている）のに対して，Huddleston and Pullum (2002: 第 11 章第 4.3.1 節，第 16 章第 7 節ほか) は That ... を文頭にした言い換えができるかどうかを重視し，言い換え可能な (a) のみを外置構文として，(b) は非人称構文の一種としている。なお，両者ともに (c) It seems as if ... の構文は外置構文とは考えていない。これをまとめると表 5-2 となる（Huddleston and Pullum は H&P と略記）。

表 5-2. 外置構文の認定（○は外置構文と認定することを表す）

	Quirk et al.	H&P
a. It is obvious that ... (That ... is obvious)	○	○
b. It seems that ... (*That ... seems)	○	×
c. It seems as if ... (*As if ... seems)	×	×

図 5-7 にならうと，Quirk et al. と Huddleston and Pullum の構文認定の違いは次のように表すことができる。

23　Uhrig (2015, 2018) は Quirk et al. (1985)，Huddleston and Pullum (2002) のほかに *A Valency Dictionary of English* における外置構文の記述も扱っている（*A Valency Dictionary of English* では，It seems as if ... も外置構文だとされている）。表 5-2 の構文の関係については，Uhrig (2018: 323) が描くネットワーク図も参照のこと。

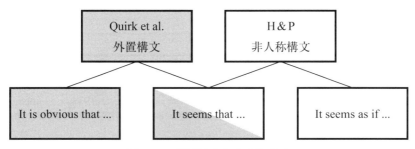

図 5-8. 外置構文と非人称構文

　構文が様々な抽象度で得られることは以前から注目されてきたが，Uhrig (2015) は，同じ抽象度でも，ネットワーク内で競合する構文が複数得られるのだと述べ，この点にも注意が向けられるべきだとしている。構文の認定・分類をしていく上でこのような事例を適切に扱うことは重要だろう。

5.6.4. 交差タイプ

　4つ目はすでに本章で扱ってきた交差である。交差は構成要素タイプと並び，基本的な構文の継承関係であると考えられる。第 5.1 節で I didn't sleep. (Croft and Cruse 2004: 264) を取り上げたが，これについて Croft and Cruse は部分的指定 (partial specification) という用語を用いて説明している。たとえば，否定構文は助動詞＋否定辞の語順などは指定するが，目的語の有無などについては未指定である。そのため，実際の表現で目的語があるかどうかは，同時に継承するほかの項構造構文 (I didn't sleep. の場合は自動詞構文) が指定することになる。したがって，構文が指定する情報は文の一部のみであり，多くの場合，実際の表現は複数の構文の交差であると言える。本章では Lakoff にならい交差という用語を採用したが，Iwata (2008) の言う多重事例化 (multiple instantiation) もこれに相当すると考えられる。

　認知言語学において交差を扱った研究は必ずしも多いとは言えないが，高橋 (2017) は命令文とほかの構文の交差を扱った研究として重要である (ただし高橋自身は「交差」という用語は使用していない)。高橋 (2017)

は，命令文＋二重目的語構文の例を取り上げ，（49）に見るように，一部の二重目的語構文は命令文で用いられやすいことを指摘している。（49a）は「私」のために涙で川ができるほどにたくさん泣いてほしいことを，（49b）は「私」のためにホームランを打ってほしいことを，（49c）は「私」のために山を砕くぐらいの大胆さを見せてほしいことを表す例である（このような表現を扱った先行研究としては，Green (1974)，Oehrle (1976)，Goldberg (1995: 第6章)，Takami (2003) などがある）。

(49) a. Cry me a river. (cf. ?Tim cried me a river.)

    b. Hit me a home run. (cf. ?Alice hit her a home run.)

    c. Crush me a mountain. (cf. ?They will crush you a mountain.)

(高橋 2017: 103–104)

高橋は tell me NP（あるいは tell me about NP）や give me NP をはじめ，let me VP，trust me などの「動詞＋1人称目的語」という表現が命令文に広く観察されることを指摘し，このような定着した事例との類似性が Cry me a river. といった表現が成立する動機づけの1つとなっていることを論じている（より詳しくは高橋 (2017: 第6章) を参照）。つまり，（49）のような表現には生態的地位（第2.2.3.3節を参照）が与えられているのである。

本章で扱ってきた場所格交替の複合構文，そして命令文＋二重目的語構文のような例から，構文Aとしては事例が成立しづらい一方で，構文Aと構文Bの交差の形では定着しているような表現があることがわかる。第5.1節で見た I didn't sleep. のような交差は，ありふれた現象として特別な注意が払われないこともあるだろうが，交差は構文の単純な足し算では捉えきれない（49）のような興味深い表現を生む源泉でもあり，このような事例を扱うことは，記述的にも理論的にも意義があると言える。

以上，複数構文が関与するケースを扱ってきた。この種の現象はこれまで雑然と扱われてきたが，今回のような分類をすることで，たとえば「アマルガムは言い間違いや破格として見なされるような特徴的な形式を持つ表現を生む一方，交差に見られる表現は統語上特異な点はなくても，その意味や生産性に関して単純な組み合わせからは予測できないような点が見られること

がある」などの記述ができるのではないだろうか。また，各タイプの表現が
どのように成立するか（どのような構文がアマルガムとして結合しやすいか，
交差が成立する場合としない場合の違いは何かなど）について考えることも
有益であると思われる。第 5.6 節は，複数構文が組み合わさる事例を扱うた
めの試論であり，今後はより多くの現象を観察し，分析を洗練させていきた
い[24]。

5.7. まとめ

　本章は，課題 4 を取り上げ，場所格交替の 2 つの構文と形容詞的受身の
組み合わさった複合構文について分析した。

(50)　課題 4：ほかの構文と組み合わさったときにどのような性質が見ら
　　　れるか
　　　　場所格交替と形容詞的受身の複合構文の中には，通常の形容詞的
　　　受身と違って，行為の結果とは言えないような位置や状態を表す例
　　　がある。このような表現の動機づけは，主体化，英語の好まれる言
　　　い回しおよび構文ネットワークの観点から扱うことができる。一方
　　　で，この種の構文にも多数の慣習的表現が成立しているという事実
　　　も捉える必要がある。

　本章の第 5.2 節と第 5.3 節では，特に位置や状態を表すのになぜ動詞を使
うのかという問いを取り上げ，場所格交替の複合構文には，仮想的ではあっ
ても行為という側面が関わっており，そのような表現が自然に感じられる
動機づけとして主体化という認知プロセスがあることを論じた。第 5.4 節で

24　ここでは複数構文が関与するケースを 4 つに分けて考えたが，各タイプが常に明確に
　区別できるとは限らない。たとえば，Hilpert (2019) の挙げる以下の例の場合，いずれ
　も他動詞構文（John lost his wallet.）が関わっているのは確かだが，構成要素タイプとす
　べきか，交差タイプとすべきかについては議論の余地があるように思われる。
　　(ⅰ)　What John lost was his wallet.
　　(ⅱ)　As for his wallet, John lost it.
　　(ⅲ)　What happened to John's wallet was that he lost it.　　　　　(Hilpert 2019: 103)

は，なぜ自動詞ではなく他動詞が用いられているのかについて考察し，英語で好まれるスル的な言い回しに合致するからであると述べてきた。位置や状態といったナル的な事態を他動詞の受身で表現するのも，英語らしい言い回しとして自然に感じられるのである。また，移動物目的語構文よりも場所目的語構文のほうが形容詞的受身の複合構文が成立しやすいことを取り上げ，場所目的語構文（結果志向）と形容詞的受身（結果状態）との概念上の相性，構文ネットワークの形成の観点から分析した。このような動機づけが指摘できる一方で，個々の動詞に見られる慣習的表現や動詞によって複合構文の使用範囲が異なることにも目を向ける必要がある（第5.5節）。第5.6節では構文の関わり方をもとに複数構文からの継承を4つに分類した。交差による新しい構文の形成も言語に遍在しており，構文知識の全体像を見渡す上で交差のプロセスを解明していくことは必要不可欠である。

　本章は英語話者にとって複合構文が自然に感じられる動機づけを追究し，図 5-4 のネットワークを描いたが，歴史的に見た場合は，初めからこのようなネットワークが想定できるわけではない。場所格交替の通時的変化を扱った石崎（2020, 2022）は，smear や load の動詞用法は，場所目的語構文の形容詞的受身から始まり，その後に動詞用法が発達していった（過去分詞以外の形や移動物目的語構文での使用が見られるようになった）と述べており，場所格交替の構文ネットワークは動的な再編が繰り返されていったことが示されている（場所目的語構文の形容詞的受身が早い段階から用いられていたという点については，Laffut and Davidse（2002），Laffut（2006）でも指摘がある）。通時的変化については本書の範囲を超えるため，これ以上論じることはできないが，複数構文からの継承についての議論は，構文ネットワークの通時的研究にも貢献できるのではないかと思われる。

第6章

場所格交替とレシピ

...... he who does not mind his belly will hardly mind any thing else. *

―― Samuel Johnson

　第4章では load や smear の用例を調べ，移動物目的語構文は事態を中立的に表現するのに対して，場所目的語構文は評価的意味を伴う傾向にあることを指摘した。以下の（1）に示すように，smear の場所目的語構文であれば，汚れるという否定的評価を表すのに用いられることが多い。ただし，smear の場所目的語構文においても，そのような評価が伴わない場合がある。その1つが（2）のような料理に関する用例である。

（1）　"Look at your hands!" commanded Mr Broadhurst. I looked at them, they were smeared with blood and worse. = 第4章（43b）

＊　食べ物に気を使わない人間は他のことにも気を使わない人間だよ。（永嶋大典訳）

214 | 第6章 場所格交替とレシピ

(2) He set the tray down on the table and she identified the predictable
    ingredients: coffee in a bowl and a hunk of bread smeared with honey. =
    第4章 (66)

第3.5.5節で述べたように，場所格交替動詞の中には料理表現としてよ
く用いられるものがある。たとえば，「塩を振る」に当たる表現としては
sprinkle (e.g. Sprinkle salt over the meat. / Sprinkle the meat with salt.)，「はけ
を使ってバターを塗る」に当たる表現としては brush (e.g. Brush butter over
the loaf. / Brush the loaf with butter.) が用いられる。料理表現が用いられる
もっとも典型的なレジスターはレシピである。本章は場所格交替の2つの
構文がレシピにおいてどのように使い分けられているのかを分析する（課題
5「場所格交替動詞が用いられやすいレジスターとは」)[1]。

6.1.　言語知識の一部としての料理表現

レシピと聞くと，言語使用の一面に過ぎず，文法の研究とは関係がないと
いう印象を受けるかもしれない。しかし，料理表現として用いられるかどう
かによって，動詞の振る舞いが大きく異なることがあり，レシピは文法研究
にとっても有意義なデータを提供する。まず，英語の beat や whip について
考えてみよう（西村 1998: 202, 注6)。beat や whip と聞いて最初に思い浮か
ぶ意味はそれぞれ「何度もたたく」「むちでたたく」だろう。そのような意
味で使う場合，それぞれ行為の対象にどのような変化が生じるかは指定され
ていない。一方，料理表現として用いる場合，beat, whip はともにクリー
ムや卵を「泡立てる」ことを表す。この用法の beat や whip は，対象物への
働きかけを表すのみならず，対象物が被る変化（対象物が泡立つ）を具体的
に指定しており，一種の状態変化動詞になっていると考えることができる。

日本語の「振る」も，料理表現として用いるかどうかで文法的な特性が変
わると考えられる。「振る」は多義動詞であり（cf. 国広 1997: 235–238)，「旗

---

1 本章は野中 (2015c) および Nonaka (2016) を発展させたものである。ただし，第6.5.5
節は野中 (2017b) に基づいている。

を振る」「さいころを振る」など様々な用法がある。しかし，「振る」が使役移動の事象を表し，項として着点を取るのは，「肉に塩を振る」のような料理表現として用いられたときに実質的に限定されている（「旗を左右に振る」であれば，「左右」は着点というよりも方向であるし，「床にさいころを振る」のような表現はできない）[2]。「振る」を含めた日本語の料理表現は第8章で詳しく取り上げることにする。

　以上のように，動詞の用法の中には料理表現という観点を取り込まないと十分に記述することができないものがある。第2章で母語話者は料理についてのフレーム知識やレシピというレジスターにおける典型表現も言語知識の一部として蓄えていると考えられると述べたが，レシピにおける動詞の用法は言語知識の一部を解明するための重要な意義を持つ。

6.2. レシピで用いられる非交替動詞

　レシピにおける場所格交替現象を観察する上で興味深いことの1つは，非交替動詞の振る舞いである。第2.1.6節で見たように，Pinker (1989) は，dribble, drizzle, slosh などの液体を垂らすことを表す動詞（pour クラス）は場所目的語構文には現れないと述べている。

(3) a.　She dribbled paint onto the floor.
　　b.　*She dribbled the floor with paint.　　　　　　（Pinker 1989: 126）

　一方で，Pinker (1989: 157–158) は (4) の実例を挙げ，こうした動詞がま

2　「漢字にルビを振る」のような例では，「漢字」は比喩的な移動の着点として考えることもできるが，物理的な移動について言うと，「振る」が着点を取るのは調味料をかけることを表す例にほぼ限定されているように思われる（「お椀の中にさいころを振る」といった実例もわずかに見つかるが，まれな表現である）。なお，「塩を振る」とも「塩を振りかける」とも言えるように，「振る」と「振りかける」は一見すると同じような使い方をするように感じられるが，「振りかける」が液体を移動させる際にも使いうる (e.g. 日本酒を振りかける) のに対して，料理表現としての「振る」は粒状のものに限定されているようである（「日本酒を振る」という表現を使うとすれば，酒を調味料としてかけるという意味ではなく「野菜ジュースをよく振ってから飲む」などと同じく，容器（瓶）を素早く上下に動かすこととして理解されるだろう）。

れに場所目的語構文で見つかることを報告している（(4a) は料理本から，
(4b) から (4f) までは雑誌のレシピから引用されている。例文中の [ ] の補
足は Pinker による）。(4) の例では，レモン果汁をかけることやマヨネーズ
がかかっていることなどが表現されている。Pinker は (4) のような実例があ
ることを認めつつも，これらを周辺的または非文法的だと考えている。

(4) a. Drizzle them [apple slices] with fresh lemon juice.

b. This version is dribbled with a lively Worcestershire-spiked mayonnaise.

c. ... serve at once with toasted French bread rounds dribbled with olive oil.

d. ... slices of uncooked beef drizzled with a Worcestershire mayonnaise.

e. Arrange the meat on a platter and dribble it all over with the mayonnaise.

f. ... serve at once with crusty Italian bread or toasted bread slices dribbled with olive oil.

Iwata (2008: 71) も以下のような実例があると述べている（drizzle と dribble
の例はウェブから，slosh の例は BNC から引用されている）。

(5) a. To serve: decorate top with raspberries brushed with redcurrant jelly and drizzled with chocolate.
仕上げ：赤房すぐりのジャムを塗ったラズベリーを上に添え，
チョコレートソースをかける。

b. I dribbled the bread with olive oil and New Maldon sea salt, then left in a hot oven for about 5 minutes. ＝第 3 章 (28)
パンにオリーブオイルとニュー・マルドン・シー・ソルトをか
け，熱したオーブンに入れて 5 分ほど焼いた。

c. The menu at Manze's, in London's Tower Bridge Road, by Bermondsey Antiques Market, may not be extensive but at £1.20 for one pie, one mash — sloshed with parsley sauce — there is little reason for customers to argue.

6.2. レシピで用いられる非交替動詞 | 217

　ロンドンのタワー・ブリッジ・ロード沿い，バーモンジー・アンティーク・マーケットからほど近い料理店，マンゼ。ここのメニューは豊富とは言えないが，たった1ポンド20セントでミートパイ1つに山盛りのマッシュポテトが1つ付いて，しかもパセリのソースがたっぷりだ。客からすると，ほとんど文句のつけようがない。

　しかし，例の扱いは Pinker とは異なる。Iwata は，dribble the bread with olive oil のような例では液体で食べ物が覆われており場所目的語構文の意味に合致するため，問題のない表現だと判断している。Iwata は上記の例がいずれも調理に関する例であることを指摘し，言語学者がこれまでレシピなどのテクストに現れる例を見逃してきただけで，drizzle, dribble, slosh は実際には場所目的語構文にも現れるのだと述べている。実際のところ，これらの動詞はレシピでどの程度使用されているのだろうか。本章は，sprinkle や brush などの交替動詞に加えて，drizzle, dribble, slosh についても分析することにする。

　なお，場所格交替動詞ではないが，(4c)，(4f)，(5a) の例に含まれている serve の用法について補足しておく。英語レシピでは最後の1文に料理を提供することを表す動詞 serve がよく用いられる。日本語レシピでは「～してできあがり」や「～して完成」のような表現でレシピを締めることが多いが，英語では serve がそれに近い役割を果たしている（野中 2017a, 2022b）。たとえば，*Oxford Advanced Learner's Dictionary* の serve の項目には Serve the lamb with new potatoes and green beans. という例文が載っているが，これは日本語レシピであれば「ラム肉に新じゃがいも，さやいんげんを添えてできあがり」のような表現に相当する。(4c)，(4f) のように，serve の後に at once が続くこともある。料理をすぐに提供するというのは，要するにできたてを食べてほしいということなので，この場合は「できあがったら早めにお召し上がりください」あるいは「熱々を召し上がれ」などと訳すことができるだろう。(5a) の To serve は，仕上げの盛りつけを説明する箇所であることを示している[3]。

3　第1章で挙げた例文 (14) には，before serving という表現が含まれていたが，これもレシピの締めくくりに当たる言い方の1つである。なお，serve は料理の提供人数を表

218 | 第6章 場所格交替とレシピ

6.3. レシピにおける省略

レシピにおける場所格交替動詞を観察する前に，英語レシピの特徴を紹介しておこう。特筆すべき点は，レシピには様々な省略現象が見られるということである[4]。たとえば，以下の例では，turn out の目的語と floured board の定冠詞が省略されている。Ø は省略を表す記号である。

(6)　　Add enough of the remaining flour to make the dough easy to handle.
　　　 Turn out Ø onto Ø floured board.　　　　　　　　　（Kittredge 1982: 115）

レシピの目的語省略については，数多くの研究がある（たとえば，理論言語学的な文法研究としては Haegeman（1987），Massam and Roberge（1989），Bender（1999），Ruppenhofer and Michaelis（2010），Massam et al.（2017），談話分析としては Brown and Yule（1983），レジスターの研究としては Kittredge（1982），英語史の研究としては Culy（1996），類型論の研究としては Paul and Massam（2021）がある）。英語では一般的に目的語の省略が許容されないが，レシピにおいては頻繁に目的語が省略されるため，研究者の目を引いたのだと考えられる。Culy（1996）は，レシピにおける目的語省略が代名詞の使用に相当する役割を持つと述べている。レシピで場所格交替動詞がどのように用いられているか調べる上で，目的語の省略がどのように関わっているか，具体的には 2 つの構文で目的語の省略の傾向に違いがあるかに着目することが重要であると考えられる。

レシピでは動詞の目的語以外の名詞句も省略されるのだろうか。以下の例に見るように，Haegeman（1987）や Massam and Roberge（1989）は，前置詞の目的語（前置詞補部）はレシピであっても省略されないと述べている。

(7)　　*Add the peanut oil to Ø.　　　　　　　　　　　（Haegeman 1987: 243）

現する用法もあり，This recipe serves 4.「このレシピは 4 人分です」といった表現が用いられる。レシピの提供人数を紹介するセクションでは，この表現の主語を省略した Serves 4「4 人分」といった書き方が見られる。

4　レシピについて，Brown and Yule（1983: 174）は elliptical written language，Ferguson（1994: 21）は simplified register と述べている。

(8)　　Mix the lemon juice and chopped parsley. *Then sprinkle scallops with
　　　*(the mixture).　　　　　　　　　　　　（Massam and Roberge 1989: 136）

一方で，Haegeman は次のような表現は可能であると指摘する。

(9)　a.　Pour in the oil.
　　　b.　Pour over the juice.　　　　　　　　　　　　（Haegeman 1987: 243）

ここでは in や over が不変化詞として用いられており，(9) は動詞・不変化
詞構文の事例である。in や over が前置詞として用いられていたなら (e.g.
Pour the oil {in/into} the pan.)，前置詞補部として表現されているはずの名詞
句が表現されていないという意味で，(9) は前置詞補部の省略に相当する例
であると考えられる。嶋田 (1985: 160) は blend in, fold in, mix in など，in
が用いられる動詞・不変化詞構文に「(料理で材料を) 加える」を表すタイ
プがあることを紹介している。『動詞活用辞典』の fold in(to), blend in(to) の
項目には以下のような料理表現の例が載っている (日本語訳も同辞書から)。

(10)a.　After mixing the other ingredients, blend in the flour.
　　　　ほかの材料を混ぜ合わせたあと，小麦粉を少しずつ混ぜ入れます。
　　　b.　Beat the eggs and milk, then fold in the flour.
　　　　卵と牛乳を強くかき混ぜ，次に粉を切るように混ぜ入れます。

場所格交替との関係で言うと，この種の動詞・不変化詞構文は，移動物目的
語構文に対応する表現である。後ほど見るように，レシピでは Sprinkle over
salt. といった例が見つかる。以下，このように調味料を目的語とする動詞・
不変化詞構文を「sprinkle over salt 型」と呼ぶことにする[5]。
　(9)，(10) はいずれも目的語の前に不変化詞が現れる例であったが，不
変化詞は目的語の後に現れることもある (第 3.4 節と第 5.6.3 節も参照)。不
変化詞が目的語の前に現れるか後に現れるかは完全に自由というわけでは

5　第 4 章などで見た load up the wagon (with goods) のような例は場所目的語構文と動詞・
　不変化詞構文の交差であるため，本章で言う sprinkle over salt 型の構文ではないことに
　注意されたい。

220 | 第6章　場所格交替とレシピ

ない。よく知られているように，目的語の名詞句が長い場合は不変化詞が
目的語の前に，目的語に強勢のない人称代名詞を用いる場合は不変化詞が
後に置かれる（嶋田 1985: 第3章; Huddleston and Pullum 2002: 第16章）。
Huddleston and Pullum（2002）は（11）と（12），（13）と（14）の例を挙げてい
る（下線は原文による）。

(11) a. Sue picked up <u>the dog</u>.

    b. Sue picked <u>the dog</u> up.   (Huddleston and Pullum 2002: 1371)

(12) a. Sue picked up <u>a couple of boxes containing old computer manuals</u>.

    b. [?]Sue picked <u>a couple of boxes containing old computer manuals</u> up.

    (ibid.)

(13) a. I brought in <u>the chairs</u>.

    b. I brought <u>the chairs</u> in.   (ibid.: 1383)

(14) a. *I brought in <u>them</u>.

    b. I brought <u>them</u> in.   (ibid.)

このように，一方の語順が優先的に使用されるような場合がある。以降の分
析では，不変化詞の位置についても考察を加える。

　それでは，前置詞補部ではなく，前置詞句全体を省略する場合はどうだろ
うか。Brown and Yule（1983）は，（15）は add A to B の to B が省略された例
であると述べており，前置詞句が省略されるケースはレシピで実際に見つか
ることが予想される。

(15)   Now add the chicken Ø.   (Brown and Yule 1983: 203)

　ただし，前置詞句の省略はレシピでなくても見られる現象である。Pinker
（1989）は，前置詞句の省略可能性から，場所格交替動詞を2つのサブタイ
プに分けている。移動物目的語構文の前置詞句（on 句や into 句など）が省略
できて，場所目的語構文の前置詞句（with 句）が省略できない場合は移動物
志向動詞であるとされる。反対に，移動物目的語構文の前置詞句が省略でき

ず，場所目的語構文の前置詞句が省略できる動詞は場所志向動詞とされる[6]。

(16) 移動物志向動詞

    a.   John piled books (on the table).

    b.   John piled the table *(with books).   (Pinker 1989: 38)

(17) 場所志向動詞

    a.   John stuffed the feathers *(into the pillow).

    b.   John stuffed the pillow (with feathers).   (ibid.)

　以上のことを踏まえると，レシピにおける場所格交替と省略のパターンは表 6-1 のようにまとめることができる（省略部分に打ち消し線を引いた）。このうち，たとえば移動物志向動詞の sprinkle であれば，[B-3] と [B-4] の用例（表中の網掛け部分）は見つからないはずであるが，それ以外のパターンは観察される可能性があるはずである。レシピではこの中のどのパターンが使われているのか，そしてどのように使い分けられているのか，実際にデータを観察して明らかにしたい。

表 6-1.　レシピにおける場所格交替と省略

	[1] 省略なし	[2] 目的語省略	[3] 前置詞補部省略 [sprinkle over salt 型]	[4] 前置詞句省略
[A] 移動物 目的語 構文	[A-1] Sprinkle salt over the meat.	[A-2] Sprinkle ~~salt~~ over the meat.	[A-3] Sprinkle over salt. (Sprinkle salt over ~~the meat.~~)	[A-4] Sprinkle salt ~~over the meat.~~
[B] 場所 目的語 構文	[B-1] Sprinkle the meat with salt.	[B-2] Sprinkle ~~the meat~~ with salt.	[B-3] Sprinkle the meat with ~~salt.~~	[B-4] Sprinkle the meat ~~with salt.~~

6　Pinker のもともとの用語ではそれぞれ content-oriented，container-oriented だが，本書ではこれまで content（内容物），container（容器）ではなく「移動物」「場所」という呼び方をしてきたので，ここでもそれを踏まえて「移動物志向」「場所志向」という呼び方を採用する。この種の動詞分類に関しては問題点も指摘されている（第 3 章注 9）。ここでの議論は，Pinker の分類法を肯定するというよりは，この基準を足掛かりとして実際に前置詞が省略されている表現があるかどうかを確認するものである。

6.4. レシピの調査

6.4.1. レシピの構造と調査対象

レシピのデータを集めるために，市販の料理本を用いることにする。なお，本書では，「料理の文脈」「レシピ」「料理本」という用語を区別して用いることにする。料理の文脈は，媒体を問わず料理表現が現れる文脈を指すのに用いる。料理の文脈には，家族の会話で夕食が話題になる場面や小説で料理が登場する場面も含まれる。料理の文脈のうち料理表現がもっともよく用いられるのがレシピである。レシピは料理の調理方法を説明した個々のテクストであり，レシピを複数収録している書籍が料理本である。料理本にはレシピ（調理手順の指示）以外にも「はしがき」「食材の説明」「コラム」「索引」などが収録されている。そして，レシピには「料理名」「提供人数」「調理時間」「材料」「調理方法」が含まれる。場合によっては「料理についての背景知識」や「調理方法の補足」なども書かれている（図6-1）[7]。このうち，本書がデータの取得対象としたのは，実際に調理手順が書かれている「調理方法」と「調理方法の補足」である。図6-2として，レシピの例を1つ挙げておく。

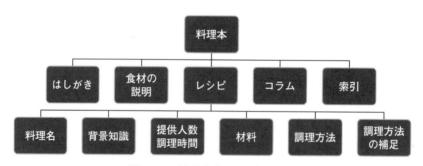

図 6-1. 料理本とレシピの構造

---

[7] このようにテクストの構成を扱うのは，Biber and Conrad (2009) の言うジャンルの観点を取っているということになる（第 2.2.2.3 節を参照）。

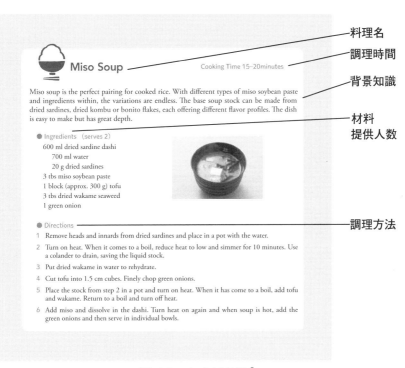

図 6-2. レシピの例 [8]

6.4.2. 調査方法

本書では，特徴の異なる 3 冊の料理本を用意した。

- *How to Cook Step-By-Step*（Octopus Publishing Group, 2013）
  3 冊の中でもっとも調理手順を詳しく説明しており，比較的目的語の省略が少ない。一連の手順を箇条書きで載せているのに加えて，手順のうちいくつかは欄外（「調理方法の補足」に該当）に調理途中の写真を用いて二重に調理方法を説明している。

8　畑佐一味・福留奈美『めしあがれ：食文化で学ぶ上級日本語』（くろしお出版，2021，p. 106）を一部改変。

224 | 第 6 章　場所格交替とレシピ

- *500 Quick and Easy Recipes*（Igloo Books, 2014）
  3 冊の中でもっとも説明が簡略化されており，目的語の省略も一番多い。調理途中の写真は一切ない。
- *English Traditional Recipes*（Herms House, 2014）
  調理手順の詳しさ，目的語の省略の割合は上記 2 冊の中間に位置する。調理手順の箇条書きの途中で一部調理途中の写真を載せている（ただし，*How to Cook Step-By-Step* よりも写真は少なく，また二重に調理手順を載せるということもない）。

この 3 冊は，イギリス・オーストラリアで流通したものである。以下，それぞれ HC，QE，ET と略記する。この 3 冊をスキャンし，本文を検索可能な状態にした。

　本調査で集計に含まれる範囲を明示しておく。英語のレシピの手順は基本的に命令文で書かれるため，動詞は多くの場合（18）のように原形で用いられるが，（19），（20）の斜体にあるようにほかの形が用いられることもある。今回の調査では動詞の形はすべて含めて集計している。なお，目的語が省略されている場合，省略箇所（Ø）を明示して実例を引用する。

（18）　*Sprinkle* the oysters with a little lemon juice.　　　　　　　　（ET）

（19）　Roast Ø 1 hour, *brushing* Ø frequently with oil mixture.　　　　（HC）

（20）　Cut the cake into wedges and serve Ø *drizzled* with warm jam.[9]　（QE）

　以下に当てはまる場合は調査結果から除外した。まず，交替動詞であったとしても付着を表す場所格交替の用法とは無関係の場合である。次に，形の上では動詞と同じであっても実際には名詞として用いられている場合である。除外した例として，（21）の brush を見てみよう。はけで塗ることを表す brush は交替動詞に分類されているが，brush away は付着ではなく除去を表す用法である。また，a pastry brush（料理用のはけ）の brush は名詞用法である。これらの brush は調査結果に含めていない。

9　cut the cake into wedges は結果構文であり，「ケーキを（放射状に）切り分ける」を表す。

(21) Pick over the mushrooms and brush away any soil with a pastry brush.
(QE)

6.4.3. 調査結果

　上記のような基準で3つの料理本で用いられている動詞を調査し，移動物目的語構文，場所目的語構文の両方に生起しているものを集計した。それらの動詞のうち，用例数の多いものを上から4つ挙げると sprinkle, brush, drizzle, rub となる[10]。以下では，この4つの動詞を分析することにする（この4動詞の調査を指して「本調査」「今回の調査」と言う）。

　表6-2はこの4つの動詞がどちらの構文で用いられているのかを料理本ごとに集計したものであり，表6-3は動詞ごとに集計したものである（これらの動詞がどの動詞クラスに当たるのかも記載している）。

表 6-2.　料理本ごとの構文用例数

	HC	QE	ET	合計
移動物目的語構文	28	62	62	152　(36%)
場所目的語構文	100	104	72	276　(64%)
合計	128	166	134	428 (100%)

表 6-3.　動詞ごとの構文用例数

	sprinkle (spray クラス)	brush (smear クラス)	drizzle (pour クラス)	rub (smear クラス)	合計
移動物目的語構文	61	9	31	51	152　(36%)
場所目的語構文	136	85	41	14	276　(64%)
合計	197	94	72	65	428 (100%)

　上記の表から，全体的な傾向として，場所目的語構文のほうが多く使用されていることがわかる。ただし，brush のように場所目的語構文で特によく用いられるものもあれば，rub のように移動物目的語構文のほうが用例数の

10　ほかの交替動詞として pile, scatter, spread なども見つかる。

226 | 第6章　場所格交替とレシピ

多いものもある。

　まず，各動詞の用例を確認しておこう。sprinkle は場所格交替動詞の中で
はもっとも使用例が多かった。移動物目的語構文と場所目的語構文の割合
はおよそ1対2である（これは4つの動詞の合計の分布とほぼ同じである）。
(22) に示すように，sprinkle は主に調味料を振りかける際に使用される。

(22) a.　Sprinkle the remaining cheese over the top.　　　　　(ET)
　　　　　残りのチーズを振りかける。

　　 b.　Lay out the herring fillets skin side down, and sprinkle the flesh with a
　　　　　little salt and pepper.　　　　　　　　　　　　　　　(ET)
　　　　　ニシンの切り身は皮の方を下にして並べ，身に塩こしょう少々を
　　　　　振る。

　次に用例が多かった交替動詞は brush である。brush は以下の例のように
はけを使ってバターや油などを塗ることを表すのに用いられる。brush はそ
のほとんどが (23b) のように場所目的語構文として使用されていた。

(23) a.　Mix the curry paste and mustard seeds together then brush it over the
　　　　　potatoes.　　　　　　　　　　　　　　　　　　　　　(QE)
　　　　　カレーペーストとマスタードシードを混ぜ合わせ，はけでジャガ
　　　　　イモに塗る。

　　 b.　Brush the steaks with the oil and season Ø well.[11]　　(QE)
　　　　　ステーキ肉にオリーブオイルを塗り，よく味をつける。

　興味深いのは，非交替動詞とされていた drizzle が移動物目的語構文だけ
でなく場所目的語構文でも用いられていることである。しかも，驚くべきこ
とに，場所目的語構文の使用例のほうが多い。(24) を見てみよう。

(24) a.　Drizzle aïoli over beef; top Ø with rocket and cheese.　　(HC)
　　　　　アイオリソースを牛肉にかけ，ルッコラとチーズをのせます。

11　この例における the oil は，このレシピにおける材料紹介のセクションから，olive oil で
　　あることがわかるので，日本語訳では「オリーブオイル」とした。以降の例も同様。

b. Drizzle pasta with 2 tablespoons of the oil and toss Ø to coat Ø. (HC)
   パスタにオリーブオイル大さじ 2 杯をかけてよくからめます。

drizzle は，ドレッシングやオリーブオイルなどをかけることを表す動詞として 3 冊の料理本のいずれにも用いられていた。drizzle は単にレシピで用いられることがあるだけでなく，レシピで用いられる主要な動詞の 1 つであると言える。一方で，類似した意味を持つ dribble や slosh は上記 3 冊の料理本では 1 度も用いられていない（場所目的語構文はもちろん，移動物目的語構文の用例もない）。料理表現として慣習化しているかどうかは，drizzle と dribble/slosh では大きく異なると考えられる。

4 つの動詞のうち rub は移動物目的語構文の使用例が多いが，これは (25) にあるように rub the butter into the flour (または rub in the butter) という決まった言い方があるためである。この表現は，指先でバターをつぶすようにしながら小麦粉と混ぜるという調理工程を表している。ET では図 6-3 のような調理過程の写真が添えられている。

(25) Rub the butter into the flour until the mixture resembles fine crumbs.
(ET)
指先でバターをつぶすようにして小麦粉に混ぜ合わせてそぼろ状にする。

1　Rub the butter into the flour until the mixture resembles fine crumbs. Stir in the egg yolk, with a little water if necessary, and gather the mixture into a smooth ball of dough.

図 6-3. rub the butter into the flour の例[12]

12　Annette Yates, *English Traditional Recipes* (Herms House, 2014, p. 196) から引用。

228 | 第6章 場所格交替とレシピ

rub の移動物目的語構文 51 例のうち 40 例が rub the butter into the flour に類する表現である（rub の場所目的語構文ではこれに相当する表現は見られなかった）。それ以外の用法としては，（26）のようなすり込む動作を表す例が見つかる。

(26) a. Rub the spice mixture all over the lamb, then season Ø with salt and
freshly ground black pepper. （HC）
スパイスを混ぜ合わせたものをラム肉全体にすり込み，塩と挽きたての黒こしょうで味つけします。

b. Rub beef with oil, season Ø. （HC）
牛肉にオリーブオイルをすり込んだら，味をつけます。

次に，上記の 4 つの動詞のデータを表 6-1 の省略のパターンに当てはめると，表 6-4 の結果が得られた。

表 6-4. 料理本における省略のパターン

	[1] 省略なし	[2] 目的語省略	[3] 前置詞補部省略 [sprinkle over salt 型]	[4] 前置詞句省略
[A] 移動物目的語 構文 （152 例）	[A-1] 89 (58.6%)	[A-2] 11 (7.2%)	[A-3] 49 (32.2%)	[A-4] 0
		目的語と前置詞補部を両方省略 3 (2.0%)		
[B] 場所目的語 構文 （276 例）	[B-1] 112 (40.6%)	[B-2] 164 (59.4%)	[B-3] 0	[B-4] 0

上記の表から，まず目的語省略の割合が構文によって顕著に異なることがわかる。移動物目的語構文の目的語省略 [A-2] は 7.2% である（多くカウントしたとしても 9.2%）のに対して，場所目的語構文の目的語省略 [B-2] は半数以上（59.4%）である。（27）は移動物目的語構文の目的語省略，（28）は場所目的語構文の目的語省略の例である。

(27) Combine rind and juice; drizzle Ø over each mango cheek.[13]　　　　(HC)
(マンゴーの)皮と果汁を混ぜ合わせ，カットしたマンゴーにかけます。

(28) Divide the kebabs [= the pear kebabs] between 4 warm plates and drizzle Ø with toffee sauce.[14]　　　　(QE)
温めておいた皿に洋ナシの串を取り分け，タフィーソースをかける。

　移動物目的語構文の目的語省略 [A-2] は少なかったが，前置詞補部の省略に当たる sprinkle over salt 型の動詞・不変化詞構文 [A-3] としての用例は 32.2% ほどあった。場所目的語構文の目的語省略 [B-2] と sprinkle over salt 型 [A-3] は別の構文ではあるものの，どちらも場所名詞句を表現していないという共通点がある（たとえば，(29) の sprinkle over the thyme は sprinkle the thyme over Ø に当たる表現である）。

(29) Arrange the chicken, tomatoes and spring onions on 4 plates and sprinkle over the thyme.　　　　(QE)
鶏肉，トマト，ネギを皿に並べ，タイムを振りかける。

(30) Bake Ø for 35–40 minutes or until the tops are golden brown, then drizzle over the honey.　　　　(QE)
35～40分ほど表面がきつね色になるまで焼いたら，はちみつをかける。

(31) Rub in the butter until the mixture resembles fine crumbs.　　　　(ET)
バターをつぶしながら（小麦粉に）混ぜ，そぼろ状にする。

　なお，sprinkle over NP や drizzle over NP といった表現には注意が必要である。これらの表現には，(27) のように NP が場所である場合（移動物目的語構文の目的語省略）と，(30) のように NP が移動物である場合（sprinkle

---

13　マンゴーは中央に平たい種が入っており，その中央部分と両端の3つに分かれるように切ることが多い。このようにして切られた両端部分は mango cheek と呼ばれる。

14　この例で 4 warm plates と書かれているのは4人分のレシピだからであるが，日本語レシピでは食器等の枚数（あるいは人数）に言及することはあまりないため，日本語訳においては枚数を書かないこととした。以降の例に出てくる 4 wooden skewers の場合も同様。

230 | 第6章 場所格交替とレシピ

over salt 型）があるため，文脈や NP の意味をもとに，どちらの構文である
か判断する必要がある。

　また，3 例のみだが移動物も場所も表現されていない rub in という用例が
あった。これは [A-2] かつ [A-3] の事例であり，すべて ET で用いられてい
た。以下，その例を 1 つ挙げておく。移動物，場所を両方とも明示する場
合は rub the butter into the flour mixture のような表現になるだろう。

(32)　Sift the flour, baking powder and cinnamon together, then add the butter
　　　and rub in with the fingertips until the mixture resembles fine crumbs.

　　　　　　　　　　　　　　　　　　　　　　　　　　　　　　　　(ET)

　　　小麦粉，ベーキングパウダー，シナモンを合わせてふるい，バター
　　　を加え，指先でつぶしながら混ぜてそぼろ状にします。

　[B-3] と [B-4] に該当する例が 1 例もないことは予想通りであったが，意外
なことに移動物目的語構文，場所目的語構文ともに前置詞句省略の例 [A-4]
は見つからなかった。

6.5.　5 つの問いに答える

　上記の結果を受けて，本節では次の問題を考えていくことにする。

- なぜレシピでは場所目的語構文のほうが多く使用されるのか（6.5.1）
- なぜどちらの構文の場合でも場所名詞句が省略されやすいのか（6.5.2）
- 目的語や前置詞補部は省略されることがあるのに，なぜ前置詞句は省
  略されないのか（6.5.3）
- 場所目的語構文が多い一方で，時として移動物目的語構文が使用され
  るのはなぜか（6.5.4）
- 非交替動詞であると認識されてきた drizzle をどのように位置づける
  べきか（6.5.5）

6.5.1. デフォルトとしての場所目的語構文

　レシピで交替動詞を用いる場合，場所目的語構文がデフォルトの選択肢となっていると言えるが，それはなぜだろうか。この問いに答えるにあたって，レシピにおける移動物と場所の役割について考えることが重要であると思われる。レシピでは移動物名詞は調味料（e.g. butter, salt, oil），場所名詞は肉や野菜などのメインの食材（e.g. steak, onion, tomato）であることが多く，交替動詞が表す事態は調味料を使ったメインの食材の味つけである（図6-4）。調理においては，メインの食材を切ったり焼いたりして変化させていくのが主な行為であると言える（Massam et al. (2017) の object of manipulation, Shimojo (2019) の magjor ingredient という用語は，本書で言うメインの食材に相当する）。そのように考えると，調味料による味つけもメインの食材に変化をもたらす行為，つまり場所の状態変化を引き起こす行為として捉えるのが自然である。このことが，場所目的語構文を用いる動機づけとなっていると考えられる。

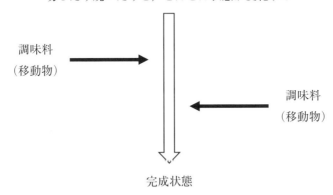

図 6-4．調味料（移動物）とメインの食材（場所）の位置づけ

　調味料による味つけが，場所目的語構文の意味に合致した事態であるという点について考察するには，Buck (1993) の名詞転換動詞の分析を参照す

232 | 第6章　場所格交替とレシピ

るのが有益だと思われる。Buck は bag のような容器を表す名詞を動詞に転換させた場合（location verb）と，sugar のような何かに付着させる物を表す名詞を動詞に転換させた場合（locatum verb）を比較している。以下，それぞれ場所名詞由来の転換動詞と移動物名詞由来の転換動詞と呼ぶことにする。Buck は両者の違いを次のようにまとめている（表 6-5 は Buck（1993）をもとに作成）。

表 6-5.　場所名詞由来の転換動詞と移動物名詞由来の転換動詞

	目的語	意味
場所名詞由来の転換動詞 to bag groceries to shelve the books	移動物 （移動物目的語構文）	• 移動物を場所に置く（収納する）ことを表す • 移動物と場所は独立した関係を保つ
移動物名詞由来の転換動詞 to spice the food to sugar the tea	場所 （場所目的語構文）	• 移動物を場所に付着させることを表す • 移動物は場所の一部となり，場所の性質を変える

場所名詞由来の転換動詞は，移動物が場所に置かれたり収納されたりする事態を表す。この場合，移動物は再びその場所から移動させることも可能である（to bag groceries であれば，バッグに入れたものは取り出すことができる）。それに対して，移動物名詞由来の転換動詞が表すのは，単に移動物を場所に付着させるだけでなく，それにより移動物が場所の一部となり，場所の性質を変化させるという事態である。Buck は Dave spiced the food. という例について，以下のように述べている（THEME が移動物，PLACE が場所に当たる）。

(33)　The THEME *spice*, upon arriving at the final PLACE location *food*, no longer maintains its independence and so does not simply establish a locative relation to it. The food and the spice in fact become one unit. The PLACE object *food* changes; it now acquires the spicy property of the THEME inherent in it.　　　　　　　　　（Buck 1993: 143）
　　　移動物である spice は着点となる場所の food に付着することで，そ

の独立性を失い，位置関係と呼ぶだけでは捉えきれない関係を結ぶ。よりはっきりと言えば，食べ物とスパイスは一体化するのである。場所である食べ物は変化する，つまりスパイスが効いた味という，移動物の性質であり，場所に内在することになった性質を獲得するのである。

Buck は上記のような場所名詞由来の転換動詞と移動物名詞由来の転換動詞の違いが，場所格交替における 2 つの構文の意味の違いにも対応していると考えている。メインの食材を変化させること，とりわけその味を変化させること（味つけ）はレシピでもっとも重要な行為であると考えてよいだろう。そのため，レシピで場所目的語構文の使用が多いというのは自然な帰結である。なお，（23b）で見た brush the steaks with the oil「ステーキ肉にオリーブオイルを塗る」といった行為は，次の調理工程（加熱）の準備ができた状態にするという意味合いが強いが，この場合でも味の変化を伴っているのは確かである。また，調味料をかける場合，味が変化するだけでなく，見た目（彩り）や香りの変化も同時に起こっていることが多いだろう。本書で言う「味の変化」や「味つけ」はこのようなものを含む広い用語として理解されたい。

レシピに用いられる交替動詞は，場所目的語構文で用いられることが多いが，移動物目的語構文として使用される場合であっても，味つけを目的とした行為を表していることには変わりない。この点については，移動物目的語構文の中で交替動詞と非交替動詞を確認することで，よりはっきりと理解できる。これまで見てきた例からもわかるように，場所格交替動詞の場合，移動物には（チーズなどを含めた広い意味での）調味料，場所には食材がそれぞれ用いられる。これは移動物目的語構文と場所目的語構文どちらを使う場合にも共通である。一方，移動物目的語構文にしか現れない非交替動詞のpour や drop の場合は必ずしもそうではない。まず，（34）や（35）のように移動物に調味料，場所に食材が用いられる例を見てみよう。これらは味つけを表す例である。

(34) Pour the honey over the pineapple slices and leave Ø to marinate for 20

minutes.[15]   (QE)

輪切りにしたパイナップルにはちみつをかけ，20分間漬けておく。

(35)　Drop 1 teaspoon of jam into each tart shell.   (HT)

タルトシェル（タルト生地を焼いて型から外したもの）にジャム1さじをのせます。

しかし，(36)，(37)のように場所にsaucepanやboiling waterといった食材以外の名詞句が用いられることも珍しくない。これらの例におけるpour, dropが表す行為は，場所に対する味つけではない（食材と言えるのは場所ではなく移動物のほうである）。

(36)　Pour the milk into a saucepan and bring Ø to simmering point.[16]   (QE)

牛乳を鍋に入れ，沸騰する手前まで温める。

(37)　Drop it [= the marsh samphire] into boiling water for just 1 minute before draining and serving.   (ET)

シーアスパラガスを沸騰したお湯に入れて，さっと1分茹でる。水気を切ったらできあがり。

(36)，(37)のように場所に食材以外の名詞句が用いられる例は，今回の調査で得られた4つの動詞の用例においては1件のみであった[17]。したがって，交替動詞の移動物目的語構文も味つけの行為を表すのが基本的な用法であると言える。

　交替動詞の移動物目的語構文も味つけを表しているとは言っても，場所目的語構文とは行為の焦点に違いがあり，移動物目的語構文が用いられるのは移動物そのものや移動の過程に着目したときであると考えられる。それで

15　leaveはレシピで「そのままにしておく」「寝かせる」を表すときによく用いられる。特にleave Ø to {stand/marinate/cool} (for ... minutes)は慣習的な表現になっている。

　　(i)　Remove Ø from the oven and leave Ø to stand for 15 minutes.　(ET)

16　「沸騰させる」「煮立たせる」を表す際にはbringがよく用いられる。特にbring Ø to the boilやbring Ø to a simmerといった表現が多く見つかる。

　　(i)　Place apple and the water in large saucepan; bring Ø to the boil.　(HC)

17　本調査で見つかった唯一の例は後述する例文 (64a) である。

は，レシピにおいて移動物や移動の過程に着目するのは，どのようなとき
かという疑問が生じるが，それについては第 6.5.4 節で取り上げることとし
て，先に省略に関する問題を論じることにする。

6.5.2.　場所名詞句の省略
6.5.2.1.　場所目的語構文の目的語省略

　表 6-4 で場所目的語構文では目的語が省略されやすいことを見たが，これ
もメインの食材となる場所名詞に着目することの一環として考えることがで
きる。Brown and Yule (1983) はレシピで省略されている目的語がトピック・
エンティティ (topic entity) として機能していると指摘している。トピック・
エンティティとは，話し手・書き手が談話の中心に据える対象のことである。

　紛らわしい用語として主題 (theme) があるが，Brown and Yule は主題とト
ピック・エンティティを区別している。Brown and Yule の言う主題は，文の
一番最初にくる要素のことである。トピック・エンティティは文中で主題の
位置に現れることもあれば，そうでないこともある。Brown and Yule は (38)
のテクストを挙げ，両者の違いを説明している。このテクストのトピック・
エンティティは一貫して Mr William Serby である。1 文目と 2 文目はこれが
主題でもあるが，3 文目と 4 文目は時間を表す副詞句が主題になっている。
((38) は Brown and Yule (1983: 137–138) が取り上げた *The Times* の記事を
一部省略して引用したものである。下線と斜体は Brown and Yule による。)

(38)　*Mr William Serby*

　　Mr William Serby who died aged 85 on September 20 was County
　　Treasurer to Buckinghamshire County Council from 1929 to 1961.

　　　He was commissioned in the Queen's (R. W. Surrey Regiment) in
　　1915 and served in France until he was wounded in 1916. <u>From 1917 to</u>
　　<u>1919</u> *he* served as liaison officer with the French and Russian forces in
　　the North Russian Expeditionary Force.

　　　<u>In 1926</u> *he* was appointed County Accountant to the Cornwall C.C. [...]

これを踏まえて，レシピの例を確認してみよう。(39) では brown と place

の目的語が省略されているが，このレシピは省略された要素である onion の調理を中心に述べるものである（斜体は Brown and Yule による）。つまり，このレシピのトピック・エンティティは onion であると考えることができる。

(39)　Slice *the onion* finely, brown Ø in the butter and then place Ø in a small
　　　 dish.　　　　　　　　　　　　　　　　　　　　　（Brown and Yule 1983: 175）

なお，Brown and Yule (1983) とは理論的な枠組みや用語は異なるが，Haegeman (1987) は省略される目的語が topic であると述べ，Paul and Massam (2021) は null topicalization と呼んでおり，省略の役割については Brown and Yule と同じように考えていると理解してよいと思われる。

　それでは，場所目的語構文で目的語が省略されている例を見てみよう。

(40)　Celery, Cambozola and Cashew Salad
- Chop half of the cashews and leave the rest whole. Mix them with the celery, Cambozola and tomatoes and divide Ø between 4 bowls.
- Drizzle Ø with olive oil and sprinkle Ø with salt and pepper before serving.　　　　　　　　　　　　　　　　　　　　　　（QE）

　　　 セロリとカンボゾーラとカシューナッツのサラダ
- 用意したカシューナッツを半分だけ刻み，残りはそのままにしておく。セロリ，カンボゾーラ，トマトと混ぜ合わせ，深皿に取り分ける。
- オリーブオイルをかけ，塩・こしょうを振ったらできあがり。

短いレシピではあるが，celery，Cambozola（チーズの一種），cashew など（を混ぜ合わせたもの）がサラダにとってメインの食材であること，2つ目の手順である調味料による味つけの文で省略された目的語（メインの食材）はトピック・エンティティであることが確認できる。目的語省略の動機づけと合致することも，レシピで場所目的語構文の使用が好まれる一因だと考えられる。

　目的語省略の傾向は，場所目的語構文のみに現れる非交替動詞の場合に，より顕著である。場所目的語構文のみに現れる動詞のうち，レシピでよく使

われるものには (41)，(42) のように season（味つけする），garnish（料理に付け合わせを添える）といったものがあるが，いずれも目的語省略の割合が非常に高い。

(41) Stir the peppers and oil into the squid mixture and season Ø with salt and pepper. (QE)
（ほかの食材と）和えたイカにこしょうとオリーブオイルを加えて混ぜ，塩，こしょうで味つけする。

(42) Arrange the fishcakes on warmed plates and garnish Ø with rocket leaves and chives. (ET)
温めた皿にフィッシュケーキを並べ，ルッコラの葉とチャイブを添える。

たとえば，QE では season の用例が 81 例見つかるが，そのうち 73 例で目的語が省略されている。QE の garnish では，42 例のうち 39 例で目的語が省略されている。season や garnish のデータは，場所目的語構文の目的語省略がレシピで好まれる表現様式であることをより顕著な形で示していると言える。

6.5.2.2. sprinkle over salt 型の動詞・不変化詞構文

移動物目的語構文では目的語の省略はまれである。メインの食材がトピック・エンティティになるのが普通であることを考えれば，調味料である移動物名詞句を省略しないのは自然である。

一方で，移動物目的語構文は，sprinkle over salt 型として用いることで場所名詞句を表現しないことが可能である。この場合も場所目的語構文の目的語省略と同じく，トピック・エンティティである場所名詞句（メインの食材）の省略として扱うことができるだろう。実際，sprinkle over salt 型は場所目的語構文の目的語省略と極めて近い役割を果たしていると考えられる。以下の例でそれを確認してみよう。(43) は場所目的語構文の目的語が省略されているレシピ Monkfish and Pepper Kebabs であり，(44) は sprinkle over salt 型が用いられたレシピ Boiled Potatoes with Garlic Mayonnaise である。

238 | 第6章　場所格交替とレシピ

(43)　Monkfish and Pepper Kebabs

- Soak 4 wooden skewers in cold water for 20 minutes.
- Preheat the grill to its highest setting.
- Thread alternate chunks of monkfish and peppers onto the skewers and spread them out on a large grill tray.[18]
- Grill the kebabs for 4 minutes on each side or until they are golden brown and cooked through.
- <u>Sprinkle Ø with parsley and serve Ø.</u>　　　　　　　　　(QE)

アンコウとピーマンのケバブ

- 木串を冷水に20分浸す。
- グリルを最高温度に温めておく。
- アンコウのぶつ切りとピーマンを交互に串に刺し，大きめのグリルトレーに並べる。
- 串の両面を4分ほど，表面がきつね色になり中に火が通るまで焼く。
- パセリを散らしてできあがり。

(44)　Boiled Potatoes with Garlic Mayonnaise

- Boil the potatoes in salted water for 12 minutes or until tender then drain Ø well and arrange Ø on a warm serving plate.
- Mix the mayonnaise with the garlic and lemon juice and spoon the mixture over the potatoes.
- <u>Sprinkle over the parsley and serve Ø.</u>　　　　　　　　　(QE)

茹でじゃがいものガーリックマヨネーズのせ

- じゃがいもは12分ほど柔らかくなるまで塩茹でし，水気をよく切り，温めておいた皿に並べる。
- マヨネーズにつぶしたニンニクとレモン汁を混ぜ合わせてソースを作り，スプーンですくってじゃがいもにかける。
- パセリを散らしてできあがり。

18　この例における pepper は green pepper, red pepper, yellow pepper のことで，緑・赤・黄のピーマン（パプリカ）を指す。

6.5. 5つの問いに答える | 239

（43）と（44）の下線部は，それまでの調理手順で加工してきたメインの食材に対して，最後にパセリをかけて，料理を完成させることを表している。いずれもレシピの最後の1文であり，移動物名詞がparsleyであること，その後に続くのがand serveであるという点まで一致している。少なくともこれらの例においては，場所目的語構文の目的語省略とsprinkle over salt型が果たす機能に実質的な違いはないと言ってよいと思われる[19]。

　興味深いことに，今回の調査で見つかったsprinkle over salt型の動詞・不変化詞構文のうち大部分が，不変化詞（本節ではPと表記）が目的語の前に現れる [V P NP] という語順であった。より正確に言うと，[V P NP] が48例，[V NP P] が1例，目的語が省略されて [V P] となっているのが3例である。この点も，メインの食材への注目という観点から捉えるのが有効だろう。嶋田（1985）は，動詞・不変化詞構文の目的語と不変化詞の位置を決める要因の1つに「話題」があると述べている。嶋田（1985: 57）は次の例を挙げている（以下，本節で引用する嶋田（1985）の例文は，小説から引用されたものであり，例文中の斜体および日本語訳は嶋田による）。

（45）　The European picked up the brandy glass and, with the patience of the artist he was, pressed the tape around the lower surface, then gently peeled it off. Again he *held the glass up*; the prints were seen in dull perfection against the light of the table lamp.

そのヨーロッパ人はブランデーグラスを持ち，芸術家としての注意深さで，テープをその表面に押し付け，ていねいにはがした。再びそのグラスをかざし，電気スタンドの光を透かして見ると，くすんだ色の指紋がくっきりと付いていた。

この例では，Again he held the glass up という動詞・不変化詞構文が用いられるよりも前に，グラスについての行為が連続で描写されている。嶋田は，the glass が関心の中心になっていると述べ，これを「話題」と呼んでいる。

19　ただし，（43）の場所目的語構文の目的語省略と（44）の sprinkle over salt 型を比べてみると，前者の移動物名詞句には the がないのに，後者は the を伴っているという違いが見られる。

240 | 第6章 場所格交替とレシピ

そして，目的語が話題として機能する場合，目的語は不変化詞よりも前に現れるとまとめている。

嶋田自身は「話題」という用語についてあまり明確な説明を与えていないが，これは先ほどのトピック・エンティティとは異なる概念である。トピック・エンティティが談話全体で中心となる人や物を指すのに対して（実際，Brown and Yule は discourse topic entity という言い方もしている），嶋田の言う「話題」は談話全体というよりは先行する文脈ですでに言及がなされているといった意味合いであると理解してよいように思われる。

嶋田（1985: 62）は次の例を挙げ，[V NP P] と [V P NP] を対比している。

(46)　... Freddie touches one of two pens in Cade's jacket pocket. Cade *takes the pen out* and hands it to Freddie.

(47)　The woman opens her purse and *takes out a dollar*.

(46) では，pen への言及があった上で Cade takes the pen out という動詞・不変化詞構文が用いられており，目的語 the pen は話題に当たる。このような場合は，先ほどの (45) と同じく，目的語が不変化詞よりも先に現れ，[V NP P] という語順になっている。一方，(47) の takes out a dollar の例では，a dollar は take out という行為で初めて場面に登場するのであり，それまでに言及がないため話題にはなりえないと嶋田は述べる。このような場合は [V P NP] の語順になる。

このことを踏まえれば，レシピにおける sprinkle over salt 型が [V P NP] の語順で多く見つかることにも納得がいく。これまで述べてきたように，レシピはメインの食材がどうなるかを中心に述べる。メインの食材が調理手順の冒頭から言及されるのに対して，多くの場合，調味料はそれを用いる段階で初めて調理手順に登場する。sprinkle over salt 型よりも前に当該の調味料が表現されることはまれであり，通常は嶋田の言う話題にはならない。そのため，レシピでは [V P NP] の語順が適しているのだと考えられる。

なお，場所格交替に参与しない動詞に目を向けると，メインの食材を目的語に取るような動詞・不変化詞構文の用例も見つかる。この場合，目的語が話題に当たるので，(48)，(49) のように [V NP P] という語順も多く見つかる。

(48) Roll the pancakes up and transfer them to a baking tray then bake Ø for 10 minutes or until golden brown.　　　　　　　　　　　　　(QE)
パンケーキを巻いてベーキングトレーに移し，10分ほどきつね色になるまで焼く。

(49) Turn the kippers over, brush the uppermost (fleshy) side with melted butter, put back under the grill and cook Ø for 4–5 minutes.　　(ET)
ニシンの燻製をひっくり返し，上面（肉厚の面）に溶かしバターを塗り，グリルに戻して4〜5分焼く。

今回の調査で見つかった sprinkle over salt 型はそのほとんどが [V P NP] であったが，1例のみ [V NP P] が見つかった。それが (50) である。

(50) Arrange the mini pavlovas on a serving plate and drizzle the coulis over and around.　　　　　　　　　　　　　　　　　　　　　　(QE)
ミニ・パブロバを皿に並べ，クーリソースをパブロバの上とその周りにかける。

嶋田 (1985: 49) は，不変化詞の後に，位置や結果状態をさらに詳しく述べる表現が続く場合，不変化詞が目的語の後に置かれると述べ，以下の例を引用している。

(51) a.　He *handed* the phone *back to Krantz*, who replaced it on the cradle.
　　 b.　We always *cut* the potatoes *up small*, so they will cook faster.

このように不変化詞を含む2語以上のかたまりで位置や状態を表現する例では，話題であるかどうかにかかわらず，不変化詞は目的語の後ろに現れる。(50) も over and around と不変化詞が2つ用いられており，(51) のような例に近いと言えるだろう。

　本節では，sprinkle over salt 型の動詞・不変化詞構文の使用例を観察してきたが，この構文をどの程度使用するかについては料理本によっても差が見られる。実は，3冊の料理本における sprinkle over salt 型の用例数は偏っており，全体の52例中，QE が30例，ET が20例，HC はわずか2例で

242 | 第6章 場所格交替とレシピ

あった。また，個人差も見られるようである。たとえば，Sprinkle over the
parsley. のような例を英語母語話者に見せると，中にはこのような表現は英
語としておかしいのではないかと言う者もいた。どのレジスターでどのよう
な表現が用いられるかについての知識は，母語話者であっても相当程度異
なっていると考えられる。インストラクションを表すレジスター（家具の組
み立て方やペンキの塗り方の説明書など）の中では，レシピはそれなりに触
れる機会がある分，たとえ普段から料理をしない人にとっても多少はなじみ
のあるレジスターであるが，それでもこのような構文の知識にずれが見られ
るというのは興味深い。

6.5.3. 前置詞句と省略

　レシピで場所格交替動詞を用いる場合に場所名詞句が省略されやすいこと
は，すでに見た通りである。場所名詞句を省略する手段として，場所目的語
構文の目的語省略，sprinkle over salt 型として使用したもの（表6-4 の [B-2]
と [A-3]）だけでなく，移動物目的語構文の前置詞句を省略する（表6-4 の
[A-4]）という方法も取れるはずであるが，実際にはそのような例は，少な
くとも今回の調査範囲では1例も見つからなかった。

　移動物目的語構文の前置詞句省略が不可能なわけではない。実際，移動物
目的語構文の前置詞句省略の例を作り，母語話者に容認性を尋ねた結果，ど
ちらも容認可能であるという回答を得た [20]。

（52）　Arrange the lettuce leaves on 2 plates and top Ø with the feta, tomatoes
　　　and olives. Drizzle Ø with olive oil and sprinkle Ø with pink peppercorns.

（QE）

　　　レタスの葉を2枚の皿に並べ，フェタチーズ，トマト，オリーブ
　　　をのせる。オリーブオイルをかけ，ピンクペッパーを散らす。

（53）　Arrange the lettuce leaves on 2 plates and top Ø with the feta, tomatoes
　　　and olives. Drizzle olive oil and sprinkle pink peppercorns.　　（作例）

20　QE の場所目的語構文で目的語が省略されていた例（52）を参考に，移動物目的語構文
　　の前置詞句省略の例文（53）を作成した。

それでは，レシピで移動物目的語構文の前置詞句省略が選ばれず，場所目的語構文の目的語省略や sprinkle over salt 型が選ばれるのはなぜだろうか。場所目的語構文がデフォルトである（第6.5.1節）ことを考えれば，移動物目的語構文の前置詞句省略より場所目的語構文の目的語省略を使用するというのは自然なことのように思える。一方，移動物目的語構文の前置詞補部省略に当たる動詞・不変化詞構文と移動物目的語構文の前置詞句省略のうち，前者のほうが好まれることについては説明が必要であろう。

動詞・不変化詞構文を用いることの利点の1つは，over や in のように経路情報が表現できることにある。そもそも移動物目的語構文では，様々な前置詞の選択が可能である。

(54)   Pat sprayed the paint {toward the window/over the fence/through the woods}. = 第2章 (34a)

今回の調査で移動物目的語構文（動詞・不変化詞構文を含む）に現れた前置詞（不変化詞）には (55) のようなものがあるが，このような前置詞の選択によって，調味料をどのように食材にかけるか（調味料の移動の経路）が指定されるのであり，前置詞には情報価値がある。

(55)   in, into, on, onto, over (all over), over and around

このように考えると，動詞・不変化詞構文はトピック・エンティティとしてのメインの食材（場所）の省略，そして調味料（移動物）のかけ方の指定という2つの機能を果たしていると言えるだろう。

場所格交替動詞の場合は前置詞句の省略は見られなかったが，前置詞句が比較的よく省略される動詞がある。add である。add は (56) のように to で始まる前置詞句を伴うこともあれば，(57) のように前置詞句が省略されることもある。

(56)   To make the gravy, add the remaining reserved oil to the baking dish.
(HC)
グレービーソースを作ります。まず残った油をオーブン皿に入れます。

244 | 第6章 場所格交替とレシピ

(57) Heat 2 tablespoon of the oil in a sauté pan and fry the onion for 5 minutes. Add the garlic and sesame seeds and cook Ø for 2 more minutes.　　　　　　　　　　　　　　　　　　　　　　　　　(QE)

ソテーパンにオリーブオイル大さじ2を熱し，玉ねぎを5分炒める。ニンニクとゴマを加え，さらに2分炒める。

　なぜ add の場合は前置詞句が省略されることが比較的多いのだろうか。add の場合，場所（着点）に使用される前置詞として to が選ばれることが圧倒的に多いと言える。多様な前置詞が用いられる場所格交替動詞と違い，add は多くの場合 to を伴うということを考慮すれば，sprinkle over salt 型の形を取って前置詞（不変化詞）を残す必要もないと考えられる。また，そもそも to は不変化詞としての用法が限定的であり，Add NP to という表現が成立しない。場所名詞句を省略する傾向があることは，add にも当てはまるが，add を用いる場合に場所を表現しないでおくには，前置詞句の省略が最適なのだろう。

　以上のことから，場所名詞句の省略について次のようにまとめることができる。（ⅰ）レシピでは場所目的語構文がデフォルトであり，目的語省略 [B-2] も頻繁に起こる。（ⅱ）sprinkle over salt 型 [A-3] の動詞・不変化詞構文では経路情報が示されており，その意味で [B-2] とは異なる動機づけがある。（ⅲ）それらを差し置いて移動物目的語構文の前置詞句省略 [A-4] を優先的に選ぶだけの十分な動機づけはない。

6.5.4.　移動物目的語構文の役割

　第 6.5.1 節で見たように，交替動詞をレシピで用いる場合，場所目的語構文がデフォルトの選択肢である。しかし，数が多くないとはいえ，移動物目的語構文が用いられることがあるのも確かである。本節では，どのようなときに移動物目的語構文が選択されるのかを論じていく。

　まず，以下の例を見てみよう。

(58) Mix the curry paste and mustard seeds together then brush it over the potatoes. =（23a）

(59) Combine rind and juice; drizzle Ø over each mango cheek. =（27）

これらの例では，交替動詞が用いられるよりも前の節で，mix や combine といった動詞が用いられている。つまり，移動物に当たるものは，ここでは出来合いの調味料ではなく，その場で作成したものである。このように，移動物に当たるものを作成する必要がある場合，一時的に場所（メインの食材）よりも移動物に注意が向くのは自然であり，移動物目的語構文が選択されやすいと言うことができる。このような例では，(59) のように目的語が省略されることがあり，このことも移動物名詞が場所名詞句を差し置いて注目の対象になっていることを裏づけている。

　レシピで移動物目的語構文が使われやすい文脈がもう 1 つあるのだが，その分析に移る前に，移動物目的語構文の特徴をもう一度確認しておこう。移動物目的語構文は，移動物の位置変化に焦点を当てた構文である（第 2.1.8 節を参照）。たとえば，one by one のように移動の過程を描写する場合は，移動物目的語構文が使用される。

(60) a.　The boy loaded the boards one by one onto the wagon. = 第 2 章 (32a)
b.　*The boy loaded the wagon with the boards one by one. = 第 2 章 (32b)

これを踏まえると，調味料をかける手順について細かく描写する際には移動物目的語構文が使われやすいと考えられる。

　手順を詳細にわかりやすく示す上で効果的なのが，写真を載せることである。ET や HC では，完成した料理の写真だけでなく調理途中の写真も掲載されているが，これにより調味料をかける手順の具体的な様子がわかりやすくなっている。写真を載せて調理過程に着目させる文脈では，そうでないときに比べ，移動物目的語構文が使用されやすくなっている。たとえば，(61) の手順は，写真があることで，どのようにはちみつをかけるのか（スプーンを使ってちょっとずつ垂らしていく）がわかるようになっている。(61) では (60) の one by one のような副詞句はないが，移動の様態が写真でわかるようになっているため，移動物目的語構文の使用が自然に感じられる例だと言える。

(61)　Fill the hollow centres of the apples with mincemeat. Drizzle the honey over the top and dot Ø with butter.

（＝図 6-5　Baked apples with mincemeat（ET））
リンゴの中央のくぼみにミンスミートを詰める。はちみつをかけ，バターを少量ずつのせる。

3　Fill the hollow centres of the apples with mincemeat. Drizzle the honey over the top and dot with butter. Add 60ml/4 tbsp water to the dish. Bake for about 45 minutes until soft throughout, and serve at once.

図 6-5.　Baked apples with mincemeat[21]

　このことがもっともよくわかるのは，次のような例である。HC では，特に丁寧に説明が必要だと考えられる場合，レシピ本文とは別に欄外で写真を添えてもう一度手順を載せている。そのようなペアは全部で 14 組あった。そのうち 11 組は本文と欄外で同じ構文が用いられていたが（本文・欄外どちらも場所目的語構文だったのが 6 組，どちらも移動物目的語構文だったのが 5 組），興味深いことに，レシピ本文と欄外で異なる構文が用いられているペアが 3 組あった。そのうちの 2 組は，いずれもレシピ本文で場所目的語構文である一方，欄外では移動物目的語構文になっている。図 6-6 と図 6-7 がそのレシピである（図 6-7 の crostini は薄切りにしてトーストしたパン（バゲット）のことで，野菜やチーズをのせて前菜として食べられる）。

21　Annette Yates, *English Traditional Recipes*（Herms House, 2014, p. 212）から引用。

6.5. 5つの問いに答える | 247

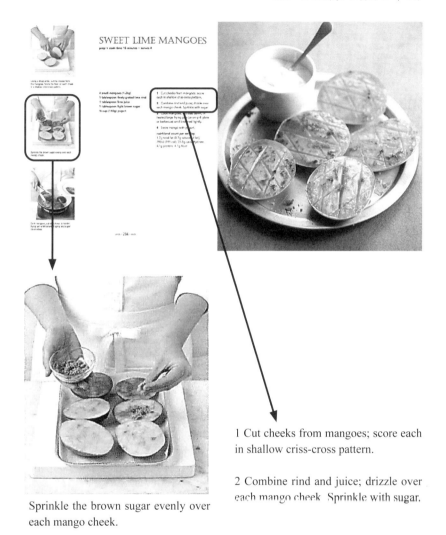

図 6-6. **Sweet Lime Mangoes**[22]

---

22 図 6-6 は Women's Weekly, *How to Cook Step-By-Step*（Octopus Publishing Group, 2013, pp. 284–285）から引用。図 6-7 も同書（pp. 71–72）から。

248 | 第 6 章　場所格交替とレシピ

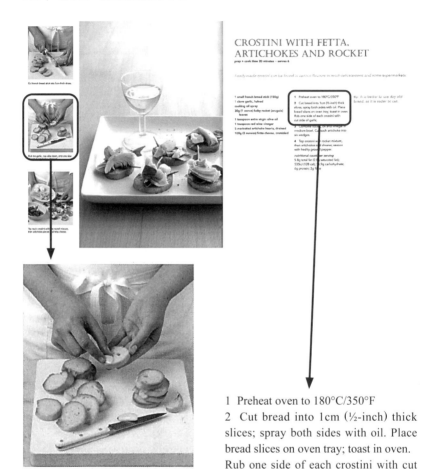

図 6-7.　Crostini with Fetta, Artichokes and Rocket

図 6-6 と図 6-7 の調理手順の本文を (a)，欄外の写真付きの説明を (b) として，それぞれ以下に引用する（(62a) の例の一部は (27) としてすでに掲載済み）。

(62) a.　Combine rind and juice; drizzle Ø over each mango cheek. Sprinkle Ø

with sugar.

（マンゴーの）皮と果汁を混ぜ合わせ，カットしたマンゴーにかけます。砂糖を振りかけます。

b. Sprinkle the brown sugar <u>evenly</u> over each mango cheek.

ブラウンシュガーをカットしたマンゴーの果肉に均等に振りかけます。 （＝図 6-6　Sweet Lime Mangoes（HC））

(63) a. Cut bread into 1 cm (½-inch) thick slices; spray both sides with oil. Place bread slices on oven tray; toast in oven. Rub one side of each crostini with cut side of garlic.

パンを 1cm の厚さに切り，両面にオリーブオイルをスプレーします。オーブンのトレーに並べ，トーストします。1 枚ずつクロスティーニの片面にニンニクの切り口をこすりつけてください。

b. Rub the garlic, <u>cut-side down</u>, onto one side of each toasted slice of bread.

ニンニクの切り口を下にして，トーストしたパンの片面に 1 枚ずつこすりつけます。

（＝図 6-7　Crostini with Fetta, Artichokes and Rocket（HC））

これらは，写真を添えて調理の手順を詳細に説明する場合は移動物目的語構文が使用されやすくなるという分析の妥当性を示す例として捉えることができる。(62b) では evenly，(63b) では cut-side down という修飾語句があり，手順がより詳細に指定されているが，これも移動物目的語構文の使用傾向に合致する。しかしその逆，つまりレシピ本文で移動物目的語構文だったのに写真付きでは場所目的語構文になるという例は見つからなかった。レシピでは場所目的語構文がデフォルトであるということが再確認できたと言える。

　なお，レシピ本文と欄外で異なる構文を使うペアのうち，残りの 1 組では，本文 (64a) で場所目的語構文である一方，欄外 (64b) ではこれまで扱ってこなかった構文が使用されていた。

(64) a. <u>Sprinkle inside of dishes with caster sugar</u>; shake out excess.　(HC)

皿の内側にカスターシュガーをまぶし，余分な砂糖を振って落とし

250 | 第6章　場所格交替とレシピ

ます。

b. Grease the souffle dishes with butter, <u>sprinkle inside the dish with caster sugar</u> to coat the base and side. Shake out any excess sugar.（HC）
スフレ用の皿にバターを塗り，底と側面にカスターシュガーをまぶします。余分な砂糖は振って落とします。

（64a）は場所目的語構文の例である。目的語に現れている inside は名詞として用いられており定冠詞が省略されている。それに対して，（64b）では場所が inside の前置詞句で表現されているという意味では移動物目的語構文の特徴を持っているが，移動物が with 句で表現されているという意味では場所目的語構文のような一面も持つ。つまり，両方の構文的特徴を併せ持っており，第 5.6.2 節で見たアマルガムタイプの構文に当たる。（64b）は場所目的語構文の言い換えであると同時に，写真とあわせて調理手順を詳細に説明する役割を果たしているため，書き手の頭の中で 2 つの構文が同時に活性化されやすく，それがアマルガムの表現を生む要因になっているのではないかと思われる[23]。

6.5.5. drizzle の位置づけ

Pinker（1989）が（4）で周辺例として挙げた drizzle であるが，レシピにおいては 2 つの構文のどちらの事例も十分な数の使用例が観察された。そのため，drizzle を料理表現として用いる場合は，交替動詞として慣習化していると考えるのが妥当だろう。

ただし，このような慣習化は比較的最近起こったものであると考えられ

---

[23]　（64a）の inside of が 2 語で前置詞の役割を果たしていると考えることも可能であると思われる。そのように捉えた場合は，（64a）もアマルガム構文だということになる。なお，HC の言い換えのケースを除くと，アマルガム構文は今回調べた範囲でもう 1 例見つかった。

　（ i ）　Remove the Halloumi from the pan with a slotted spoon and <u>sprinkle over the puree with the chervil.</u>　　　　　　　　　　　　　　　　　　　　　　　　（QE）

ただし，今回の調査で見つけることができた 4 つの動詞の用例で，確実にアマルガム構文であると言えるのは（64b）と（ i ）のわずか 2 例だけであった。この 2 例は第 6.4.3 節の集計結果には含めていない。

6.5. 5つの問いに答える | 251

る。*Oxford English Dictionary*（OED）のオンライン版で drizzle（動詞）を引いてみると，Draft additions として "To pour or let fall in trickles over the surface of food; also, to cover in this way" という語義があり，2つの構文の例が載っているが，この語義が追加されたのは 1993 年である（"Cookery" という注記があり，この語義が調理に特化したものであることが示されている）。

ここで，アメリカ英語の通時コーパスである Corpus of Historical American English（COHA）で料理動詞としての drizzle がいつごろから使用されているのかを確認してみよう。1900 年代から 2000 年代までの drizzle の用例を検索すると，表 6-6 の結果が得られる（品詞を動詞に限定し，すべての活用形を検索した）[24]。表中の「PMW」は 100 万語あたりの出現頻度（per million words）である。「料理」は drizzle の用例数のうち料理の文脈で用いられている例の数を表し，「移/場」はさらにその中で移動物目的語構文，場所目的語構文として使用されている例の数を表している。

表 6-6. COHA における drizzle の用例数（1900 年代から 2000 年代）

年代	1900	1910	1920	1930	1940	1950	1960	1970	1980	1990	2000
用例数	1	4	6	10	4	7	9	4	12	34	57
PMW	0.05	0.17	0.23	0.36	0.15	0.24	0.31	0.14	0.40	1.03	1.64
料理	0	0	0	0	0	0	0	0	0	21	44
移/場	0/0	0/0	0/0	0/0	0/0	0/0	0/0	0/0	0/0	15/6	17/27

1970 年代までの drizzle は液体が垂れること，そして雨が降ることを表すのに用いられている（光が差すことを表す例も一部ある）。特に雨が降ることを表す例が見つかり，その多くが It's drizzling. のような it を主語にしたものである（ほかに The rain drizzled on him but he was too hurt to move.（COHA 1961）といった形で用いられることもある）。COHA の 1980 年代までの用例には，他動詞型の場所格交替に該当するものがないどころか，そも

24　博士論文執筆時（2020 年）の調査以後に，COHA に収録されたテクストに変更が加えられたため，本書執筆にあたって再検索を行った（2024 年）。また，用例の分類に一部誤りが見られたため，訂正して集計した。そのため，博士論文に掲載した表とは数値が異なっている。

252 | 第6章 場所格交替とレシピ

そも他動詞としての使用例も見つからない。1990年代になると料理表現の例が見つかるようになり，34例中21例が料理で液体をかけることを表す例である。このうち，15例が移動物目的語構文，6例が場所目的語構文として用いられている。2000年代になると，57例中44例が料理の例であり，移動物目的語構文が17例，場所目的語構文が27例となっている。

　以上のCOHAのデータから，少なくともアメリカ英語では，drizzleが料理動詞としてよく使用されるようになるのは1990年代からであると考えられる[25]。そして，drizzleが料理動詞として普及するにつれて移動物目的語構文だけでなく場所目的語構文の用例も見つかるようになり，2000年代では両構文の用法が慣習化しているとまとめることができる。イギリス英語でも似たようなプロセスを経たことが予想される。

　実は，Levin (1993: 50) はPinker (1989) と異なり，drizzleを交替動詞に分類している。両者が出版されたのはdrizzleの交替用法が徐々に増えていく時期に当たるため，drizzleを交替動詞とするかの判断が分かれるのは自然なことだと思われる。(4) で見たように，Pinkerもレシピでdrizzleが用いられるのを確認していたが，この時点ではdrizzleを交替動詞として認めなかったとしても無理はないだろう。また，drizzleを除くほかの動詞はレシピ以外のレジスターでの交替例も報告されており[26]，場所目的語構文の使用が調理手順を描写する場合に実質的に制限されているdrizzleが例外的に見えた可能性もある。その意味で，drizzleを交替動詞であると分類しなかったPinker (1989) の判断にも頷ける部分がある。なお，Pinker (2007) はdrizzleを交替動詞の一覧にも非交替動詞の一覧にも入れておらず，判断保留の立場

25　筆者の手持ちの料理本のうち，もっとも古いのが1966年出版の *Woman's Day Encyclopedia of Cookery*, Volume 3（Fawcett Publications，アメリカ英語）であるが，ここではdrizzleが3例見つかる（この3例はいずれも移動物目的語構文である）。このように1990年代以前にもdrizzleが料理動詞として用いられる例は見つかるものの，COHAのデータを見る限り，料理動詞の用法が一般的になったのは1990年代からであると言える。

26　たとえば，sprinkleはThe caretaker sprinkled sawdust on the floor. / The caretaker sprinkled the floor with sawdust.（Jeffries and Willis 1984: 717），rubはJeremy rubbed oil into the wood. / Jeremy rubbed the wood with oil.（Pinker 2007: 35）のような表現も可能である。

を取っているのかもしれない（そのようなことは明言されていないが）。

　それでは，なぜ料理表現の drizzle は交替動詞として用いられるようになったのだろうか。この問いに答えるにあたって，第 6.1 節で挙げた beat と whip をここでもう一度考えておきたい。beat や whip が対象に対する働きかけを表すのみならず，料理表現として使われる場合は対象の状態変化をも表すことについて，西村（1998）は次のように述べている。

(65)　［beat や whip の料理動詞としての用法について］料理という場面においては，素材に対する働きかけの種類とそれを行う目的——素材にどのような変化を生じさせたいか——との間にほぼ一対一の対応関係があり，また，その目的は普通実際に達成されることに動機づけられた意味の拡張であると思われる。　　（西村 1998: 202, 注 6）

調理の場面で，卵やクリームに対して beat や whip という行為を行うのは，卵やクリームを泡立つ状態にする，固くするという目的があるからである。beat や whip がそのようなフレームをもとに理解されると考えれば，行為の目的・結果までが beat, whip の意味範囲に含まれるのも自然なことであると言える。日本語の「振る」が料理表現のときのみ着点の項を取ることも同様の扱いができるだろう（第 6.1 節）。塩に対して「振る」という動作を行うのは，それを食材にかけるためである。その目的・結果が読み込まれたことで，「肉に塩を振る」という着点の項を取る用法が成立したと考えられる。

　このように考えてよければ，drizzle に交替動詞としての用法が成立したことも同じように説明することができるだろう。調理においてドレッシングなどの液体をかけるのは，食材に味つけをするためである。そのような調理のフレームをもとに，味つけという状態変化が読み込まれた結果，場所目的語構文の用法が成立したと考えられる。

　レシピにおいて drizzle の場所格交替用法が慣習化するにあたっては，既存の交替動詞の中でも特に sprinkle からの類推が果たす役割が大きかったと言えそうである。Pinker（1989: 395–396, 注 12）は，粒状の対象物の移動を表すことをもとに sprinkle を spray クラスに分類しているが，対象物を落下させる様態が pour クラスにも似ていることも指摘し，sprinkle が spray クラ

254 | 第6章　場所格交替とレシピ

スと pour クラスの中間的な性質を持っているのではないかと述べている。

　料理表現として用いる場合，交替用法が dribble や slosh にまで広がって
もよさそうではあるが，第 6.4.3 節で述べた通り，今回調べた 3 冊の料理本
を見る限り，これらの動詞は 1 度も使われていなかった。dribble や slosh の
交替用法は，レシピであっても一般的ではないようである。Levin（1993:
51）の分類でも dribble や slosh は非交替動詞である。

　ここで，さらに多くの料理本を参照し，drizzle に比べると dribble や slosh
が料理表現として使用される場合が少ないことを確認しておこう。ここで
は，drizzle, dribble, slosh の 3 語に絞り，1990 年代以降の料理本において，
どちらの構文でどのぐらい使用されているかを調べた。その分布をまとめた
のが表 6-7 である（イギリス英語・オーストラリア英語の料理本には，これ
までに取り上げてきた 3 冊の料理本も含まれている）。表中の「移」は移動
物目的語構文の用例数，「場」は場所目的語構文の用例数を表している（移
動物目的語構文には，sprinkle over salt 型の例も含まれている）。集計の対象
としたのは，先の調査と同じく，レシピの中の「調理方法」と「調理方法の
補足」の箇所で用いられた例である。

　drizzle は上記 12 冊のうち 11 冊で用いられている。料理表現としての定
着度は非常に高く，場所目的語構文での使用例も多い。一方，dribble は 1
冊でのみ見つかり，slosh は上記の本では 1 例も観察されなかった。drizzle
に比べて dribble や slosh が料理表現として使用されることがまれであるの
は確かである。

　ただし，表 6-7 中の *The New Mediterranean Diet Cookbook*（Nancy H. Jenkins
著）という書籍では，drizzle 以上に dribble が用いられており，しかも場所目
的語構文で使用されているのは dribble だけである[27]。*The New Mediterranean
Diet Cookbook* からの実例を以下に示す。この本では drizzle とほぼ同じ意味
で dribble が用いられていると考えられる。

27　ただし，調理手順の指示以外の箇所では，drizzle の場所目的語構文も 1 例見つかった。

6.5. 5つの問いに答える | 255

表 6-7. 料理本における **drizzle, dribble, slosh** の用例数

変種	書名（出版社）	出版年	drizzle		dribble		slosh	
			移	場	移	場	移	場
イギリス英語・オーストラリア英語	*Classic French Cookbook* (Dorling Kindersley)	1994	2	0	0	0	0	0
	Fusions (Ebury Press)	1997	5	4	0	0	0	0
	Super Soup Cookbook (Apple Press)	1998	2	5	0	0	0	0
	How to Cook Step-By-Step (Octopus Publishing Group)	2013	4	22	0	0	0	0
	500 Quick and Easy Recipes (Igloo Books)	2014	19	18	0	0	0	0
	English Traditional Recipes (Herms House)	2014	8	1	0	0	0	0
	The Happy Kitchen (Short Books)	2017	4	4	0	0	0	0
アメリカ英語	*Sizzling Stir-Fries* (Prentice Hall)	1994	0	0	0	0	0	0
	Gourmet's Sweets (Random House)	1998	13	8	0	0	0	0
	Food & Wine Annual Cookbook 2006 (American Express)	2006	22	57	0	0	0	0
	The New Mediterranean Diet Cookbook (Bantam Dell)	2009	13	0	18	4	0	0
	The Big Book of Mediterranean Recipes (Adams Media)	2014	24	38	0	0	0	0

(66) a. Arrange all these vegetables on a platter. Just before serving, <u>dribble over the olive oil and vinegar</u>.

大皿にすべての野菜を並べる。食べる直前にオリーブオイルとビネガーをかける。

b. Toast the bread slices. Cut the remaining garlic clove in half and use the half to rub over each slice of toast, then <u>dribble generously with olive oil</u>.

256 | 第6章 場所格交替とレシピ

食パンをトーストする。残りのニンニクを半分に切る。ニンニクの半分をトーストにこすりつけたら，オリーブオイルをたっぷりかける。

表6-7には挙げていないが，同著者の別の本（*The Four Seasons of Pasta*, Sara Jenkins との共著，2015）では，drizzle は使用されておらず，もっぱら dribble が使用されていた（移動物目的語構文，場所目的語構文ともに）。この著者は dribble の交替用法をユニットとして身につけているようである。

drizzle, dribble, slosh はどれも場所目的語構文の実例が見つかることから，Iwata（2008）はその3つの動詞が交替することがあると判断していたが（第6.2節），drizzle の場所目的語構文が料理表現としては慣習的であり，料理本でも数多く見つかるのに対して，dribble や slosh が場所目的語構文に現れる例はあくまで臨時的に使用されたものか，特定の著者の好みによるものだと考えたほうがよいのではないだろうか。dribble や slosh が時として場所目的語構文に現れることについては，第7章で議論する。

6.6. 慣習性と話者の意識

英語レシピで塩をかけることなどを指示する場合は，add, sprinkle, season などの動詞がよく用いられる（e.g. Add salt and pepper to the meat. / Sprinkle salt and pepper over the meat. / Sprinkle the meat with salt and pepper. / Season the meat with salt and pepper.）。put を用いた表現（e.g. Put salt and pepper on the meat.）や salt, pepper を動詞として用いた表現（e.g. Salt and pepper the meat.）も可能なはずであるが，レシピではあまり見かけない。実際，本章で扱った3冊の料理本（HC, QE, ET）のレシピではそのような表現は見つからなかった。BNC では以下のような表現が見つかるが，これは（料理の文脈で使用されているものの）レシピの用例ではない。

(67)　Eat it [= the meat]! There's no salt on it. I haven't put any salt on it.

(BNC)

食べてみて！　塩は付いていないよ。塩かけていないから。

6.6. 慣習性と話者の意識 | 257

(68) They [= the women] are also working in the fishing co-operatives, where
the women clean and salt the fish while the men do the actual fishing.
(BNC)

（様々な種類の仕事に携わる女性がいる中で）漁業組合で働く女性
もいて，男性たちが実際に海に出て魚を取るのに対して，女性たち
は魚のわたを抜いて塩漬けにする作業を担当している。

もちろんまったくレシピで用いられないわけでもなく，以下のような例も
あったが，こういった例は比較的珍しい[28]。

(69) Salt and pepper the potatoes, brush them with the oil and sprinkle over
the Parmesan. (BNC)

じゃがいもに塩こしょうをして，はけで油を塗り，パルメザンチー
ズをかける。

英語の料理表現として put salt and pepper on the meat や salt and pepper the
meat は不自然ではないのに，レシピにはあまり使われないというのは興味
深い。本章冒頭で見た smear も，料理表現として見かけることはあるがレシ
ピで用いられることは多くないようで，本章で用いた HC, QE, ET では移動
物目的語構文，場所目的語構文ともに使用例を見つけることができなかっ
た[29]。英語として容認可能な料理表現であっても，レシピで使われやすい表
現であるとは限らないわけであり，このようなレシピに見られる慣習性も言
語事実として重要だろう。

第4章で，捉え方に応じて構文が選択されるといった説明は場所格交替
の一部を扱ったに過ぎず，慣習的な表現の観点から場所格交替を捉え直す
ことも必要であると述べた。レシピでは「sprinkle [食材/Ø] with [調味料]」や

28　なお，salted water のような表現であればレシピでもよく見られる。

　(i)　Boil the potatoes in salted water for about 20 minutes or until soft. (ET)

29　第6.5.5節で dribble の例が見つかった *The New Mediterranean Diet Cookbook* では，以
下のように smear の例も見つかった。ここにも著者の好みや癖が表れているのかもし
れない。

　(i)　Using a narrow spatula, smear some of the garlic paste on each tomato half.

258 | 第6章　場所格交替とレシピ

rub the butter into the flour などが慣習的な表現になっている。慣習的な表現を用いる場合，場所格交替における2つの構文のうちどちらを選択するか，といったことは意識されないだろう。一方，第6.5.4節で見たように，レシピ本文で場所目的語構文が用いられているのに，同じ手順を説明する際に欄外では移動物目的語構文で表現されている，という事例も存在する。このような言い換えが行われる場合は，まさに捉え方に応じた構文の選択が行われており，書き手も構文を選択しているという意識があると思われる。言い換えは，このような例のほかに，自分自身で書いたものを書き直したり，他人の文章を添削したりといった過程でも起こりうる[30]。構文交替に関する知識は，母語話者にとっては基本的に暗黙知であり，だからこそ言語学者がそれを明らかにする必要があるのだが，表現を言い換えるという経験は言語使用者が構文交替を意識するきっかけになるという意味で，示唆の多い現象なのではないだろうか。

6.7.　関連現象：目的語の省略と結果目的語

　本節では，場所格交替の話題から少し離れて，目的語の省略と結果目的語について扱いたい。Brown and Yule (1983) は，省略される目的語がトピック・エンティティとして機能していると述べているが，それに加えもう1つ重要な指摘をしている。Brown and Yule (1983: 175) が挙げた例をもう一度見ておこう。

(70)　Slice *the onion* finely, brown Ø in the butter and then place Ø in a small dish. = (39)

30　氏家啓吾氏（個人談話）は，とある文章の校閲作業で（ⅰ）が（ⅱ）に書き換えられる場面に出会ったそうである（cf. の部分は筆者の補足である）。「飾る」は日本語の場所格交替動詞であるが（e.g. 花を壁に飾る／壁を花で飾る），（ⅰ）は移動物目的語構文をもとにした表現，（ⅱ）は場所目的語構文をもとにした表現である。この場合も，表現を直すにあたって構文の違いが意識されたことと思われる。「飾る」の交替用法については，奥津 (1981), 高見・久野 (2014: 第4章), 川野 (2021) を参照。
　（ⅰ）　チベットの伝統的な絵が飾られた壁（cf. チベットの伝統的な絵を飾る）
　（ⅱ）　チベットの伝統的な絵で飾られた壁（cf. チベットの伝統的な絵で飾る）

Brown and Yule は，単に the onion が省略されたと見るのは不十分であると言う。brown の対象は単なる玉ねぎではなく細かく刻んだ玉ねぎであり，place の対象は刻んでから炒めた玉ねぎである。このように複数の変化を受ける対象は，もはや単なる玉ねぎではないと言える（Brown and Yule 1983: 175–176, 202–203）。

　このように，食材は調理手順の中で数々の変化を被る。dough（小麦粉や水を混ぜた後ではあるが焼く前のもの，つまりパン生地）のように，調理の中間段階にある食材に名前が用意されていることもあるが，そのような語彙項目がない場合も多い。目的語の省略は，中間段階の食材を無理に言語化することを避ける手段の1つだと考えられる。場合によっては，（71）のように，mixture といった語（複数の食材の組み合わせを指す語）を用いることもあるが，どちらかと言えば省略が好まれる傾向にある。たとえば，（72）は（71）と似たような文脈だが，省略という手段が選ばれている。

(71) Stir the remaining butter into the hot rice and add the flaked haddock, onion and the chopped egg. Season Ø to taste and <u>heat the mixture through gently</u>, stirring constantly.　　　　　　　　　　　　　（ET）
　　熱いごはんに残りのバターを入れてかき混ぜ，フレークにしたタラ，玉ねぎ，みじん切りにした卵（ゆで卵）を加える。お好みで味つけして，かき回しながら弱火で中まで火を通す。

(72) Return the liver, bacon and vegetables to the pan and stir Ø into the gravy. <u>Heat Ø through for 1 minute</u>, season Ø to taste and serve Ø immediately.　　　　　　　　　　　　　　　　　　　　　（ET）
　　レバー，ベーコン，野菜をフライパンに戻し，グレービーソースに混ぜ合わせる。1分ほど加熱し，お好みで味つけし，すぐに皿に盛る。

　以上のことを踏まえると，結果目的語について新たな視点が開ける。よく知られているように，bake や grill などの加熱調理動詞は被動目的語を伴うだけでなく結果目的語を伴うこともある（Atkins et al. (1988)，Pustejovsky (1991)，都築 (2015) などを参照。加熱調理動詞については第 8.1 節でも言

260 | 第6章 場所格交替とレシピ

及する)。以下の例の (a) が被動目的語，(b) が結果目的語である。

(73) a. John baked the potato.

b. John baked the cake. (Pustejovsky 1991: 415)

先に見た (43) でも結果目的語が使われていた。該当箇所を以下に再掲する。

(74) Monkfish and Pepper Kebabs = (43)

- Thread alternate chunks of monkfish and peppers onto the skewers and spread them out on a large grill tray.
- Grill the kebabs for 4 minutes on each side or until they are golden brown and cooked through.

肉（ここでは魚の肉）や野菜を串に刺し，火を通した料理の名前が kebab であるため，grill the kebabs は結果目的語の表現である。この例では，結果目的語（kebab）を使うことで行為の対象物（肉を串に刺したもの）を簡潔に表現することが可能になっているが，だとすれば，ここで kebab という結果目的語を使うのは目的語を省略するのと同じ動機によると考えられる。結果目的語は，目的語の省略と同じく食材の中間段階に直接的に言及せずに調理手順を描写するための手段として機能しているのである。実際，ほぼ同じ行為を目的語省略で表現した (75) のような例も見つかる（(75) はレシピの一部を引用）。

(75) Lamb's Liver Kebabs with Tomato Sauce

- Thread alternate chunks of liver and pepper onto the skewers and spread them out on a large grill tray.
- Sprinkle Ø with salt and grill Ø for 4 minutes on each side or until they are golden brown and cooked through. (QE)

ラムレバーのケバブ，トマトソース添え

- レバーとピーマンを交互に串に刺し，大きめのグリルトレーに並べる。
- 塩を振り，両面を 4 分ほど，表面がきつね色になり中に火が通るまで焼く。

目的語の省略と結果目的語は，表面上はまったく異なる現象のように見えるが，レシピにおける機能からすると，両者は意外にもよく似ている。本節は場所格交替の分析から一度離れたが，レシピという特定のレジスターに着目することが文法現象の解明につながることを示すという役割は果たせただろう。

6.8.　まとめ

本章では，課題 5 を取り上げ，レジスターの観点から場所格交替を扱った。

(76)　課題 5：場所格交替動詞が用いられやすいレジスターとは
　　　場所格交替動詞が現れやすいレジスターの 1 つにレシピがある。レシピでは場所目的語構文がデフォルトであること，場所名詞句が省略されやすいこと（目的語の省略や sprinkle over salt 型の動詞・不変化詞構文），移動物目的語構文は限定的ながらも使用されること，レシピでのみ交替用法が慣習化している動詞（drizzle）があることがわかる。場所格交替の全体像に迫るためには，このようなレジスターに特化した分析も行う必要がある。

本章の分析を簡潔に振り返ることにする。本章では，レシピでは場所目的語構文がデフォルトであること，場所名詞句が省略されやすいことなどを見たが，このような使用傾向はこれまでに指摘されてきた場所格交替の文法的特徴だけでなく，レシピの性質（調味料でメインの食材を味つけするという事態は状態変化として捉えやすい，レシピにおいて場所（メインの食材）はトピック・エンティティである）を考慮することで初めて十分に説明できるものである。また，レシピで sprinkle over salt 型が用いられる動機づけがあること（移動物目的語構文では前置詞の担う経路情報が重要である），移動物目的語構文が使用されやすい文脈があること（移動物の作成を伴う場合，調理手順を写真付きで詳細に説明する場合）を示した。これは移動物目的語構文の特徴としてこれまで指摘されてきたこと（過程志向，位置変化）に合致するものであるが，本章はそれをもとに移動物目的語構文の使用範囲を実

証的に示すと同時に，写真の有無による表現の違い，言い換えという行為と
言語意識といった点にも光を当てることができた。

　上に述べたような，レシピにおける移動物目的語構文の使用傾向につい
ては，大規模コーパスをもとにした調査で明らかにするのは難しいだろう。
コーパスに収録されるのは多くの場合文字のみで写真などの情報は含まれな
いこと，コーパスにはテクスト内の文字の配置といった情報も反映されな
いため本文と欄外で言い換えがあるなどもわからないことがその理由であ
る（仮に今回見た言い換えの例がコーパスに収録されていたとして，それを
コーパスで検索した場合，単に似たような表現が 2 例見つかっただけのよ
うに見える可能性が高い）。料理本の読者は写真やレイアウトを含めてテク
ストを理解しているのであり，このような言語経験の豊かさを考慮すること
は重要である（使用事象に含まれる豊かな情報については，Langacker（2000:
9, 2008: 220）や Taylor（2012: 第 1 章）を参照）。書籍をデータとして使用し，
写真や文字の配置を含めて幅広く文脈を観察した本章の調査は，コーパスを
使用した第 4 章とは異なる形で，実際の使用例を扱うことの重要性を示す
ことができたのではないだろうか [31]。

　本章は，料理表現の drizzle が交替動詞として慣習化していることも明ら
かにした。dribble や slosh の場所目的語構文も料理表現としての使用例は
あるが，それらは drizzle ほど定着した用法ではない。レジスターに特化し
た分析を行わなければ，このような細かな言語事実は見過ごされてしまう。
dribble や slosh のような動詞がどのようなときに場所目的語構文で用いられ
るのかについては，次章で詳しく扱う。

　動詞中心だったこれまでの構文研究に対して，近年はレシピのようなレジ
スターが構文の使用に与える影響を指摘する研究があり，本章の分析もそ

31　平沢（2019: 122）は，動詞 wander（目的なく歩き回る）が表す移動がどのようなものか
　を説明するために，小説（Paul Auster の City of Glass）に添えられた図を引用している。
　その図は wander で描写される移動の経路（小説の登場人物がたどったもの）を表すも
　のであり，wander によって蛇行や逆行を伴う移動が表現されていることがよくわかる。
　もしこの小説がコーパスに含まれていたとしたら，この図は収録されていなかっただ
　ろう。このような観察が可能になることも，書籍の実物をデータとする意義の 1 つで
　ある。

の 1 つに属する。たとえば，貝森 (2014, 2018) や貝森・野中 (2015) は，従来指摘されてきた制約に沿わなくても，調理手順として慣習的な事態を描写する場合は使用される結果構文 (e.g. Chop half a red onion into the bowl.「赤玉ねぎ半分をみじん切りにしてボウルに入れる」) を扱っている。また，吉川 (2009) はレシピにおける一連の調理シナリオが喚起されないと正しく解釈されない結果構文 (e.g. Cut squid into rings.「イカを輪切りにする」/ #Cut beef into rings.「牛肉を輪切りにする」[32]) を分析している。今後は，レジスターに着目した研究が積み重なることで，言語記述と言語理論の双方がさらに進展することが期待される。

---

32 「#」は語用論的に不適格であることを表すために用いられる記号。

第 7 章

非交替動詞が
交替するとき

フォンタニエの目には，認識の相対性あるいは自由が
明確に見えていた。が，それと同時に，言語コードは
必ずしも認識の自由を喜ぶものではないということ
が，見えていなかった。表現とは，残念ながらしばし
ば認識の自由と意味コードの制約との抗争である，と
いうことが見逃されていた。もっとも，年じゅう，こ
の事実は見逃されつづけている。

——佐藤信夫

　本章では，液体を移動させることを表す非交替動詞（pour クラスの動詞）
が場所目的語構文に現れる——つまり，臨時的に場所格交替が成立する——
事例を扱う（課題6「非交替動詞が例外的に交替するのはどのようなときか」）。
　第 6 章で見たように，Iwata（2008: 71）は，これまでの研究で交替しない
とされてきた drizzle, dribble, slosh が場所目的語構文で用いられた例を挙げ
ている（以下は，第 6 章（5）の再掲である）。

(1) a.　To serve: decorate top with raspberries brushed with redcurrant jelly
　　　　and drizzled with chocolate.

　　b.　I dribbled the bread with olive oil and New Maldon sea salt, then left

266 | 第 7 章　非交替動詞が交替するとき

in a hot oven for about 5 minutes.

c. The menu at Manze's, in London's Tower Bridge Road, by Bermondsey Antiques Market, may not be extensive but at £1.20 for one pie, one mash — <u>sloshed</u> with parsley sauce — there is little reason for customers to argue.

これらの動詞が料理表現として用いられていたことから，Iwata は，これまで言語学者がレシピなどの用例を見逃していただけで，実際にはこれらの動詞は交替することがあると述べている。

　しかし，第 6 章の調査で，drizzle は料理表現としては場所格交替動詞としての用法が慣習化しているのに対して，dribble や slosh の場合は，その種の用法が drizzle ほどには慣習化していないことがわかった。この点に留意した上で，本章では pour クラスの動詞が臨時的に場所目的語構文で使用される仕組みを分析する。その上で，pour クラスの動詞を扱ったほかの研究（Iwata 2008; 吉川 2010; Fujikawa 2015）と本章の分析を比較する。pour クラスの例の分析に入る前に，まず，慣習から外れた創造的な言語使用を扱った佐藤（1987）の洞察について紹介する [1]。

7.1.　創造的な言語使用としての代換

　捉え方についての説明で触れたように，同一の事態に対して複数の捉え方が可能であることが多様な言語表現の源泉であると認知言語学では考えられている。ただし，捉え方に柔軟性が見られるといっても，複数の捉え方を適用しやすい事態もあれば，そうでない事態も存在する。また，どのような捉え方が言語表現（語や構文）に組み込まれているかについても一定の傾向がある。ある事態をどのように言語化するかについては，完全に自由というわけではなく，慣習が見られるわけである（人間が慣習に従いたがるという点については，Tomasello（2008）や Goldberg（2019）などを参照）。しかし，時に人はそのような慣習から逸脱して，臨時的・創造的な表現を用いることも

1　本章の第 7.2 節と第 7.3 節は野中（2017b）に基づいている。

7.1. 創造的な言語使用としての代換 | 267

ある。佐藤 (1987) が「代換」(hypallage) と呼んだのはそのような現象である。佐藤は，代換について次のように述べている。引用中の「レベル P」は言語ごとの慣習的な表現様式，「レベル Q」は捉え方，「レベル R」は描写される事態に当たる[2]。

(2) 日常の私たちは，レベル R の事実を見るとき（レベル Q），知らず知らずレベル P が推称する視点を採りがちである。だからこそ，私たちがふだん《すなおに》ものを考えてそのまま表現すると，結果は，レベル P の意にかなった《すなおな》ことばを吐いている場合が多いのだ。が，もし私たちのレベル Q における視線の向きが標準意味コードの推選形式からずれていたら，どうなるか。その認識をそのまますなおに表現してみると，結果的には，レベル P における逸脱形式，《あやどられた》表現ができあがりはしないか。代換とはそういうずれの《あや》のひとつなのだ。　（佐藤 1987: 65–66）

慣習に沿った言語使用と慣習から逸脱した言語使用について，dance の例で考えてみよう。踊るという行為は多くの場合，何かに働きかける行為，何かを作成する行為としては認識されない。そのため，dance は自動詞構文で用いられるのが基本である。繰り返し踊った結果，床やカーペットに穴があいてしまうということもあるだろうが，そのような場合，踊るという側面と穴をあける（穴ができる）という側面を分けて，2 つの出来事として捉えるのが普通である。そのような出来事を描写する際には，2 つの節（dance を自動詞構文で用いた節と穴をあけることを表す節）を用いるのが慣習に沿った表現方法だろう。COCA には次のような実例がある。

(3) Since 1962, my wife and I have danced enough to make holes in an entire carpet.　　　　　　　　　　　　　　　　　　　　（COCA）
1962 年から妻と私はカーペット全体が穴だらけになるほどたくさん踊った。

2　佐藤 (1987: 64) 自身は，レベル P，Q，R について，それぞれ「言語表現の型」「人間の視点」「見られる現実」（あるいは「表現・意味」「意味・認識」「事実」）を表すとしている。

268 | 第7章 非交替動詞が交替するとき

　一方，そのような慣習的な捉え方に従うのではなく，踊るという側面と穴をあけるという側面のつながりを緊密なものと捉え，1つの行為として提示する，ということもありえる。そのような慣習的でない捉え方を優先すると，以下のような創造的な表現が産出されることになる。

(4)　He was teaching himself to dance so that he could impress a real pretty gal named Sally Sugartree, who could <u>dance a hole through a double oak floor.</u> = 第2章 (81a)

このように考えれば，第2.3節で見た dance を用いた穴あけ構文は佐藤の言う代換——佐藤は「レベルQの自由とレベルPの拘束との相剋」(p. 69) とも表現している——であると言える。上記の dance の例が臨時的・創造的な表現であることは誰もが納得するだろうが，場所格交替の場合はどうだろうか。非交替動詞が本来現れないとされる構文に現れる場合も代換として分析できる可能性を探る必要があると考えられる。

　慣習から逸脱するといっても，既存の言い回しとまったく接点を持たない表現が生まれるということはない (Taylor 2004)。慣習的な表現とどこか似ている点があるからこそ，そのような創造的な表現も産出されるのだと考えられる。その仕組みが類推である。次節では，構文文法の枠組みで項構造構文の生産性について論じた Goldberg (1995) を出発点に，慣習化した事例からの類推を扱った Boas (2003) を概観する。それをもとに pour クラスの動詞の用法を分析する。

7.2.　構文と類推

7.2.1.　Goldberg (1995) の構文文法

　Goldberg (1995) の構文文法についてはすでに第3.4節で触れているが，ここで改めてその枠組みを紹介したい。

　構文文法の始まりは The more carefully you do your work, the easier it will get.「丁寧に仕事をすればするほど楽になる」の [The X-er, the Y-er] や，Max won't eat shrimp, let alone squid.「マックスはエビを食べない。イカはな

おさらだ」の [X let alone Y] のような慣用表現の分析である（Fillmore et al. 1988）。こうした例に合成性の原理——表現全体の意味は部分である語彙項目の意味とそれを組み合わせる一般的な統語規則から算出可能だとする考え——が成り立たないのは明らかだろう。これらの表現を適切に分析するためには，[The X-er, the Y-er] や [X let alone Y] といった形式自体に「XであればあるほどY」や「Xだ。Yは言うまでもない」といった意味が結びついていると考える必要がある。このような形式と意味のペアである「構文」という言語単位の存在を認めることで，XやYのスロットを埋めて新たに表現を生み出す仕組み，すなわち表現の生産性も説明することができる。

　このような構文的アプローチで項構造を扱ったのが Goldberg（1995）である。例として [V NP PP] から成る使役移動構文について考えてみよう[3]。

(5)　John threw a ball into the box.

(6)　They laughed the poor guy out of the room.　　（Goldberg 1995: 152）

(7)　Frank sneezed the tissue off the table.　　　　　　　　（ibid.）

動詞が現れる統語パターンは動詞の意味から決定されると考えるなら（cf. Pinker 1989; Levin 1993），対象を移動させるという意味を持つ動詞であれば対象（NP）や経路（PP）の表現を伴う統語形式に現れる（そのような動詞でなければ現れない），といった説明をすることになる。そうであれば合成性の原理は保たれる。この考えは (5) の throw を用いる例についてはうまく扱えるように思われるが，(6) や (7) にも当てはまるとは言い難い。(6) は男性のことを笑って部屋から追い出すことを表す例，(7) はくしゃみをしてテーブルからティッシュを飛ばすことを表す例である。(6) と (7) はどちらも対象を移動させることを表しているが，そこで用いられている動詞 laugh や sneeze は，一般的には目的語を取らない自動詞であり，そのような動詞が使役移動の意味を担うと考えるのは無理があると Goldberg は述べている。Goldberg は個々の語彙項目だけでなく統語パターンも意味の担い手である

3　Goldberg（1995）は使役移動構文を [Subj V Obj Obl] と表記しているが，ここでは本書のほかの箇所に合わせて [V NP PP] で書き表している。Goldberg は John loaded hay into the truck. や Sally sent a letter to Harry. などの表現も使役移動構文として扱っている。

270 | 第7章　非交替動詞が交替するとき

と主張し，[V NP PP] というパターン自体に対象を移動させるという意味があるのだと分析した。こう考えれば，laugh や sneeze に使役移動の意味があると分析する必要がなくなり，V スロットに移動を含意しない動詞を入れることで生産的に使役移動構文が用いられる事実を説明できる。このように，Goldberg は項構造構文も [The X-er, the Y-er] で見たのと同じく意味や生産性を担う構文であるとする分析方法を発展させた。

7.2.2.　Goldberg（1995）の問題点

　(6) や (7) のように生起する構文を語彙項目の典型的な意味から説明できないような事例を扱うことができることで，Goldberg（1995）の分析は脚光を浴びた。一方で，骨組みとなる構文をもってしても容認されない事例があることについて十分に説明できないという批判もなされた（cf. Boas 2003; Kay 2005; Iwata 2014）。この問題点を簡潔に指摘した Kay（2005）を見てみよう。Kay（2005）は Goldberg の分析方法では以下の例が容認されないことを説明できないとしている。

(8)　a.　*She screamed him out of her apartment.

　　　b.　*They coughed him off the stage.　　　　　　　（Kay 2005: 89）

Kay（2005）は laugh の使役移動構文が容認されるにもかかわらず，(8a) や (8b) が容認されない要因として，表現の慣習性を挙げている。laugh の使役移動構文での用法は慣習的であり，ある種のイディオムのようになっているのに対して，scream/cough の場合はそうではないのである[4]。このことから，Kay は，使役移動構文は一部の動詞の例が定着したにとどまり，安定した生産性を誇るものではないと述べている[5]。

4　laugh の例が慣習化していることは，LDOCE に laugh の使役移動構文が受身の形で用いられた be laughed out of court（一笑に付される）という成句が記載されていることからもうかがえる。LDOCE には We can't propose that! We'd be laughed out of court! という例が載っている。

5　Kay（2005）はこのように限定した生産性を持つものを「構文」とは呼ばず，受身のような安定した生産性を持つとされるパターンのみを「構文」と呼ぶという立場を取る。ただし，受身のように使用範囲が広い構文ですら，どのような表現でも可能になるわけで

7.2. 構文と類推 | 271

sneeze を用いた例文 (7) が容認されうるのは，慣習的な一部の事例からの類推が成立するからだと Kay は考えている。このような類推に基づいた言語使用は，あくまで統語パターンの臨時的な適用（nonce application）に過ぎず，この点が十分に慣習化している laugh の例とは異なる（Kay 2005: 90）。Goldberg (1995) は laugh の例 (6) も sneeze の例 (7) も同じメカニズムで扱うことができることを利点と考えていたが，それは必ずしも実態に即した説明ではないと言える。Goldberg (1995) による sneeze の分析の問題点については，Langacker (2005)，坪井 (2020: 第 9 章) も参照されたい。

創造的な表現の分析に構文スキーマの認可だけでなく，慣習化した事例からの類推を取り入れる必要があることはすでに第 2.2.3.2 節でも述べた通りである。以下では，構文の産出にどのように類推が働くかについて考察した Boas (2003) の研究を取り上げる。

7.2.3. Boas (2003) の分析

Boas (2003) は非慣習的な表現が成立する動機づけとして慣習的な表現からの類推を想定している。Boas は，sneeze の例のモデルとなるのは次のような blow の使役移動構文であると考えている。

(9) a. Tom blew the napkin off the table.

b. Tom sneezed the napkin off the table. （Boas 2003: 269）

blow と sneeze はともに一定程度の息の放出が関わるという点で意味の共通性があり[6]，(9a) にあるような blow の使役移動構文は十分に定着している。そのため，blow の使役移動構文からの類推が成立し，sneeze の例 (9b) が産出されることになる。

ここでは息の放出の強さが類推の成立に大きな役割を果たしており，それがどれくらい読み込めるかによって類推の可能性が左右される。たとえば，

はないのであり（第 2.1.6 節を参照），構文という用語の適用範囲をこのように限定するべきだとは，少なくとも筆者には思えない。

6 Boas は動詞の意味をフレーム意味論の観点から捉え，blow と sneeze のイベント・フレームの重なりを分析している。詳しくは Boas (2003: 265–270) を参照のこと。

272 | 第7章 非交替動詞が交替するとき

cough の意味には sneeze と同様に一定の息の放出が含まれるため，blow との共通性を見出しやすいが，breathe は典型的には息を強く吐き出すことが読み込まれないため，blow との類推が成立しづらい（Boas 2003: 273）。したがって，（10a）と（10b）に容認度の違いが見られることになる。

(10) a.　Marc coughed the napkin off the table.

　　 b.　?Kirsten breathed the napkin off the table.　　　　（Boas 2003: 272）

Levin（1993: 218）は breathe と cough をともに breathe クラスの動詞として分類しているが，（10a）と（10b）の例は，動詞を大まかな動詞クラスに分けるだけでは生起する構文について十分に説明しきれないことを示している。類推の成立を見るためには，個々の動詞のより詳細な分析が必要だろう。

　（10b）は容認性が低いと判断されるが，文脈次第では breathe が使役移動構文に現れることもありうる。

(11)　　 Kirsten came back from a 5k run and was out of breath. Breathing heavily, she sat down and breathed the napkin off the table.

　　　　　　　　　　　　　　　　　　　　　　　　　　　（Boas 2003: 273）

この例では，走った後に激しく息をしているという文脈によって息の強さが十分に読み込まれると Boas は述べている。また，As a result of breathing, the napkin flew off the table. のような表現を使うより使役移動構文のほうが簡潔な表現が可能であり，非慣習的であってもそのような表現を選ぶ話し手の意図も理解できる。

　このように文脈によって意味が調整されて，類推が成立するようになる場合もある。ただし，文脈の調整がどのような例をも可能にするわけではない。たとえば，exhale（息を吐きだす）や inhale（息を吸い込む）はたとえ文脈の支えがあっても blow からの類推が成り立たない（Boas 2003: 275–277）。exhale と inhale の意味にも息は含まれるが，両者はあくまで呼吸サイクルの一面を意味する語であり（exhale と inhale の違いは肺を起点とするか着点とするかである），吐き出す息の勢いに着目する blow からの類推は語彙的に

7.3. 意図性と料理表現 | 273

ブロックされるのである[7]。

Boas の研究は，コーパスデータから構文の慣習的な側面を明らかにした一方，部分的ながらも生産性を見せる構文について類推の観点から分析した点で，Goldberg（1995）にあった問題の解決策を提示していると言える。Goldberg（1995）では構文スキーマによる認可が重要視されていたが，構文の創造的使用については，ここで見たような慣習化された事例をもとにした類推という側面から考えることも重要である（第 2.2.3.2 節で見た平沢（2019: 52）の「認可と類似性判断の二重チェックシステム」を参照）。類推の役割は Bybee（2010, 2013）でも強調されている。Goldberg 自身も，このような事例間の関係性に着目するようになり，構文の生産性に関する議論の精緻化を目指している（Goldberg 2019）。

7.3. 意図性と料理表現

それでは，dribble や slosh にはどのようなときに類推が働き，場所目的語構文での使用が可能になるのだろうか。まず，高見（2011）が挙げた dribble の例を見てみよう。

(12) a. After the blue paint dried, she dribbled white paint on the floor in a random fashion.

b. After the blue paint dried, she dribbled the floor with white paint in a random fashion. (高見 2011: 19)

(13) a. She lifted the brush too fast, dribbled paint on the floor, and swore.

b. *She lifted the brush too fast, dribbled the floor with paint, and swore.

(ibid.)

7　exhale/inhale は息の放出によってナプキンを移動させるようなことを表すのには使えないが，次のように，吐き出した空気を何かに当てたり，空気を吸い込んだりすることを表す場合であれば，使役移動構文で用いることができる。

(ⅰ)　She exhaled the smoke into his face. (Boas 2003: 276)

(ⅱ)　He inhaled her perfume into his lungs. (ibid.)

274 | 第7章 非交替動詞が交替するとき

（12）はペンキを垂らすことで意図的に床にペンキを塗ることを表す例，
（13）はブラシを速く持ち上げた際に誤ってペンキを垂らしてしまったこと
を表す例である。高見の挙げた例は，非意図的な事態を表現する場合には場
所目的語構文が容認不可になりうることを示している。

　次に，意図性に着目して dribble や slosh が含まれる動詞クラスである pour
クラスを見てみよう（動詞 pour については，第 7.6 節で触れる）。このクラ
スには，spill が含まれているが，以下の COBUILD の定義の "accidentally"
に見るように，spill は非意図的に液体を移動させることを表す動詞である。
slop は必ずしも非意図的とは限らないが，"usually accidentally" とあるよう
に意図的でない場合が多いと考えられる（COBUILD からの引用における太
字は原文，下線は筆者が追加）。

（14）　spill（COBUILD）
　　　　If a liquid **spills** or if you **spill** it, it <u>accidentally</u> flows over the edge of a
　　　　container.

（15）　slop（COBUILD）
　　　　If liquid **slops** from a container or if you **slop** liquid somewhere, it
　　　　comes out over the edge of the container, <u>usually accidentally</u>.

Pinker が挙げる以下の例も，非意図的な行為（液体をこぼす）を描写するも
のだと言える [8]。

（16）a.　John spilled soup onto the table.
　　　b.　*John spilled the table with soup.　　　　　　　　（Pinker 1989: 39）
（17）a.　John slopped water onto the floor.
　　　b.　*John slopped the floor with water.　　　　　　　　　　　（ibid.）

COBUILD を見る限り，dribble や slosh の定義には "accidentally" が含まれて
いない。

8　spill と slop について，Pinker（1989: 39）は前置詞句の必要性という点では違いがあると
　述べ，John spilled soup./ *John slopped water. という例を挙げている。

7.3. 意図性と料理表現 | 275

(18) dribble (COBUILD)

If a liquid **dribbles** somewhere, or if you **dribble** it, it drops down slowly or flows in a thin stream.

(19) slosh (COBUILD)

If a liquid **sloshes around** or if you **slosh** it **around**, it moves around in different directions.

しかし，実例を見ると dribble や slosh も非意図的な事態を表す際によく使われていることがわかる。以下の例は COCA からの例である。

(20) a.　I laughed, dribbling tea on the sheets.
　　　　私は笑ったはずみでシーツに紅茶をこぼしてしまった。

　　 b.　[...] as soon as I got to my office I dribbled some iced mochacchino on it [= the hot-pink shell], leaving brown spots splattered all over my top, and was forced to button my jacket up over the stain.
　　　　オフィスに着いてすぐ，私はアイス・モカチーノをホットピンクのブラウスにこぼして茶色い染みだらけにしてしまったので，やむを得ずジャケットのボタンをして染みを隠すはめになった。

(21) a.　At the guy's voice, I nearly jumped out of my skin, sloshing my water all over my arm.
　　　　その男の声で，私は驚きのあまり跳び上がりそうになり，手にしていた水を腕にぶちまけた。

　　 b.　He glanced at his prosthesis and discovered that he'd unthinkingly crushed the can, sloshing Coke all over the place in the process.[9]

9　(21b) では，unthinkingly（不注意に）に加えて in the process（その過程で）が使用されている点からも，非意図的行為が表現されていることが読み取れるだろう。*Cambridge Advanced Learner's Dictionary* の in the process の項目には "If you are doing something, and you do something else in the process, the second thing happens as a result of doing the first thing" とあるが，ここで述べられている2つ目の出来事は，意図せずに生じたものに該当することが多いと思われる。同項目に掲載されている以下の例文はまさにそれに当てはまるものであり，この例における spill と (21b) の slosh は極めて近い意味を表していると判断できる。

276 | 第 7 章　非交替動詞が交替するとき

　　　　彼は自分の義足に目をやり，気づいた。うっかり缶を踏みつぶし
　　　　てコーラをそこらじゅうにまき散らしてしまったのだ。

Pinker（1989）が dribble の場所目的語構文を容認不可としたのは，非意図的
な行為を想定したことに起因する可能性がある。

（22）a.　　She dribbled paint onto the floor.
　　　b.　*She dribbled the floor with paint.　　　　　　　（Pinker 1989: 126）

　非意図的に液体をこぼす場合，場所目的語構文が成立しづらいのに対し
て，意図性が認められると場所目的語構文が成立する場合があるのは，なぜ
だろうか。第 2.1.7 節で smear クラスや spray クラスと pour クラスとの間に
見られる違いを確認したが，ここでは Pinker（2007: 49–53）が用いた causing
タイプ，letting タイプの働きかけという表現を用いて，再度場所目的語構文
について整理しておきたい。

　Pinker は，smear クラスや spray クラスで見られるような特定の目的を持っ
て液体の軌道をコントロールする場合を causing タイプの働きかけと呼び，
causing タイプでは場所に直接働きかけているために場所目的語構文が成立
すると述べている。それに対して，液体を重力にまかせて移動させる場合は
letting タイプの働きかけと呼ばれており，この場合は液体がどのように場所
に付着するかは予測できず，場所に働きかけているとは見なしにくいため，
場所目的語構文は成立しないとされる。（12）を考えると，床に特定のデザ
インを描く（床の見た目の変化）という目的を持って意図的にに行為を行う
と，移動物への働きかけにも注意を払うことになり，letting タイプの働きか
けから causing タイプの働きかけに近づくと言える。そうであれば，dribble
や slosh は，場所を変化させるという目的がはっきりしており，そのため，
意図的に行為を行っていると理解される文脈の場合は，spray クラスあるい
は smear クラスの事例からの類推が成立し，場所目的語構文に現れることが
あると考えることができる。一方で，spill のように非意図性を含意してい
る動詞では，そのような類推が成立しづらく，dribble や slosh よりも場所目

───────────────────────
　（i）　I stood up to say hello and spilled my drink in the process.

的語構文が制限されるのだろう（exhale/inhale に blow からの類推が働かないことを示した Boas（2003）の例（第 7.2.3 節）も参照）。

ここで，改めて料理表現について考えてみよう。調理手順は意図的に行うものであると言って差し支えないだろう。特に英語レシピの場合，手順は基本的に命令文で表現されるが，よく知られているように，命令文で指示されるのは意図的に遂行できる行為である（Huddleston and Pullum 2002: 932）。したがって，レシピで描写される行為には意図性が読み込まれると言える[10]。先ほどの例文(12)で意図的に液体を垂らしていたのは，床に何らかのデザインを描いて見た目を変化させるためだと考えられる。料理の場合になぜ意図的に液体調味料をかけるかと言えば，それは食材の状態（味・見た目・香り）を変化させたいからである（第 6.5.1 節）。この場合，調味料を移動させることと，食材の状態を変化させることが手段・目的の関係になっており，場所格交替が成り立つような事態として捉えることができる。目的とする変化がはっきりしており，意図性が保証される事態が描写されるレシピでは，dribble や slosh が交替動詞に近づき，場所目的語構文に現れる条件が整うのだと言える。もちろん，drizzle のように意味が近く，レシピで交替用法が慣習化している動詞があることも類推が働きやすくなる要因である。

さて，非意図的に液体を移動させるという事態について考えた場合，動作主は，場所はおろか液体にすら働きかけているとは言えないのではないか，それなのになぜ spill などの動詞を移動物目的語構文で使用することができるのだろうか，という疑問が生じるかもしれない。非意図的な行為と使役表現の関わりについては西村（1998）の議論を参照するのが有益である。西村は，動作主（使役行為者）が対象に何らかの変化を生じることを目標として対象に働きかける場合（e.g. I opened the door with this key.）が使役の典型であると述べる。動作主は意図的に行為を実行し，結果として起こる変化に対する責任を負う存在である。一方で，西村は，意図的な行為がなされたわけではない次のような例も使役の一部として扱っている。

(23)　George dropped the dish (accidentally/inadvertently).（西村 1998: 164)

10　レシピの手順と意図性については貝森（2014）も参照されたい。

278 | 第 7 章　非交替動詞が交替するとき

この例では，ジョージは皿を（安定した場所に置くなどして）コントロール
する立場にある（あるいはそれが期待された）はずなのにそれをしなかった，
つまり不作為を実行したと見なすことが可能である。したがって，ジョージ
は責任の主体，ひいては動作主の一種であり，ここに典型的な使役からのつ
ながりを見出すことができる。

　西村の分析を踏まえると，非意図的に対象を移動させる事態が使役表現の
一種である移動物目的語構文で表されることも理解できる。I spilled wine on
the carpet. のような例であれば，ワイングラスをしっかり握ったり，よそ見
をしないでワインを運ぶのに集中したりして，ワインをコントロールするべ
きだったのにそれを怠ってカーペットにこぼした，ということであり，ワイ
ンが位置変化することの責任は「私」にあったと考えられる。そのため，ワ
インをこぼすような場面は，使役の典型からは外れるものの，ワインへ働き
かけて移動させたと見なすことが可能なのである。spill が移動物目的語構
文で使用されるのは，このような理由によると分析できる。

　なお，第 2.1.7 節で確認した通り，spill を場所目的語構文で使うのは不自
然であるが，stain という動詞を使って I stained the carpet with wine. などと
言うことは可能である。意図せずカーペットを汚してしまうことを表す際に
このような場所目的語構文が成立することも，責任の観点から捉えることが
できる。「私」は（所有物である）カーペットをきれいに保つようにしてお
くべきであったのにそれを怠ってカーペットが汚れた，と考えれば，カー
ペットの状態変化の責任は「私」にあると捉えることができる。そして，第
2.1.7 節の繰り返しになるが，ワインをこぼすことと，カーペットを汚すこ
との間には，通常は手段・目的という関係が成立しておらず，場所格交替動
詞が表すような事態からは外れている。このような事態を表す動詞には，交
替動詞からの類推が基本的には働かないのだと考えられる。この点について
は，第 7.5 節で議論を深める。

7.4.　形容詞的受身

　非交替動詞が本来現れないとされる構文に現れるようになるケースとし

7.4. 形容詞的受身 | 279

て，もう1つ考えられるのが，形容詞的受身で用いられる場合である。移動物目的語構文，場所目的語構文がそれぞれ形容詞的受身構文と交差した複合構文についてはすでに第5章で扱ったが，本節ではそのような複合構文が時として非交替動詞にまで創造的に使用されることを述べる。

まず，場所目的語構文にしか現れないはずの litter や clutter が，受身の形でなら移動物目的語構文に現れることを指摘した Iwata (2008) を取り上げた上で，dribble, slosh などの動詞が場所目的語構文の形容詞的受身に現れるのも同種の現象であると捉えられることを示す。

litter, clutter は，Pinker (1989) や Levin (1993) では場所目的語構文には現れるが，移動物目的語構文には現れない動詞として分類されている。しかし，Iwata (2008: 73–74) は，litter や clutter が移動物目的語構文の実例も見つかると述べ，BNC やウェブから以下のものを引用している（斜体は Iwata による）。

(24) He left biscuits, cake, pies, fruit and bowls of custard *littered around* the shelves, but it remained untouched.

(25) He jumped down from the bed, hitting his knee against the unseen objects *cluttered around* the bed.

Iwata は，このような表現には [NP be scattered around/about NP] からの類推が働いていると述べている。それは次のようなプロセスによって成り立っている。まず，[NP be scattered around/about NP] をもとに [NP be V-ed around/about NP] という上位スキーマが抽出され，そのスキーマにより [NP be littered around/about NP] が認可される。Iwata が提示した [NP be V-ed around/about NP] というスキーマは，第5章で分析してきた移動物目的語構文と形容詞的受身の複合構文と同じものであると考えられる[11]。なお，Iwata 自身は述べていないが，scatter, litter, clutter が音韻上似ていることもこのような類推が働きやすくなる要因になっているだろう[12]。

---

11 [NP be littered around/about NP] という例は比較的よく使用されるため，一歩進んで litter が移動物目的語構文にも現れる動詞であると判断する話者もいるようである。池上 (1995, 2006) は，spray や load と同じく，litter を交替動詞として扱っている。

12 音韻上似ている動詞が同じような振る舞いをするケースについては平沢 (2022) も参照。

280 | 第7章　非交替動詞が交替するとき

　場所目的語構文にしか現れないとされる動詞が，形容詞的受身の複合構文の場合に移動物目的語構文に現れるならば，その逆，移動物目的語構文にしか現れない動詞も，複合構文という形を取ったときは場所目的語構文に現れる場合があることも予想される。以下の slopped with NP と spilled with NP の例を見てみよう。先ほど述べたように，spill は非意図的に液体をこぼすことを表す。slop も（意図的な行為を表す場合もあるが）非意図的な行為を表すことが多い動詞である。これらの動詞の場合，dribble や slosh よりもさらに場所目的語構文が成立しにくいと考えられるが，[V-ed with NP] という形でなら臨時的・創造的に使われることがある。

(26)　Meade stilled his horse and dismounted, <u>slopped with sweat and more than a little mud</u>.　　　　　　　　　　　　　　　　　（COCA）
　　　ミードは汗まみれ，泥だらけの状態で馬を静止させて降りた。

(27)　Erik would often speak of how his mother wore old, stained clothes, <u>spilled with either coffee or tea and cigarette ash</u>, when she traveled.
　　　（Leslie Zemeckis, *Behind the Burly Q: The Story of Burlesque in America*）
　　　エリックは，母親が巡業するときは古くて染みだらけの服——コーヒーか紅茶に加えてさらにタバコの灰をこぼして染みになってしまった服——を着ていたことをよく話していた。

上記の例は，人や服が意図せずに汚れた状態になっていることを表している。これらは第4, 5章で見た smeared with mud や stained with blood によく似ており（意味はもちろん，/s/ を頭子音とする一音節語であるという点も似ている），こうした表現からの類推をもとに成立した表現であると考えられる。実際，(27) では stained という表現が spilled のすぐ前に用いられている。場所目的語構文＋形容詞的受身の複合構文では多くの例で意図性が希薄化していることを考えれば，spill のような非意図性を含意する動詞が場所目的語構文（能動文）の事例としては不適切でも，複合構文の事例としては許容しやすくなることがあるとしても不思議はない。ただし，slopped with NP や spilled with NP は，smeared with NP や stained with NP のような場合と

違って，慣習的な言い回しとはなっておらず，あくまで臨時的な表現である
と考えるべきである。

　形容詞的受身であると場所目的語構文で使用されやすくなるというのは，
dribble, slosh の場合にも当てはまる。Pinker（1989: 158）が挙げた例（28）と
Iwata（2008: 71）が挙げた例（29）の下線部においても，dribble, slosh が形容
詞的受身として用いられていた。

（28）　... serve at once with crusty Italian bread or toasted bread slices <u>dribbled</u>
　　　　<u>with olive oil</u>. = 第 6 章（4f）

（29）　The menu at Manze's, in London's Tower Bridge Road, by Bermondsey
　　　　Antiques Market, may not be extensive but at £1.20 for one pie,
　　　　one mash — <u>sloshed with parsley sauce</u> — there is little reason for
　　　　customers to argue. =（1c）

（28）や（29）は形容詞的受身であると同時に料理表現でもあり，場所目的
語構文が使用されやすい要因が 2 つ重なっている。COCA には次のような
例がある。

（30）　Plenty of time to figure out what I was going to make us for breakfast.
　　　　Today, it would be cheese and chorizo omelets, <u>dribbled with Tabasco</u>
　　　　<u>sauce</u>, along with sourdough toast spread with the sweet sting of
　　　　chipotle jelly.
　　　　朝食に何を作ろうか考える時間はたっぷりあった。今日はチーズと
　　　　チョリソーのオムレツにタバスコ・ソースをかけ，甘い香りのチ
　　　　ポトレ（燻製にした唐辛子を用いた香辛料）のペーストを塗ったサ
　　　　ワードウ・ブレッド（酸味のあるパン）のトーストと一緒に食べよ
　　　　うと思った。

（31）　We also tried the Spanish-sounding filete a la Madrilena, a handsome
　　　　filet mignon that's breaded, stuffed with lobster meat and <u>sloshed with</u>
　　　　<u>red sauce</u>.
　　　　いかにもスペイン語という響きのメニュー「フィレ・ア・ラ・マド

282 | 第7章　非交替動詞が交替するとき

リレーニャ」も試しました。見た目のきれいなフィレステーキにパン粉をつけ，ロブスターの身を詰め，トマト・ソースをかけたものです。

先ほど見た (27) では spilled の前に stained が使用されていたが，(30) や (31) でも dribbled with NP や sloshed with NP が spread with NP や stuffed with NP という交替動詞の複合構文と並べて使われており，これは慣習的な表現からの類推という本章の分析に沿う例である。

　関連する現象として，比較級の形式について見てみよう。Taylor (2012: 208, 210) は，slippery の最上級としては most slippery が自然であるが，まれに slipperiest も使われることがあるとして，以下の実例を引用している。

(32)　They say that sorry is the hardest word. It can also be the slipperiest.
　　　よく言うように，sorry は口に出して言うのが一番難しい単語だ。
　　　そして最も捉えどころのない単語でもあるだろう。

(Taylor 2012: 208 (西村ほか訳 2017: 314))

上記の例で slipperiest が用いられたのは，それに先行して使用された hardest の影響を受けたからではないかと Taylor は推測している[13]。(31) も同様に先行する stuffed with NP に影響を受けて sloshed with NP が使用された可能性を指摘できる。(30) では dribbled with NP のほうが spread with NP よりも先に登場しているが，spread with NP が後に続くことで dribbled with NP が受け入れやすくなっているのではないだろうか。

　第5章で移動物目的語構文と形容詞的受身が交差した複合構文よりも，場所目的語構文の複合構文のほうが，多様な事例を包括するネットワークを形成していることを見た。その観点からすると，場所目的語構文の複合構文

13　Taylor (2012: 第9章) は，このような先行する表現が後の言語使用に影響を与える現象を「新近性効果」(recency effect) として紹介している。これは「統語的プライミング」(syntactic priming) や「持続性」(persistence) などと呼ばれるものと同じである (「統語的」の代わりに「構造的」(structural) が使われることもある)。話し手，書き手が使った表現によって自身のその後の言語産出が影響を受けるケース (自己プライミング) については，Gries (2005) や Jaeger and Snider (2007) を参照。

のほうが非交替動詞の創造的な使用を可能にする資源として活用されること
が多いのではないかと予想される。littered around NP や cluttered around NP
の用例はあるが，stained around NP や polluted around NP の用例はほとんど
見つからない[14]。scattered across NP のような定着事例との類似性が感じられ
なくなるにつれて [V-ed across/around/throughout/... NP] の表現として認可
されづらくなるように思われる。この点に関してはまだ十分な調査ができて
いないため，今後の課題としたい。

7.5. 慣習性の度合い

Pinker の挙げた pour クラスの動詞（drizzle を除く）が場所目的語構文で使
用されるのは，一定の使用環境（料理表現のように意図性が保証される用法
や形容詞的受身との交差）に限定されており，使用頻度は低い。第 6.5.5 節
で見たように，レシピで dribble の場所目的語構文をよく使用する書き手も
いるため，書き手の好みや癖といった要因も関わってくるが，drizzle 以外
の pour クラスの動詞は，交替用法が慣習化していないのである。ここで注
目したいのは，そのような動詞の中でも，場所目的語構文で使用される度合
いに差があるということである。以下では，spill の用法を観察しながらそ
の点を確認する。

---

14 stained の後に around NP が続く例を探すと，以下のような表現が見つかる。
  （ i ） The skin is often stained around the ulcer area because of haemosiderin deposition
    after leakage of red blood cells from the circulation.
      （https://www.racgp.org.au/afp/2014/september/ulcer-dressings-and-management/）
      赤血球が血管から漏れ出た後にヘモジデリンが沈着するため，潰瘍部位の周り
      の皮膚がしばしば黒ずむ。
  ただし，これは移動物目的語構文ではなく場所目的語構文の例であることに注意が必
  要である。Iwata (2008: 23, 34–35) は場所目的語構文では影響を受ける部位が前置詞句
  で表現されることがあると述べているが，（ i ）もその例である。これは場所目的語構
  文と身体部位所有者上昇構文を交差させることで形成された表現である。料理本では
  以下のような例が見つかる。
  （ ii ） Sprinkle the tuna steaks on both sides with the spice mixture and let stand for 15 minutes.
      （American Express, *Food & Wine Annual Cookbook 2006*）
      マグロステーキの両面にスパイスミックスを振り，15 分置く。

spill で表現される液体をこぼすという行為は，通常は場所への働きかけとは見なされない（動作主は液体の軌道をコントロールしておらず，場所に直接影響を与えているという捉え方と合致しない）。もし液体をこぼしてTシャツを汚してしまった場合は，以下の実例（ウェブ記事からの引用）のように，こぼす側面と汚す側面をそれぞれ別の節で表現するのが普通である。第 7.1 節で，踊ることと穴をあけることが 2 つの節で表現された (3) を挙げ，それが動詞 dance の慣習的な用法に沿った例であることを確認したが，その場合と同じく，(33) は spill の慣習的な用法に沿っていると言える。

(33)　When Martin Andrews recently <u>stained his t-shirt</u> by accidentally <u>spilling fabric conditioner</u> he was surprised to find the substance had formed to look like the Son of God.[15]
最近，マーティン・アンドリュースはうっかり柔軟剤をこぼしてTシャツに染みを付けてしまったが，その染みがイエス・キリストのように見えたために驚いたとのこと。

それに対して，spill が場所目的語構文＋形容詞的受身の複合構文で用いられる場合は，液体をこぼした結果，場所が汚れるという関係を緊密なものとして捉え，1 つの行為として提示していることになる。先ほど挙げた (27) を再掲するとともに，もう 1 例追加する。

(34)　Erik would often speak of how his mother wore old, stained clothes, <u>spilled with either coffee or tea and cigarette ash</u>, when she traveled. = (27)

(35)　How does it feel to open a refrigerator badly <u>spilled with yogurt</u> which is rotting because the culprit didn't care to clear his/her mess?[16]
誰かが冷蔵庫の中でヨーグルトをこぼして，当の犯人がそれを片づけようとしなかったために腐りかけてひどく汚れている，そんな冷

15　https://metro.co.uk/2013/04/17/jesus-christ-appears-on-t-shirt-after-man-spills-fabric-conditioner-3620378/

16　https://www.mydoorsign.com/WRK/Importance-of-Workplace-Signs.aspx

蔵庫を開けるときはどんな気持ちになるだろうか。

このように，通常とは異なる捉え方にもとづいて，創造的に生み出される表現は，dance を穴あけ構文で用いる例 (4) と並行的であり，まさに代換の例であると言える。dance を穴あけ構文で用いる実例があるからといって，そのような用法が慣習的であると考えたり，dance を (dig などと同じく) 穴をあけることを含意する動詞であると主張したりする者はいないだろう。それと同じように spill が場所目的語構文で用いられる実例があるからといって，spill が交替動詞であることが保証されるわけではない。

　spill の場合に比べると，dribble の場所目的語構文は，佐藤 (1987) が代換に関して述べた「ことばのあや」というほどの特別さはないかもしれない。しかし，dribble は drizzle と比べれば交替用法は確立されておらず，場所目的語構文でよく使用されるというわけではない (dribble の交替用法がユニットになっている話者以外にとっては)。非交替動詞とされる pour クラスの動詞も一様ではなく，少なくとも以下のような分類が必要である。

(36) drizzle は，料理表現として用いる場合，移動物目的語構文，場所目的語構文の双方に現れることが慣習化している。

(37) dribble や slosh は，場所の変化の目的と意図性が読み込まれる場合 (料理表現として用いられる例など) や形容詞的受身として用いられる場合は，場所目的語構文に現れることがある。

(38) spill や slop は，基本的には場所目的語構文で使われることはないが，形容詞的受身であれば創造的な使用例がある。

7.6.　先行研究との比較

Iwata (2008) が pour クラスの動詞の交替例を指摘してから，この問題については吉川 (2010)，Fujikawa (2015) においても議論がなされている。本節では，この 3 つの研究と本章の分析を比較する。

Iwata (2008) の drizzle, dribble, slosh の扱いについては，すでに第 6 章で紹介しているが，ここではさらに踏み込んで取り上げ，本章の分析との違い

を述べることにする。まず，Iwata (2008: 第 5 章) による dribble の説明を確認する。Iwata は次のように述べている。液体を一滴垂らして終わりにするのではなく繰り返し垂らしていくと，液体が場所全体に広く行き渡ることがある。このように繰り返し液体がかけられた場合は場所目的語構文の「覆う」の意味に合致するため，dribble の場所目的語構文は認可されることになる。

　液体を繰り返し垂らして場所が覆われるようにするというのは，意図的に行う行為だと考えられる（非意図的に液体をこぼしてしまう場合は，液体の移動が繰り返し起こるわけではない）。そのため，「繰り返し垂らす」ことと本章で提示した「意図的に行う」ことは密接につながっていると考えられる。ただし，その結果必ずしも場所が「覆われる」必要はないと思われる（Pinker (1989: 78) が挙げた The vandal sprayed the statue with paint. の例において，場所が覆われていなくてもよいのと同様である）。たとえば，以下の例を見てみよう。(39) は図 7-1 のヨーグルトのレシピから引用した表現であり，仕上げにオリーブオイルをかけることが示されている。

(39) 　Mix all the ingredients together until well-combined. <u>Dribble Ø with olive oil</u>.
　　　すべての食材（ヨーグルト，レモン果汁など）がよく混ざるまでかき混ぜ，オリーブオイルを垂らす。

図 7-1.　**Yoghurt, garlic and mint dip**[17]

17　Sophie James, "Yoghurt, a love story," Stories from the Stove <https://storiesfromthestove.net/2013/04/21/yogurt-a-love-story> から引用 (2024 年 3 月 17 日閲覧，例文 (39) もここから)。

7.6. 先行研究との比較 | 287

図 7-1 では，オリーブオイルがまばらにかかっており，ヨーグルト全体が覆われているわけではない。第 6 章で扱った drizzle の例の場合でも，必ずしも場所全体を覆うことが求められているわけではない。このようなことを踏まえると，料理表現として dribble の場所目的語構文が用いられる場合は，食材の全面が覆われるという側面よりもむしろ味や彩りの変化が重要な要因となっているように思われる。

また，繰り返しになるが，Iwata (2008) は drizzle, dribble, slosh のいずれもが場所目的語構文で用いられていると考えているが，この中で慣習的な交替動詞は drizzle のみである。dribble や slosh を場所目的語構文で使うのは料理表現であっても一般的ではなく，このような慣習性の違いを記述することは重要である。

2 つ目の研究として，吉川 (2010) を取り上げる。吉川は pour クラスの動詞を移動元指向の動詞と移動先指向の動詞の 2 種類に分け，このうち後者は場所格交替に参与するという分析を提示している。

移動元指向とは，移動物がもともと入っている容器（起点）に焦点があることを指す。吉川は，英英辞典の記述に "flow out of a container" や "flow over the edge of a container" が含まれることをもとにして，pour, slop, spill を移動元指向動詞としている。このような分析を支持する例として，吉川は (40) を挙げている（例文の斜体は原文による）。

(40) a. Alex poured the bottle *dry/empty*.
　　 b. ^{??}Alex poured the bottle *full*. （吉川 2010: 61）

この例が示すように，pour が移動元（起点）を描写する結果構文は容認可能なのに対して，移動先（着点）を描写する結果構文は容認性が低い。移動元指向動詞は，場所目的語構文との相性が悪く，場所格交替には参与しないとされる。それに対して，吉川は，dribble, drip, slosh などは移動先に重点がある移動先指向動詞と述べている。移動先指向動詞は，問題なく場所目的語構文に現れるとされる。

吉川は実際に COCA で移動先指向動詞の場所目的語構文が見つかると述べている。しかし，実例が見つかるからと言って，移動先指向動詞が spray や

288 | 第7章　非交替動詞が交替するとき

sprinkle などと同じく慣習的な交替動詞であるとまでは言えないだろう。Pinker
(1989) や高見 (2011) が挙げた例からもわかる通り，dribble の場所目的語構文
は必ずしも自由に用いられるわけではなく，意図性が保証される場合や形容詞
的受身として用いられる場合に限定的に容認されると考える必要がある。

　一方で，pour, slop, spill という移動元指向動詞が場所目的語構文に現れな
いという分析は妥当であると思われる。第 7.3 節では，場所を変化させる目
的を持って，意図的に行為を行う場合に，pour クラスの動詞も場所目的語構
文に現れると分析し，slop, spill のような非意図性を含意する動詞は場所目
的語構文に現れないと述べた。この基準からすると，pour は意図的に液体を
注ぐことを表す場合も多いので，dribble のように臨時的には交替することが
あってもよさそうだが，料理表現であっても場所目的語構文で使われる例は
基本的に見つからない。第 6.5.1 節で pour がレシピで用いられる際には必ず
しも食材に液体をかけることが表されているわけではない（鍋に牛乳を入れ
るといった例がある）と述べた。第 6.5.1 節で挙げた pour の例文を再掲する。

(41)　Pour the milk into a saucepan and bring Ø to simmering point. = 第 6 章
　　　(36)

それに対して，drizzle は味つけのために液体をかけることを表し，場所に当
たるのは主に食材を表す名詞である。この点は drizzle と pour で大きく異な
る。もしも pour が食材に液体をかける場面でよく用いられるようになれば，
味を変化させるという目的が読み込まれるようになるかもしれないが，現状で
はそうなっておらず，pour の場所目的語構文は基本的には用いられていない。

　次に Fujikawa (2015) を見てみよう。Fujikawa は，pour が上方向への移動
を表す Thin blue smoke poured straight up ... (BNC) などの例を挙げ，pour の
語彙的意味は物理法則に従って容器から何かが流れ出ることであると述べて
いる。そして，pour は，Iwata (2008) の dribble の説明にあったような，液
体を繰り返し垂らすような行為には用いられないため，交替しないとしてい
る。Fujikawa は，pour クラスの動詞について，pour 以外はいずれも場所目
的語構文の実例が見つかると述べ，pour クラスで交替不可であるのは pour
のみであると主張している。

Fujikawa では興味深い実例が多数報告されており，slop や spill などを用いた場所目的語構文の実例も挙げられているが，それが慣習的な用法なのか，臨時的・創造的な用法なのかという区別はなされていない。Fujikawa が挙げる slop や spill の実例はいずれも場所目的語構文の形容詞的受身であった。このように形容詞的受身で用いられるのは，結果状態への着目が「覆う」の意味と合致するからであると Fujikawa は述べているが，形容詞的受身であれば slop や spill の場所目的語構文がごく普通に使用されるというわけではない。これまで本章で論じてきた通り，そのような例はあくまで臨時的に産出されたもの（代換）だと考えられる。

Fujikawa は pour だけは交替しないと述べているが，形容詞的受身であれば，極めてまれではあるが pour の場所目的語構文の実例も見つかる。もちろんこれも臨時的な使用例である[18]。

(42)　She'd [= my mother] drop the biscuits on a pan poured with oil, turning over each dollop of dough in the oil, so they were shiny and saturated before baking.

（Devon O'Day, *My Southern Food: A Celebration of the Flavors of the South*）

母は油を引いたフライパンにビスケット生地を落とし，それをひとかたまりずつ油の上でひっくり返し，生地につやを付けてから焼くようにしていました。

例が 1 つ存在することをもって交替動詞であると結論づけるなら，slop や spill だけでなく pour も交替動詞であることになってしまう。しかし，これらいずれの動詞についても場所目的語構文での使用は臨時的なものに過ぎないため，交替動詞ではないと捉えるのがよいだろう。

以上，3 つの研究を紹介した。これらの研究で指摘された，繰り返される

18　(42) の容認性を母語話者に尋ねたところ，その話者は容認不可であると回答した（方言によっては可能かもしれないとのことだった）。(42) が破格の表現であれば，訳文もそのようなものであるほうが実態に即していると言えるが，ここでは内容のわかりやすさを優先した訳を付している。

290 | 第 7 章　非交替動詞が交替するとき

液体の移動，移動元指向と移動先指向，物理法則に従っての移動といった要素，そして本書で挙げた意図性や味の変化という要素は，相互に排他的なわけではなく，それぞれが液体を移動させるという事象の異なる側面を捉えたものであると考えられる。このような研究が積み重なることは，場所格交替の研究としてはもちろん，広く事象と言語表現の関係を探る上で示唆に富むのではないかと思われる。そして，上記 3 つの研究では，pour クラスの動詞の実例が示されてはいるが，慣習性の観点からは分析がなされていなかった。認知文法に基づく「豊かな文法」では，慣習性を言語の重要な一面であると捉えている（特に第 2.2 節を参照）。「豊かな文法」の立場からすると，これまで指摘されてこなかったような英語の実例が見つかった場合には，それが慣習的な表現の一部であるかどうかを観察することが求められる。このように慣習性に着目した分析を行うことが，場所格交替の実態解明には不可欠であると，本書では考える。

7.7.　関連現象：under-V と under-V-ed

　本章では，pour クラスの動詞が例外的に場所目的語構文に現れる生起環境として，意図性が保証される場合，特に料理表現として用いられる場合と，形容詞的受身で用いられる場合を挙げた。このように生起環境によって表現が受け入れられるようになる現象は，ほかにもある。そのような例を扱った研究として，ここでは野中・萩澤 (2019) の接頭辞 under- に関する分析を紹介する。

　動詞接頭辞 under- は過少性や不十分さを表す。underestimate（過小評価する），understate（控えめに言う）のような例があるが，under- が付加された動詞（under-V）の生産性は限定的である。特に，under- が状態変化動詞に付加される場合，自然には成立しないことが多い。それに対して，その反義語となる over- が付加された動詞は問題なく成立する。

(43) *[?]He underheated the room. (cf. He overheated the room.)

(野中・萩澤 2019: 128)

(44) *He undersimplified the rule. (cf. He oversimplified the rule.) (ibid.: 137)

7.7. 関連現象：under-V と under-V-ed | 291

under-V が成立しにくい要因として，十分に達成されていない行為は動詞で表現しづらいことが挙げられる。たとえば，underheat であれば，対象物をあたためたものの，その温度が意図していた基準よりも低いことを表すが，その場合，本来動作主がやろうとした行為は達成されていないと判断されるのが普通である。動詞は典型的には何らかの行為を表すものだとすると，行為が達成されていない事象を動詞として表現することには十分な動機づけがないと考えられる。そうした状況は 1 語の動詞でコード化するより do not heat well/enough といった否定文を使うほうが自然である。これがunder-V が成立しづらい理由の 1 つだと考えられる。一方，過剰な行為の場合，あくまで行為自体は達成されたと考えられるため，over-V が成立するのは自然なことだろう[19]。

以上のことを踏まえると，undercook も成立しづらいと言えるが，興味深いことに以下のような文脈では限定的ながら使用されることがある。

(45)　[...] you need to undercook your pasta a little bit or else it'll be mushy.

（COCA）

この例の undercook は，or else it'll be mushy（そうしないと柔らかくなってしまう）という表現があることにより，不十分というより注意深く控えめに茹でる（茹ですぎないようにする）という意味として理解できる。あえて控えめに行う場合は意図的な行為の一種と見なすことが可能である[20]。dribbleや slosh の場合と同じく，ここでも意図性の保証が表現を自然に受け入れる

19　underestimate や understate などは，評価内容が不十分であることや発言内容が控えめであることを表すのであり，行為自体が達成されていないわけではない。この種のunder-V は成立しやすく，慣習性の高い語も存在する。詳しくは野中・萩澤 (2019: 第4.3 節) を参照。

20　本例の you need to ... は命令文に近い。命令文も単独では不自然なのに，or... を続けると容認可能になる例がある (*Appreciate literature. /Appreciate literature or college girls won't like you. (Lakoff 1966: 5))。高橋 (2017: 第 7 章) は，or ... が続く命令文では行為の意図性が読み込まれ，状態述語も意図的な行為として再解釈されるために，命令文で使用しやすくなると説明している。本例も or ... が続くことで undercook が意図的な行為として認識されやすくなっていると考えられる。undercook の能動文については，野中 (近刊) も参照。

292 ｜ 第 7 章　非交替動詞が交替するとき

素地を整えていると考えられる。

　意図性が保証されなくても，overcook と対比される文脈なら undercook が
用いられることがある。

（46）　Once the chill is off, the problem is people undercook or overcook. So
　　　　this is my trick. [...] So it will evenly cook.　　　　　　　（COCA）

Jones（2002）が述べるように，or による対比は反義語のペアが用いられる典
型的な環境であり（本書の第 2.2.2.3 節を参照），このパターンで用いられる
ことにより，undercook が許容されやすくなっていると考えられる。（46）は
七面鳥の調理方法に関する例であり，加熱をしすぎた部位と加熱が足りない
部位が出ないようにするための調理のこつが説明されている[21]。第 7.4 節で見
た（30）や（31）では，dribbled with NP や sloshed with NP が使われやすくなっ
た要因として，spread with NP や stuffed with NP と並んで使われていること
を指摘したが，同種の語形成の表現を並べる（46）もそれに近いと言える。

　undercook が自然に用いられるもう 1 つの生起環境として形容詞的受身を挙
げることができる。（45），（46）の undercook の用法は臨時的という側面が強
いが，次のような形容詞的受身で用いる場合は使用例も多く，慣習性も高い。

（47）　The vegetables were undercooked, the onion still tangy.　　（COCA）

野中・萩澤（2019）は，unver-V の形容詞的受身を under-V-ed 構文と呼んで
いる。under-V の形では成立しづらくても，under-V-ed 構文であればよく使
われる表現はほかにもある（e.g. underequipped, underpopulated）[22]。このよ

21　A or B や neither A nor B には範囲を明確化する機能がある点も重要である。Jones（2002:
　　66–67）は He showed no disloyalty, publicly or privately, to Virginia Bottomley [...]（= 第 2
　　章（60））という例を挙げ，showed no disloyalty の成立範囲が「公私にわたる」，つまり
　　常時であることを示す表現だと述べる。[...] he is neither pessimistic nor optimistic [...] と
　　いう例の場合（ibid.: 71），悲観的でも楽観的でもないと述べることによって，物事の見
　　方が一般的な範囲内に収まることを表している。（46）も同様に，基準値を上回っても
　　下回ってもいけないと述べることで，基準値の範囲を明確にしていると考えられる。

22　この種の表現は，under-V の形容詞的受身 [[under-V]-ed] と見なすよりも，V-ed に under-
　　が付加された [under-[V-ed]] と見なしたほうがよい場合もある。この点は野中・萩澤
　　（2019: 第 5.3 節）で詳しく扱っている。

な表現が成立する動機づけとして，次のようなものを考えることができる。前述のように，基準点に満たない行為をわざわざ行うことは少ない。しかし，行為を達成したと言える基準値は必ずしも事前にはわからず，達成の成否は事後的に振り返ることで判断されることもある。そして，行為を達成しようとしたが実は未達成だったと事後的に発覚することには矛盾がない。こうした状況を表す場合，under-V-ed 構文が自然に使用できるわけである。(47) は十分に加熱調理する意図を持って調理を行ったのち，タマネギを口にしたところ，ぴりっとする味がしたために加熱の不十分さが露呈したという状況である。これはきわめて自然なシナリオであり，このことが under-V-ed の使用を後押ししている[23]。under-V-ed 構文以外にも，形容詞的受身の形でのみ定着している表現として un-accounted for や unheeded などがある。形容詞的受身と表現の生産性については，今後も研究を深めていきたい。

7.8. まとめ

本章は，pour クラスの動詞に着目し，臨時的に場所格交替が成立するのはどのようなときかを分析した (課題 6)。

(48) 課題 6：非交替動詞が例外的に交替するのはどのようなとき
　　　pour クラスの動詞は，場所の変化の目的と意図性が読み込まれる場合 (特に料理表現の場合) や形容詞的受身と交差する場合は，

---

23 形容詞的受身では意図性が希薄化するため，得られた結果状態が意図通りのものでなかったというシナリオも，無理なく表現することができるのだと考えられる。それに対して，能動文は，非意図的な行為を表すことか慣習化している動詞 (spill など) を使う場合を除けば，典型的には意図的な行為を表すので，単に I undercooked the vegetables. と言うだけでは，そのようなシナリオが十分に伝わらないのだと思われる (inadvertently のような副詞を添えるなどすれば，容認度が向上するだろう)。なお，underheat の場合も，能動文では容認されづらいが，underheated の形であれば使用されることがある。COCA には As she heads for her date with overstuffed washing machines and underheated dryer, Darsella grabs a $10 roll of quarters and a box of detergent. という例が見つかる。この場合は，underheated が形容詞的受身であることに加えて，その前に overstuffed が使用されている。over-V-ed が使用されることで，V の部分は揃っていないが，後続の under-V-ed が受け入れやすくなっているように思われる (野中・萩澤 (2019: 第 6 節) を参照)。

慣習的な交替動詞からの類推が働き，例外的に場所目的語構文に現れることがある。pour クラスの動詞と一口に言っても，場所目的語構文がどれぐらい自然に使われるかには差があり，特に spill のような非意図的な行為を表す動詞の場合は臨時性，創造性が高いと考えられる。

　与格交替の場合でも非交替動詞が本来現れないとされる構文で使用される例があることは，すでに第 2.2.3.3 節で explain を扱った際に確認している。explain は，与格交替には参与しない（explain the fact to him とは言えても explain him the fact のような二重目的語構文では使用されない）と言われている。しかし，依頼の Can/Could you 構文＋二重目的語構文の交差の場合であれば，実例が見つかる（第 2 章 (69)）。本章で扱った pour クラスの動詞にしても explain にしても，交替しないと考える母語話者の直観も，実際の使用例が見つかる事実も，どちらも重要なデータであると言える。研究者にとって重要なことは，母語話者の「言える，言えない」という判断の背後に何があるのかを慎重に見極めつつ，丹念に実例を観察し，どのような使用環境であれば自然に言えるようになるのかを明らかにする姿勢だろう。

第8章

英語の場所格交替に
相当する日本語の表現

学問的な研究から考え方の枠組として提供されるもの
は，もちろん助けにはなるであろうし，またそうでな
ければならない。しかし，一番大切なことは専門的な
知識を知識として身につけるということではなくて，
自らの言語感覚のレベルでそれを経験的に体得すると
いうことであろう。この意味で，英語について考える
場合にも，われわれが母国語として使いこなしている
日本語の場合と関連づけて検討してみるという習慣は
ぜひ必要である。

——池上嘉彦

　日本語にも「壁にペンキを塗る／壁をペンキで塗る」のような場所格交替
が見られる。しかし，奥津 (1980)，松本 (1997)，池上 (2007) などで指摘
されているように，英語に比べると日本語は場所格交替に参与する動詞が少
ない。それでは，英語で場所格交替動詞が使用されやすいような場面を日本
語で描写する場合，どのような表現が用いられているだろうか。第6章で
英語の場所格交替動詞が料理表現として調味料をかけることを表す際によく
用いられていることを見たが，本章は日本語でそれに相当する表現にどのよ
うなものがあるのかを調査することにする（課題7「英語場所格交替に対応
する日本語の表現はどのようなものか」）。具体的には，以下の2点を行う。

296 | 第8章　英語の場所格交替に相当する日本語の表現

(1)　　現代日本語書き言葉均衡コーパス（BCCWJ）をもとに，調味料をかける行為を描写する動詞を調査する。

(2)　　そのようにして得られた動詞が調味料や調味対象をどのような格で表現しているのか分析し，英語の場合と比較する。

本章では，「調味料をかける」という表現を調味料の添加を表すカバータームとして用いる。また，調味料をかけることを描写する動詞を調味動詞（verbs of seasoning）と呼ぶことにする[1]。

8.1.　料理表現と動詞

　まず料理表現の研究にどのようなものがあるか確認しておこう。太田（1984）は，『分類語彙表』（国立国語研究所 1964）から調理に関係する動詞を 68 語抜き出している。2004 年に増補改訂された『分類語彙表』では「炊事・調理」という分類項目が立てられ，料理動詞（分類番号で言うと 2.3842）の抽出がより容易になっている。

　料理動詞の研究は，領域ごとに各動詞を比較することで進められてきたが，ここでは加熱調理の領域について日英語の比較を行った国広（1981: 35–39）を見てみよう[2]。国広は日英語の加熱調理動詞の分布を以下の図のように示した。

1　本章は野中（2017c），Nonaka（2022c）に基づいている。

2　加熱調理動詞の初期の研究としては Lehrer（1972）がある。Lehrer は日英語以外にフランス語，ドイツ語，中国語の動詞も扱っている。加熱調理以外では，たとえば沸騰の表現を扱った研究として福留（2014），食材の切断の表現を扱った研究として Marttila（2009）や五十嵐ほか（2006）がある。

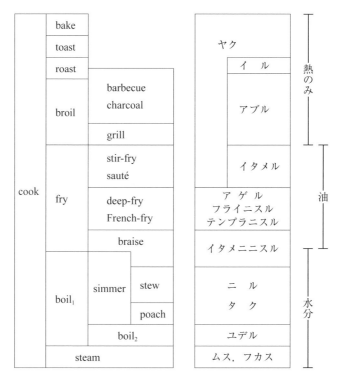

図 8-1. 国広（1981: 36）による加熱調理動詞の日英語比較

加熱調理動詞は，図 8-1 のように，加熱時に使われる液体に関するパラメータによって，「熱のみ，油，水分」という 3 つに大きく分類することができ，その上で各動詞は対象物，加熱法，結果状態などに応じて使い分けられている。たとえば，「煎る」（イル）は多量の小片から成る食物をかき混ぜながら加熱することを表し，「炒める」（イタメル）はご飯や野菜を少量の油を用いて焦げない程度に加熱することを表す。英語の bake であれば容器として oven を用いて加熱することを指すのに対して，toast であれば直火できつね色にすることを指すなどの使い分けが見られる。

英語の加熱調理動詞については，Levin（1993）を参照するのが有効である。Levin は加熱調理動詞を cooking verb と呼び，これに該当する動詞（e.g. bake, barbecue, blanch）を列挙するとともに，それらが以下のような構文に

298 | 第8章　英語の場所格交替に相当する日本語の表現

現れることを指摘している。

(3) Causative/Inchoative Alternation:

    a.   Jennifer baked the potatoes.

    b.   The potatoes baked.   (Levin 1993: 243)

(4) Instrument Subject Alternation:

    a.   Jennifer baked the potatoes in the oven.

    b.   This oven bakes potatoes well.   (ibid.: 244)

(3) のような自他の対応については，日本語の「焼く／焼ける」「揚げる／揚がる」などにも見られる[3]。

　このように，加熱調理動詞に関しては，日本語，英語ともに従来から研究がなされてきた。その理由は，加熱調理という領域内での動詞の比較（単一言語内での比較と，他言語との比較）がしやすかったことと，自他の対応など構文研究で以前から注目されてきたテーマに沿うものが見つかったことにあるのだろう。

　一方で，調味料をかけることを描写する日本語の表現については，研究が行われていないようである。その理由の1つとして，調味料の添加に特化した動詞が日本語に存在しないことが考えられる。加熱調理動詞の場合，「炒める」や「煮る」のように調理に限定した行為を表すものがあるのに対して[4]，調味動詞は，たとえば「振る」は第6章ですでに述べたように多義動詞であり，調理料をかけることは多様な意味のうちの1つでしかない。ま

3　レシピでは「まずお湯を沸かす→お湯が沸いたら麺を入れる」「たまごと砂糖をよく混ぜる→よく混ざったら弱火にかけて温める」のように，他動詞（沸かす，混ぜる）で手順の1つを指定し，その手順を終えて次の手順に移る際に自動詞（沸く，混ざる）＋「たら」を用いるパターンがしばしば観察される（守屋 1993: 117–118）。ただし，このようなパターンでは表現しないこともあれば（「麺を入れる→麺が入ったら」とは普通言わない），動詞によっては「炒める／炒まる」のように，料理番組などではしばしば耳にするものの，やや不自然だと判断されるペア（坪井 1993; 深草ほか 1998）もある。このような現象は動詞の意味とレシピの特性の両面から研究する必要があるだろう。英語の加熱調理動詞における自他の対応については，都築（2015）も参照されたい。

4　「焼く」であれば「家を焼く」「茶碗を焼く」などの食材以外への働きかけを表すこともあるが，「炒める」や「煮る」の対象は食材に限定されていると言ってよいだろう。

た，「かける」や「加える」は調味料以外にも多様な名詞を取る動詞である。したがって，調味動詞というカテゴリーが成立するとしたら，それは加熱調理動詞で見たような語彙項目単体の分類ではなく，「塩」などの共起語，そして料理に関するフレーム知識に基づく用法上の分類ということになる。Levin (1993) のような語彙意味論的な関心から言えば，「振る」「かける」「加える」は同じ動詞クラスに分類されないであろう。しかし，フレーム意味論や使用基盤モデルの発想からすれば，調味料の添加という行為のもとに，ある種の動詞や名詞が関連づけられて話者の頭の中に蓄えられていると想定できる。これもまた言語知識の一面を構成するはずである。

　以下では，代表的な調味料として「塩」「こしょう (胡椒)」を選び，これらの添加を表す際に用いる動詞を BCCWJ で調べ，そこで得られたデータを分析していく。

8.2.　調味動詞の抽出

　調味動詞を抽出するために，BCCWJ を利用した。BCCWJ とは，約1億語規模の多様なジャンルからテクストを収集した書き言葉のコーパスである。今回は，BCCWJ のオンライン・インターフェースである「中納言」を使用した。

　調査手順として，まず，「塩」「こしょう」と共起する動詞を検索する必要がある。「塩を振る」のように，動詞は「塩」「こしょう」の後方にくるとして，何語以内に現れる動詞を検索すればよいだろうか。英語コーパスの研究に目を向けると，中心語の前後4語以内の範囲に現れる共起語を重要なコロケーションと見なすことが多いが (cf. Stubbs 2001)，日本語研究では，「～語以内」のような目安は必ずしも確立していない (石川 2012: 89)。本書では，調味料が複数列挙され，「塩」「こしょう」と動詞の距離が離れることがあるのを考慮し，今回は4語よりも検索範囲を広く取り，「塩」「こしょう」の後方6語以内に共起する動詞を検索することとした。

　検索に使うのは BCCWJ に設定されている「短単位」と「語彙素」である。短単位とは分かち書きされていない日本語を区切る単位の1つであり，

300 | 第8章　英語の場所格交替に相当する日本語の表現

語彙素は辞書の見出しに相当する[5]。語彙素〈塩〉と〈胡椒〉は品詞を名詞に指定し，それぞれ後方6語以内に共起する動詞を短単位で検索した[6]。語彙素で検索することにより，「こしょう」「胡椒」「コショー」などの異表記をまとめて検索することができる。語彙素と書字形の区別がしやすいように，本節と次節（第8.3節）においては，語彙素を〈　〉でくくり，実際にテクストで用いられた文字列や書字形を「　」でくくることにする。

　検索の結果，〈塩〉と共起する動詞については3997例（動詞の種類は432），〈胡椒〉と共起する動詞については1210例（動詞の種類は139）の用例を得ることができた。それぞれ第15位までの共起動詞の数を示したのが表8-1および表8-2である（〈塩〉については第14位の動詞が2つあるためそこまでを記載）。なお，BCCWJでは「する」の語彙素は〈為る〉となっているため，以下それに従う。

5　現代語において意味を持つ最小単位を設定した上で，それを一定の基準で結合させた単位を短単位という（結合させずに最小単位がそのまま短単位になることもある）。たとえば，「日本語コーパスについて解説した」を短単位に分けると「日本／語／コーパス／に／つい／て／解説／し／た」となる。BCCWJではこのほかに長単位での検索や文字列での検索も可能である。短単位，長単位の設定については小椋（2014），語彙素については小木曽（2014）を参照。

6　〈塩〉と共起する動詞を調べる際に用いた検索式は（ⅰ）の通りである。（ⅰ）の「語彙素＝"塩"」を「語彙素＝"胡椒"」にすると〈胡椒〉と共起する動詞の検索式となる。今回集計するのは動詞の数のため，キー（中心語）は動詞に設定した。なお，文境界をまたがないものを検索対象としている。

　　（ⅰ）　キー：品詞 LIKE "動詞%" AND 前方共起:（語彙素 ="塩" AND 品詞 LIKE "名詞%"）WITHIN 6 WORDS FROM キー WITH OPTIONS tglKugiri="" AND tglBunKugiri="#" AND limitToSelfSentence="1" AND tglFixVariable="2" AND tglWords="20" AND unit="1" AND encoding="UTF-16LE" AND endOfLine="CRLF"

8.2. 調味動詞の抽出 | 301

表8-1. 〈塩〉と共起する動詞

順位	共起動詞 （語彙素）	塩との 共起頻度	動詞単独 の頻度
1	為る	631	2563860
2	振る	334	8003
3	加える	312	14785
4	入れる	260	38409
5	整える	176	3169
6	有る	124	956900
7	交ぜる	112	3491
8	付ける	89	44215
9	居る	85	1121183
10	言う	71	803148
11	食べる	66	32739
12	置く	61	61241
13	作る	55	57888
14	塗す	47	489
14	使う	47	68889

表8-2. 〈胡椒〉と共起する動詞

順位	共起動詞 （語彙素）	胡椒との 共起頻度	動詞単独 の頻度
1	為る	260	2563860
2	整える	161	3169
3	振る	154	8003
4	加える	76	14785
5	付ける	56	44215
6	入れる	52	38409
7	交ぜる	49	3491
8	振り掛ける	29	454
9	掛ける	20	40469
10	炒める	20	2069
11	有る	17	956900
12	食べる	16	32739
13	置く	15	61241
14	居る	13	1121183
15	利く	11	5431
15	混ぜ合わせる	11	773

調査開始前に想定していた共起動詞は〈振り掛ける〉や〈加える〉などであったが，実際にはそれら以外にも様々な動詞と共起しているのがわかる。料理の文脈で用いることを考えれば〈食べる〉や〈作る〉[7]があるのは納得できるとして，表8-1, 8-2ともに〈為る〉が最上位に現れていることは興味深い。また，〈整える〉のように調理には関係のないように見える動詞も現れている。

ここで，〈塩〉と〈胡椒〉に見られる違いを1つ確認しておこう。〈胡椒〉の大部分が料理に関する文脈[8]で用いられるのに対して，〈塩〉は料理以外にも

---

[7] 〈塩〉＋〈作る〉の例には，料理の例もあれば，化学実験についての例もある（「塩の結晶を作る」など）。以下の例もヒットしたが，これは「ジオ」が誤って解析されたものである。BCCWJの〈塩〉には「ジオ」の形態素解析の誤りがいくつか含まれている。

（ⅰ）　初心者なのですが，ヤフーのジオシティーでHPを作りました。

（Yahoo! 知恵袋）

[8] 〈胡椒〉が現れるのは典型的にはレシピだが，小説やブログ記事などもあるので，ここでは「料理に関する文脈」という言い方にしている。第6.4.1節も参照のこと。

302 ｜ 第 8 章　英語の場所格交替に相当する日本語の表現

科学や宗教など幅広い文脈で見られる。〈塩〉の共起語として〈有る〉〈居る〉〈言う〉のような特別〈塩〉と結びつきが強いとは思われないような動詞が上位に現れている理由は，そのような調理以外の用例が存在することに起因する[9]。以下，BCCWJ からの例文には出典のテクスト名を記載する。例文中の〈塩／胡椒〉に二重下線，共起表現に下線を施した。

(5)　　岩塩は，太古の内海でできた，塩の結晶からできている地層です。

(『石の文明と科学』)

(6)　　[...],「イヤな人が訪ねてきたときは玄関に塩をまけ」といいます。つまり，塩には「清め」のパワーがあるのです。

(『おまじない百科』)

　そこで，野中 (2017c) および Nonaka (2022c) では，共起動詞のリストから〈塩〉〈胡椒〉と特に結びつきの強いものを選び出すため，共起強度の指標としてよく用いられるダイス係数，t スコア，MI スコアを算出した[10]。共起強度の計算については 2 つの論文に譲り，次節では，その結果に基づいた用例の観察を示すことにする。第 8.3.1 節では調味動詞として想起しやすく，各種スコアでも高い共起強度が確認できる〈振る／加える／入れる／振り掛ける〉の動詞を取り上げる。第 8.3.2 節では，表 8-1, 8-2 の共起頻度も高かった〈為る〉がどのような用いられ方をしているのか確認する。第 8.3.3 節で〈整える／付ける〉の用例を扱い，第 8.3.4 節ではそれ以外の例について見ることにする。

9　「V ている」の「いる」や「である」の「ある」は，一般的には動詞と言わないが，BCCWJ では品詞設定の動詞 (大分類) に含まれている。

10　ダイス係数は，中心語の頻度，共起語の頻度，共起頻度をもとに共起強度を算出する (本書で言うと，それぞれ〈塩／胡椒〉の頻度，動詞単独の頻度，〈塩／胡椒〉と動詞が共起する頻度のことである)。一方，t スコアと MI スコアの場合，コーパスの総語数も考慮に入れて計算する。t スコアは共起頻度が高いものを高く評価し，MI スコアは共起頻度が低くても，限られた使用例の中で特定の語と共起しやすいような場合を高く評価する。ダイス係数はその中間的な評価になる (石川 2008a)。3 つの指標については，Hunston (2002)，中條・内山 (2004)，石川 (2008a, b) を参照した。

8.3. 調味動詞の観察

8.3.1. 〈振る／加える／入れる／振り掛ける〉など

　表 8-1, 8-2 の中でもわかりやすいのは〈振る／加える／入れる／振り掛ける〉などだろう。これらは，〈塩／胡椒〉のどちらとも共起することが多い動詞である（用例中でも〈塩〉と〈胡椒〉が並んで現れることも多い）。なお，例文のはじめに「1」などの数字がある場合，レシピ中の調理手順の順番を表している。

(7)　　1　かじきまぐろは塩，こしょう各少々をふる。

（『行楽べんとうとアウトドアクッキング』）

(8)　　3　ボウルにトマト，バジルの葉，にんにく，オリーブオイル，塩，こしょうを入れてあえる。　　　　　（『食べるのが大好き』）

(9)　　アスパラガスは炒めずに，湯に塩，普通の油を加えてゆでるだけでもよい。　　　　　　（『河田吉功のキリリとうまい新鮮中華』）

(10)　　1　白身の魚に塩，胡椒，酒をふりかけて三十分ほどおいて味をなじませて汁気を切っておく。　　　　（『金子信雄の楽しい夕食』）

〈塗す〉と〈刷り込む〉は，語彙素の表記で見るとわかりにくいが，実際の用例では「まぶす」や「すり込む」となる。

(11)　オクラは塩をまぶしてゆで，へたを落して縦半分に切ります。

（『酢のものあえものおひたしサラダ』）

(12)　　1　豚肉に塩，こしょうをすり込みます。

（『朝がラクになるお弁当』）

　〈交ぜる〉〈混ぜ合わせる〉についてもここで確認しておこう。〈交ぜる〉は書字形では「混ぜる」もしくは「まぜる」となる。〈交ぜる〉は共起頻度が高い動詞の 1 つであるが，「こしょうを加えて混ぜる」のようなほかの動詞の後に現れるケースが比較的多く見られる。また，調味料同士を混ぜるような例もある。(14) のような例では，調味動詞と言えるのは「混ぜ合わせる」ではなく「すりこむ」のほうである。

304 | 第8章 英語の場所格交替に相当する日本語の表現

(13) 卵は溶き，塩・こしょう各少々を混ぜる。 （『一〇〇歳食』）

(14) 1 鶏肉に，塩と黒こしょうを混ぜ合わせたものをすりこむ（写真
A）。 （『河田吉功の滋味あふれるシンプル中華』）

8.3.2. 〈為る〉

今回の調査で用例数がもっとも多かった動詞が〈為る〉である。この中に
は調理以外の例や〈塩／胡椒〉に〈為る〉が直接後続するわけではない例も含
まれる。

(15) [...], 防腐効果剤として優れている胡椒も，肉食を嗜好する民族に
とって欠くことのできない必需品であった。（『日本の道 世界の道』）

しかし，それを差し引いても，〈為る〉の用例数は注目に値する。料理の
文脈で用いる表現を観察してみよう。今回の調査では BCCWJ の短単位を利
用したため，動詞としてカウントされたのは〈為る〉であったが，〈為る〉の
用例のうち，多かったのは「塩こしょうする」や「味つけする」などであっ
た。そのような例が多いことがわかれば，表 8-1, 8-2 で〈為る〉が最上位に
きていたのも納得できる。〈塩〉に〈為る〉が共起する 631 例のうち，特に料
理に関係するものを抜き出すと，以下のようになる。

表 8-3. 〈塩〉＋〈為る〉の料理表現

型	用例数	表記のゆれ，「を」の有無
「塩こしょうする」型	142	「塩，胡椒する」「塩コショウする」「塩・こしょうをする」 など
「調味する」型	66	「調味する」
「味つけする」型	42	「味付けする」「味つけをする」
「塩する」型	32	「塩をする」「ひと塩する」
合計	282	

ほかにも「塩をひと混ぜする」のような例を加えると，料理文脈で使う〈為
る〉の数はさらに増える。〈塩〉＋〈為る〉の約半数は料理文脈での使用例だ
と言ってよさそうである。ここでは数は示さないが，〈胡椒〉＋〈為る〉の場

8.3. 調味動詞の観察 | 305

合は料理での使用例の割合がさらに上がる。実例を以下に示す。

(16) 仔牛の肉に塩こしょうする。　　　　　　　　　（『一緒に食事を』）

(17) 6. 牛ステーキ肉の両面に塩コショウをして軽く押さえつけ，金串
を4〜5本打つ。　　　　　　　　　　　　（Yahoo! ブログ）

(18) 2　1にごはんを入れて混ぜ，塩・こしょうで調味します。
（『メイプル』2001年5月号）

(19) シメジを塩こしょうで味付けしてバター炒めにして食べたところ，
苦味が口に残ります。　　　　　　（『なんでやろ！商品110番』）

(20) D　小玉ねぎは軽く塩をして一昼夜置いたものを醤油液に漬け込
む。　　　　　　　　　　　　　（『漬けもの手ごころ，味ごころ』）

8.3.3.　〈整える／付ける〉

　表8-1, 8-2で〈整える〉が用いられていたのは意外であったが，その用例
を見てみると，〈整える〉のほとんどが「味を調える」という表現で用いら
れていた（表記は「整える」「調える」「ととのえる」いずれも見られる）。
〈塩〉+〈整える〉の176例中，実に171例が「味を調える」型である（さら
に，残り4例は「味をみて塩・こしょうで調える」といった形である）。つ
まり，実質的に「調味する」と同じ役割を果たしている。
　〈付ける〉の場合もそれに近い用法が多くを占める。〈塩〉+〈付ける〉は，
その多くが以下に見るように「味をつける」「下味をつける」という型で用
いられている。〈胡椒〉の場合も同じような分布を示す。

表 8-4.　〈塩〉+〈付ける〉の料理表現

型	用例数	表記のゆれ，「を」の有無
「味をつける」型	30	「味つける」「味付ける」など
「下味をつける」型	23	「下味を付ける」
合計	53	

306 | 第 8 章　英語の場所格交替に相当する日本語の表現

(21)　椎茸の代わりにマッシュルームを使い，塩，胡椒で味を調え，ロー
　　　　リエなどを加えれば，しっかりイタリア風になる。

（『平野レミのエプロン手帖』）

(22)　ごま油と塩，しょうゆで味をつければ出来上がり♪♪♪♪

（Yahoo! 知恵袋）

(23)　1　わかさぎに塩，こしょうで下味をつける。

（『組み合わせが生きる！保育園の献立 300』）

8.3.4.　その他の動詞

　調味動詞と呼べそうなものは以上の通りであるが，表 8-1, 8-2 で見つかっ
たそれ以外の動詞についてもここで言及しておく。まず，〈利く〉について
見てみよう。〈利く〉の表記は「利く」と「効く」のいずれもあり，「こしょ
うが効いている」のような形で使う。塩の場合，「しょっぱい」や「濃い」
といった形容詞を使うことができるが（そのため「塩が効いている」のよう
な表現をする必要がない），こしょうの味がする場合にはそのような味覚を
表す形容詞が存在しないため，「こしょうが効いている」のような表現が用
いられているのだろう。

(24)　胡椒も効いててカルボナーラみたいだったよ。　　（Yahoo! ブログ）

　〈置く〉は「V ておく」の形で多く使われている。青山（1987）は調理の下
ごしらえで「V ておく」がよく用いられることを述べており，次の例はそれ
に当てはまる。

(25)　2　おきあみは水気をきり，軽く塩，酒をふっておきます。

（『おつまみと酒のさかな』）

　〈塩／胡椒〉＋〈炒める／茹でる／揉む／食べる〉には，興味深い用法が見
られる。次の例では，塩やこしょうをかける表現が現れたあとにそれらの動
詞が用いられている（以下の例では着目する箇所にまとめて下線を引く）。

(26)　香りがたってきたらザク切りの小松菜とシーチキン（小 1 缶，水気

をきって) を合わせて塩・コショーして軽く炒めます。

（Yahoo! 知恵袋）

(27)　3　スパゲティーは塩を加えた湯でゆでる。

（『ハーブ & スパイス料理』）

(28)　1　ボウルに鶏肉を入れ，塩をふってよくもみ，水洗いする。

（『保温調理鍋でスロークッキング』）

(29)　[...]，鍋でゆでて塩を振って食べてください。

（『西日本新聞』夕刊　2002 年 11 月 20 日）

一方，次の例では〈振り掛ける〉〈加える〉といった動詞はないが，概ね上の表現と同じような行為を表していると考えられる。

(30)　ひき肉と，たまねぎのみじん切りを塩・こしょうで炒めます。

（Yahoo! 知恵袋）

(31)　大きなカタマリのまま，塩だけで二時間茹でるのだという。

（『タケノコの丸かじり』）

(32)　たこは塩でもんでおくと味がよくしみる。

（『平野レミのエプロン手帖』）

(33)　こごみの天ぷら大好き！揚げたてを塩で食べるのがおすすめです！

（Yahoo! 知恵袋）

このように調味料をデ格で表現し，直接〈炒める〉や〈揉む〉などの動詞が用いられる例も，調理場面のフレームをもとにした意味拡張の一種であると考えられる（第 6.1 節と第 6.5 節で見た beat/whip の議論を参照のこと）。本書ではこれ以上分析することはしないが，このような表現も項構造を考える上で重要なデータになると思われる。

8.4.　構文上の特徴と英語との比較

これまでに観察してきた表現について，英語の場所格交替の分析に沿って項の表現方法を整理していきたい。まず，英語の調味動詞について改めて

確認する。salt や pepper といった調味料の表現方法によって，英語の調味動詞は表 8-5 のように分類することができる。add や put では調味料が目的語，食材が前置詞句で表される（移動物目的語構文）。一方，season では食材が目的語，調味料が前置詞句で表される（場所目的語構文）。そして，sprinkle はその両方の表現パターンに現れ，場所格交替が成立する。sprinkle は，put のような位置変化動詞と season のような状態変化動詞の役割を兼ね備えた動詞であると言える。そして，salt や pepper を動詞として用いる名詞転換動詞がある。名詞転換動詞は食材を目的語に取る，すなわち場所目的語構文で使用される点で，season に近い動詞である。

表 8-5. salt/pepper と動詞，構文

動詞の例	salt/pepper	食材	例	
add/put	目的語で表現する	add は to で，put や sprinkle は on／onto／over などの前置詞句で表現する	Add salt to the pan. Put salt on the meat.	
sprinkle			Sprinkle salt over the meat.	場所格交替
	with 句で表現する	目的語で表現する	Sprinkle the meat with salt.	
season			Season the meat with salt and pepper.	
salt/pepper	名詞転換動詞として表現する		Salt the meat.	

　これをもとに，第 8.3 節で見た日本語の動詞を整理してみよう。ここでは，「味を調える」のような表現も全体で 1 つの動詞に相当すると考える。〈塩／胡椒〉の表現方法をもとに動詞を分類すると，表 8-6 のようになる。〈塩／胡椒〉をヲ格で表す動詞とデ格で表す動詞があり，その上で「塩こしょうする」などの表現を合わせた 3 種類に分類することができる。英語との大きな違いは，日本語には sprinkle に当たるような交替動詞がないことである。日本語は英語ほど交替動詞が豊富に存在せず，少なくとも調味動詞に関しては，調味料をヲ格で表現するかデ格で表現するかで別の動詞を使う必要があると言える。

8.4. 構文上の特徴と英語との比較 | 309

表 8-6. 〈塩／胡椒〉と動詞, 構文

動詞の例	〈塩／胡椒〉	食材	例
加える／振る／入れる／振りかける／...	ヲ格で表現する	ニ格で表現する	鍋に塩を加える 肉に塩を振る
味をつける／下味をつける／味を調える／味つけする／調味する／...	デ格で表現する	表現しないかハを用いることが多いが, 動詞によってはニ格, ヲ格で表現することもある	肉は塩で味を調える 肉を塩で味つけする
塩こしょうをする 塩こしょうする	ヲ格で表現するか, サ変動詞の一部として表現する	ニ格で表現することが多いが, ヲ格で表現する例もある	肉に塩こしょうをする 肉を塩こしょうする

　食材の表現方法について, 英語の調味動詞の場合は前置詞句か目的語かの2つに分けることができたが, この点, 日本語のほうは複雑な様相を呈している。以下, 食材がどのように表現されているかを観察するが, 注意が必要な点として, まず項の省略が挙げられる。日本語は項がよく省略される言語であり, レシピにおいても項となる食材の名詞が省略されることが多い。たとえば, (18)「1にごはんを入れて混ぜ, 塩・こしょうで調味します」では, 調味動詞が用いられる節（下線部）の中で食材が省略されている[11]。このような省略は, 英語レシピでメインの食材（場所名詞句）が省略されるのと似ている（Paul and Massam (2021) は, レシピでメインの食材が省略される現象が, 通言語的に観察されることを指摘している）。

　それに加えて, 日本語では, ニやヲのような格助詞を用いずに, 助詞ハを用いて項を表現する場合がある点にも気をつける必要がある。すでに挙げた例の中では, (7)「かじきまぐろは塩, こしょう各少々をふる」がそれに当たる。三上 (1969: 27–30) は, レシピに助詞ハを用いた文が多いことを指摘している[12]。レシピにおけるハの用法は, 青山 (1987), Shimojo (2019) で

11　日本語レシピにおける項の省略については高野・上島 (2003) も参照。

12　また, 三上 (1969: 28) は, レシピで見るような料理表現では, 動作主は一般的に表現されないと述べている。動作主を明示しないことで, その行為が一般的操作であることが表現されていると三上は分析している。日本語と違い, 英語レシピでは, 動作主

310 │ 第 8 章　英語の場所格交替に相当する日本語の表現

詳しく扱われている。ここでは Shimojo の議論を紹介する。Shimojo によると，助詞ハはメインの食材（Shimojo は major ingredient と呼んでいる）に対して用いられるのが普通である。Shimojo (2019: 515) は「玉ねぎは薄切りにする。マッシュルームは石づきを除き，縦半分に切る」などのレシピの実例を引用し，調理手順に新しく導入されるメインの食材に対して，その手順が並列的に説明される場合に（この例では玉ねぎとマッシュルームの手順が並列されている），助詞ハが用いられると述べている。一方，調理手順に登場済みの食材が引き続きトピックとなっている場合は省略されることが指摘されている。以上の点を踏まえた上で，表 8-6 の動詞を見てみよう。

　表の上段にある「加える／振る／入れる／振りかける」などは，調味料をヲ格で表現し，食材を表現する場合はニ格となる。「入れる」は移動先が何かの中であること，「振る」は移動の様態を表しており，移動に関する何らかの指定がある動詞が多い。このタイプは基本的に移動物目的語構文のみに現れる put のような英語動詞に相当する。

　表の中段にある「味をつける」や「調味する」などは調味料をデ格で表現する。こうした動詞はいずれも「味」という字が含まれているのが特徴であり，味の操作に関する表現であると言ってよいだろう。これらの動詞を用いる場合，食材は省略されることが多く，そうでなければハが用いられやすい。第 6.5.2.1 節で season の目的語が省略される割合が特に高いことを見たが，この点も「味をつける」などの表現が season に近いことを示していると考えられる。ただし，ハ以外で食材を表現する場合は，season と比べて事情が複雑であり，動詞によって異なる特徴が見出せる。

　まず，「味をつける」や「味を調える」のようにヲを含む調味動詞を見てみよう。第 8.3.3 節の表 8-4 に示した「味をつける」の用例のうち，ハ以外で食材を伴うものはなかったが，「肉に味をつける」のような表現は可能であり，実際「下味をつける」では (23)「わかさぎに塩，こしょうで下味をつける」のように，ニ格で場所を表現している例が 8 件あった。「（下）味を

を表現しない手段として命令文が採用されている。Paul and Massam (2021) は，レシピで動作主が表現されないというのは様々な言語で見られる現象であるが，どのような文法的手段が用いられるかは言語によって異なる，と述べている。

つける」の場合，食材をヲ格で表現すると「肉を味をつける」のようにヲが
重なり，すわりが悪くなってしまうために避けられるのだろう[13]。「味を調え
る」に場所のヲ格が現れなかったのもこれと同じ理由だと考えられる。「味
を調える」の場合はニ格を伴うこともなく，同一節中で食材を表現するなら
ハを用いるしかないように思われる。

「味つけする」については，由本（2015）にニ格とヲ格の両方を取りうる
という記述がある。「肉に味つけする」だけでなく「肉を味つけする」とい
う言い方が可能なのは，1つには後者ではヲ格が重ならないからであると言
えるが，もう1つの理由として，由本が指摘するように「味つけする」が
状態変化（味の変化）を表す動詞になっているからだと考えられる。この場
合の食材は状態変化の対象として見なせるため，ヲ格で表現されるのも自
然であると言える。表 8-3 に示した「味つけする」の用例のうち，同一節中
で食材が明示されている例は2件見つかり，その2件とも（19）「シメジを
塩こしょうで味付けして」のようにヲ格が用いられていた。同じく表 8-3 の
「調味する」のうち，食材が表現されている例は，ニ格を取るものが1件
あっただけだが，〈塩／胡椒〉に限定せず〈調味〉＋〈為る〉で検索すると「生
の鶏ひき肉を調味する」という例も見つかった。

次に，表 8-6 下段の動詞を見てみよう。これは表 8-3 で見た「塩こしょ
うする」型の表現に当たる。英語の名詞転換動詞 salt, pepper は食材を目的
語で表現するが，「塩こしょうする」型はどうだろうか。今回の調査で見つ
かった「塩こしょうする」型の例のうち，食材を格助詞で表現しているも
のは 32 例あった（それ以外の例では，食材はハで表現されるか，省略され
ていた）。そのうち，「塩こしょうをする」のようにヲ格を含む表現の場合，
（17）「牛ステーキ肉の両面に塩コショウをして」のようにニ格を伴うもの
が 19 例見つかった。「塩こしょうする」のようにヲ格を含まない場合に食
材をニ格で表現しているのは 10 例であった。それに対して，3例のみでは
あるが，ヲ格で食材を表現している例もあった。「塩こしょうする」のよう
にヲ格を含まない例が2件あり，さらに「塩，こしょうをする」の例も1

13　同一節にヲ格を2つ（以上）使用することに対する制約は「二重ヲ格制約」や「二重対
　　格制約」と呼ばれる（Harada（2000 [1973]）や Shibatani（1990: 310–311）を参照）。

312 | 第8章 英語の場所格交替に相当する日本語の表現

件あった（表8-7）。以下にその例を挙げる。

(34) 鳥のもも肉を塩コショウししばらく置き，フライパンで多少焦げ目
をつけてから，野菜（鞘インゲンやにんじん，他適当）をいれ少し
いためます。　　　　　　　　　　　　　　　　　（Yahoo! 知恵袋）

(35) フライパンに油大さじ1（半量）を入れ，中火で熱し，冷凍のミッ
クスベジタブルを塩，こしょうをして1分程炒める。

（『フライパン1つでおいしいごはん』）

表8-7.「塩こしょうする」型と食材を表現する格助詞

	二格の食材	ヲ格の食材	合計
ヲあり（e.g. 塩こしょうをする）	19	1	32
ヲなし（e.g. 塩こしょうする）	10	2	

(34)のような例で食材をヲ格で表現する例を使用するかどうかについては，
ある程度個人差があると思われるが，このようにヲ格を用いる話者がいるの
は，「味つけする」の場合と同じく，食材を変化の対象として見なすことがで
きるためだろう。このような場合は，英語のsalt, pepperの例に近いと言える。
ヲ格が2度現れる(35)はやや破格ではあるが，この場合は食材を変化の対象
として捉えられることに加えて，さらに，書き手にとって「塩，こしょうを
する」がユニットになった結果，ヲ格の存在が意識されづらくなったことが，
食材をヲ格で表現することを後押ししているのかもしれない。「味をつける」
の「つける」と比べて，「する」という意味の希薄な動詞が用いられているた
めに，ヲ格が目的語らしく感じられにくい点も影響していると思われる。

以上，表8-6の動詞の振る舞いを観察し，日本語では，調味料をヲ格で表
現するか，デ格で表現するかによって調味動詞が分かれていることを確認し
た。日本語でよく用いる調味動詞の中には，この両方の用法を持つような，
安定して交替すると言える動詞はないのである。そして，「味つけする」や
「塩こしょうする」のように食材を二格とヲ格で表すケースがあるなど，英
語にはなかったような事情も見ることができた。

さて，ここまでは表8-6の動詞を一段ずつ観察してきたが，BCCWJの用

8.4. 構文上の特徴と英語との比較 | 313

例を観察していると，これらの動詞が組み合わさって用いられる例があることがわかる。BCCWJ では「振る／入れる」などと「調味する／味つけする」などをテ形で並べた表現が見つかる。

(36) しばらく煎って水気があらかた飛んでから，ゴマと塩を振って味を調え，炊きたてのご飯に混ぜて菜めしに。　　　　（Yahoo! ブログ）

(37) 熱いご飯に塩少々を入れて味つけし，中心に好みの具を入れ，押し型で型押しおにぎりを作ります。

（『手づくりいちばん！園児のおべんとう』）

(38) 煮詰まって，写真のように油が上に分離するぐらいになったら塩を加えて味つけする。　　　　（『できる！基本のイタリアン』）

日本語ではこのような「V テ V」の表現が使われることがあるが，英語の sprinkle は「振る」と「味つけする」の意味を併せ持つような動詞であり，Sprinkle Ø with salt. のように言えば事足りるわけである（Season Ø by sprinkling salt. のような表現を用いる必要がない）。

　場所格交替の日英対照研究では，英語に比べて日本語は交替動詞が少ないこと，日本語で場所目的語構文を成立させるためには複合動詞が用いられる場合があることが指摘されてきた[14]。

14　岸本（2001a: 117–118）は，「V 尽くす」に加えて「V 詰める」も交替を可能にすると述べ，以下の例を挙げている。
　　（ i ）a. 孝は，床にタイルを敷いた。　　b. *孝は，タイルで床を敷いた。
　　（ ii ）a. 孝は，床にタイルを敷き詰めた。　　b. 孝は，タイルで床を敷き詰めた。
　このほかに，Iwata（2008）は「V ていく」の形を取ると交替しやすくなるケースを取り上げている。たとえば，「貼る」は（iii）のように単独では交替が許容されないことがあるが，Kishimoto（2001b）が挙げた例（iv）のように，「貼っていく」の形の場合は交替しやすくなる。Iwata（2008: 194–195）は，「V ていく」は行為の反復を表すと述べ，（iv）の例では，ポスターを貼る行為が反復された結果，最終的に場所が覆われると解釈されるため，(b) も許容されると説明している。「貼る／張る」については，川野（1997）や高見・久野（2014: 第 4 章）も参照。
　　（iii）a. ポスターを壁に貼る
　　　　　b. *壁をポスターで貼る　　　　　　　　（Fukui, Miyagawa and Tenny 1985: 8–9）
　　（iv）a. ジョンは壁にポスターを貼っていった。
　　　　　b. ジョンは壁をポスターで貼っていった。　　　　（Kishimoto 2001b: 66）

(39) a. John loaded hay onto the truck.

b. John loaded the truck with hay.

(40) a. 干し草を荷車に積む

b. 荷車を干し草で {*積む／積み尽くす}　　　　(Fukui et al. 1985: 12)

場所格交替の日英対照研究という観点からすると，(39) と (40) を比較する
のは妥当であるように思える。しかし，「積み尽くす」は日本語として慣習
的とは言い難く，いかにも場所目的語構文を成立させるために作例したとい
う感がぬぐえない。特定の構文に着目することは対照研究の出発点として有
効な手段の１つではあるが，特定の場面，フレームに着目して，それぞれ
の言語でどのような表現が慣習的であるかを比べる研究もまた重要である。
本節は調味料をかける場面，フレームに着目し，英語の Sprinkle Ø with salt.
に相当する内容を表す場合に，日本語では (36)–(38) のような表現方法も
ありうることを示した。これは場所格交替研究，そして日英対照研究の新た
な切り口の提示としても意義のあるものだと考える。

8.5. 動機づけと慣習性

本章の最後に，動機づけと慣習性の観点から，日英語の交替動詞の違い，
個々の動詞の違いについて触れることにする。

すでに何度か述べてきた通り，英語に多様な場所格交替動詞が見られるの
に比べると，日本語の交替動詞の範囲は限定的である。池上 (2000) は，英
語と日本語に見られる結果志向，過程志向の違いが，場所格交替の分布にも
反映されていると考えている（本書の第 2.2.2.1 節を参照）。場所目的語構文
は結果重視の表現の一種であり，結果志向の英語に比べて，過程志向の日本
語では成立しづらいのである。英語では sprinkle が交替可能であるのに対し
て，日本語の「振る」や「振りかける」が場所目的語構文に現れずに交替不
可であるのも，このような英語，日本語の傾向の表れであると考えられる。

この点で興味深いのが「味つけする」と「塩こしょうする」の振る舞いで
ある。前節で見たように，両者においては，食材をニ格で表現する例もヲ

格で表現する例も見つかる。Yumoto (2010) では，「味をつける」のように
ヲ格を含む形から「味つけする」が派生したとされている。そうであれば，
「肉に味をつける」のニ格が「肉に味つけする」に引き継がれたと考えるこ
とができる。その上で「肉を味つけする」が可能になるのは，前節でも見た
通り，ヲ格が重複しないことに加えて，食材を状態変化（第 6.5.1 節で述べ
た広い意味での味の変化）の対象として見なすことができるためだと考えら
れる。第 6.5.5 節で，調味料をかけることを表す drizzle が場所目的語構文で
用いられるにあたっては，食材の変化という捉え方が動機づけとして機能し
ていると述べたが，それと同じことが「味つけする」の場合にも起こってい
るのだろう。「塩こしょうする」は，「味つけする」ほどにはヲ格が使用され
ていないようであるが，ある程度ヲ格の例が見つかるという点については同
様の動機づけを指摘できる [15]。

---

15 「味つけする」や「塩こしょうする」は，『分類語彙表』の増補改訂版で「炊事・調理」
の表現として扱われているが，この項目には「まぶす（塗す）」も載っている。今回の
調査で見つかった〈塩〉や〈胡椒〉と共起する〈塗す〉の例を見ると，「鶏肉に塩小さじ
2 分 1 をまぶし」のように食材をニ格で表す例はあるものの，ヲ格の例は見つからな
かった。しかし，BCCWJ で〈塗す〉の全用例を見ると，「そば豆腐をきな粉でまぶして
あんと一緒に食べるデザート」という例も見つかる。この場合，全体が覆われること，
そして味が変化することの 2 つが，ヲ格の使用を促進していると言えそうである。た
だし，食材をニ格で表す例に比べると，ヲ格を用いる例ははるかに少ない。「まぶす」
の場所目的語構文は，容認度に個人差が見られることにも注意する必要がある。Iwata
(2008: 184) は，「きな粉を餅にまぶす」と「餅をきな粉でまぶす」のどちらもが容認
可能であるとして，「まぶす」は場所格交替動詞であると判断している。一方，高見・
久野 (2014: 160) は，「きな粉に餅をまぶす」は自然であるが「?? きな粉で餅をまぶす」
は不自然であると述べている（Iwata (2008) と高見・久野 (2014) で例文の語順が異なっ
ていた）。問題をさらに複雑にしているのは，「まぶす」をどのような事態に対して用
いるのかについても，個人差がありそうだという点である。高見・久野は，「まぶす」
の例における「きな粉」と「餅」は両方とも移動物であると述べており，おそらくこ
こで想定されているのは，きな粉を皿などに広げ，そこに餅をのせて転がすなどして
きな粉を付けるといった事態ではないかと思われる。このような事態を表す例として
以下の（ i ）がある（BCCWJ）。それに対して，食材を転がすなどの動作を伴わず，調
味料をかけるだけの事態に対しても「まぶす」は使われており，BCCWJ の例（ ii ）が
それに当たる（（ ii ）はレシピで粉（小麦粉）の使用方法を説明しているセクションから
引用。このレシピでは調理の手順を A，B，C のようにアルファベットで示している）。

316 | 第8章 英語の場所格交替に相当する日本語の表現

このように，味の変化という要因は「肉を塩こしょうで味つけする」のような表現を自然に感じさせる動機づけとなっていると考えられるが，一方で，味の変化を表す表現であってもヲ格が用いられない場合もある。そのような動詞の例として「塗る」について考えてみよう。「塗る」は場所格交替動詞としてよく挙げられるが，奥津（1981）や高見・久野（2014: 第4章）が指摘するように，常に交替が可能なわけではなく，場所目的語構文が成立しないことがある。たとえば「傷口に薬を塗る」とは言えても「??傷口を薬で塗る」とは言いづらい。本章の議論との関係で重要なのは，「パンにバターを塗る」や「パイ生地に溶き卵を塗る」は全く問題のない表現であるのに対して「??パンをバターで塗る」や「??パイ生地を溶き卵で塗る」は容認性が低いという点である[16]。英語で同様のことを言う場合には，spread butter on the bread/spread the bread with butter や brush egg wash over the dough/brush the dough with egg wash のように交替が可能である。味の変化を表す例であっても「塗る」が交替しづらいというのは，日本語における場所目的語構文の成立のしづらさが反映されているのではないかと思われる。

このような想定される事態の違いも容認度と関わっているように思われるが，本章では「まぶす」についてこれ以上踏み込まないこととする。

（ｉ） 5　バットにグラニュー糖を入れ，4を入れて転がし，全体にグラニュー糖をまぶす。 　　　　　　　　　　　　　　　　　　　　　　　　　（『お菓子作り入門』）

（ⅱ） 粉　茶こしに粉を入れて肉全体に（側面にも）まんべんなくふってまぶしB，よぶんをしっかりはらいおとしますC。 　　　　　　　　　　（『基本の家庭料理』）

16 「パンをバターで塗る」の容認性判断は，多少研究者によって異なるところがあるが（容認不可か，やや不自然という程度か），「パンにバターを塗る」よりも不自然であるとする点では，どの研究者の判断も一致している。Iwata (2008: 180–181) は，「パンをバターで塗る」が不自然であるのは，場所に当たるパンの面積が小さいからであり，「全長1メートルもある巨大なパンを端から端までバターで塗った」のように，覆われると言えるのに十分な面積があることが示されれば容認性が上がると述べている。高見・久野（2014: 144）は「唇を真っ赤な口紅で塗る」という例を挙げ，場所の面積が小さくても問題ない（「唇に真っ赤な口紅を塗る」ももちろん可）と主張し，Iwataの説に反論している。杉浦（2020: 9）は「パンを端から端までバターで塗った」という例を容認可能な例として挙げており，（特別に大きなパンでなくても）「端から端まで」のように場所全体に影響を与えることが示される点が重要だとしている。「塗る」の振る舞いを扱うためにはより詳細な調査が必要であると思われるが，「塗る」が安定して交替すると判断される例はさほど多くないというのは確かだろう。

「味つけする」の場合に，味の変化という捉え方が動機づけとなってヲ格が用いられることがあると説明したのに，「塗る」の場合に同じような説明ができないのは問題であると感じる読者もいるかもしれない。この点を検討するにあたって，第 2.1.1 節で挙げた以下の例をもう一度考えておきたい。

(41) The {wall/castle wall/fence} {goes/runs/passes/ *proceeds} through the center of the field. = 第 2 章 (7)

(42) *その {(ベルリンの) 壁／城壁／フェンス} は野原の真ん中を {行く／走る／通る／進む／通っている／走っている}。= 第 2 章 (8)

すでに述べた通り，(41) のような静的な位置関係を表す例で移動動詞が用いられているのは，捉え方のレベルで移動が関わっている（認知主体が視覚的あるいは心的に物体の形状や範囲をたどる）からであると考えられる。一方で，そのような動機づけだけでは説明できないのが，(41) で挙がっている動詞の中で proceed は使用できないこと，そして，(42) に見るように，日本語では英語に比べてこの種の表現が制限されていることである（日本語でも「そのハイウェイは東京から新潟へ走っている」のように容認される例はあるが）。動機づけを指摘することと，同一言語内のそれぞれの表現における慣習的な使用範囲や言語ごとの慣習性を明らかにすることは，どちらも必要なことである。

　以上のことを踏まえると，「肉を塩こしょうで味つけする」においてヲ格が使用される動機づけとして味の変化という要因を指摘できる一方で，味の変化が関わる表現だとしても「⁇パンをバターで塗る」が自然に感じられない，つまり「塗る」の慣習的な使用範囲の中に「⁇パンをバターで塗る」のような例が含まれていない，ということがあってもおかしくはないと考えられ，そのような「塗る」の振る舞いは日本語で場所目的語構文が成立しづらいという傾向に沿ったものであると整理することができる。

　このように動機づけと慣習性の双方に向き合った研究を行う上で，西村・野矢 (2013) から学ぶべきことは多いように思われる。西村・野矢は，「成績が上がる」のような表現の動機づけとして〈より多い〉ことを〈上昇〉になぞらえる概念メタファーがあることを論じた後，次のように述べている。

318 | 第8章 英語の場所格交替に相当する日本語の表現

(43) **野矢** ［メタファーは］ある表現がどうして成り立っているのかを説明することはするんだけれども，やってることはけっきょく「後知恵」で，けっして一般原理や法則のようなものではない。「雨が上がる」は〈雨が止む〉という意味であって〈雨が強くなる〉という意味じゃないということを，概念メタファーは説明できないわけです。[...] だけど，それはけっして悪いことではなくて，そういうものなんだと思うんですね。

西村 それは概念メタファーだけでなく，基本的に言語学全体に言えることなのだと思います。いくつか例を挙げますと，まず多義語ですが，日本語だと「甘い」は「まんじゅうが甘い」のように味覚に対してだけでなく，「君の考えは甘い」のようにも使います。だけど，多くの場合，「こういう意味をもつ語なら必ずこういう別の意味ももつ」といった法則的なことは言えません。もちろん，多義語のもつ複数の意味の間には自然な関係がありますが，厳密な意味での予測可能性はありません。別の言い方をすると，多義語の意味は，たいてい，けっきょくひとつひとつ覚えていくしかないわけです。

（西村・野矢 2013: 196–197）

場所格交替に関しても，動機づけの観点からすべてを説明できるということはない。第6.5.5節では，英語レシピにおいて drizzle の交替用法が慣習化した一方で，dribble の場所目的語構文は慣習化するまでには至っていない（一部の話者が使うにとどまっている）ことを明らかにしたが，このような慣習性の違いについても動機づけを指摘できるかというと，それは難しいように思われる。上の西村の発言に合わせて言えば，それぞれの言語の話者は，どの動詞が交替するのか，それぞれの動詞の慣習的な使用範囲はどのようなものかを覚える必要があるということになる。「塗る」の振る舞いや日英語の場所格交替の違いなどについて，さらに研究が進んでいくことが期待されるが，その場合であっても，動機づけの観点だけですべてを説明できるということはなく，言語の慣習性を含めた分析を行うことが必要になるだろう。このように，捉え方を含めた意味の豊かさだけでなく，話者が身につける慣習

的な言語ユニットの豊かさを重視するのが認知文法であり，本書は「豊かな文法」の名でその実践を試みたものである。

8.6. まとめ

本章で取り組んだのは課題 7 である。英語の場所格交替の分析をヒントに，日本語で調味料をかけることを表す表現を分析した。

(44) 課題 7：英語場所格交替に対応する日本語の表現はどのようなものか

BCCWJ から得られた用例をもとに調味動詞を調べ，調味料がどのような格で表現されているかをまとめると，調味料をヲ格で表現するもの (e.g. 振る，入れる) とデ格で表現するもの (e.g. 調味する，味つけする) があることがわかる。英語の sprinkle のような交替動詞は 1 語でその両方に当たる役割を兼ね備えているが，日本語の調味動詞の場合，交替用法が十分に慣習化したものがないのだと言える。英語の Sprinkle Ø with salt. に相当する内容を表す場合，日本語では「塩を振って味つけする」のように 2 つの動詞を使うのが自然である。

これまで，「振る」や「味つけする」などの動詞は関連づけて捉えられることがなかったように思われるが，調味料をかけるというフレーム知識をもとに共起表現と共に日本語母語話者の知識として蓄えられていると考えれば，これらの動詞の関係をうまく捉えることが可能になる。本章は，英語の場所格交替動詞に相当する動詞が日本語には少ないという観察から一歩進んで，英語の場所格交替がカバーしている事態について，日本語ではどのような表現が用いられているかという問題を扱ったが，これにより，場所格交替の研究，そして日英対照研究の在り方を考える視点も提供できたと考えられる。その上で，「味つけする」や「塗る」といった表現の観察をもとに，動機づけと慣習性の双方を捉える研究の在り方を確認した。

本章の内容を応用したものとして，野中 (2017a) がある。野中 (2017a)

320 | 第8章 英語の場所格交替に相当する日本語の表現

はレシピ投稿型ウェブサイトのクックパッド（https://cookpad.com/）とその英語版（日本語版クックパッドが英語に訳されたものが含まれる）を観察し，調味動詞の日英翻訳について分析したものである。近年はクックパッドのようにインターネット上で公開されるレシピが増えたこともあり，それをデータとした機械翻訳の研究（佐藤ほか 2016）も行われている[17]。守屋（1993）のように料理表現を通して学習者への日本語指導法を考える研究もある。畑佐・福留（2021）は，日本の食文化に関する文章（レシピを含む）を日英対照形式で掲載した日本語学習用教材である。本章のように料理表現の用法を記述することは，そういった研究や教材へ基礎材料を提供する形で貢献できるのではないかと思われる。幅広く食に関する日本語表現を扱った認知言語学の論文集としては Toratani（2022）があり，食の分野における認知言語学的アプローチの展開が見られる。

---

17 レシピの構造解析（高野・上島 2003），自動要約（難波ほか 2013）といった研究も行われている。

第 9 章

結　語

データは，語義通り，「与えられたもの」であるが，
それらを与えるのは人間の認識活動である。そして，
認識は，決して，客観的世界を受け取る，という行為
ではなく，むしろ，いわゆる「客観的世界」なるもの
を造り上げるデータを，自らの手で刻みとり，選びと
る行為である。そして，その場合，刻みとり選び取る
ための人間の概念上の道具こそ，理論である。

——村上陽一郎

9.1.　全体のまとめ

　本書は認知言語学，特に認知文法の観点から英語の場所格交替を分析し
てきた。場所格交替は構文交替の 1 つとして，様々な理論で扱われてきた。
どのような理論を採用するかは，単に分析手法を規定するだけでなく，言語
現象の見え方まで規定する。理論によって同じ現象を見ても異なる姿が見え
ることもあれば，そもそも特定の現象が見えるかどうかという次元でも違い
が出てくるだろう（エピグラフの村上（1986: 56）を参照）[1]。本書では，捉え

1　第 1 章（7）で Langacker（1987: 39）の「文法構造の違いによって，描写対象となる事態
　のどの側面に焦点が当たるかが変わり，別の側面は背景化されるのである」という一節
　を引用したが，これは言語理論と言語現象の関係についても当てはまることだと言える。

322 | 第9章 結 語

方の意味論と使用基盤モデルが有機的に結びついた認知文法の言語観を「豊かな文法」と呼び，その概要を示すのに全体の約3分の1の紙面（第1, 2章）を費やしているが，それは，依拠する理論によって分析の在り方が大きく変わることを重視してのことである[2]。

　第3章で見たように，ある現象を構文交替，そして場所格交替として見るという捉え方自体が，言語理論の産物である。場所格交替という現象に注目したからこそ，統語と意味の関係を探るべく理論が進展し，同時に記述の精度が増したという側面がある。たとえば，どのような動詞が交替するのかが明らかになったり，事態によっては一方の構文でしか自然に表現できないことが認識されたりしたのは，そのような理論（場所格交替という現象に価値を見出すような理論）に基づく研究の成果である。

　それに対して，本書が明らかにしたことの1つは，英語話者の表現選択にとって重要なのは必ずしも移動物目的語構文，場所目的語構文といった抽象度の高い構文ではなく，[load [人] with responsibility] や [smear [薬] on [身体部位]] のような具体性の高い下位レベルの構文だという点である（第4章）。loaded with talent や smeared with blood のようにほかの構文との交差が慣習的表現になっていることもあれば（第5章），[sprinkle [食材/Ø] with [調味料]] や rub the butter into the flour のように特定のレジスターでよく使うものもある（第6章）。このような慣習的表現が英語話者にとってユニットになっていることを考えれば，「場所格交替のうちどちらの構文が選択される

2　西村（1998）は次のように述べる。

　（i）　どのような分析であれ，それを当の分析者が意識しているか否かは別として，何らかの特定の理論的な視点からなされるほかはない。そして，特定の理論的視点は，現象に対して特定の説明様式を要請するのみならず，説明の対象になる現象の種類や範囲をも規定することになる。すなわち，前提となる理論が異なれば，どのような種類や範囲の現象を分析することが有意義であり，どのような説明の仕方が妥当であるかも異ならざるをえない。したがって，与えられた分析の理論的背景を理解していなければ，なぜそのような説明様式を採用しなければならないのか，そもそもなぜそのような現象を取り上げるのかが理解されない恐れがある。

　　　　　　　　　　　　　　　　　　　　　　　　　　　　　（西村 1998: 108）

　データの観察と言語理論との関係については，McEnery and Hardie（2012: 第6.6節）も参考になる。

のか」という問いの設定自体が実情に沿わないところがある。また，交替という観点に気を取られすぎると，対照研究をする際に扱われるデータの範囲が狭くなってしまうこともある。たとえば，英語に比べて日本語では場所格交替動詞が少ないと言われてきたが，それでは英語で交替動詞が使用されるような事態を日本語で描写する場合にどのような表現が使われているか，といったことは考察の範囲外となってきたように思われる。本書では Sprinkle Ø with salt. に相当する表現として日本語では「塩を振って味つけする」のような言い回しがあることを明らかにしたが，このような対照分析の在り方も重要だろう（第 8 章）。

　それでは，そもそも場所格交替などという現象は本当は存在しないのかというと，そうではない。たとえば，レシピでは場所目的語構文がデフォルトであるが，一方で一時的に調味料に注意が向けられるときには，移動物目的語構文が用いられていた。同一の調理手順が異なる構文で言い換えられることもあったが，このような言い換えを行ったり，またそれを目にしたりするという経験は言語使用者が構文交替を意識するきっかけになる（第 6 章）。非交替動詞が本来現れないとされる構文で創造的に用いられる際にも，慣習的な交替動詞の振る舞いをモデルにしている側面がある（第 7 章）。これらは，構文交替として捉えるべき言語知識が存在することの根拠になる。また，load や smear の例で見た場所目的語構文における評価的意味は状態変化と密接に結びついたものであり，これまでに場所格交替の研究が扱ってきたような捉え方の違いが重要であることも間違いない（第 4 章）。

　これが場所格交替を過大評価もしなければ，過小評価もしない，バランスの取れた見方ではないだろうか。場所格交替として言語現象　言語知識を俯瞰した視点からまとめることも，慣習的表現の細部に目を向けることも可能にするのが「豊かな文法」である。

9.2.　本書の意義

　最後に，本書の意義を確認したい。本書のもっとも大きな特色は，共起する名詞，形容詞的受身との組み合わせなどに着目し，移動物目的語構文，場

所目的語構文で慣習的表現が異なることを明らかにした点である。前節の繰り返しになるが，捉え方に応じて一方の構文が産出されるというのは構文選択の一部を捉えたに過ぎず，母語話者は多くの場合，交替動詞と一方の構文が一体となった慣習的表現を選んでいるのだ。このような側面を明らかにすることができたのは，使用基盤的な観点からコーパス，書籍，ウェブ等の実例を観察したからである。

　使用基盤モデルに基づく研究方針はレシピに特化した調査を実施することにもつながっている。本書はレシピの場所格交替動詞の多様な振る舞いを取り上げ，機能的な観点から説明を与えた。そして，drizzle, dribble, slosh といった意味の似ている動詞がある中で，レシピにおいて交替用法が慣習化しているのは drizzle のみであることを明らかにし，dribble や slosh が臨時的に交替する仕組みについて考察した。このような分析により，特定の場面，特定のレジスターに着目することが文法現象の解明につながることを示せたのではないかと思われる。英語レシピの場所格交替で得られた研究成果は，日本語の調味動詞の分析に生かすことができた。

　場所格交替の研究では，多くの場合，全体的解釈（「覆う」や「満たす」に当たる意味）の観点から分析が行われてきた。それに対して，本書では評価的意味の考察を行い，これまでよりも一歩踏み込んだ意味の分析を行った。load, smear の移動物目的語構文と場所目的語構文には意味的韻律という点で違いが見られ，これも構文選択の重要な動機づけとなっている。評価的意味についての考察を深めることは，認知言語学がほかの機能主義の研究との連携を強化していく上でも必要なことである。

　本書は場所格交替だけでなく，関連する文法現象を積極的に扱っている。心理動詞や動詞・不変化詞構文に関する研究の知見を場所格交替の分析に生かした部分もあれば，本研究を進める過程で形容詞的受身や結果目的語について考察した部分もある。また，与格交替（特に explain の二重目的語構文）や穴あけ構文についての新たな分析も提示した。このような多様な現象を通じて，本書は「豊かな文法」に基づく構文研究の可能性を提示できたと考える。

　これまでの研究よりも詳細に扱えた現象がある一方で，本書で取り上げる

ことができた場所格交替動詞の数は Laffut（2006）や Iwata（2008）といった
先行研究よりも少ない。本書は場所格交替の全体像を扱ったと言えるような
ものではないが，場所格交替に新たな光を当てることはできたと思われる。
本書での経験を活かし，今後さらに研究を進めていきたい。

9.3. おわりに

　平沢（2019: 239）は，認知言語学の前置詞研究（あるいはそれを教育に応
用したもの）の一部が，本書で言う捉え方の意味論に偏り，使用基盤的な側
面，特に前置詞を含む言い回し（慣習的表現）が重要な言語単位になってい
る点を見逃していることを指摘し，そのバランスを取り戻す必要があると述
べている。本書もまた捉え方の意味論と使用基盤モデルが一体となった研究
が必要であることを示すべく，「豊かな文法」の立場から場所格交替の分析
を行ってきた。本書で十分に考察を深められなかった部分も少なくないであ
ろうが，第1.3節で述べた（Ⅰ）動機づけ，（Ⅱ）意味・使用範囲，（Ⅲ）慣習
性，（Ⅳ）臨時的・創造的な言語使用のいずれをも重視した構文研究の実践
という点に関しては，ある程度達成できたのではないかと思っている。本書
が認知言語学を紡ぐ営みの一端となっていれば幸いである。

あとがき

　私にとって人生の転換点の1つが，大学生のころに池上嘉彦先生の『英語の感覚・日本語の感覚』を読んだことでした。この本がきっかけで私は認知言語学に興味を持ち，特に英語構文の分析をしてみたいと思うようになりました。卒業論文では，拙いながらも穴あけ構文の分析を行いました。修士課程，博士課程では場所格交替の研究に取り組み，博士論文を提出したのが2021年です。その博士論文に加筆・修正を加え，本書が完成しました。

　ここに至るまでに，たくさんの方々に支えていただきました。私が慶應義塾大学の学部，修士課程の学生だったときは，井上逸兵先生にご指導いただきました。井上ゼミで学んだおかげで，英語研究の基礎が身につき，言語とコミュニケーションについて考える視点を養うことができました。共立女子大学の阿部圭子先生は，授業にアシスタントとして呼んでくださったり，研究会に誘ってくださったりと，貴重な勉強の機会をくださいました。

　その後は東京大学の博士課程に進学し，言語学研究室に在籍しました。言語学研究室は日本語・英語はもちろん，バスク語やチェコ語など，様々な言語を専門とする学生が集まっていて，こうした研究仲間と議論をしながら，実りある時間を過ごすことができたと感じています。研究室の林徹先生，小林正人先生，梅谷博之先生は私の研究発表を丁寧に聞いてくださり，その都度適切な助言を頂戴することができました。助教（当時）の鍛治広真さん，事務補佐員の関根理香さんは，博士課程から入った私に温かく声をかけてくださり，私の学生生活をサポートしてくださいました。言語学研究室以外の授業として，柴田元幸先生の授業に出席することができたのも幸いでした。柴田先生の一言一言から，英語に向き合う姿勢を学ばせていただきました。私が授業に取り組む際にも，英文の選び方や解説の仕方など，柴田先生を参考にさせていただいています。

　大学院時代は，研究室内外で様々な方と出会い，共に勉強する機会に恵ま

れました。特に，長谷川明香さん，石塚政行さん，田中太一さん，浅岡健志朗さん，斎藤将史さん，貝森有祐さん，山田彬堯さん，山崎竜成さん，Ash Spreadbury さんからは多くの刺激をいただきました。穐元美咲さん，萩澤大輝さん，氏家啓吾さんは，本書の原稿を読んだ上で修正案をたくさん提示してくださいました。萩澤さんには例文の解釈・翻訳について的確なコメントをいただき，おかげで原稿を大きく改善することができたと思っています。

　博士課程在学時から満期退学後の時期は，国立国語研究所で非常勤研究員をさせていただきました。そこでは松本曜先生の研究プロジェクトに関わるという貴重な経験をすることができ，私個人の研究に関しても有益なご意見をいただきました。

　博士論文の審査では，先述の小林先生に加え，新たに研究室に着任された長屋尚典先生，そして慶應義塾大学の篠原俊吾先生，関西学院大学の住吉誠先生にお世話になりました。どの先生方も審査のために多くの時間を割いてくださり，拙論のミスや議論が不十分な箇所を指摘してくださいました。今後の研究につながる論点もたくさんいただき，大変励みになりました。

　博士論文の主査をしていただいた西村義樹先生には，長きにわたって大変温かくご指導いただきました。西村先生に初めてお会いしたのは，私が学部生のときでした。西村先生の論文「換喩と文法現象」に出会い，構文交替に対する興味が深まった私は，西村先生が慶應義塾大学で大学院生向けの授業を担当されていることを知り，勇気を出して先生の教室を訪れました。事前の連絡もなく，いきなり現れた学部生の私に対して，先生は快く聴講の許可をくださりました。それ以後，博士課程までの間，私は西村先生の授業に継続的に出席しました。先生の授業で認知文法を学べたこと，特に使用基盤モデルに真剣に向き合うきっかけをいただいたことが，本書執筆の核となっています。正式に指導教員になっていただいたのは私が博士課程に進学してからですが，それ以前から西村先生は私との議論に付き合ってくださり，親身にご助言をくださりました。言語学者として，英語教師として，そして人生の師として，先生から学んだことは数え切れないほどあります。西村先生とお会いしていなければ，今の自分がどのような人間になっていたか想像することすら難しく感じます。

あとがき | 329

　西村先生のもとで平沢慎也さんと一緒に学生生活を過ごせたことは大変幸運でした。平沢さんは私にとって友人であると同時に尊敬すべき研究者でもあり，真摯に英語を探求する彼の姿からは常に刺激を受けています。彼と共に連載「実例から眺める「豊かな文法」の世界」を担当した時間は，とても有意義で楽しいものでした。普段から平沢さんとは互いの原稿を読み合う仲ですが，本書に関しては特に詳細かつ丁寧なコメントをいただき，大いに助けていただきました。

　以上のような方々のご協力がなければ，本書を書き上げることは決してできませんでした。この場を借りてお礼申し上げます。このほかにも，授業や学会・研究会などで様々な方々にお世話になりました。お一人ずつお名前を挙げることができず恐縮ですが，本書が完成した今，これまでにいただいた学恩の大きさを改めて実感しています。心より感謝の気持ちを捧げたいと思います。もちろん，私の未熟さゆえに，本書には不備や拙い点が残されているかと思いますが，それらはすべて筆者個人の責任に帰されるものであることを明記しておきます。

　博士論文を書籍化するにあたっては，東京大学学術成果刊行助成（第四回東京大学而立賞）に採択され，同助成を受けています。審査では匿名の先生2名から有益なコメントをいただくことができました。くろしお出版の薮本祐子さんは私の研究が目指すところを理解してくださり，本書出版の企画を進めてくださいました。池上達昭さんには各種編集作業を担当していただいただけでなく，各段階で励ましのお言葉をいただきました。私の遅筆ゆえに，東京大学学術振興企画課とくろしお出版の皆様にはご迷惑をおかけしてしまいましたが，関係者の方々のご尽力のおかげでなんとか刊行に至ることができました。深くお礼申し上げます。

　現在，私は工学院大学に勤務していますが，同僚である学習支援センターの先生方と研究・教育について語り合う時間は楽しく，長く続く執筆作業のリフレッシュになっていました。こういった先生方とのご縁もありがたく感じています。そして，言語学の研究という特殊な道に進み，学部から博士課程まで長く学生生活を続ける私に理解を示し，見守ってくれた両親と，応援をしてくれた弟に心から感謝します。

最後になりましたが，高見健一先生にお礼を申し上げたいと思います。私が修士課程に在籍していたときに，非常勤講師として慶應義塾大学にいらっしゃっていた高見先生の授業に出席することができました。この授業で高見先生が場所格交替を取り上げておられ，それが大変興味深かったため，私はこの現象に取り組むようになりました。高見先生の本務校である学習院大学でも授業を聴講させていただきました。その後も私の書いた論文にコメントをくださったり，ご著書を送ってくださったりと，直接の指導学生でもない私に親身に接してくださった高見先生には感謝の念に堪えません。博士号取得についてご連絡した際は，私が修士課程のころの思い出まで綴られた，温かいお祝いのお返事をくださいました。少し前に入院されたと伺っていたので，メールで報告させていただいたのですが，これが先生との最後のやりとりになってしまいました。高見先生に本書をお届けすることができなかったのが残念でなりません。先生ご本人に恩返しをすることはもう叶いませんが，先生から学んだことを引き継ぎ，少しでも私にできることを積み重ねていきたいと思います。

参考文献

辞書・コーパス
（英英辞典は簡略な表記を採用した）

A Valency Dictionary of English: A Corpus-Based Anaysis of the Complementation Patterns of English Verbs, Nouns and Adjectives. Mouton De Gruyter, 2004.

Cambridge Advanced Learner's Dictionary, 4th edition. Cambridge University Press, 2014.

Cambridge International Dictionary of English. Cambridge University Press, 1995.

Collins COBUILD Advanced Learner's Dictionary, 10th edition. HarperCollins, 2023. = COBUILD

Davies, Mark. 2004–. *British National Corpus* (from Oxford University Press). Available online at <https://www.english-corpora.org/bnc/>. = BNC

Davies, Mark. 2008–. *The Corpus of Contemporary American English*. Available online at <https://www.english-corpora.org/coca/>. = COCA

Davies, Mark. 2010–. *The Corpus of Historical American English*. Available online at <https://www.english-corpora.org/coha/>. = COHA

国立国語研究所. 1964.『分類語彙表』東京：秀英出版.

国立国語研究所. 2004.『分類語彙表増補改訂版データベース』<https://clrd.ninjal.ac.jp/goihyo.html>.

国立国語研究所. 2011.『日本語書き言葉均衡コーパス』検索アプリケーション「中納言」<https://chunagon.ninjal.ac.jp/search>. = BCCWJ

Longman Dictionary of Contemporary English, 6th edition. Pearson, 2014. = LDOCE

Longman Phrasal Verbs Dictionary. Pearson, 2000.

マケーレブ, ジャン・安田一郎. 1983.『アメリカ口語辞典』東京：朝日出版社.

マケーレブ, ジャン・岩垣守彦. 2003.『英和イディオム完全対訳辞典』東京：朝日出版社.

マケーレブ, ジャン・マケーレブ恒子. 2006.『動詞を使いこなすための英和活用辞典』東京：朝日出版社. –『動詞活用辞典』

Oxford Advanced Learner's Dictionary, 10th edition. Oxford University Press, 2020. = OALD

Oxford English Dictionary, online edition. Available online at <http://www.oed.com/>. = OED

Oxford Phrasal Verbs Dictionary for Learners of English. Oxford University Press, 2001.

332 | 参考文献

論文・書籍

（英語文献の翻訳は執筆時に参考にしたものを記載した）

BLS = Proceedings of the ... Annual Meeting of the Berkeley Linguistics Society
CLS = Papers from the ... Annual Regional Meeting of the Chicago Linguistic Society

赤塚紀子. 1998. 条件文と Desirability の仮説. 赤塚紀子・坪本篤朗『モダリティと発話行為』1–97. 東京：研究社.

Allen, Cynthia L. 1986. Reconsidering the history of *like*. *Journal of Linguistics* 22, 375–409.

Anderson, Stephen R. 1971. On the role of deep structure in semantic interpretation. *Foundations of Language* 7, 387–396.

青山文啓. 1987. 料理の文章における提題化の役割. 水谷静夫教授還暦記念会（編）『計量国語学と日本語処理：理論と応用』285–303. 東京：秋山書店.

Atkins, Beryl T., Judy Kegl and Beth Levin. 1988. Anatomy of a verb entry: From linguistic theory to lexicographic practice. *International Journal of Lexicography* 1, 84–126.

Bednarek, Monika. 2008. Semantic preference and semantic prosody re-examined. *Corpus Linguistics and Linguistic Theory* 4, 119–139.

Bender, Emily. 1999. Constituting context: Null objects in English recipes revisited. *Proceedings of the 23rd Annual Penn Linguistics Colloquium*, 53–68.

Biber, Douglas. 2000. Investigating language use through corpus-based analyses of association patterns. In Michael Barlow and Suzanne Kemmer (eds.), *Usage-Based Models of Language*, 287–313. Stanford, CA: CSLI Publications.

Biber, Douglas and Susan Conrad. 2009. *Register, Genre, and Style*. Cambridge: Cambridge University Press.

Boas, Hans C. 2003. *A Constructional Approach to Resultatives*. Stanford, CA: CSLI Publications.

Boers, Frank. 1996. *Spatial Prepositions and Metaphor: A Cognitive Semantic Journey along the UP-DOWN and the FRONT-BACK Dimensions*. Tübingen: Gunter Narr Verlag.

Bolinger, Dwight. 1971. *The Phrasal Verb in English*. Cambridge, MA: Harvard University Press.

Bolinger, Dwight. 1975. On the passive in English. In Adam Makkai and Valerie Becker Makkai (eds.), *The First LACUS Forum*, 57–80. Columbia, SC: Hornbeam Press.

Brinkmann, Ursula. 1997. *The Locative Alternation in German: Its Structure and Acquisition*. Amsterdam: John Benjamins.

Brown, Gillian and George Yule. 1983. *Discourse Analysis*. Cambridge: Cambridge University Press.

Brown, Penelope and Stephen C. Levinson. 1987. *Politeness: Some Universals in Language Usage*. Cambridge: Cambridge University Press.

Buck, Rosemary A. 1993. Affectedness and other semantic properties of English denominal locative verbs. *American Speech* 68, 139–160.

Bybee, Joan L. 2010. *Language, Usage and Cognition*. Cambridge: Cambridge University Press.

Bybee, Joan L. 2013. Usage-based theory and exemplar representations of constructions. In Thomas Hoffmann and Graeme Trousdale (eds.). *The Oxford Handbook of Construction Grammar*, 49–69. Oxford: Oxford University Press.

Bybee, Joan L. and Joanne Scheibman. 1999. The effect of usage on degrees of constituency: The reduction of *don't* in English. *Linguistics* 37, 575–596.

Cappelle, Bert. 2006. Particle placement and the case for "allostructions". *Constructions*, Special Volume 1, 1–28.

Carrier, Jill and Janet. H. Randall. 1992. The argument structure and syntactic structure of resultatives. *Linguistic Inquiry* 23, 173–234.

Carter, Ronald and Michael McCarthy. 1999. The English *get*-passive in spoken discourse: Description and implications for an interpersonal grammar. *English Language and Linguistics* 3, 41–58.

Carter, Ronald and Michael McCarthy. 2006. *Cambridge Grammar of English: A Comprehensive Guide*. Cambridge: Cambridge University Press.

Channell, Joanna. 2000. Corpus-based analysis of evaluative lexis. In Susan Hunston and Geoff Thompson (eds.), *Evaluation in Text: Authorial Stance and the Construction of Discourse*, 38–55. Oxford: Oxford University Press.

Chomsky, Noam. 1957. *Syntactic Structures*. The Hague: Mouton.（福井直樹・辻子美保子訳. 2014.『統辞構造論　付『言語理論の論理構造』序論』東京：岩波書店。）

Chomsky, Noam. 1965. *Aspects of the Theory of Syntax*. Cambridge, MA: MIT Press.（安井稔訳. 1970.『文法理論の諸相』東京：研究社.／福井直樹・辻子美保子訳. 2017.『統辞理論の諸相：方法論序説』東京：岩波書店.)

Chomsky, Noam. 1972. *Studies on Semantics in Generative Grammar*. The Hague: Mouton.

Chomsky, Noam. 1995. *The Minimalist Program*. Cambridge, MA: MIT Press.

中條清美・内山将夫. 2004. 統計的指標を利用した特徴語抽出に関する研究.『関東甲信越英語教育学会紀要』18, 99–108.

Clancy, Patricia M., Noriko Akatsuka and Susan Strauss. 1997. Deontic modality and conditionality in discourse. A cross-linguistic study of adult speech to young children. In Akio Kamio (ed.), *Directions in Functional Linguistics*, 19–57. Amsterdam: John Benjamins.

Collins, Peter C. 1996. *Get*-passives in English. *World Englishes* 15, 43–56

Croft, William and D. Alan Cruse. 2004. *Cognitive Linguistics*. Cambridge: Cambridge University Press.

Cruse, D. Alan. 2011. *Meaning in Language: An Introduction to Semantics and Pragmatics*, 3rd edition. Oxford: Oxford University Press.

Culy, Christopher. 1996. Null objects in English recipes. *Language Variation and Change* 8, 91–124.

Curme, Goerge, O. 1922. *A Grammar of the German Language: Designed for a Thoro and Practical Study of the Language as Spoken and Written To-day*, 2nd edition. New York: Macmillan.

Diessel, Holger and Michael Tomasello. 2000. The development of relative clauses in spontaneous child speech. *Cognitive Linguistics* 11, 131–151.

Du Bois, John W. 2007. The stance triangle. In Robert Englebretson (ed.), *Stancetaking in Discourse: Subjectivity, Evaluation, Interaction*, 139–182. Amsterdam: John Benjamins.

Emonds, Joseph. 2006. Adjectival passives. In Martin Everaert and Henk van Riemsdijk (eds.), *The Blackwell Companion to Syntax*, vol. I, 16–60. Oxford: Blackwell.

Eroms, Hans-Werner. 1980. *Be-Verb und Präpositionalphrase: Ein Beitrag zur Grammatik der deutschen Verbalpräfixe*. Heidelberg: Winter.

Fellbaum, Chirstiane. 1986. *On the Middle Construction in English*. Bloomington: Indiana University Linguistics Club.

Ferguson, Charles A. 1994. Dialect, register, and genre. In Douglas Biber and Edward Finegan (eds.), *Sociolinguistic Perspectives on Register*, 15–29. Oxford: Oxford University Press.

Fillmore, Charles J. 1968. The case for case. In Emmon Bach and Robert T. Harms (eds.), *Universals in Linguistic Theory*, 1–88. New York: Holt, Rinehart and Winston.

Fillmore, Charles J. 1969. Toward a modern theory of case. In David A. Reibel and Sanford A. Shane (eds.), *Modern Studies in English: Readings in Transformational Grammar*, 361–375. Englewood Cliffs, N.J.: Prentice-Hall.

Fillmore, Charles J. 1975. An alternative to checklist theories of meaning. *BLS* 1, 123–131.

Fillmore, Charles J. 1977. Topics in lexical semantics. In Roger W. Cole (ed.), *Current Issues in Linguistic Theory*, 76–138. Bloomington: Indiana University Press.

Fillmore, Charles J. 1982. Frame semantics. In Linguistic Society of Korea (ed.), *Linguistics in the Morning Calm*, 111–137. Seoul: Hanshin.

Fillmore, Charles J. 2003. *Form and Meaning in Language: Papers on Semantic Roles*. Stanford, CA: CSLI Publications.

Fillmore, Charles J., Paul Kay, and Mary Kay O'Connor. 1988. Regularity and idiomaticity in grammatical constructions: The case of *let alone*. *Language* 64, 501–538.

Fraser, Bruce. 1971. A note on the spray paint cases. *Linguistic Inquiry* 2, 604–607.

深草耕太郎・坂本充・塩田雄大. 1998.「国内外」をどう読みますか：「第8回ことばのゆれ全国調査」から.『放送研究と調査』48(7), 52–63.

Fujikawa, Katsuya. 2015. *Pour*-class verbs and the locative alternation in English.『英語語法文法研究』22, 118–134.

藤田耕司. 2013. 生成文法から進化言語学へ：生成文法の新たな企て. 池内正幸・郷路拓也（編）『生成言語研究の現在』95–123. 東京：ひつじ書房.

Fukui Naoki, Shigeru Miyagawa and Carol Tenny. 1985. Verb classes in English and Japanese: A case study in the interaction of syntax, morphology and semantics. *Lexicon Project*

Working Papers 3. Center for cognitive science, MIT.

福井直樹・辻子美保子. 2014. 「生成文法の企て」の原点:『統辞構造論』とその周辺. ノーム・チョムスキー『統辞構造論 付『言語理論の論理構造』序論』福井直樹・辻子美保子訳. 325–409. 東京:岩波書店.

福留奈美. 2014. 調理における沸騰を表す用語・表現.『日本調理科学会誌』47, 239–246.

Gelderen, Elly van. 2014. Changes in psych-verbs: A reanalysis of little v. *Catalan Journal of Linguistics* 13, 99–122.

Gilquin, Gaëtanelle. 2010. *Corpus, Cognition and Causative Constructions*. Amsterdam: John Benjamins.

Goldberg, Adele E. 1995. *Constructions: A Construction Grammar Approach to Argument Structure*. Chicago: University of Chicago Press.

Goldberg, Adele E. 2006. *Constructions at Work: The Nature of Generalization in Language*. Oxford: Oxford University Press.

Goldberg, Adele E. 2010. Verbs, constructions, and semantic frames. In Malka Rappaport Hovav, Edit Doron, and Ivy Sichel (eds.), *Lexical Semantics, Syntax, and Event Structure*. 39–58. Oxford: Oxford University Press.

Goldberg, Adele E. 2019. *Explain Me This: Creativity, Competition, and the Partial Productivity of Constructions*. Princeton: Princeton University Press.

Grimshaw, Jane. 1990. *Argument Structure*. Cambridge, MA: MIT Press.

Green, Georgia M. 1974. *Semantics and Syntactic Regularity*. Bloomington: Indiana University Press.

Gries, Stefan Th. 2005. Syntactic priming: A corpus-based approach. *Journal of Psycholinguistic Research* 34, 365–399.

Haegeman, Liliane. 1987. Register variation in English: Some theoretical observations. *Journal of English Linguistics* 20, 230–248.

萩澤大輝・氏家啓吾. 2022. リンク発見ゲームの諸相:「記号が存在する」というフィクションを超えて.『東京大学言語学論集』44, 1–18.

Haiman, John. 1980. Dictionaries and encyclopedias. *Lingua* 50, 329–357.

Hall, Barbara. 1965. Subject and object in English. Ph.D. dissertation, MIT.

Harada, Shin-Ichi. 2000 [1973]. Counter Equi NP deletion 福井直樹（編）『シンタクスと意味:原田信一言語学論文選集』181–215. 東京:大修館書店.

長谷川明香・西村義樹. 2019. 再帰と受身の有標性. 森雄一・西村義樹・長谷川明香（編）『認知言語学を紡ぐ』275–298. 東京:くろしお出版.

畑佐一味・福留奈美. 2021.『めしあがれ:食文化で学ぶ上級日本語』東京:くろしお出版

早瀬尚子. 2020. 構文文法. 坪井栄治郎・早瀬尚子『認知文法と構文文法』121–255. 東京:開拓社.

Hayward, Malcolm. 1994. Genre recognition of history and fiction. *Poetics* 22, 409–421.

Hilpert, Martin. 2019. *Construction Grammar and Its Application to English*, 2nd edition.

Edinburgh: Edinburgh University Press.

平沢慎也. 2014.「クジラ構文」はなぜ英語話者にとって自然に響くのか.『れにくさ』5, 199–216.

平沢慎也. 2019.『前置詞 by の意味を知っているとは何を知っていることなのか：多義論から多使用論へ』東京：くろしお出版.

平沢慎也. 2022. えんえんと喋る V on about NP 構文：活躍する「響き」の記憶. 菅井三実・八木橋宏勇（編）『認知言語学の未来に向けて：辻幸夫教授退職記念論文集』75–85. 東京：開拓社.

Hirasawa, Shinya and Yoshiki Nishimura. 2021. Native speakers are creative and conservative: What *Explain Me This* reveals about the nature of linguistic knowledge. *English Linguistics* 38, 139–163.

Hoey, Michael. 2005. *Lexical Priming: A New Theory of Words and Language*. London: Routledge.

Hoffmann, Thomas and Graeme Trousdale (eds.). 2013. *The Oxford Handbook of Construction Grammar*. Oxford: Oxford University Press.

Hopper, Paul J. 1985. Causes and affects. *CLS* 21, 67–88.

Huddleston, Rodney and Geoffrey K. Pullum. 2002. *The Cambridge Grammar of the English Language*. Cambridge: Cambridge University Press.

Hunston, Susan. 2001. Colligation, lexis pattern and text. In Mike Scott and Geoff Thompson (eds.), *Patterns of Text: In Honour of Michael Hoey*, 13–33. Amsterdam: John Benjamins.

Hunston, Susan. 2002. *Corpora in Applied Linguistics*. Cambridge: Cambridge University Press.

Hunston, Susan. 2007. Semantic prosody revisited. *International Journal of Corpus Linguistics* 12, 249–268.

Hunston, Susan. 2011. *Corpus Approaches to Evaluation: Phraseology and Evaluative Language*. London: Routledge.

Hunston, Susan and Geoff Thompson (eds.). 2000. *Evaluation in Text: Authorial Stance and the Construction of Discourse*. Oxford: Oxford University Press.

Hunston, Susan and John M. Sinclair. 2000. Local grammar of evaluation. In Susan Hunston. and Geoff Thompson (eds.), *Evaluation in Text: Authorial Stance and the Construction of Discourse*. 74–101. Oxford: Oxford University Press.

家入葉子. 2019. 現代アメリカ英語の rumor：Corpus of Contemporary American English の分析から. 住吉誠・鈴木亨・西村義樹（編）『慣用表現・変則的表現から見える英語の姿』18–34. 東京：開拓社.

五十嵐清子・福留奈美・露久保美夏. 2006. 教職課程の調理実習における大学生の意識調査：「切ること」を教える苦手意識について.『文化学園大学紀要』47, 153–163.

池上嘉彦. 1980–1981. 'Activity'—'accomplishment'—'achievement'：意味構造の類型(1)–(4).『英語青年』126(9), 466–468, 470; 126(10), 526–528, 530; 126(11), 562–564; 126(12), 622–625.

池上嘉彦. 1981.『「する」と「なる」の言語学：言語と文化のタイポロジーへの試論』東京：大修館書店.

Ikegami, Yoshihiko. 1985. 'Activity'—'accomplishment'—'achievement': A language that can't say 'I burned it, but it didn't burn' and one that can. In Adam Makkai (ed.), *Linguistics and Philosophy: Essays in Honor of Rulon S. Wells*. 265–304. Amsterdam: John Benjamins.

池上嘉彦. 1995.『〈英文法〉を考える：〈文法〉と〈コミュニケーション〉の間』東京：筑摩書房.

池上嘉彦. 2000. 'Bounded' vs. 'unbounded' と 'cross-category harmony' (17).『英語青年』146(5), 316–319.

池上嘉彦. 2006.『英語の感覚・日本語の感覚：〈ことばの意味〉のしくみ』東京：日本放送出版協会.

池上嘉彦. 2007.『日本語と日本語論』東京：筑摩書房.

石川慎一郎. 2008a.『英語コーパスと言語教育：データとしてのテクスト』東京：大修館書店.

石川慎一郎. 2008b. コロケーションの強度をどう測るか：ダイス係数，tスコア，相互情報量を中心として.『言語処理学会第14回年次大会チュートリアル資料』40–50.

石川慎一郎. 2012.『ベーシックコーパス言語学』東京：ひつじ書房.

石崎保明. 2020. 認知言語学に基づく文法化・語彙化・構文化の分析. 小川芳樹・石崎保明・青木博史『文法化・語彙化・構文化』1–86. 東京：開拓社.

石崎保明. 2022. 交替と通時的構文文法：所格交替を例に. 田中智之・茨木正志郎・松元洋介・杉浦克哉・玉田貴裕・近藤亮一（編）『言語の本質を共時的・通時的に探る：大室剛志教授退職記念論文集』78–90. 東京：開拓社.

Israel, Michael. 1996. The way constructions grow. In Adele. E. Goldberg (ed.), *Conceptual Structure, Discourse and Language*, 217–230. Stanford, CA: CSLI Publications.

Iwata, Seizi. 2008. *Locative Alternation: A Lexical-Constructional Approach*. Amsterdam: John Benjamins.

Iwata, Seizi. 2014. Construction Grammar. In Andrew Carnie, Daniel Siddiqi and Yosuke Sato (eds.), *The Routledge Handbook of Syntax*, 647–669. New York: Routledge.

Jaeger, Florian and Neal Snider. 2007. Implicit learning and syntactic persistence: Surprisal and cumulativity. *University of Rochester Working Papers in the Language Sciences* 3, 26–44.

Jespersen, Otto. 1927. *A Modern English Grammar on Historical Principles*, Part III. London: George Allen & Unwin.

Jespersen, Otto. 1933. *Essentials of English Grammar*. London: George Allen & Unwin.

ヤコブセン，ウェスリー M. 1989. 他動性とプロトタイプ論. 久野暲・柴谷方良（編）『日本語学の新展開』213–248. 東京：くろしお出版.

Jeffries, Lesley and Penny Willis. 1984. A return to the spray paint issue. *Journal of Pragmatics*

8, 715–729.

Jones, Steven. 2002. *Antonymy: A Corpus-based Perspective*. London: Routledge.

Kageyama, Taro. 1980. The Role of thematic relations in the spray paint hypallage. *Papers in Japanese Linguistics* 7, 35–64.

影山太郎. 1996.『動詞意味論：言語と認知の接点』東京：くろしお出版.

影山太郎. 2009. 状態・属性を表す受身と過去分詞. 影山太郎（編）『日英対照　形容詞・副詞の意味と構文』120–151. 東京：大修館書店.

影山太郎・由本陽子. 1997.『語形成と概念構造』東京：研究社.

貝森有祐. 2014. レシピから見る英語結果構文の選択と制約：状態変化と位置変化が両立する事例に注目して.『社会言語科学会第 34 回大会発表論文集』203–204.

貝森有祐. 2018. 状態変化動詞を伴う英語使役移動構文に課される意味的制約：事象統合の観点から. 山梨正明（編）『認知言語学論考 No.14』1–39. 東京：ひつじ書房.

貝森有祐・野中大輔. 2015. 複合変化結果構文の選択：競合表現の観点から.『日本認知言語学会論文集』15, 740–745.

梶田優. 1974. 変形文法. 太田朗・梶田優『英語学大系 4　文法論 II』163–647. 東京：大修館書店.

加賀信広. 2007. 結果構文と類型論パラメータ. 小野尚之（編）『結果構文研究の新視点』177–215. 東京：ひつじ書房.

Katz, Jerrold J. and Jerry A. Fodor. 1963. The structure of a semantic theory. *Language* 39, 170–210.

Katz, Jerrold J. and Paul M. Postal. 1964. *An Integrated Theory of Linguistic Description*. Cambridge, MA: MIT Press.

川野靖子. 1997. 位置変化動詞と状態変化動詞の接点：いわゆる「壁塗り代換」を中心に.『筑波日本語研究』2, 28–40.

川野靖子. 2021.『壁塗り代換をはじめとする格体制の交替現象の研究：位置変化と状態変化の類型交替』東京：ひつじ書房.

Kay, Paul. 1995. Construction grammar. In Jef Verschueren, Jan-Ola Östmann and Jan Blommaert (eds.), *Handbook of Pragmatics*, 171–177. Amsterdam: John Benjamins.

Kay, Paul. 2005. Argument structure constructions and the argument-adjunct distinction. In Mirjam Fried & Hans C. Boas (eds.), *Grammatical Constructions: Back to the Roots*, 71–98. Amsterdam: John Benjamins.

Kemmer, Suzanne, and Michael Barlow. 2000. Introduction: A usage-based conception of language. In Michael Barlow and Suzanne Kemmer (eds.), *Usage-Based Models of Language*, vii–xxviii. Stanford, CA: CSLI Publications.

岸本秀樹. 2001a. 壁塗り構文. 影山太郎（編）『日英対照　動詞の意味と構文』100–126. 東京：大修館書店.

Kishimoto, Hideki. 2001b. Locative alternation in Japanese: A case study in the interaction between syntax and lexical semantics. *Journal of Japanese Linguistics* 17, 59–81.

岸本秀樹・影山太郎. 2011. 構文交替と項の具現化. 影山太郎（編）『日英対照　名詞の

意味と構文』270–304. 東京：大修館書店.

Kittilä, Seppo and Fernando Zúñiga. 2010. Introduction: Benefaction and malefaction from a cross-linguistic perspective. In Fernando Zúñiga and Seppo Kittilä (eds.), *Benefactives and Malefactives: Typological Perspectives and Case Studies*, 1–28. Amsterdam: John Benjamins.

Kittredge, Richard. 1982. Variation and homogeneity of sublanguages. In Richard Kittredge and John Lehrberger (eds.), *Sublanguage: Studies of Language in Restricted Semantic Domains*, 107–137. Berlin: de Gruyter.

Koontz-Garboden, Andrew. 2011. The lexical semantics of derived statives. *Linguistics and Philosophy* 33, 285–324.

Krzeszowski, Tomasz. P. 1990. The axiological aspect of idealized cognitive models. In Jerzy Tomaszczyk and Barbara Lewandowska-Tomaszczyk (eds.), *Meaning and Lexicography*, 135–165. Amsterdam: John Benjamins.

国広哲弥. 1980. 編者補説. 国広哲弥（編）『日英語比較講座 2　文法』267–276. 東京：大修館書店.（国広哲弥氏の名前は，文献によっては旧字体で表記されているが，本書ではこの表記で統一した）

国広哲弥. 1981. 語彙の構造の比較. 国広哲弥（編）『日英語比較講座 3　意味と語彙』15–52. 東京：大修館書店.

国広哲弥. 1985. 認知と言語表現.『言語研究』88, 1–19.

国広哲弥. 1997.『理想の国語辞典』東京：大修館書店.

国広哲弥. 2006.『日本語の多義動詞：理想の国語辞典 II』東京：大修館書店.

Labov, William. 1972. The transformation of experience in narrative syntax. In *Language in the Inner City: Studies in the Black English Vernacular*, 354–396. Philadelphia: University of Pennsylvania Press.

Labov, William and Joshua Waletzky. 1967. Narrative analysis: Oral versions of personal experience. In June Helm (ed.), *Essays on the Verbal and Visual Arts*, 12–44. Seattle: University of Washington Press.

Laffut, An. 2006. *Three-Participant Constructions in English: A Functional-Cognitive Approach to Caused Relations*. Amsterdam: John Benjamins.

Laffut, An and Kristin Davidse. 2002. English locative constructions: An exercise in neo-Firthian description and dialogue with other schools. *Functions of Language* 9, 169–207.

Lakoff, George. 1966. Stative adjectives and verbs in English. *Mathematical Linguistics and Automatic Translation*. UC Berkeley. Available online at <https://escholarship.org/uc/item/3qk519qr>.

Lakoff, George. 1970. *Irregularity in Syntax*. New York: Holt, Rinehart and Winston.

Lakoff, George. 1974. Syntactic amalgams. *CLS* 10, 321–344.

Lakoff, George. 1987. *Women, Fire, and Dangerous Things: What Categories Reveal about the Mind*. Chicago: University of Chicago Press.（池上嘉彦・河上誓作ほか訳. 1993.『認知意味論：言語から見た人間の心』東京：紀伊國屋書店.）

340 | 参考文献

Lakoff, George and Mark Johnson. 1980. *Metaphors We Live By*. Chicago: University of Chicago Press.

Lakoff, Robin. 1975. *Language and Woman's Place*. New York: Harper and Row.

Lambrecht, Knud. 1988. There was a farmer had a dog: Syntactic amalgams revisited. *BLS* 14, 319–339.

Langacker, Ronald W. 1987. *Foundations of Cognitive Grammar*, vol. 1: *Theoretical Prerequisites*. Stanford, CA: Stanford University Press.

Langacker, Ronald W. 1990. *Concept, Image, and Symbol: The Cognitive Basis of Grammar*. Berlin: Mouton de Gruyter.

Langacker, Ronald W. 1991. *Foundations of Cognitive Grammar*, vol. 2: *Descriptive Application*. Stanford, CA: Stanford University Press.

Langacker, Ronald W. 1995. Raising and transparency. *Language* 71, 1–62.

Langacker, Ronald W. 1998. On Subjectification and grammaticization. In Jean-Pierre Koenig (ed.), *Discourse and Cognition: Bridging the Gap*, 71–89. Stanford, CA: CSLI Publications.

Langacker, Ronald W. 2000. A dynamic usage-based model. In Michael Barlow and Suzanne Kemmer (eds.), *Usage-Based Models of Language*, 1–63. Stanford, CA: CSLI Publications. (坪井栄治郎訳. 2000. 動的使用依拠モデル. 坂原茂（編）『認知言語学の発展』61–143. 東京：ひつじ書房.)

Langacker, Ronald W. 2003. Context, cognition, and semantics: A unified dynamic approach. Ellen van Wolde (ed.), *Job 28: Cognition in Context*, 179–230. Leiden: Brill.

Langacker, Ronald W. 2005. Construction grammars: Cognitive, radical, and less so. In Francisco J. Ruiz de Mendoza Ibáñez and M. Sandra Peña Cervel (eds.), *Cognitive Linguistics: Internal Dynamics and Interdisciplinary Interaction*, 101–159. Berlin: Mouton de Gruyter.

Langacker, Ronald W. 2006. Dimensions of defocusing. In Tasaku Tsunoda and Taro Kageyama (eds.), *Voice and Grammatical Relations: In Honor of Masayoshi Shibatani*, 115–137. Amsterdam: John Benjamins.

Langacker, Ronald W. 2008. *Cognitive Grammar: A Basic Introduction*. Oxford: Oxford University Press.

Langacker, Ronald W. 2009. *Investigations in Cognitive Grammar*. Berlin: Mouton de Gruyter.

Langacker, Ronald W. 2010. Reflections on the functional characterization of spatial prepositions. *Corela*, HS-7. Available online at <http://journals.openedition.org/corela/999>.

Lee, David. 2001. *Cognitive Linguistics: An Introduction*. Oxford: Oxford University Press.

Leech, Geoffrey. 1981. *Semantics: The Study of Meaning*, 2nd edition. Harmondsworth: Penguin.

Lehrer, Adrienne. 1972. Cooking vocabularies and the culinary triangle of Levi-Strauss. *Anthropological Linguistics* 14, 155–171.

Levin, Beth. 1993. *English Verb Classes and Alternations: A Preliminary Investigation.* Chicago: University of Chicago Press.

Levin, Beth and Malka Rappaport. 1986. The formation of adjectival passives. *Linguistic Inquiry* 17, 623–661.

Levin, Beth and Malka Rappaport Hovav. 1991. Wiping the slate clean: A lexical semantic exploration. *Cognition* 41, 123–151.

Levin, Beth and Tova R. Rapoport. 1988. Lexical subordination. *CLS* 24, 275–289.

Louw, Bill. 1993. Irony in the text or insincerity in the writer?: The diagnostic potential of semantic prosodies. In M. Baker, G. Francis, and E. Tognini-Bonelli (eds.), *Text and Technology: In Honour of John Sinclair,* 157–176. Amsterdam: John Benjamins.

Marttila, Ville. 2009. Mincing words: A diachronic view on English cutting verbs. *Selected Proceedings of the 2008 Symposium on New Approaches in English Historical Lexis* (HEL-LEX 2), 104–122.

Massam, Diane, Kazuya Bamba and Patrick Murphy. 2017. Obligatorily null pronouns in the instructional register and beyond. *Linguistic Variation* 17, 272–291.

Massam, Diane. 1989. Part/whole constructions in English. *Proceedings of the Eighth West Coast Conference on Formal Linguistics*, 236–246.

Massam, Diane and Yves Roberge. 1989. Recipe context null objects in English. *Linguistic Inquiry* 20, 134–139.

Matsumoto, Yo. 1996a. Subjective motion and English and Japanese verbs. *Cognitive Linguistics* 7, 183–226.

Matsumoto, Yo. 1996b. Subjective-change expressions in Japanese and their cognitive and linguistic bases. In Gilles Fauconnier and Eve Sweetser (eds.), *Spaces, Worlds, and Grammar*, 124–156. Chicago: University of Chicago Press.

松本曜. 1997. 空間移動の言語表現とその拡張. 田中茂範・松本曜『空間と移動の表現』125–230. 東京：研究社.

松本曜. 1999. コウビルド・コーパスと英和辞典における spray/load 交替.『明治学院大学外国語教育研究所紀要』9, 23–35.

松本曜. 2000. 日本語における他動詞/二重他動詞ペアと日英語の使役交替. 丸田忠雄・須賀一好（編）『日英語の自他の交替』167 207. 東京：ひつじ書房.

松本曜. 2003. 語の意味. 松本曜（編）『認知意味論』17–72. 東京：大修館書店.

松本曜・小原京子（編）. 2022.『フレーム意味論の貢献：動詞とその周辺』東京：開拓社.

McCawley, James D. 1968. Lexical insertion in a transformational grammar without deep structure. *CLS* 4, 71–80.

McEnery, Tony and Andrew Hardie. 2012. *Corpus Linguistics: Method, Theory and Practice.* Cambridge: Cambridge University Press.（石川慎一郎訳. 2014.『概説コーパス言語学：手法・理論・実践』東京：ひつじ書房.)

三上章. 1969.『象は鼻が長い：日本文法入門』(改訂増補版) 東京：くろしお出版.

342 | 参考文献

守屋三千代. 1993. 手続き的知識の文章―料理文―の示唆するもの：変化・動作と動詞
　　の自他との相関.『早稲田大学日本語研究教育センター』28, 114–130.

Morley, John and Alan Partington. 2009. A few Frequently Asked Questions about semantic
　　— or evaluative — prosody. *International Journal of Corpus Linguistics* 14, 139–158.

村上陽一郎. 1986.『近代科学を超えて』東京：講談社.

中島平三. 1998. 第 1 次認知革命. 田窪行則・稲田俊明・中島平三・外池滋生・福井直
　　樹.『生成文法』49–96. 東京：岩波書店.

難波英嗣・土居洋子・辻田美穂・竹澤寿幸・角谷和俊. 2013. 複数料理レシピの自動要
　　約.『電子情報通信学会技術研究報告』113(338), NLC2013-41, 39–44.

Nemoto, Noriko. 2005. Verbal polysemy and Frame Semantics in Construction Grammar:
　　Some observations on the locative alternation. In Mirjam Fried and Hans C. Boas (eds.),
　　Grammatical Constructions: Back to the Roots, 119–136. Amsterdam: John Benjamins.

西村義樹. 1993. チャレンジコーナー .『言語』22(9), 121–126; 22(10), 126–131.

西村義樹. 1996. 文法と意味. 池上嘉彦（編）『英語の意味』71–93. 東京：大修館書店.

西村義樹. 1998. 行為者と使役構文. 中右実・西村義樹『構文と事象構造』107–203. 東
　　京：研究社.

西村義樹. 2000. 対照研究への認知言語学的アプローチ . 坂原茂（編）『認知言語学の発
　　展』145–166. 東京：ひつじ書房.

西村義樹. 2002. 換喩と文法現象. 西村義樹（編）『認知言語学Ⅰ：事象構造』285–311.
　　東京：東京大学出版会.

西村義樹. 2004. 主語をめぐる文法と意味. 尾上圭介（編）『朝倉日本語講座 6　文法Ⅱ』
　　279–297. 東京：朝倉書店.

西村義樹. 2018. 文法の中の換喩. 西村義樹（編）『認知文法論Ⅰ』89–116. 東京：大修
　　館書店.

西村義樹. 2019. 使用基盤モデルから見た make/let 使役構文. 住吉誠・鈴木亨・西村義
　　樹（編）『慣用表現・変則的表現から見える英語の姿』108–125. 東京：開拓社.

西村義樹・長谷川明香. 2016. 語彙，文法，好まれる言い回し. 藤田耕司・西村義樹
　　（編）『日英対照　文法と語彙への統合的アプローチ』282–307. 東京：開拓社.

西村義樹・長谷川明香. 2017. 認知言語学におけるメンタル・コーパス革命. ジョン・
　　R. テイラー『メンタル・コーパス：母語話者の頭の中には何があるのか』西村
　　義樹ほか編訳. 494–500. 東京：くろしお出版.

西村義樹・野矢茂樹. 2013.『言語学の教室：哲学者と学ぶ認知言語学』東京：中央公
　　論新社.

野村益寛. 2009. 事件は現場で起きている：使用依拠モデルからみた〈意味〉と〈言語
　　習得〉.『日本認知言語学会論文集』9, 524–534.

野村益寛. 2018. 認知言語学の文法観はどこか独自なのだろうか？ 高橋英光・野村益
　　寛・森雄一（編）『認知言語学とは何か？：あの先生に聞いてみよう』23–41. 東
　　京：くろしお出版.

野中大輔. 2011.「穴あけ」構文 (*a hole* construction) への用法基盤的アプローチ.『日

本認知言語学会論文集』11, 135–142.

Nonaka, Daisuke. 2011. The polysemy of *spread* in the locative alternation: A frame-based description. *Colloquia* 32, 143–157.

野中大輔. 2012. 場所格交替動詞に見られる評価的意味：大規模コーパスを用いて. 日本英語学会第 30 回大会スチューデント・ワークショップ「評価的意味から見る談話・談話から見る評価的意味」における口頭発表.

Nonaka, Daisuke. 2013. The locative alternation and evaluative meaning: The case of *smear*. *Colloquia* 34, 77–88.

野中大輔 2015a. コーパス言語学. 斎藤純男・田口善久・西村義樹（編）『明解言語学辞典』89–90. 東京：三省堂.

野中大輔. 2015b. 英語の場所格交替動詞の拡張用法：仮想変化表現の観点から.『東京大学言語学論集』36, 93–102.

野中大輔. 2015c. 文脈から見る場所格交替：図と地の選択を越えて. 日本英語学会第 33 回大会スチューデント・ワークショップ「意味研究における文脈の役割：認知意味論の新展開」における口頭発表.

Nonaka, Daisuke. 2016. How to cook with the locative alternation. Paper presented at the 6th UK Cognitive Linguistics Conference, July 19–22, Bangor University.

野中大輔. 2017a. 日本語との比較から見る英語の料理表現：調味料をかけることを表す動詞に着目して.『人工知能学会全国大会論文集』（第 31 回）<https://kaigi.org/jsai/webprogram/2017/pdf/595.pdf>.

野中大輔. 2017b. 非交替動詞が交替するとき：類推と文脈から見る構文の生産性. *Human Linguistics Review* 2, 47–63.

野中大輔. 2017c. 調味料をかけることを表す日本語の動詞と場所格交替：現代日本語書き言葉均衡コーパスを用いて.『東京大学言語学論集』38, 177–195.

野中大輔. 2018. 構文の記述方法と構文の単位を問い直す：英語の場所格交替を例に.『東京大学言語学論集』40, 135–152.

野中大輔. 2019a. 打撃・接触を表す身体部位所有者上昇構文における前置詞の選択：hit を中心に.『認知言語学を紡ぐ』183–202. 東京：くろしお出版.

野中大輔. 2019b. 英語の場所格交替と形容詞的受身：主体化と好まれる言い回しの観点から.『日本エドワード・サピア協会研究年報』32, 25–40

野中大輔. 2021. 仮想変化表現の射程.『日本言語学会第 162 回大会予稿集』398–403.

野中大輔. 2022a. 日本語の心理動詞と心理慣用句：フレーム意味論とフレームネットの観点から. 松本曜・小原京子（編）『フレーム意味論の貢献：動詞とその周辺』128–149. 東京：開拓社.

野中大輔. 2022b. 話し手と聞き手の姿，見えていますか？：ジャンルについて考える意義.『英語教育』70(11), 62–63.

Nonaka, Daisuke. 2022c. Verbs of seasoning in Japanese, with special reference to the locative alternation in English. In Kiyoko Toratani (ed.), *The Language of Food in Japanese: Cognitive Perspectives and Beyond*, 264–291. Amsterdam: John Benjamins.

344 | 参考文献

野中大輔. 2023. explain は交替するのか，しないのか：与格交替への使用基盤的アプローチ. 平田一郎・行田勇・保坂道雄・江連和章（編）『ことばの謎に挑む：高見健一教授に捧げる論文集』172–183. 東京：開拓社.

野中大輔. 近刊. 実例を観察する，実例をもとに文法について考える. 西村義樹（監修）『問いからはじめる言語の科学（仮）』東京：大修館書店.

野中大輔・萩澤大輝. 2019. 語形成への認知言語学的アプローチ：under-V の成立しづらさと under-V-ed の成立しやすさ. 岸本秀樹（編）『レキシコンの現代理論とその応用』127–152. 東京：くろしお出版.

野中大輔・貝森有祐. 2016. 英語の身体部位目的語結果構文と再帰代名詞目的語結果構文の交替.『東京大学言語学論集』37, 161–170.

野中大輔・貝森有祐. 2017. 構文継承の精緻化を目指して：複数の構文が関与するとき.『日本認知言語学会論文集』17, 297–309.

野矢茂樹. 1996.『哲学の謎』東京：講談社.

野矢茂樹. 2010.『哲学・航海日誌 II』東京：中央公論新社.

野矢茂樹. 2011.『語りえぬものを語る』東京：講談社.

Oehrle, Richard. 1976. The grammatical status of the English dative alternation. Ph.D. dissertation, MIT.

小木曽智信. 2014. 形態素解析. 山崎誠（編）『書き言葉コーパス：設計と構築』89–115. 東京：朝倉書店.

小椋秀樹. 2014. 形態論情報. 山崎誠（編）『書き言葉コーパス：設計と構築』68–88. 東京：朝倉書店.

O'Halloran, Kieran A. 2007. Critical discourse analysis and the corpus-informed interpretation of metaphor at the register level. *Applied Linguistics* 28, 1–24.

奥津敬一郎. 1980. 動詞文型の比較. 国広哲弥（編）『日英語比較講座 2 文法』63–100. 東京：大修館書店.

奥津敬一郎. 1981. 移動変化動詞文：いわゆる spray paint hypallage について.『国語学』127, 21–33.

大堀壽夫. 2004. 物語の構造と発達. 大堀壽夫（編）『認知コミュニケーション論』243–278. 東京：大修館書店.

大堀壽夫・西村義樹. 2000. 認知言語学の視点.『日本語学』19(5), 184–191.

太田泰弘. 1984. 調理のことば.『調理科学』17, 211–220.

Partington, Alan. 2004. Utterly content in each other's company: Semantic prosody and semantic preference. *International Journal of Corpus Linguistics* 9, 131–156.

Partington, Alan. 2014. Evaluative prosody. In Karin Aijmer and Christoph Rühlemann (eds.), *Corpus Pragmatics: A Handbook*, 279–303. Cambridge: Cambridge University Press.

Paul, Ileana and Diane Massam. 2021. Licensing null arguments in recipes across languages. *Journal of Linguistics* 57, 815–839.

Pawley, Andrew and Frances H. Syder. 1983. Two puzzles for linguistic theory: Nativelike selection and nativelike fluency, In Jack C. Richards and Richard W. Schmidt (eds.),

Language and Communication, 191–225. New York: Longman.

Perek, Florent. 2015. *Argument Structure in Usage-Based Construction Grammar: Experimental and Corpus-Based Perspectives*. Amsterdam: John Benjamins.

Pesetsky, David. 1995. *Zero Syntax: Experiencers and Cascades*. Cambridge, MA: MIT Press.

Pinker, Steven. 1989. *Learnability and Cognition: The Acquisition of Argument Structure*. Cambridge, MA: MIT Press.

Pinker, Steven. 2007. *The Stuff of Thought: Language as a Window into Human Nature*. New York: Viking.（幾島幸子・桜内篤子訳. 2009.『思考する言語』（上・中・下）東京：日本放送出版協会.）

Pinker, Steven. 2013 [1993]. The acquisition of argument structure. In *Language, Cognition, and Human Nature: Selected Articles*, 160–179. Oxford: Oxford University Press.

Pustejovsky, James. 1991. The generative lexicon. *Computational Linguistics* 17, 409–441.

Queller, Kurt. 2001. A usage-based approach to modeling and teaching the phrasal lexicon. In Martin Pütz, Susanne Niemeier and René Dirven (eds.), *Applied Cognitive Linguistics II: Language Pedagogy*, 55–83. Berlin: Mouton de Gruyer.

Quirk, Randolph, Sidney Greenbaum, Geoffrey Leech and Jan Svartvik. 1985. *A Comprehensive Grammar of the English Language*. London: Longman.

Rappaport, Malka and Beth Levin. 1988. What to do with theta-roles. In Wendy Wilkins (ed.), *Syntax and Semantics 21: Thematic Relations*, 7–36. New York: Academic Press.

Rühlemann, Christoph. 2007. Lexical grammar: The GET-passive as a case in point. *ICAME Journal* 31, 111–127.

Ruppenhofer, Josef and Laura A. Michaelis. 2010. A constructional account of genre-based argument omissions. *Constructions and Frames* 2, 158–184.

Saito, Hidesaburo. 1932. *Monograph on Prepositions*. Tokyo: The S.E.G. Press.

酒井智宏. 2013. 認知言語学と哲学：言語は誰の何に対する認識の反映か.『言語研究』144, 55–81.

酒井智宏. 2017. 認知言語学. 畠山雄二（編）『理論言語学史』115–165. 東京：開拓社.

Sakamoto, Maki. 2008. Middle and tough constructions in Web advertising. *JCLA* 8, 86–96.

Salkoff, Morris. 1983. Bees are swarming in the garden: A Systematic Synchronic Study of Productivity. *Language* 59, 288–346.

佐藤信夫. 1987.『レトリックの消息』東京：白水社.

佐藤貴之・原島純・小町守. 2016. レシピに対する日英機械翻訳の誤り分析.『研究報告自然言語処理』2016-NL-228, 1–9.

柴﨑礼士郎. 2015. 共有構文の創発と談話構造：現代アメリカ英語を中心に.『ことばと人間』10, 17–37.

Shibatani, Masayoshi. 1985. Passives and related constructions: A prototype analysis. *Language* 61, 821–848.

Shibatani, Masayoshi. 1990. *The Languages of Japan*. Cambridge: Cambridge University Press.

Shibatani, Masayoshi. 1996. Applicatives and benefactives: A cognitive account. In Masayoshi Shibatani and Sandra Thompson (eds.), *Grammatical Constructions: Their Form and Meaning*, 157–194. Oxford: Clarendon Press.

嶋田裕二. 1985.『句動詞』東京：大修館書店.

Shimojo, Mitsuaki. 2019. Topicalization in Japanese cooking discourse. *Open Linguistics* 5, 511–531.

Shinohara, Shungo. 2002a. What metonymy is all about. *English Linguistics* 19, 81–106.

篠原俊吾. 2002b.「悲しさ」「さびしさ」はどこにあるのか：形容詞文の事態把握とその中核をめぐって. 西村義樹（編）『認知言語学 I：事象構造』261–284. 東京：東京大学出版会.

Sinclair, John. 1991. *Corpus, Concordance, Collocation*. Oxford: Oxford University Press.

Sinclair, John. 2004. *Trust the Text: Language, Corpus and Discourse*. London: Routledge.

Stewart, Dominic. 2010. *Semantic Prosody: A Critical Evaluation*. New York: Routledge.

Stubbs, Michael. 1983. *Discourse Analysis: The Sociolinguistic Analysis of Natural Language*. Chicago: University of Chicago Press.

Stubbs, Michael. 1995. Collocations and semantic profiles: On the cause of the trouble with quantitative studies. *Functions of Languages* 2, 23–55.

Stubbs, Michael. 2001. *Words and Phrases: Corpus Studies of Lexical Semantics*. Oxford: Blackwell.

杉浦滋子. 2020. 日本語の場所格交替における全体効果と動詞の語彙的意味.『言語と文明』18(1), 3–17.

Swan, Michael. 2016. *Practical English Usage*, 4th edition. Oxford: Oxford University Press.

高橋英光. 2017.『英語の命令文：神話と現実』東京：くろしお出版.

鷹家秀史・林龍次郎. 2004.『詳説　レクシスプラネットボード：103 人のネイティブスピーカーに聞く生きた英文法・語法』東京：旺文社.

高見健一. 2003. Donate, purchase 等は本当に二重目的語を取らないか？：母語話者の指摘と実例の報告.『英語青年』149(6), 366–369.

Takami, Ken-Ichi. 2003. A semantic constraint on the benefactive double object construction. *English Linguistics* 20, 197–224.

高見健一. 2011. 場所格交替構文：〈場所〉が〈物〉に変わるとき.『英語と教育』2, 1–28.

高見健一・久野暲. 2002.『日英語の自動詞構文』東京：研究社.

高見健一・久野暲. 2014.『日本語構文の意味と機能を探る』東京：くろしお出版.

高野哲郎・上島紳一. 2003. Cooking Scenario：レシピの Scenario 化とその応用.『電子情報通信学会技術研究報告』103(190), 19–24.

Talmy, Leonard. 1983. How language structures space. In Herbert L. Pick, Jr., and Linda P. Acredolo (eds.), *Spatial Orientation: Theory, Research and Application*. New York: Plenum Press.

Talmy, Leonard. 2000. *Toward a Cognitive Semantics*, vol. 1: *Concept Structuring Systems*.

Cambridge, MA: MIT Press.

田中太一. 2021. 言える言えない問題を考える：認知言語学の観点から.『The Basis：武蔵野大学教養教育リサーチセンター紀要』11, 133–144.

Taylor, John R. 2002. *Cognitive Grammar*. Oxford: Oxford University Press.

Taylor, John R. 2003a. *Linguistic Categorization*, 3rd edition. Oxford: Oxford University Press.

Taylor, John R. 2003b. Meaning and context. In Hubert Cuyckens, Thomas Berg, René Dirven and Klaus-Uwe Panther (eds.), *Motivation in Language: Studies in Honor of Günter Radden*, 27–48. Amsterdam: John Benjamins.

Taylor, John R. 2004. The ecology of constructions. In Günter Radden and Klaus-Uwe Panther (eds.), *Studies in Linguistic Motivation*, 49–73. Berlin: Mouton de Gruyter.

Taylor, John R. 2006. Motivation. *JCLA* 6, 486–504.

Taylor, John R. 2012. *The Mental Corpus: How Language is Represented in the Mind*. Oxford: Oxford University Press. (西村義樹ほか編訳. 2017.『メンタル・コーパス：母語話者の頭の中には何があるのか』東京：くろしお出版.)

寺澤盾. 2002. 英語受動文：通時的視点から. 西村義樹（編）『認知言語学 I：事象構造』87–108. 東京：東京大学出版会.

Thompson, Geoffrey and Susan Hunston. 2000. Evaluation: An introduction. In Susan Hunston and Geoffrey Thompson (eds.), *Evaluation in Text: Authorial Stance and the Construction of Discourse*, 1–27. Oxford: Oxford University Press.

Tomasello, Michael. 1998. Introduction: The cognitive-functional perspective on language structure. In Michael Tomasello (ed.), *The New Psychology of Language: Cognitive and Functional Approaches to Language Structure*, vol.1, vii–xxiii. Mahwah, NJ: Laurence Erlbaum Associates. (大堀壽夫ほか訳. 2011. 認知・機能的視点から言語構造を見る.『認知・機能言語学：言語構造への 10 のアプローチ』1–24. 東京：研究社.)

Tomasello, Michael. 1999. *The Cultural Origins of Human Cognition*. Cambridge, MA: Harvard University Press.

Tomasello, Michael. 2003. *Constructing a Language: A Usage-Based Theory of Language Acquisition*. Cambridge, MA: Harvard University Press.

Tomasello, Michael. 2008. *Origins of Human Communication*. Cambridge, MA: MIT press.

Toratani, Kiyoko (ed.). 2022. *The Language of Food in Japanese: Cognitive Perspectives and Beyond*. Amsterdam: John Benjamins.

坪井栄治郎. 1993. チャレンジコーナー.『言語』22(11), 121–126; 22(12), 122–127.

坪井栄治郎. 2014. 属性と変化についての覚え書き. *Language, Information, Text* 21, 57–68.

坪井栄治郎. 2020. 認知文法. 坪井栄治郎・早瀬尚子『認知文法と構文文法』1–119. 東京：開拓社.

坪井栄治郎・西村義樹. 1991. 認知意味論と概念意味論.『実践英文学』39, 23–37.

都築雅子. 2015. コーパスと語彙意味論研究：加熱調理動詞の使役交替性. 深谷輝彦・

滝沢直宏（編）『コーパスと英文法・語法』141–168. 東京：ひつじ書房.

Uhrig, Peter. 2015. A usage-based approach to extraposition of clausal subjects in English. Paper presented at the 13th International Cognitive Linguistics Conference, July 20–26, Northumbria University.

Uhrig, Peter. 2018. *Subjects in English: From Valency Grammar to a Constructionist Treatment of Non-Canonical Subjects*. Berlin: De Gruyter Mouton.

氏家啓吾. 2019. 指定コピュラ文の意味構造をもつ NN 複合語の構文スキーマ：外国人相手のビジネス，体目当ての男，野菜メインの食事.『日本言語学会第 159 回大会予稿集』446–451.

Ullmann, Stephen. 1962. *Semantics: An Introduction to the Science of Meaning*. Oxford: Basil Blackwell.

Washio, Ryuichi. 1997. Resultatives, compositionality and language variation. *Journal of East Asian Linguistics* 6, 1–49.

Wierzbicka, Anna. 1988. *The Semantics of Grammar*. Amsterdam: John Benjamins.

Whorf, Benjamin L. 1956. *Language, Thought and Reality: Selected Writing of Benjamin Lee Whorf*. Cambridge, MA: MIT Press.（池上嘉彦訳. 1993.『言語・思考・現実』東京：講談社.）

山泉実. 2016.「気に入る」の項の格の変異と語彙化.『明海大学外国語学部論集』28, 53–73.

安井稔. 1988.『英語学史』東京：研究社.

安井稔・中右実・西山佑司・中村捷・山梨正明. 1983.『英語学大系 5　意味論』東京：大修館書店.

吉田範子. 2003. 作成動詞と結果目的語. *JELS* 20, 228–237.

吉川裕介. 2009. 広告，レシピ，ヘッドラインに現れる結果構文：関連性理論からの一考察.『日本語用論学会第 11 回大会発表論文集』151–158.

吉川裕介. 2010. 動詞 pour はなぜ場所格交替できないのか.『英語語法文法研究』17, 53–66.

吉村公宏. 2020.『英語中間構文の研究』東京：ひつじ書房.

Yumoto, Yoko. 2010. Variation in N-V compound verbs in Japanese. *Lingua* 120, 2388–2404.

由本陽子. 2015. 日本語の動詞連用形を主要部とする動名詞の複合について.『言語文化共同研究プロジェクト』2014, 89–98.

エピグラフ出典

第 1 章：Lewis, C. Day. 1944. *Poetry for You: A Book for Boys and Girls on the Enjoyment of Poetry*. Oxford: Basil Blackwell. (p. 6)

第 2 章：池上（2006: 3–4）

第 3 章：Mukherjee, Siddhartha. 2011. *The Emperor of All Maladies: A Biography of Cancer*. London: Fourth Estate. (p. 93)

第 4 章：池上（1981: 298）
第 5 章：池上（1995: 122）
第 6 章：Boswell, James. 2008 [1791]. *The Life of Samuel Johnson*. London: Penguin.（p. 246）／永嶋大典. 1984.『ドクター・ジョンソン名言集』東京：大修館書店.（p. 41）
第 7 章：佐藤（1987: 63）［原文では「もっとも，年じゅう，この事実は見逃されつけている」となっていたが，「見逃されつづけている」の間違いではないかと思われたので，そのように直して引用した。］
第 8 章：池上（1995: 291–292）
第 9 章：村上（1986: 52）

索 引

構文名索引

穴あけ構文 11, 87–96, 268, 285,
　　324 → cf. 結果目的語

受身，受身文，受身構文 iv, 10, 24,
　　45–47, 59, 74, 81, 85, 86, 116, 126,
　　145, 179, 191–193, 212, 270, 279
　　形容詞的受身，（結果）状態を表す受
　　　　身 50, 86, 116, 116–118, 150–152,
　　　　161–165, 174, 176–202, 211, 212,
　　　　278–284, 288, 289, 292, 293, 323,
　　　　324
　　動詞的受身 116, 191
　　get 受身 126, 127, 137, 175

結果構文 61–63, 68, 69, 75, 88, 90, 94,
　　95, 109, 114–116, 139, 206, 207, 224,
　　263, 287

使役移動構文 24, 108, 269–273

身体部位所有者上昇構文 18–20, 23, 24,
　　283 → cf. 身体部位所有者上昇交替

中間構文 73–75

動詞・不変化詞構文 52, 110, 206, 207,
　　219, 229, 237–244, 261, 324

二重目的語構文 75–77, 79–85, 103, 144,
　　210, 294, 324 → cf. 与格交替

命令文，命令構文 73, 82, 84, 103, 169,
　　209, 210, 224, 277, 291, 310

make 使役構文 60, 69, 70, 75

under-V-ed 構文 292, 293

way 構文 89, 94, 95

用語索引

あ

アマルガムタイプ → 継承，構文の継承

意味的韻律 124–176, 324 → cf. 評価，
　　意味的評価

か

格文法 99, 102, 103

仮想変化（表現） 181–192, 195–197

過程志向 60–63, 88, 261, 314 → cf. 結果
　　志向

慣習的（な）表現 5, 20, 22, 23, 63–68, 70,
　　73, 75, 79, 80, 135, 138, 161, 163,
　　174, 175, 179, 198–200, 202, 211,
　　212, 234, 257, 258, 267, 268, 271,
　　282, 290, 322–325

競合タイプ → 継承，構文の継承

継承，構文の継承 104, 202, 203, 207,
　　209, 212
　　アマルガムタイプ 204–207, 250
　　競合タイプ 206–209
　　交差，交差タイプ 178–181, 203,
　　　　209–212, 219, 282, 283, 293, 294,
　　　　322
　　構成要素タイプ 203, 204, 211

結果志向 60–63, 88, 89, 143, 212, 314
　　→ cf. 過程志向，好まれる言い回し

結果目的語 10, 11, 87–89, 258–261, 324

語彙意味論 104–107, 109, 115, 299

交差，交差タイプ → 継承，構文の継承

構文要素タイプ→ 継承，構文の継承

構文（の）ネットワーク→ ネットワーク

構文文法 24, 72, 103, 104, 107–112, 203, 268–270

好まれる言い回し 57, 58, 63, 70, 178, 192, 193, 211 → cf. 過程志向，結果志向，スル的，ナル的

さ

主体化 32, 178, 188–192, 211

使用基盤モデル 17–21, 27, 30, 54–86, 93–96, 133, 173, 299, 324–325

身体部位所有者上昇交替 14, 15 → cf. 身体部位所有者上昇構文

心理動詞 10, 38, 39, 48, 59, 324

スキーマ 18–20, 23, 24, 54–56, 70, 75–82, 85, 93, 94, 110, 161, 175, 179, 197, 202, 279

スル的（な言語）60, 178, 192–195, 212 → cf. ナル的，好まれる言い回し

生成意味論 102–104

生成文法 15, 30, 97–99, 102–104, 111, 203, 204

生態的地位 83, 84, 93, 94, 210 → cf. ネットワーク

創造性，（臨時的・）創造的 22, 23, 27, 80, 94, 185–188, 266–268, 271, 273, 279–285, 294, 323, 325

た

代換 87, 266–268, 285, 289

談話 4, 72, 169–172, 204, 218, 235, 240

調味動詞 296, 298–310, 319, 324 → cf. 料理表現，レシピ

ドイツ語 112–114, 175

動機づけ，動機づける 21, 22, 30–32, 62, 79, 83, 94, 118, 170, 177–185, 188, 201, 210–212, 231, 236, 244, 253, 261, 271, 293, 314–319, 324, 325

動詞クラス 48, 69, 77, 106, 107, 225, 272, 274, 299

cram クラス 51, 200

spray クラス 49, 50, 106, 107, 225, 253, 276

heap クラス 50

load クラス 51, 200

pour クラス 49, 107, 119, 215, 225, 253, 265–294

scatter クラス 48, 51

smear クラス 48, 50, 225, 276

捉え方，捉え方の意味論 iii, 15–17, 20–23, 26–28, 30–54, 57, 60, 63, 96, 105, 106, 111, 172, 174, 181–189, 257, 258, 266–268, 317, 318, 323–325

な

ナル的（な言語）60, 192, 195, 212 → cf. スル的，好まれる言い回し

日本語 1, 32, 47, 51, 58–63, 88, 89, 98, 112, 113, 120, 175, 181–184, 214, 215, 217, 219, 258, 295–320, 323

認可と類似性判断の二重チェックシステム 79, 273 → cf. 類推

認知的曖昧性 47, 48, 51

認知文法 iii, 2, 5, 6, 16, 20, 21, 24, 25, 57, 68, 116, 290, 319, 321, 322

ネットワーク 19, 56, 75–86, 93–96, 178, 192–198, 211, 212, 282 → cf. 生態的

地位

は

評価，評価的意味 36–38, 42, 123–176, 213, 302, 323, 324 → cf. 意味的韻律

不変化詞→ cf. 動詞・不変化詞構文

フレーム，フレーム意味論 33–44, 48, 53, 55, 62, 78, 87, 96, 99, 102, 103, 110, 116, 215, 253, 271, 299, 307, 314, 319

プロトタイプ 18, 58, 59, 93, 166

ま

メタファー 21, 22, 135, 136, 138, 145, 149, 151, 152, 155, 161–163, 168, 173, 185, 317, 318

メトニミー 16, 40–42, 48, 78, 87, 138

目的語（の）省略 218, 221, 223, 224, 228, 229, 235–237, 239, 242–244, 258–261

や

豊かな文法 iii, 21, 27, 30, 54, 96, 290, 319, 323–325

ユニット，慣習的な言語ユニット 19–22, 54, 56, 65, 66, 77, 80, 82, 256, 285, 312, 319, 322

与格交替 9, 10, 14, 16, 17, 43, 80, 109–111, 162, 294, 324 → cf. 二重目的語構文

ら

料理表現 34, 118–121, 176, 214, 215, 219, 222, 227, 250, 252–257, 262, 266, 273–278, 281, 283, 285, 287, 288, 290, 293, 296–299, 304, 305, 309, 320 → cf. 調味動詞，レシピ

類推 22, 23, 79, 80, 82, 84, 163, 188, 253, 268–294

レジスター 56, 70–75, 81, 118, 119, 135, 138–140, 161, 214, 215, 218, 242, 252, 261–263, 322, 324

レシピ 27, 34, 73, 75, 118, 119, 213–263, 266, 277, 283, 286, 288, 298, 301, 303, 309, 310, 315, 318, 320, 323, 324 → cf. 調味動詞，料理表現

著　者

野中 大輔（のなか だいすけ）

2021 年，東京大学大学院人文社会系研究科にて博士（文学）の学位を
取得。現在，工学院大学学習支援センター講師。専門は英語学，認知
言語学。本書にて第四回東京大学而立賞を受賞。

主要業績：『不確かな医学』（翻訳，朝日出版社，2018 年），「打撃・接
触を表す身体部位所有者上昇構文における前置詞の選択：hit を中心
に」（『認知言語学を紡ぐ』，くろしお出版，2019 年），「TED Talks の
データを検索して英語を学ぶ，教える，研究する：TED Corpus
Search Engine の可能性」（『東京大学言語学論集』43, 2021 年），「実
例から眺める「豊かな文法」の世界」（平沢慎也氏との共著，月刊誌
『英語教育』の連載，2021–2022 年），"Verbs of seasoning in Japanese,
with special reference to the locative alternation in English"（*The
Language of Food in Japanese: Cognitive Perspectives and Beyond*,
John Benjamins, 2022 年），「explain は交替するのか，しないのか：与
格交替への使用基盤的アプローチ」（『ことばの謎に挑む：高見健一教
授に捧げる論文集』，開拓社，2023 年）。

場所格交替への認知言語学的アプローチ
―「豊かな文法」から捉える英語構文―

初版第 1 刷 ―― 2024年 9月30日

著　者 ――――― 野中 大輔

発行人 ――――― 岡野 秀夫

発行所 ――――― 株式会社くろしお出版

〒102-0084　東京都千代田区二番町4-3
［電話］03-6261-2867　　［WEB］www.9640.jp

印刷・製本　シナノ書籍印刷　　装　丁　仁井谷伴子

© Daisuke NONAKA, 2024　Printed in Japan

ISBN978-4-87424-977-2 C3082

乱丁・落丁はお取りかえいたします。本書の無断転載・複製を禁じます。